Laurence G. Boldt

Das Tao der Fülle

Laurence G. Boldt

Das TAO der Fülle

Vom Reichtum, der uns glücklich macht

aus dem Amerikanischen
von Martin Rometsch

JOY VERLAG

Für Tina, die grenzenlose Freude
in mein Leben bringt.

Die Deutsche Bibliothek - CIP-Einheitsaufnahme
Boldt, Laurence G.:
Das Tao der Fülle : vom Reichtum der uns glücklich macht / Laurence G. Boldt. Aus dem Amerikan. von Martin Rometsch - 1. Aufl.. - Sulzberg : Joy-Verl., 2001
Einheitssacht.: The tao of abundance <dt.>
ISBN 3-928554-42-5

Titel der Originalausgabe: The Tao of Abundance

Erstveröffentlichung 1999 bei Penguin Group, Arkana
Penguin Putnam Inc., 375 Hudson Street, New York, New York 10014, U.S.A.

Abbildungsnachweise Seite 228:
»Der reine und schlichte Pavillon« von Liu Chueh, Ming-Dynasty, National Palace Museum, Taipei, Taiwan, Republic of China
»Die Botschafter« von Hans Holbein d. J., National Gallery, London

Auflage 5 4 3 2 1
Jahr 2004 2003 2002 2001

Übersetzung: Martin Rometsch
Umschlaggestaltung: Kuhn Grafik, Zürich
Satz und Gestaltung: Michael Epperlein, Biberach
Umschlagfoto: Markus Kuhn
Kalligraphien: Jian Chen
Schrift: Utopia 9,5 Punkt
Druck: Legoprint S.P.A., Lavis (TN)
ISBN 3-928554-42-5

Printed in Italy

Inhalt

Vorwort

Viele Menschen haben das Gefühl, dass ihnen etwas im Leben fehlt, einerlei ob die Wirtschaftsnachrichten gut oder schlecht sind oder ob sie viel oder wenig verdienen. Ich habe dieses Buch geschrieben, weil ich etwas gegen dieses Gefühl des Mangels unternehmen und einige praktische Ratschläge geben möchte, damit die Menschen mehr Fülle erleben. Ich glaube, wir sind heute in vieler Hinsicht verwirrt und wissen nicht, was wahre Fülle ist. Wir haben sie auf abstrakte wirtschaftliche Daten reduziert, anstatt sie innerlich zu empfinden. Ich hoffe, dieses Buch veranlasst die Leser, darüber nachzudenken, was wahre Fülle für sie bedeutet und wie sie Fülle in ihr Leben bringen können. Außerdem möchte ich erreichen, dass sie nicht länger glauben, in einer Welt der Kargheit und des Mangels zu leben. Nicht die Welt ist das Problem, sondern unsere Einstellung zu ihr, zu anderen Menschen und zu den Tiefen unseres Selbstes.

Dies ist kein Buch über Taoismus. Es ist ein Buch, das Einsichten der taoistischen Philosophie auf unsere westliche Welt des 21. Jahrhunderts anwendet. Warum taoistische Philosophie? Abgesehen davon, dass ich mich seit langem dafür interessiere, glaube ich, dass der taoistische Blickwinkel für unsere heutige Situation besonders nützlich ist. In einer Welt der knappen Ressourcen und des abstrakten ökonomischen Vokabulars definiert die taoistische Philosophie die Fülle in menschlichen Begriffen und betrachtet die Welt als Ort mit natürlicher Fülle. In einer Welt der Macher, die von Fortschritten in der Zukunft träumen, erinnert sie uns daran, zu *sein*, und zwar im Hier und Jetzt. In einer Welt, die von Prunk und Konsum besessen ist, legen Taoisten Wert auf Muße und auf die Schönheit der einfachen Dinge. In einer Gesellschaft, die das Zerebrale und Abstrakte schätzt, ermahnen sie uns, unserer Intuition zu vertrauen und die Macht des Unbewussten anzuerkennen. In einer zunehmend narzisstischen und künstlichen Gesellschaft achtet die taoistische Philosophie Bescheidenheit, Natürlichkeit und Spontaneität.

In einer Welt, die vor einer schweren ökologischen Krise steht, zeigt uns die taoistische Philosophie den Weg zur Verbundenheit und Zusammenarbeit mit der Natur. In einer Welt, in der Männer und Frauen nicht wissen, wie sie miteinander umgehen sollen, können wir von den Taoisten lernen, die Rollen des Weiblichen und Männlichen in uns selbst und in der Natur zu respektieren. In einer Welt, die nach Ruhm lechzt, raten sie uns, die menschliche Würde höher zu bewerten als den gesellschaftlichen Status. In einer Welt, in der wir zu oft die spirituellen Aspekte des Lebens missachten, weisen die Taoisten uns auf die Schätze in unserem Inneren hin. In einer Welt voller Menschen, die ihren Platz und ihren Weg in der Welt nicht kennen, erklärt uns die taoistische Philosophie, dass jedes lebende Wesen seinen Platz und seine Richtung in der natürlichen Ordnung und eine bestimmte Aufgabe hat. Ich könnte so weitermachen, aber das alles und viel mehr wird dieses Buch genauer darlegen.

Für Leser, die mit der taoistischen Philosophie noch nicht vertraut sind, habe ich das Kapitel »Die fünf Finger des Tao« eingefügt. Es steht am Anfang, weil es für das Verständnis des Tao der Fülle nicht unbedingt notwendig ist. Aber es vermittelt eine Vorstellung von den Grundideen des Taoismus, bevor das eigentliche Thema behandelt wird. Manche Leser ziehen es vielleicht vor, mit der Einführung und Kapitel eins zu beginnen und später auf die »Fünf Finger des Tao« zurückzukommen, um das Gelesene besser verstehen und in einen größeren Zusammenhang einordnen zu können.

Da dies ein populäres und kein gelehrtes Buch sein soll, bin ich mit Formulierungen wie »vom taoistischen Standpunkt« großzügig umgegangen. Das Wort *taoistisch* stellt uns vor die gleichen Probleme wie das Wort *christlich*. Meinen wir mit *christlich* die Worte Jesu und seiner Apostel oder das Christentum, wie die Wüstenväter oder die Mystiker des Mittelalters es gelehrt haben? Oder meinen wir damit etwa die heutigen Katholiken, Episkopalen, Methodisten, Baptisten, Pfingstler, ägyptischen Kopten oder andere Gruppen, die sich selbst Christen nennen? So wie *christlich* für verschiedene Menschen eine unterschiedliche Bedeutung hat, gibt es auch zahlreiche Schulen, Systeme, Sekten und Kulte mit sehr unterschiedlichen Lehren, die sich selbst als *taoistisch* bezeichnen. Wie die Christen streiten auch die modernen Taoisten untereinander, welche Fraktion die »wahre Lehre« vertritt.

Wenn ich den Ausdruck *taoistisch* benutze, beziehe ich mich damit im Wesentlichen auf das *Tao Chia*, die klassische taoistische Schule und deren drei wichtigste Vertreter Lao Tzu, Chuang Tzu und Lieh Tzu. Ich gehe nicht auf die Frage ein, ob diese drei die einzigen Autoren der Werke sind, die ihnen traditionell zugeschrieben werden. Ob diese historischen Gestalten (falls sie historisch sind) diese Werke ganz, teilweise oder gar nicht verfasst haben, ist eine Frage für Gelehrte und ist nicht entscheidend für meine Absicht, die darin enthaltene Philosophie anzuwenden. Obwohl ich auch andere taoistische Quellen zitiere, stütze ich mich hauptsächlich auf die klassischen Texte des Tao Chia. Das sind *Lao Tzu* oder *Tao Te Ching* von Lao Tzu sowie *Chuang Tzu* und *Lieh Tzu*, geschrieben von Autoren gleichen Namens. Selbst in diesen klassischen taoistischen Texten gibt es allerdings erhebliche philosophische Unterschiede.

Dieses Buch ist in vieler Hinsicht ein Gefährte meines früher erschienenen Buches *Zen and the Art of Making a Living*, in der es um den Wunsch vieler Menschen geht, die Arbeit zu finden, die ihr wahres Selbst widerspiegelt und den Ruf des Herzens mit den praktischen Anforderungen des modernen Lebens verbindet. In meinem neuen Buch geht es um die Sehnsucht, inmitten unserer hektischen und oft chaotischen Gesellschaft ein harmonisches und ausgewogenes Leben zu führen. Ich hoffe, das Buch ist Ihnen von Nutzen, und ich wünsche Ihnen, dass Sie Ihren Weg zur ganzheitlichen Fülle finden.

Die fünf Finger des Tao

Eine Einführung in die ganzheitliche Philosophie des Taoismus

Obwohl die Philosophie des Ostens
sich sehr von der unseren unterscheidet,
kann sie auch für uns ein großer Schatz sein.
Aber ehe wir ihn besitzen können,
müssen wir ihn uns verdienen.
C. G. JUNG

Bevor wir uns überlegen, wie wir die Grundsätze der taoistischen Philosophie nutzen können, um Fülle in unser Leben zu bringen, sollten wir fragen: Was ist das Tao? Das ist aus zwei Gründen eine schwierige Frage. Erstens: Wenn wir vom Tao sprechen, meinen wir etwas, was jenseits aller Gedanken und Bezeichnungen liegt. Das Tao ist seiner Definition nach undefinierbar. Chuang Tzu sagte: »Wenn man davon reden könnte, hätte es jeder seinem Bruder erzählt.«[1] Zweitens: Das Wort *Tao* nimmt in verschiedenen Kontexten verschiedene Bedeutungen an.

Im Folgenden konzentriere ich mich auf fünf typische »Bedeutungen« oder Anwendungen des Wortes *Tao*. Jede dieser Bedeutungen bezieht sich auf bestimmte Ebenen des Bewusstseins. Wir dürfen aber nicht vergessen, dass diese Ebenen sich im Grunde nicht unterscheiden – wir können sie in Gedanken, aber nicht in der Wirklichkeit trennen. So wie das Wasser stets Wasser bleibt, einerlei ob es als Fluss, Wolke, Regen, Eis oder Tau erscheint, bleibt das Tao auf allen Bewusstseinsebenen immer das Tao. Das Tao ist ein multidimensionales Mysterium, ein kosmischer Bildteppich, in dem jede Faser nahtlos mit dem Ganzen verwoben ist.

Ich nenne diese Elemente »fünf Finger des Tao«[2]. Wir sollten daran denken, dass diese Finger ein Teil derselben Hand sind und dass Finger und Hand zusammen auf das Tao zeigen. Sie sind nicht das Tao, aber wenn wir sie kennen, können wir die Subtilität und Tiefe der taoistischen Weltsicht besser verstehen. Sie bilden zudem die Grundlage für die Diskussion des Tao der Fülle in den folgenden Kapiteln.

Die fünf Finger des Tao	*Dimension*	*Unsere Beziehung zum/zur*
Das ewige, transzendente Tao	mystisch	Geist
Das Mutter-Tao, die Quelle aller Dinge	kosmologisch	Natur
Das Tao der großen Verschmelzung	psychologisch	Seele
Das Tao der zehntausend Dinge	wissenschaftlich	Arbeit/Kunst
Das soziale Tao, der Weg der Menschheit	Gesellschaft	soziologisch

Die Taoisten haben uns mehr als eine spirituelle Philosophie oder einen Weg in die Transzendenz zu bieten. Sie haben uns viel über unser Verhältnis zur Natur und zu unserer Psyche zu sagen. Und sie sagen uns eine Menge über Arbeit, Beziehungen, Gesundheit, Sex, die Gesellschaft und mehr. Während des 19. Jahrhunderts und der zweiten Hälfte des 20. Jahrhunderts neigten westliche Interpreten der taoistischen Philosophie dazu, die mystischen Aspekte unter Ausschluss aller übrigen hervorzuheben. Das ist eine falsche Auffassung von der taoistischen Philosophie und gibt ihr einen weltfernen Anstrich. Wer nur diese Auffassung kennt, könnte auf die Idee kommen, die taoistische Philosophie habe zwar für Einsiedler in den Bergen Chinas vor zweitausend Jahren eine Bedeutung gehabt, nicht aber für Stadtbewohner des 21. Jahrhunderts.

Erst in den letzten Jahren sind einige Bücher erschienen, die sich fast ausschließlich mit der praktischen Anwendung des Tao befassen, zum Beispiel *The Tao of Negotiation* und *The Tao of Teams*.[3] Dagegen gibt es zwei Einwände. Erstens besteht die Gefahr, dass wir eine unendlich reichhaltige und subtile Philosophie zu sehr vereinfachen. Zweitens geraten wir in Versuchung, »das Tao zu benutzen«, um Ergebnisse zu erzielen, anstatt das Tao zu suchen und die Ergebnisse sich selbst zu überlassen. Solange wir nach dem Tao greifen, entgleitet es uns. Um solche Fehler zu vermeiden und die Leser zum gründlicheren Studium der taoistischen Philosophie zu ermutigen, habe ich die fünf Finger des Tao in dieses Buch aufgenommen.

Auf den folgenden Seiten finden Sie einen kurzen Überblick über die fünf »Dimensionen«. Machen Sie sich keine Sorgen, wenn einer dieser Aspekte Ihnen nicht sofort klar wird. Für die meisten Menschen des Westens ist die taoistische Philosophie eine völlig neuartige Weltsicht, die sich uns nur dann erschließt, wenn wir aufgeschlossen sind und intensiv darüber nachdenken. In den folgenden Kapiteln werden Sie die Gelegenheit haben, viele dieser Ideen genauer und konkreter zu erforschen.

Das ewige Tao des transzendenten Mysteriums

Das Tao, von dem wir sprechen, ist nicht die ewige Natur des Tao.
Lao Tzu

Über den ewigen Aspekt des Tao können wir nicht reden. Ewig bedeutet transzendent in Bezug auf Raum und Zeit, also außerhalb der Reichweite unserer Sinnesorgane und unseres Denkvermögens. Wir können das ewige Tao nicht sehen, schmecken oder berühren. Wir können nicht davon sprechen oder darüber nachdenken. Es ist ein transzendentes Mysterium. Wenn wir versuchen, darüber zu reden, verwickeln wir uns in Worte, und was dabei herauskommt, klingt paradox. Wir könnten sagen, das ewige Tao existiere jenseits der Existenz, jenseits des Lebens und des Todes. Oder wir könnten sagen: Es ist und zugleich ist es nicht. Solche Aussagen sind jedoch wertlos, wenn wir das Transzendente nie erfahren haben – und wenn wir es erfahren haben, welchen Sinn hätte es dann, darüber zu sprechen?

Ein bekannte Ausspruch von Lao Tzu lautet: »Wer weiß, spricht nicht, und wer spricht, weiß nicht.« Dennoch soll Lao Tzu die fünftausend Schriftzeichen geschrieben haben, die wir *Tao Te Ching* nennen. Auch Aussagen von Buddha, Jesus, den hebräischen Propheten, Zarathustra, Schiva und Krishna wurden schriftlich festgehalten. Einige dieser Menschen waren vermutlich »Wissende«. Oder sollen wir annehmen, dass sie alle Scharlatane und alle ihre Schüler Narren waren?

Die fundamentale Schwierigkeit liegt nicht in der Treue der Überlieferung, sondern in den Grenzen der Sprache, mit der wir die ewige Wirklichkeit ausdrücken wollen. Lao Tzu sagt«Der Name, den man benennen kann, ist nicht der wahre Name.« Namen, Worte und Sprache sind nur Symbole der Realität, die sie erfassen wollen. Das ist offensichtlich. Wir wissen, dass das Wort *Hund* nicht das lebende, atmende Tier ist. Dennoch vergessen wir in der Praxis, vor allem wenn wir über abstrakte Themen reden, den Unterschied zwischen dem Wort und der Wirklichkeit, für die es steht. Warum lesen wir dann überhaupt die Schriften der großen Lehrer? Einen Hinweis darauf finden wir in Picassos Bemerkung »Kunst ist eine Lüge, die zur Wahrheit führt«. Wir dürfen die Schriften wie alle großen Kunstwerke nicht für die »Wahrheit« halten – sie sind »Lügen, die zur Wahrheit führen«. So lange wir an der wörtlichen Bedeutung haften, am Buchstaben der Aussage, entgleitet uns das ewige Tao.

Wenn wir dagegen mit leerem Geist und offenem Herzen lauschen, hören wir vielleicht das Wort (den Geist, das Tao), das der Ursprung der Worte ist. Die Worte sind Tore zum Mysterium. Ob sie sich für uns öffnen, hängt davon ab, wie wir mit ihnen umgehen. Chuang Tzu bezeichnete spirituelle Lehren und die Worte, mit denen sie übermittelt werden, als Fischkörbe. »Man benutzt Fischkörbe, um Fische zu fangen. Aber wenn die Fische gefangen sind, vergessen die Menschen die Körbe ... Worte werden verwendet, um Ideen zu übermitteln, doch wenn die Ideen verstanden wurden, vergessen die Menschen die Worte.«[4] Es kommt also darauf an, keine Körbe zu sammeln, sondern Fische zu fangen.

Das ewige Tao bleibt unaussprechlich und ewig, auch wenn wir ihm einen anderen Namen geben. Taoisten haben keine bestimmte Einstellung zur der transzendenten Wirklichkeit, auf die alle spirituellen Traditionen hinweisen. Lao Tzu und Chuang Tzu gehörten keiner Religionsgemeinschaft und keiner philosophischen Schule an. Die wichtigsten Vertreter des Taoismus hielten sich nicht einmal für »Taoisten«. Sie waren nur erleuchtete Menschen, um die sich Schüler versammelten und deren Lehre erhalten blieb.[5] Erst viel später wurden sie dem »Tao Chia«, der taoistischen Philosophie zugeordnet.

Es gibt in der Lehre von Lao Tzu und Chuang Tzu zwar Elemente, die nur der chinesischen Kultur und Geschichte eigen sind, aber wir sollten diese Texte lieber als Beispiele für eine »ewige Philosophie« betrachten denn als Schriften einer bestimmten Religion oder Kultur. In vielen großen spirituellen Traditionen finden wir neben der Volksreligion auch esoterische oder mystische Lehren für jene wenigen, die zu größerer Hingabe fähig sind. Innerhalb des Taoismus entwickelte sich beispielsweise das »Tao Chiao«, eine Art populäre taoistische Religion und Magie neben dem esoterischen Tao Chia, der kontemplativen Schule der taoistischen Philosophie.

Ich glaube einfach daran, dass ein Teil des menschlichen Selbstes den Gesetzen von Raum und Zeit nicht unterworfen ist.
C. G. JUNG

Die verblüffenden Parallelen zwischen den esoterischen Lehren der Welt – über alle Kulturen und Zeitalter hinweg – hat einige Gelehrte veranlasst, diese Lehren als örtliche Varianten einer einzigen universellen oder ewigen Philosophie zu betrachten.[6] So wie eine Melodie ganz unterschiedlich arrangiert werden kann, nimmt auch die ewige Philosophie in verschiedenen Kulturen und Epochen eine unterschiedliche Färbung an und ist dennoch stets als dieselbe Wahrheit erkennbar. »Alles, was wahr ist, einerlei wer es sagt, hat seinen Ursprung im Geist«, schrieb Thomas von Aquin. Wir könnten zum Beispiel Jesu Beschreibung des Ewigen im *Geheimen Buch des Johannes*, einer gnostischen Schrift, leicht mit Lao Tzus Ausführungen über das Tao verwechseln:

Es ist der unsichtbare Geist. Wir dürfen es nicht als göttlich oder gottähnlich ansehen. Es ist größer als ein Gott, weil es nichts Höheres gibt und weil es keinen Herrn hat.
Es ist unaussprechlich, weil niemand es verstehen kann.
Es ist ohne Namen, weil nichts vor ihm war, das ihm einen Namen hätte geben können.

Das ewige Tao lässt sich nicht mit der westlichen Vorstellung von einem Gott gleichsetzen, so wie orthodoxe Christen, Moslems oder Juden sie hegen. Dennoch gibt es viele Gemeinsamkeiten mit der Gottesvorstellung der westlichen Esoterik. Es gibt griechische Philosophen, christliche und jüdische Mystiker und islamische Sufis, die von Gott ähnlich reden wie Lao Tzu vom Tao. Am ähnlichsten ist das ewige Tao jedoch dem hinduistischen Brahman. Wie das Tao gilt auch das Brahman als transzendent und immanent: Einerseits geht es der Zeit und dem Raum voraus und ist ihnen übergeordnet, andererseits manifestiert es sich darin. In der Bhagavadgita ist das Brahman »ohne Anfang, das Allerhöchste, jenseits dessen, was ist und was nicht ist«.[7] Nach Chuang Tzu ist das Tao »das sich wandelnde Unwandelbare und der unwandelbare Wandel«.

Das ewige Tao und die Fülle

Wer von der Essenz nicht getrennt ist, der ist ein spiritueller Mensch.
CHUANG TZU

Das ewige Tao, die transzendente Wirklichkeit, steht im Mittelpunkt unserer Erörterung des Tao der Fülle. Die moderne kommerzielle Kultur erkennt weder eine transzendente Wirklichkeit noch die Bedeutung des Spirituellen im Alltag des Menschen an. Wer diese Weltanschauung annimmt, akzeptiert keine Realität, die nicht mit Hilfe des Raumes, der Zeit und des Ichs gemessen werden kann. Darum schrieb Joseph Campbell über die modernen Menschen: »Sie kämpfen mit einer harten Welt, die ihre spirituellen Bedürfnissen in keiner Weise befriedigt ... Wenn man sich überlegt, wie es den meisten Menschen in unserer Kultur ergeht, wird einem klar, dass es sehr schwer ist, ein moderner Mensch zu sein.«[8]

Vor allem der Verlust einer lebendigen spirituellen Erfahrung im täglichen Leben führt zu Entfremdung und Angst, die das moderne Leben verdüstern. Da wir sie nicht transzendieren können (und nicht einmal daran glauben, dass das möglich ist), sind wir gehetzt in der Zeit, ruhelos im Raum, gefangen im Ich. Unsere Vorliebe für materiellen Besitz und materielle Erfolge spiegelt unser Gefühl der spirituellen Leere wider und gibt ihm zugleich Nahrung. Ohne die Erfahrung des Transzendenten ist die Welt, wie Wordsworth es ausdrückte, »zu viel für uns«. In einer Welt des Konsums lassen wir unser Potenzial nicht nur brach liegen, sondern wir begreifen nicht mehr, was für ein Wunder und was für ein Segen es ist zu leben.

Heute wird immer mehr Menschen bewusst, dass die spirituelle Dimension in unserem Leben unerlässlich ist. Wir können sie mit dem gleichen Recht als Qualität des Menschen bezeichnen wie die Sprache und den aufrechten Gang. Sie ist kein Relikt einer abergläubischen oder vorwissenschaftlichen Vergangenheit, wie die moderne Naturwissenschaft und die Psychologie behaupten. Anne Baring und Jules Cashford bekräftigen: »Das Heilige ist kein Stadium des menschlichen Bewusstseins, in das wir hinein- oder aus dem wir hinauswachsen, sondern es ist zumindest ein Element in der Struktur des Bewusstseins, das allen Menschen aller Zeiten gehört.«[9]

Dennoch halten heute die meisten Menschen, vor allem die Gebildeten, die traditionellen Tore zu einem spirituellen Leben nicht mehr für wichtig. Ihrer Meinung nach eröffnen uns weder die Mythologie mit ihrer komplexen und kulturspezifischen Ikonographie noch die Religion mit ihren antiwissenschaftlichen Vorurteilen und ihrem Moralismus einen geeigneten Zugang zum Heiligen im täglichen Leben. Als Teil der ewigen Philosophie bietet der kontemplative Taoismus eine spirituelle Vision, die weder religiös noch mythologisch ist, sondern philosophisch im Ansatz und poetisch im Ausdruck.

In seiner subtilen und schönen Poesie erzählt er nicht von den Heldentaten Gottes oder der Götter, sondern von der Wirklichkeit eines ewigen, transzendenten Bewusstseins, in das wir alle eingehen, einerlei ob wir es wissen oder nicht. Um diese zeitlose Weisheit nutzen zu können, brauchen wir nichts über einen Pantheon von Göttern zu lernen oder uns mit ihm zu identifizieren, und wir können auch auf Mythen über eine einzige, allmächtige Gottheit verzichten. Die Anerkennung des ewigen Tao setzt nicht voraus, dass Sie einer Organisation beitreten oder sich religiösen Normen unterwerfen. Sie brauchen »es« auch nicht Tao und sich selbst nicht Taoist zu nennen. Sie brauchen nur damit anzufangen, sich über das Mysterium des Lebens zu wundern.

Mutter Tao, die Quelle aller Dinge

Etwas wird auf mysteriöse Weise seiend,
lange vor dem Himmel und der Erde.
Es ist stumm und formlos,
es ist immer da, bewegt sich endlos.
Aus ihm, der Mutter, kommen alle lebenden Wesen.
Ich weiß nicht, wie ich es nennen soll.
Darum nenne ich es Tao.
Lao Tzu

Das Tao wird auch »Mutter aller Dinge« oder »das Nicht-Seiende, das der Ursprung des Seienden ist« genannt. In mancher Hinsicht geht Mutter Tao auf die Religion der Göttin zurück, die in den matriarchalischen Kulturen der Jungsteinzeit vorherrschte. Doch Mutter Tao ist keine Gottheit, sondern eine Art »stummes und formloses« Protoleben, aus dem »alle lebenden Wesen kommen«. Chuang Tzu erläutert: »Tao macht die Dinge zu dem, was sie sind, aber es ist kein Ding« – nicht einmal ein göttliches Ding. Im »stummen und formlosen« Schoß der Mutter Tao ruht alles, was existiert oder existieren könnte.

Alle Kulturen spiegeln ihre Kosmologie wider, also ihre Auffassung vom Ursprung und von der Struktur des Universums. Die Kosmologie beeinflusst nicht nur unser Verhältnis zum Universum tiefgreifend, sondern auch unsere Auffassung von der Zeit und vom schöpferischen Prozess. In der biblischen Kosmologie finden wir einen persönlichen Gott, der kraft seines Willens das Universum erschafft. Als (wenngleich göttliche) Person kann er einsam, wütend, eifersüchtig und rachsüchtig, aber auch gütig und froh sein. Er machte das Universum und alles, was darin ist. Er formte den Himmel, die Erde, die Fische im Meer, die Vögel in der Luft, die Geschöpfe der Erde und zum Schluss die Menschen wie Sandkuchen. Sie alle entstanden durch bewusste, einzelne Schöpfungsakte innerhalb der linearen Zeit: Zuerst schuf er dies, dann schuf er das. Die göttliche Person steht außerhalb ihrer Schöpfung. Gott ist voll und ganz Geist, seine Schöpfung ist ganz und gar Materie. Er ist gut, doch seine Schöpfung ist von ihm abgefallen und verderbt. Der Mensch als Teil der verderbten Schöpfung kann nur durch Gottes Eingriff erlöst werden.

Vom taoistischen Standpunkt aus gibt es keinen Schöpfergott. Die Natur (das Universum) wurde nicht geschaffen, sondern sie ist *tzu-jan*, »von selbst so«. Das Universum wurde nicht bewusst geschaffen, sondern wächst organisch. Alles, was jetzt existiert oder je existieren wird, entstand, als Mutter Tao »auf mysteriöse Weise seiend« wurde. Alles stammt aus dieser einen Quelle und ist in ihr latent. Im *Chuang Tzu* lesen wir: »Himmel und Erde wurden gleichzeitig mit mir geboren, und die zehntausend Dinge sind mit mir eins.«[10] Da das Universum keinen Schöpfer hat, ist es auch ohne Ursache und ohne »Chef«. Kein Ding hat andere Dinge hervorgebracht. Alle Dinge sind gemeinsam entstanden (*hsiang-shan*) und erschaffen und erhalten sich daher gegenseitig.

Was den Ursprung des Universums angeht, so gibt es erstaunliche Gemeinsamkeiten zwischen der taoistischen Kosmologie und den Theorien der modernen Physik. Die Theorie des »Großen Knalls« (Big Bang) geht davon aus, dass das Universum mit einer gigantischen Explosion begann. Alle nachfolgenden Wirkungen waren sozusagen latent in den Urgasen angelegt, die der Große Knall erzeugte.

Seit vielen Jahren sind die Physiker einhellig der Meinung, dass das Universum seit dem Urknall ständig expandiert. Vor kurzem haben einige Physiker die Vermutung geäußert, es werde irgendwann wieder schrumpfen und in sich selbst zusammenstürzen. Derzeit bemühen die Forscher sich, diese Hypothese zu beweisen. Sollte sie richtig sein, passt auch sie in die taoistische Kosmologie. Wenn das Universum letztlich kollabiert, könnte diese Expansion und Kontraktion Teil eines endlosen Zyklus sein, der seit ungezählten Äonen anhält.

Das Schönste, was wir erleben können, ist das Geheimnisvolle ... Wer es nicht kennt und sich nicht mehr wundern, nicht mehr staunen kann, der ist sozusagen tot und sein Auge erloschen.
ALBERT EINSTEIN

Wir können uns die Expansion und Kontraktion des Universums als Einatmung und Ausatmung von Mutter Tao vorstellen. Tao ist die Leere, aus der alle Dinge kamen und in die sie wieder zurückkehren, um erneut daraus hervorzugehen, zurückzukehren ... und so weiter. Mutter Tao wird bisweilen »Ureinheit« oder »das Eine« genannt und erinnert an einen Kreis: an das Leben, das kommt und geht. Dieser Kreis der Einheit ist nicht nur der große kosmologische Zyklus, sondern auch der Lebenszyklus des Individuums – alles, was zwischen dem Einatmen (der Geburt) und dem Ausatmen (dem Tod) geschieht. Auch darin finden wir Parallelen zwischen Mutter Tao und dem Brahma der Hindus.

Wir wollen es still verehren
als das, woraus wir gekommen sind,
als das, in dem wir uns auflösen werden,
als das, in dem wir atmen.
UPANISCHADEN

Das ist Mutter Tao: der Schoß, das Grab, der Atem des Lebens, die stumme, formlose Substanz, aus der wir entstanden sind, in die wir zurückkehren und in der wir leben und atmen. Mutter Tao ist unsere Vergangenheit, unsere Gegenwart und unsere Zukunft, die sich alle drei in Geburt, Tod und Atem vereinen. Der griechische Philosoph Anaximander beschreibt Mutter Tao, wenn er sagt:

Das Unbegrenzte ist die ursprüngliche Materie der existierenden Dinge. Die Quelle, aus der die existierenden Dinge stammen, ist zugleich jene, in die sie nach ihrer Vernichtung zurückkehren.

Wenn alle Dinge gleichzeitig entstanden sind, können wir kein einzelnes Ding ablehnen, ohne das ganze Universum abzulehnen. Nur wenn wir alles akzeptieren, wenn wir »Vollkommenheit sehen«, anerkennen wir das Tao als Mutter aller Dinge. Da alles gleichzeitig entstanden ist, wäre es unlogisch zu sagen, dieses oder jenes solle nicht existieren; denn damit würden wir sagen, das ganze Universum solle nicht existieren. Selbst wenn wir das forderten, hätten wir wohl kaum etwas davon. Shakespeares Hamlet erkannte, dass selbst der Tod kein Entkommen bietet: Sein oder Nichtsein ist die Frage. Entweder akzeptieren wir das Leben in seiner Ganzheit, oder wir zersplittern es in unendlich viele erwünschte und unerwünschte Dinge. Dann sind wir psychisch vom Ganzen getrennt, aufgeteilt in Erwünschtes und Unerwünschtes, finden wir keinen Frieden. Der Zen-Patriarch Seng Ts'an drückte es so aus: »Der vollkommene Weg (Tao) ist nur für jene schwierig, die auswählen. Hör damit auf, dieses zu mögen und jenes nicht zu mögen; dann ist alles klar.«

Wenn wir »Vollkommenheit sehen«, wenden wir der Welt nicht den Rücken zu und werden nicht passiv. Dennoch hat man den Taoisten eben diese Einstellung oft vorgeworfen. Aber das *Tao Te Ching* setzt sich in beredten Worten immer wieder für soziale Fürsorge und hohe Moral ein. Die großen Taoisten haben ganz gewiss nicht empfohlen, gleichgültig gegenüber dem Leiden anderer Geschöpfe zu sein. Die Kosmologie der Ureinheit, der Mutter Tao, fordert uns vielmehr auf, uns *als* die Welt in der Welt zu bewegen, nicht als Kraft, die von der Welt getrennt ist. Dass wir Ereignisse beeinflussen können, erkennen wir erst dann, wenn wir den Kontext akzeptieren, der sie hervorgebracht hat. Der höchste Kontext ist das Leben selbst. Wer das Leben liebt, der liebt alle seine Aspekte.

Mutter Tao und Fülle

Der Mensch, der nicht von der großen Quelle getrennt ist, ist der natürliche Mensch.
Chuang Tzu

Mutter Tao ist deshalb für das Tao der Fülle bedeutsam, weil unsere Kosmologie nicht nur unsere Einstellung zum Universum bestimmt, sondern auch unsere Auffassung von der Zeit und vom schöpferischen Prozess. Die Entfremdung, der Kampf und die Hektik des heutigen Menschen lassen sich auf unsere Kosmologie zurückführen, und sie haben tiefgreifenden Einfluss auf unsere Wirtschaft und Gesellschaft. Diese Elemente der westlichen religiösen Kosmologie wurden nach der wissenschaftlichen Revolution eingefügt und sind Teil unserer gemeinsamen Weltanschauung.

Die Einstellung zum Universum: Der Gott der westlichen Kosmologie wohnt in seinem Himmel. Das Tao hat ebenfalls seine himmlische Dimension, weil es das physikalische Universum transzendiert. Gleichzeitig ist es jedoch irdisch und lebt in der ganzen Natur und auch im Menschen. Für Taoisten unterscheidet sich das Vertrauen in das Tao nicht grundsätzlich vom Vertrauen in uns selbst, in unser tiefstes Wesen. Andererseits vermittelt uns die westliche Kosmologie das Gefühl, dass die Natur gegen uns ist. Wir müssen einem himmlischen Wesen vertrauen, das ganz anders ist als wir. Die westlichen Religionen gehen davon aus, dass wir die Natur überwinden müssen, damit wir spirituell leben können, und die Wissenschaft behauptet, wir müssten die Natur erobern, um unser Potenzial voll zu nutzen. In beiden Fällen wäre es töricht, darauf zu vertrauen, dass die Natur uns unterstützt, und wir könnten Lao Tzu nicht zustimmen, der sagte: »Ich bekomme meine Nahrung von der Großen Mutter.«

Wer alles umarmt ist selbstlos.
LAO TZU

Kreativität: Als Individuen formen wir unsere Auffassung vom kreativen Prozess nach dem Vorbild unserer kulturellen Kosmologie. Die westliche Kosmologie sagt uns, Kreativität sei das Ergebnis der aktiven Willenskraft: Gott schuf die Welt in sechs Tagen. Für den Taoisten ist Kreativität ein natürliches, spontanes Ereignis: Das Universum entstand »auf rätselhafte Weise«. Darum folgen wir dem Vorbild unserer Kosmologie und bemühen uns, etwas zu bewirken und uns in der Welt durchzusetzen, während der Taoist den *wu-wei* geht, den Weg der Mühelosigkeit. Im Westen ist Kreativität etwas, wofür wir uns aktiv entscheiden müssen. Für den Taoisten ist sie ein organischer Prozess, an dem wir alle von Natur aus teilhaben, sofern wir nicht daran herumpfuschen.

Zeit: In der westlichen Kosmologie begann die Zeit an einem bestimmten Punkt – als Gott kraft seines Willens das Universum schuf –, und sie endet an einem bestimmten Punkt: mit dem jüngsten Gericht. Die Zeit bewegt sich also auf ihr unvermeidliches Ende zu. Für Taoisten gibt es weder einen Anfang noch ein Ende der Zeit. Es gibt keine Zeitlinien, sondern Zeitzyklen. Nichts ist endgültig; jeder Anfang ist ein Ende, und jedes Ende ist ein Anfang. Der Taoist interessiert sich nicht für das Ende der Zeit, sondern für die Transformationen in der Zeit. Diese kosmologischen Standpunkte haben viele praktische Konsequenzen. Da wir die Individuen und die Gesellschaft des Westens anhand ihres materiellen Fortschritts in der Zeit beurteilen, bemüht sich die Wissenschaft vor allem um technische Fortschritte. Dagegen führte das taoistische Interesse an zyklischen Transformationen in der Zeit zu einer grundsätzlich anderen, ebenso gültigen Auffassung von Wissenschaft. Joseph Needham schrieb: »Die Taoisten waren sich der Universalität des Wandels und der Transformation zutiefst bewusst – dies war eine ihrer tiefsten wissenschaftlichen Einsichten«.[11] (Mehr darüber später.)

Das Tao der großen Verschmelzung

Wenn es das andere nicht gibt, kann es kein Ich geben. Wenn es kein Ich gibt, gibt es niemanden, der Unterschiede macht.
CHUANG TZU

Das Tao der großen Verschmelzung heißt *Ta T'ung*. Die beiden zentralen metaphysischen Erkenntnisse im Tao der großen Verschmelzung sind die »Identität aller Dinge« und die »Einheit der Gegensätze«. Auch hier kann die moderne Physik zumindest durch eine Analogie zum Verständnis beitragen. Die Quantenphysik lehrt nämlich, dass wir einer Illusion unterliegen, wenn wir die Welt als Ansammlung getrennter Dinge betrachten. Genährt wird diese Illusion durch sprachliche Konventionen, ja sogar durch die Struktur der Sprache. Was wir sehen, ist eine Funktion unserer Physiologie, nicht die Wirklichkeit. Astrophysiker schätzen zudem, dass mehr als neunzig Prozent der Materie im Universum unsichtbar ist.

Wenn jeder die Schönheit als schön erfährt, ist sie bereits hässlich. Wenn jeder das Gute als gut erfährt, ist es schon böse. »Sein« und »Nichtsein« entstehen gleichzeitig.
LAO TZU

Heute wissen die Physiker, dass es keinen letzten Baustein der Materie gibt. Auf ihrer Jagd nach subatomaren Teilchen haben sie nicht den Urbaustein entdeckt, sondern Wahrscheinlichkeitsmuster. Auch Taoisten sind der Ansicht, dass es keine feste Grenze zwischen den Dingen oder Ereignissen gibt. Alle Dinge sind in der großen Suppe des Tao miteinander vermischt oder verschmolzen. Das ist das Prinzip der Einheit aller Dinge. Auf der einen Ebene erscheinen die Dinge als voneinander getrennt, doch auf einer anderen Ebene sind sie ein und dasselbe. Einsteins allgemeine Relativitätstheorie demonstriert dieses Prinzip: Zeit und Raum sind nicht voneinander getrennt, sondern hängen voneinander ab. Die Zeit vergeht schneller oder langsamer, je nachdem, wo wir uns im Raum befinden. Wir können Zeit und Raum in Worten, nicht aber in der Wirklichkeit trennen.

Wenn es kein separates Ding gibt, warum sehen wir dann getrennte Dinge? Die Antwort liegt in jener trennenden Bewusstseinsblase, die wir »Ich« nennen. Das Ich ist das Subjekt, der Standpunkt, der alles andere zum Objekt macht. Das subjektive »Ich-Gefühl« macht alles andere zu »denen da draußen«. Chuan Tzu nannte dieses Ich *ch'eng hsin*, individualisiertes oder trennendes Herz. In den Werken von Immanuel Kant finden wir den Gedanken, dass dieses trennende Bewusstsein die Folge der »Formen der Wahrnehmungen und der Kategorien der Logik« oder des Denkens ist. Die Grenzen unserer physischen Sinnesorgane und die Notwendigkeit, durch Sprache und Denken zu unterscheiden und Haare zu spalten, vermitteln uns den Eindruck einer bruchstückhaften Welt.

Die Taoisten glaubten, dieses Bläschen erzeugende Ich könne transzendent sein. Chuang Tzu schrieb: »Nach und nach kommt das große Erwachen, und dann erkennen wir, dass das Leben ein großer Traum ist. Bis es soweit ist, glauben alle Narren, sie seien schon wach und besäßen Wissen.«[12] Echos dieser Aussage finden wir in der ostindischen Philosophie, in welcher der große Traum *Maya* genannt wird. Maya ist »die sich ständig ändernde, Welt der Erscheinungen und Formen, die der Unerleuchtete für die einzige Wirklichkeit hält«.[13] In den Upanischaden lesen wir, dass alles in Maya erworbene Wissen »nur Name« sei. Chuang Tzu bezeichnet es als »kleines Wissen«, denn »großes Wissen sieht alles als Einheit. Kleines Wissen zerbricht in Vielheit«.[14] In den folgenden Kapiteln werde ich genauer auf das Ich und die Grenzen seines »kleinen Wissens« eingehen.

Bevor ich das hörte, war ich sicher, Hui zu sein. Doch nun, da ich es gehört habe, gibt es keinen Hui mehr.[15]

Wenn es keine separaten Dinge gibt, dann gibt es kein Ich, dann gibt es kein Ding (engl. *no-thing*), dem wir einen Namen geben können: keinen Körper, keine Empfindung, kein Gefühl, keinen Geist und so weiter. Auf dieser Bewusstseinsebene bin ich kein Mensch, kein Mann, kein Schriftsteller und kein Amerikaner. Ich bin weder gut noch schlecht, weder moralisch noch unmoralisch, weder Gewinner noch Verlierer; ich wachse und verfalle nicht, ich gehe weder vor noch zurück. Wer die große Verschmelzung, die wechselseitige Abhängigkeit verstanden hat, kann das Ich nie wieder ernst nehmen, das heißt, er kann es nicht mehr für real halten. Von da an sind alle Geschäftigkeiten und Ambitionen des Ichs nichts weiter als »viel Lärm um nichts«.

Die Struktur des Ichs ist von einem konkreten und begrenzten Raum-Zeit-Gefühl abhängig. Die Aufgabe des Ichs besteht darin zu vergleichen. Es ver-

Nur der wahrhaft Intelligente versteht dieses Prinzip der Identität aller Dinge. Er glaubt nicht, dass er als Subjekt die Dinge begreifen kann, sondern versetzt sich in die Lage der betrachteten Dinge.
CHUANG TZU

gleicht ständig diese Zeit mit jener und diesen Ort mit jenem, und es versucht immer, zur guten Zeit dort zu gelangen, da es stets von der schlechten Zeit hier überschattet wird. Doch selbst in der guten Zeit hier fürchtet es die Rückkehr der schlechten Zeit dort, und in der schlechten Zeit hier sehnt es sich nach der guten Zeit dort. Im Ich-Bewusstsein verpassen wir das Hier und Jetzt, und darum können wir uns nie wirklich entspannen und niemals Frieden finden. Dieses ruhelose Ich-Bewusstsein hält die moderne Konsumgesellschaft für das höchste Selbst (mehr dazu in den folgenden Kapiteln).

Das Tao der großen Verschmelzung und die Fülle

Was ist dieser Ort, an dem Denken nutzlos ist? Wissen und Gefühle können ihn nicht ermessen!
YUMEN

Das Tao der großen Verschmelzung hängt mit dem Tao der Fülle zusammen, denn das trennende Ich-Bewusstsein ist, wie wir noch sehen werden, die psychische Quelle der Armut, des Mangels, des Streits, der Erniedrigung, der Feindseligkeit, des Verlangens und der Ausbeutung. Im Westen halten wir das Ich für das höchste Selbst. Die ökonomische Weltanschauung, die unsere ganze Kultur durchdringt, setzt die Psychologie des Ichs voraus, also das Gefühl des Mangels und den Kampf um die Selbsterhaltung. Wir haben uns mehr als jede andere Kultur in der Geschichte dem Ich und seinem Mangelbewusstsein verschrieben. Darum haben wir ständig ein Gefühl der spirituellen und psychischen Armut inmitten eines noch nie da gewesenen materiellen Wohlstands. Wir haben das Ich zum Gott gemacht und suchen unser Glück in seinen endlosen Wünschen. Das moderne Wirtschaftsleben verlangt von uns steigende »Nachfrage«. Doch einerlei, wie viel wir erwerben, es ist nie genug. Wir sind nie zufrieden.

Dem stillen Geist ergibt sich das ganze Universum.
LIEH TZU

Wir können von der Philosophie des Ostens viel lernen, vor allem was die Überwindung des Ich-Bewusstseins angeht. Karlfried Graf von Dürckheim schreibt: »Der Westen sagt: Wenn dieses Ich aufhört zu sein, dann verschwindet mit ihm die sinnvolle Wirklichkeit. Aber der Osten sagt: Erst wenn das Ich und die von ihm geformte Wirklichkeit aufhören zu sein, wird die wahre Natur des Menschen frei und dämmert die wahre Wirklichkeit – und nur aus dieser Wirklichkeit kann ... das wahre Selbst hervorgehen.«[16] In diesem Buch unterscheide ich zwischen einer Wirtschaft, die auf der Psychologie des Ichs basiert (»Egonomie«) und der Erfahrung der Fülle, die auf der Psychologie des Selbstes gründet (Tao der Fülle).

Das Ich kann das Transzendente nicht anerkennen, seine biologische Quelle nicht erkennen, die Einheit des Lebens nicht erfahren und seinen Kampf um Selbstrechtfertigung nicht aufgeben, ohne einen Verlust zu empfinden. Das Ich ist eine Bekräftigung der Trennung, und es befindet sich ständig im Krieg sowohl mit seinem Gegenbild, das C. G. Jung »Schatten« genannt hat, als auch mit dem Transzendenten (Tao, Geist, Gott). Die psychische Erfahrung der Fülle setzt voraus, dass wir die Blase des Ich-Bewusstseins transzendieren oder platzen lassen und uns mit dem Tao oder dem Selbst in allen Dingen identifizieren.

Das Tao der zehntausend Dinge

Das große Tao fließt überallhin,
nach links und nach rechts.
Alle Dinge hängen von ihm ab,
und es verlässt sie nicht.
Aber es ist nicht stolz auf seine Leistung.
Es liebt und nährt alle Dinge,
doch es herrscht nicht über sie.
Lao Tzu

Das Tao der zehntausend Dinge ist das Tao, das sich in den unzähligen Formen des physikalischen Universums ausdrückt. Auf dieser Ebene erkennen wir Unterschiede: Ein Hund ist ein Hund, ein Mensch ist ein Mensch, ein Baum ist ein Baum. Doch sie alle ruhen im Tao – im transzendenten Mysterium, im Mutter-Tao, in der Großen Verschmelzung. Das Potenzial für »Baum« existiert im Mutter-Tao. Ein Baum ist durch das Tao der großen Verschmelzung eins mit (also nicht verschieden von) allen Dingen, und dennoch drückt er seine einzigartige Dinghaftigkeit nach seinem eigenen organischen Muster oder Prinzip aus (das Tao der zehntausend Dinge). Wenn Sie einen Baum betrachten, nehmen Sie vielleicht sein einzigartiges Prinzip wahr und erkennen gleichzeitig sein Nichtsein, seine Verschmelzung mit allem, was ist.

Alles, was existiert, drückt das Tao gemäß seinem Prinzip aus (mehr über dieses Prinzip namens *Li* in Kapitel 8). Auf der Ebene der zehntausend Dinge sind die Prinzipien des Menschen qualitativ verschieden von denen eines Affen, einer Elritze, des Grases, des Sonnensystems, der Berge und der Birnbäume; denn sie alle haben ihr eigenes *Li*. Körper und Psyche des Menschen haben ihr eigenes *Li*, nämlich ein organisches Muster, das eine Art Mikrokosmos aus Prinzipien ist, wie man ihn überall im Universum findet. Die vier Gliedmaßen entsprechen beispielsweise den vier Jahreszeiten und den vier Himmelsrichtungen. Neben diesen organischen Mustern besitzt jeder Mensch ein einzigartiges Organisationsprinzip, ein individuelles Schicksal, das allein ihm gehört.

Wenn die Dinge Ihre Prinzipien haben, dann kann das eine nicht das andere sein ... Alle Dinge haben ihr eigenes Prinzip, während Tao die Prinzipien aller Dinge zur Übereinstimmung bringt. Darum kann es sowohl das eine als auch das andere Ding sein, und es ist nicht nur in einem einzigen Ding.
HAN FEI TZU

Aber es gibt auch allgemeine, übergeordnete Prinzipien, die dem ganzen Universum eigen sind. Sie helfen uns, den dynamischen Prozess des Wandels im manifesten Universum zu verstehen. Ein wichtiges allgemeines Prinzip der Transformation ist das Zusammenspiel von Yin und Yang, das wir in Kapitel 6 ausführlich besprechen. Das immer gleiche, immer mysteriöse Tao wohnt in der Erde und in den zahllosen Formen, die sie bevölkern, aber auch im formlosen Himmel, in der unterschiedslosen Leere. »Aus dem Mannigfaltigen das Eine« ist das Tao der großen Verschmelzung. »Im Mannigfaltigen das Eine« ist das Tao der zehntausend Dinge. »Was eins ist, ist eins. Was nicht eins ist, das ist ebenfalls eins«, sagt Chuang Tzu.[17]

Trotz des unterschiedlichen Ausgangspunktes sind beide Erkenntnisse – »Im Mannigfaltigen das Eine« und »Aus dem Mannigfaltigen das Eine« – gleich wichtig. Die erste führt uns aus der Welt (dem illusorischen Ich) hinaus, die zweite führt uns mit dem Gefühl liebevoller Anteilnahme in die Welt zurück. Zen-Lehrer schelten ihre Schüler, wenn sie glauben, die Erkenntnis des Nicht-Ich oder der Identität aller Dinge sei die Erleuchtung, und ermahnen sie, nicht an der Leere zu haften. Wir müssen das Anhaften am Nicht-Sein (der Leere) ebenso aufgeben wie das Anhaften am Sein (der

Form). Chuang Tzu drückte es so aus: »Der Weg kann weder als Sein noch als Nichtsein verstanden werden.«[18] Wie alle Gegensätze sind Sein und Nichtsein im Tao vereint. Wenn wir die Leere erkannt haben, müssen wir in die Welt der Formen zurückkehren und gemäß den Prinzipien unserer Natur handeln.

Lasst alle Dinge tun, was sie ihrer Natur nach tun, damit ihre Natur befriedigt sei.
CHUANG TZU

Die frühen Taoisten wollten die Natur der Dinge verstehen und in Harmonie mit ihnen handeln. Dazu schrieb Chuang Tzu: »Der spirituelle Mensch ... folgt der Natur der Dinge.« Im *Huai Nan Tzu* lesen wir: »Wer der natürlichen Ordnung folgt, fließt im Strom des Tao.« Die Kunst, der Natur der Dinge zu folgen, dem »Tao der zehntausend Dinge«, gibt der taoistischen Überlieferung einen wissenschaftlichen Charakter. Im zweiten Band seines vorzüglichen Werkes *Science and Civilization in China* weist Joseph Needham darauf hin, dass die frühe taoistische Philosophie außerordentliche Beiträge zur chinesischen Wissenschaft geleistet hat (viele müssen im Westen erst noch gewürdigt werden). Needham bemerkt, dass die Taoisten die Wissenschaft und die Technik nicht als an sich böse betrachteten, wie die meisten westlichen Interpreten behaupten. Ihre Einstellung zur Wissenschaft war vielmehr grundsätzlich anders als die heutige, und die westlichen Interpreten halten diesen Unterschied im Motiv und in der Methode fälschlich für eine Ablehnung der Wissenschaft in toto.

Das wissenschaftliche Motiv und die wissenschaftliche Methode des Taoismus

Die Technik ist nur in den Händen jener Menschen zerstörerisch, die nicht begreifen, dass sie mit dem Universum eins sind.
ALAN WATTS

Die taoistischen Wissenschaftler wollten die Natur nicht ausbeuten oder erobern wie René Descartes, Francis Bacon und andere frühe Vertreter der Wissenschaftsphilosophie, sondern sie wollten als Teil der Natur mit der Natur zusammenarbeiten. Descartes forderte, die Wissenschaft solle »uns zu Herren und Besitzern der Natur« machen. Dagegen schrieb der Sung-Gelehrte Lin Ching-Hsi: »Die Gelehrten der alten Zeit sagten, der Geist sei ursprünglich leer und könne nur deshalb ohne Vorurteile auf natürliche Phänomene reagieren. Nur der leere Geist kann auf die Phänomene der Natur reagieren.« Für Taoisten haben Wissenschaft und Technik nicht die Aufgabe, der Natur den Willen des Menschen aufzuzwingen, sondern sie sollen ihm helfen, harmonischer mit ihr zu leben.

Die Fähigkeit zu reagieren setzt nach Meinung der Taoisten voraus, dass wir nicht mehr nach Vorherrschaft streben. Nur wenn wir die Welt (Mutter Tao) so akzeptieren, wie sie ist, und den Geist von jedem Anhaften befreien (also mit dem formlosen Tao verschmelzen), sind wir imstande, die Natur und die Muster (*Li*) der großen und kleinen Dinge zu erkennen. Das ist nicht nur die Grundlage der taoistischen Wissenschaft, sondern auch der taoistischen Kunst.

Wissenschaftliche oder künstlerische Kreativität hat demnach nicht das Ziel, das trennende Ich zu stärken, sondern »der natürlichen Ordnung der Dinge zu folgen«. So drückt es auch der moderne Wissenschaftler R. G. H. Sui aus: »Originelle Ideen ... bevorzugen den Geist, der die Natur liebt und nicht insgeheim versucht, sie auszubeuten.«[19] Das Streben nach Lohn verdirbt die Kreativität, während liebevolle Arbeit Perspektiven eröffnet, die den Eigennützigen verborgen bleiben. Gerade weil die Taoisten nicht über die Natur herrschen wollten, konnten sie ihre Ordnung erfassen. Mozart vertrat im Wesentlichen den gleichen Standpunkt, was den Ursprung schöpferischer Werke anbelangt: »Weder hohe Intelligenz noch Fantasie noch beide zusammen machen das Genie aus. Liebe, Liebe, Liebe, das ist die Seele des Genies.«

Nichts hält seine Geheimnisse verborgen, wenn man es stark genug liebt.
George Washington Carver

Die westliche und die taoistische Wissenschaft unterscheiden sich nicht nur in ihrem Motiv (Herrschaft kontra Harmonie), sondern auch in ihrer Methode. Sowohl die moderne westliche als auch die alte taoistische Wissenschaft wollen die Welt von Vorurteilen befreien. Da sie aber von unterschiedlichen metaphysischen Annahmen ausgehen, sind ihre Methoden verschieden wie Tag und Nacht. Die Wissenschaftler des Westens streben nach Objektivität, indem sie möglichst viele empirischen Daten sammeln und einer strengen intellektuellen Analyse unterziehen. Taoisten beobachten natürliche Phänomene konzentriert und im Zustand des *kuan*, also der Kontemplation mit leerem Geist. Der leere Geist, auch »unbehauener Block« oder »vollkommener Spiegel« genannt, reflektiert die Welt so, wie sie ist, ohne Verzerrung durch intellektuelle Vorurteilen oder Meinungen.

Die taoistische Wissenschaftsphilosophie, die auf die Natur reagiert, und das taoistische *kuan* bieten eine alternative Auffassung von Wissenschaft, die ebenso gültig ist wie die westliche. Währen die westliche Wissenschaft die Natur beherrschen will, versucht die taoistische, »dem Weg der Natur zu folgen«. Während die taoistische Methode das Wissen bevorzugt, das die passive, intuitive Intelligenz hervorbringt, strebt die westliche Methode nach Wissen, das durch aktive Intelligenz – Datensammlung, Analyse und Logik – erworben wurde.

Heute brauchen wir keine Wahl zwischen diesen Methoden zu treffen, denn beide haben bereits wichtige Beiträge zur alten und modernen Wissenschaft geliefert.[20] Albert Einstein, vielleicht der größte Wissenschaftler des 20. Jahrhunderts, war ein »intuitiver« Wissenschaftler, dessen Liebe zur Natur ihn zu eleganten (das heißt »einfachen«) Prinzipien führte. Andererseits ist das wissenschaftliche Motiv von Descartes und Bacon (Herrschaft über die Natur) in einer Zeit der Atombomben, der enormen Umweltverschmutzung und der wirtschaftlichen Ausbeutung hoffnungslos überholt.

Das Tao der zehntausend Dinge und die Fülle

Nachdem man die äußere Erscheinung des Dinges untersucht hat, wendet man sich seinem Wesen zu.
Ching Hao

Im Bemühen, wissenschaftlich zu sein, versuchen moderne Ökonomen, Fülle mit Hilfe quantifizierbarer Summen zu definieren, die man leicht analysieren und in die Zukunft projizieren kann. Ihnen geht es also nur um Kosten und Profite. Das hat unsere Vorstellung von Wohlstand und Fülle verzerrt. Wer nur nach der »wirtschaftlichen Vernunft« entscheidet und handelt, kümmert sich nicht um die Folgen seiner Entscheidungen und Handlungen für das Leben und das Glück der Menschen. Was Profit bringt, führt nicht unbedingt zu echter Fülle. Da der wirtschaftliche Standard künstlich ist, steht der Profit sogar im Gegensatz zur Fülle. Taoisten haben eine andere Auffassung von Fülle. Wenn es darum geht, die Lebensqualität zu messen, stellen sie die Würde des Menschen über den sozialen Status und die freie Nutzung der Zeit über den Erwerb von Geld. In den Kapiteln 5 und 7 gehe ich auf diese Themen näher ein.

Wenn wir das Tao der zehntausend Ding akzeptieren, sind wir nicht mehr Gegner der Natur, sondern können die Liebe und Spontaneität nutzen, der wir unsere Kreativität verdanken. Harmonie mit der Natur setzt zuerst einmal voraus, dass wir die menschliche Natur, an der wir alle teilhaben, ebenso anerkennen wie unsere einzigartigen individuellen Fähigkeiten. Wenn wir unsere einzigartigen Gaben und Fähigkeiten als Individuen annehmen und ausdrücken, öffnet sich vor uns der Weg zur wahren Fülle. Wenn wir unsere Gaben weitergeben, bekommen wir mit der Zeit den Lohn, der uns gebührt. Mehr noch: Wir erfahren die größte Fülle, die es gibt – die Fülle, die sich einstellt, wenn wir sind, wer wir sind. Die größte Armut besteht vielleicht darin, dass wir mit dem Gefühl durchs Leben gehen, das, was wir auf dieser Welt ausdrücken und geben sollen, nie ausgedrückt und gegeben zu haben. Den Taoisten ging es weniger darum zu erklären, warum ein Phänomen vorhanden ist, sondern mehr darum, welche Phänomene es gibt und wie sie miteinander zusammenhängen. In späteren Kapiteln gehe ich auf einige der äußerst praktischen Einsichten der taoistischen Wissenschaft und ihre Anwendung im täglichen Leben ein.

Das Spirituelle steigt nicht von oben herab. Es ist vielmehr eine Erleuchtung, die wir im Inneren finden.
AJIT MOOKERJEE

Das soziale Tao, der Weg der Menschheit

Ich tue nichts, und die Menschen ändern sich.
Ich genieße den Frieden, und die Menschen werden ehrlich.
Ich wende keine Gewalt an, und die Menschen werden reich.
LAO TZU

Der Begriff *Tao* steht auch für eine Pädagogik, eine Lebensweise in Harmonie mit dem Universum. Obwohl das Tao in dieser Bedeutung eher den Konfuzianern zugeschrieben wird, hatten die klassischen Taoisten ebenfalls viel über den Weg der Menschheit zu sagen. Auch im Rahmen der Gesellschaft können Menschen im Einklang mit dem Tao handeln oder darauf verzichten. Letztlich lebt allerdings jeder Mensch im Tao und vom Tao, einerlei was er denkt und wie er handelt. Ob wir uns dessen bewusst sind oder nicht, wir sind ein Teil des transzendenten, ewigen Mysteriums. Sie und ich und alle anderen Wesen und Dinge kommen aus derselben Quelle des Universums. Darum sind wir mit allem eins und nicht von anderen Dingen oder Wesen getrennt. Die Welt, in der wir leben, auch unser Körper, ist vom Tao beseelt, und jeder Mensch drückt das Tao gemäß den organischen Mustern seines Lebens aus. Das Tao der Menschheit ist also nichts weiter als ein Leben im Bewusstsein des Tao.

Unter den taoistischen Werken befasst sich vor allem das *Tao Te Ching* mit politischer Philosophie. Nach dem *Tao Te Ching* ist ein politisches System ideal, wenn die Behörden möglichst wenig in das Leben der gewöhnlichen Menschen eingreifen. Herrscher werden ermahnt, ein Land so zu regieren, wie man »einen kleinen Fisch kocht«: überaus behutsam.

Das taoistische Interesse an politischer Ökonomie ist ein offenkundiger Widerspruch, den viele westliche Interpreten nur schwer lösen können. Ihnen fällt die logische Widersprüchlichkeit einer Philosophie auf, die einerseits moralische Vergleiche und Stellungnahmen scheut und andererseits für ein politisches Ideal eintritt und jene, die es nicht einhalten, verurteilt. Das *Tao Te Ching* lehrt, dass wir nur dann nach »Rechtschaffenheit« streben, wenn wir das Tao verloren haben. Die Idee der Einheit in Gegensätzen beweist, dass es töricht ist, das Gute über das Böse zu stellen oder zu behaupten, etwas sei »richtig« oder »falsch«.

Ich arbeite weiter, und zwar aus dem gleichen Grund, warum eine Henne weiter Eier legt.
H. L. MENCKEN

Dennoch finden wir im *Tao Te Ching* Aussagen wie: »Die Menschen sind hungrig, weil die Herrscher zu viele Steuern verprassen. Der Hof ist korrupt, die Felder sind von Unkraut überwuchert. Die Scheunen sind leer, und dennoch gibt es jene, die fein gekleidet sind, ein Schwert an der Seite tragen und den Bauch mit Speisen und Getränken füllen.« Das ist nur ein kleines Beispiel für die moralisierenden Kommentare, die man überall im *Tao Te Ching* findet. Im *Chuang Tzu* sagt Man Kou-Tê: »Die Schamlosen werden reich, und gute Redner werden Feudalherren ... Kleine Räuber werden ins Gefängnis geworfen, aber große Räuber werden Feudalherren, und dort, am Hofe der Feudalherren, findest du deine rechtschaffenen Gelehrten.«[21]

Warum steigen die Taoisten aus der dünnen Luft der Identität in allen Dingen und der Einheit in den Gegensätzen herab, um ein politisches Ideal vorzustellen oder den Machtmissbrauch anzuprangern? Dieser scheinbare Widerspruch löst sich auf, wenn wir an die Dimensionen des Bewusstseins denken, die ich oben beschrieben habe. Auf jeder dieser Ebenen gelten verschiedene Prinzipien, die im erwachten Individuum dennoch verschmelzen. Wenn wir sagen, diese Handlung folge dem Weg des Tao und jene widerspreche ihm, und dabei die anderen Ebenen nicht anerkennen oder erfahren, fällen wir nur ethische Urteile. In diesem Fall müssen wir (um eine Metapher aus einer anderen Überlieferung zu verwenden) zuerst den Balken aus unserem Auge entfernen, bevor wir uns um den Splitter im Auge unseres Bruders kümmern dürfen. Der Balken ist natürlich das trennende Ich.

Andererseits kann das erleuchtete Individuum die politischen, wirtschaftlichen und sozialen Ebenen des menschlichen Lebens nicht ignorieren. Sein Interesse an diesen Themen ist eine natürliche Folge seines angeborenen Mitgefühls, das die Taoisten *Tzu* nennen. Eben weil das Tao verloren gegangen ist (weil die meisten Menschen sich des Taos nicht bewusst sind), ist dieses Interesse an Politik, Wirtschaft und sozialer Ordnung notwendig. Die frühen Taoisten, auch der Autor oder die Autoren des *Tao Te Ching*, hatten dieses Interesse mit Sicherheit. Sie sprachen sich zwar gegen ethische Regeln aus, aber eine Art natürliche Ethik ist in der taoistischen Philosophie enthalten. Albert Schweitzer beschreibt den Ursprung und die Wirkung dieser Art Ethik so:

> *Ethik wird aus dem physischen Leben geboren, aus der Verbindung des Lebens mit dem Leben. Darum ist es das Ergebnis unserer Solidarität mit dem Leben, das die Natur uns gibt. Und wenn es tiefer wird, lehrt es uns Mitgefühl mit allem Leben ... Diese aus dem Materiellen geborene Ethik wird in unsere Herzen eingekerbt und erreicht ihren Höhepunkt in der spirituellen Einheit und Harmonie mit dem schöpferischen Willen, der in allem und durch alles ist.*[22]

Wenn die klassischen Taoisten wirklich an der Sozialordnung ihrer Zeit interessiert waren, warum hält sich dann so hartnäckig die Vorstellung, sie seien verschlossene Einsiedler gewesen? In den Lehrbüchern der chinesischen Philosophie sind die Konfuzianer an der Gesellschaft und ihrer Zukunft interessiert, während die Taoisten die Gesellschaft ablehnen und Zuflucht in der Natur und in mystischen Kontemplationen suchen. Das ist ein einfacher und praktischer Unterschied, wenn man vergleichen will, selbst wenn er nicht ganz den Tatsachen entspricht. Die Weigerung Chuang Tzus, für die Regierung zu arbeiten, und die spätere Tradition des Einsiedlertums werden oft als Beweis für die Gleichgültigkeit der Taoisten gegenüber einem Leben in der Gesellschaft zitiert. Um diese Frage klar zu beantworten, müssen wir die Sozialordnung der damaligen Zeit vor dem geschichtlichen Hintergrund sehen.

Nicht nur in China, sondern in allen zivilisierten und »primitiven« Kulturen gab es spirituelle Seher, die nach einer alten Tradition die politischen Führer berieten. Von den Autoritäten wurde erwartet, dass sie den Rat der Seher suchten und befolgten. Ein Dorfhäuptling oder Anführer von Kriegern ließ sich in der Regel von einem oder mehreren Schamanen beraten. Dieser Praxis begegnen wir auch im alten Ägypten und Chaldäa, wo Priester und Astrologen die Ratgeber der Pharaonen und Könige waren. In der europäischen Tradition gibt es die Sage von König Arthur, der vom weisen Magier Merlin beraten wurde. Wir wissen auch, dass Alexander der Große ein Schüler des weisen Philosophen Aristoteles war und dass brahmanische Priester die Herrscher Indiens berieten.

Es gibt viele literarische Belege dafür, dass politische Führer auch den Rat der Weisen und Propheten befolgten. Das waren Menschen, die zwar nicht zur Priesterschaft gehörten, aber wegen ihrer spirituellen Kraft (*Te*) großes Ansehen genossen. Alexander anerkannte die spirituelle Kraft des Diogenes. Ramas Vater, König Dasaratha, glaubte an die Weisheit des Viswamitra. Der biblische Saul hörte (zumindest manchmal) auf Samuel. Trotz dieser Beziehung, deren Grundlage die offizielle Autorität des Priesters, die spirituelle Macht des Weisen oder die mediale Fähigkeit des Schamanen war, blieben »Kirche« und Staat klar getrennt. In vielen Kulturen durften spirituelle Führer kein politisches Amt übernehmen, in anderen war diese Trennung ein uralter Brauch.

In diesem Kontext sollten wir Chuang Tzus Weigerung sehen, in den Dienst der Regierung zu treten. Dennoch waren die frühen Taoisten an der Sozialordnung interessiert, wenngleich sie im Gegensatz zu den Konfuzianern nicht für den Staat arbeiten wollten (allerdings lehnte Konfuzius wie Chuang Tzu ein öffentliches Amt ab). Darin stimmten sie mit der vorherrschenden Tradition über ein. Lao Tzu und Chuang Tzu lebten in einer Zeit großer politischer, wirtschaftlicher und sozialer Umwälzungen, in der Ära der »Krieg führenden Staaten«. China hatte den matriarchalischen Kollektivismus der Jungsteinzeit eben erst zu Gunsten des patriarchalischen Feudalstaates aufgegeben. Lao Tzu erkannte viele Probleme im neuen System und zögerte nicht, den Politikern seinen Rat anzubieten. Joseph Needham ist der Ansicht, die Taoisten hätten sich erst dann zu Eremiten entwickelt, als sie ihren politischen Einfluss an die Konfuzianer und Feudalherren verloren.

Selbstlos sein heißt alles durchdringen. Alles durchdringen heißt transzendent sein.
LAO TZU

Im *Tao Te Ching* richten sich Aussagen zur Wirtschaftspolitik nicht an die Massen, sondern an die herrschende Elite. Es spricht jenen, die politische Autorität ausüben oder ein gewisses Maß an Erleuchtung erlangt haben, eine größere Verantwortung zu. Damit steht das *Tao Te Ching* nicht allein. Der Jesus des Neuen Testaments, der uns aufruft, unsere Feinde zu lieben, nicht den ersten Stein zu werfen, neunundvierzig Mal zu vergeben, die andere Wange hinzuhalten und so weiter, äußert sich sehr hart über die religiösen Führer seiner Zeit, denen er vorwirft, die Menschen irrezuführen. Wer politische oder spirituelle Autorität ausübt, wird offenbar mit strengeren Maßstäben gemessen als die große Masse der Bevölkerung.

Weise und politische Führer bemühen sich um eine Sozialordnung, die Menschen der Erleuchtung näher bringt, falls sie diesen Wunsch haben, und die dem ganzen Volk möglichst viel Glück und möglichst wenig Leid beschert. Wer kein Interesse an der Spiritualität hat oder sich dafür nicht eignet, soll dennoch so weit wie möglich in der Lage sein, seiner Natur zu folgen und sein Schicksal zu erfüllen. Die politisch und wirtschaftlich Mächtigen durften sich nur dann in das Leben der gewöhnlichen Leute einmischen, wenn es unbedingt notwendig war. Dann blieben die Menschen dem Tao im Geist nahe, selbst wenn sie das Wort *Tao* nie gehört hatten. Taoisten geben konkrete Empfehlungen für eine Gesellschaft, die auf diesen Prinzipien gründet. Darauf werde ich später noch eingehen.

Das soziale Tao und die Fülle

Der Weise hat keinen eigenen Geist.
Er ist sich der Bedürfnisse anderer bewusst.
Lao Tzu

Wahre Fülle schließt das Wohl der ganzen Gesellschaft ein. Taoisten wissen, dass kein Individuum wahre Fülle auf Kosten anderer finden kann. Wer rücksichtslos Reichtum erwirbt oder ihn hinter Mauern und Stacheldraht hortet, besitzt keine wahre Fülle, denn diese ist eine Fülle des Selbstes, nicht des Ichs, und sie ist expansiv und schließt andere ein. Soziale Verantwortung und Einsatz für soziale Gerechtigkeit sind Teil des Tao der Fülle. Das soziale Tao respektiert die Würde und den Wert der natürlichen Fähigkeiten jedes Menschen und strebt nach sozialer Harmonie und Zusammenarbeit. In den folgenden Kapiteln gehe ich auch auf die moderne Sozialordnung ein und untersuche, was sie für unsere Erfahrung der Fülle bedeutet und was wir tun können, um soziale Ungerechtigkeit zu beseitigen.

Die Hand des Tao

Aus dem unaussprechlichen Mysterium des ewigen Tao
steigt Mutter Tao, die formlose Quelle aller Dinge.
Alles ist im Schoß des Universums miteinander verwoben.
In der großen Verschmelzung des Tao ist kein Ding getrennt.
Doch alle Dinge drücken ihre eigene Natur aus,
gemäß dem Tao der zehntausend Dinge.
Wenn Menschen in ihrem Alltag dem Tao folgen,
leben sie in Harmonie und wahrer Fülle.

Vom Tao kann man nicht sprechen,
und doch ist jeder Name sein.
Es ist die Quelle aller Dinge,
und dennoch ist es nichts.
Es lebt in allem,
aber wenige leben in ihm.
Darum nennt man es mit Recht Mysterium.

Einführung

Je mehr wir lernen,
was wir mit uns selbst tun sollen
und was wir für andere tun können,
desto mehr genießen wir
das Leben in Fülle.
William J. H. Boetcker

理 無為 陰陽

無名 氣 仁 自然 德

Bevor ich darauf eingehe, was dieses Buch ist, möchte ich erklären, was es nicht ist. Dies ist kein »Leitfaden zum schnellen Reichtum durch positives Denken«. Sie werden nicht aufgefordert »wie ein Millionär zu denken« oder »die Erfolgsleiter zu erklimmen«. Es geht in diesem Buch auch nicht um Börsengeschäfte oder Vorsorge fürs Alter. Es gibt bereits genug Bücher zu diesen Themen. In diesem Buch ist von einer Fülle die Rede, die weit über die Ansammlung materieller Güter hinaus geht.

Gewiss, wenn Sie die acht Prinzipien anwenden, die ich vorstellen werde, kann auch die materielle Fülle in Ihrem Leben zunehmen. Auf jeden Fall helfen Ihnen diese Prinzipien, gegenüber den schöpferischen Ideen aufgeschlossen zu sein, aus denen jede Art Reichtum letztlich hervorgeht. Doch diese materielle Fülle ist nicht das Ziel, sondern ein natürliches Nebenprodukt einer tieferen seelischen Fülle. Das neue Gefühl der Fülle, das Sie innerlich spüren, spiegelt sich in allen Bereichen Ihres äußeren Lebens wider, auch in den Finanzen. Doch selbst wenn Ihr Einkommen gleich bleibt oder sogar ein wenig sinkt, können Sie in größerer Fülle leben – vorausgesetzt, Sie verdienen Ihr Geld auf eine Weise, die Ihr wahres Selbst zum Ausdruck bringt. Manche Menschen finden sogar heraus, dass sie erst dann echte Fülle erfahren, wenn sie nicht mehr nach gesellschaftlichem Ansehen streben oder an materiellen Gütern haften.

Wahre Fülle ist viel mehr als Geld. Gesunde Finanzen sind nicht dasselbe wie Gesundheit und Fülle des Geistes. Zeitschriften und das Fernsehen berichten immer wieder über die seelische und spirituelle Armut der Reichen und Berühmten. Diese Menschen sind nie mit dem zufrieden, was sie haben, und fürchten ständig, es zu verlieren. Wahre Fülle muss also mehr als viel Geld und Besitz sein. Aber wie erlangen wir sie?

Die fundamentale Prämisse dieses Buches lautet: Das Universum sind Sie, und es ist für Sie da. Wenn Sie in Harmonie mit dem Universum leben, schenkt es Ihnen Fülle. Um diese Fülle zu erfahren, brauchen Sie nichts zu tun. Sie brauchen keine einzige Mark zusätzlich zu verdienen, keine neue Stellung zu finden, kein neues Auto zu kaufen und nicht zurück in die Schule zu gehen. Nur eines wird von Ihnen verlangt: dass Sie sich des inneren Prozesses bewusst werden, durch den Sie Mangel in Ihr Leben bringen, und dass Sie diesem Prozess ein Ende machen. Fülle und Dankbarkeit sind natürliche Qualitäten des Menschen; wir brauchen sie nicht zu erwerben. Wir müssen nur herausfinden, wie wir uns gegen diesen natürlichen Zustand wehren.

In diesem Buch werde ich Sie immer wieder auffordern, die Verantwortung für Ihren Mangel oder Ihre Fülle zu übernehmen. Natürlich lebt niemand in einem Vakuum. Es wäre abwegig zu leugnen, dass die Gesellschaft und ihre Wertvorstellungen uns beeinflussen. Die moderne Konsumgesellschaft fördert ein »Mangelbewusstsein«, um zu gewährleisten, dass Produktion und Verbrauch ständig wachsen. Wir kaufen Dinge, die wir nicht brauchen oder nicht einmal wollen, weil wir glauben, ohne sie irgendwie minderwertig zu sein. Wir arbeiten, obwohl die Arbeit uns keine Freude macht, weil wir uns einreden lassen, es gebe nur wenige gute Stellen und wir seien nicht imstande, uns selbst Arbeit zu beschaffen. Obwohl wir immer mehr Tand anhäufen, empfinden wir nie Fülle. Aber die Gesellschaft fördert nicht nur das Gefühl des Mangels im Individuum, sie hindert es auch daran, sich schöpferisch weiter zu entwickeln und finanziell unabhängig zu werden.

Dennoch sind wir letztlich selbst für unser Leben verantwortlich. Sobald wir die gesellschaftlichen Kräfte durchschauen, die das Mangelbewusstsein fördern, aber auch die Triebe, die uns an diese Kräfte fesseln, können wir die Ketten der seelischen Armut ein für allemal abschütteln. Dieses Buch deckt die Wurzeln der seelischen Armut auf und zeigt, wie wir sie überwinden.

Im Grunde ist *das System* das Ich. Es ist unsere Aufgabe, uns von der Herrschaft dieses Systems zu befreien. Was sich im sozialen und wirtschaftlichen System widerspiegelt – Entfremdung, Anhaften, Groll, Sehnsucht nach Anerkennung, feindseliger Wettbewerb, Stolz, Gier und Chaos –, entsteht im Ich. Wir *sind* das System, und »wir sind die Welt«, wie Krishnamurti es lange vor dem bekannten Popsong ausdrückte. Dieses Buch stellt dem Weg des Ichs den Weg des Tao gegenüber. Der Weg des Ichs löst immer ein Gefühl des Mangels aus, das wir nicht beseitigen können, einerlei wie viel Geld oder Güter wir anhäufen. Der Weg des Tao erzeugt dagegen ein Gefühl der Fülle, unabhängig davon, wie viel oder wenig Geld und Besitz wir haben. William Blakes Gedichte drücken Fülle aus, obwohl er oft kein Geld hatte. Das zeigen auch die folgenden Verse:

Ich genieße Freude und Gesundheit im Geiste,
Freunde und Reichtum im Geiste.
Ich habe eine Frau, die ich liebe und die mich liebt.
Ich habe alles außer materiellen Gütern.

Das heißt nicht, dass wir materiellen Wohlstand und die damit verbundenen Vorteile ablehnen sollen. Wir können mit Geld viel Gutes bewirken und viel unnötiges Leid verhindern oder beseitigen. In unserer Kultur ist Zeit gleich

Geld, und Geld ist Macht. Wir brauchen Zeit, um das Leben mit all seinen einfachen Freuden zu genießen. Wir brauchen Zeit, um der Stimme unseres wahren Selbstes zu lauschen. Wir brauchen Zeit, um innige Beziehungen zu knüpfen und zu stärken. Wir brauchen Zeit, um zu lernen und zu wachsen. Und Geld ist eine große Hilfe, wenn wir versuchen, diese Zeit zu beschaffen.

Geld kann uns auch von der Herrschaft anderer befreien, und insofern ist es heute wichtiger denn je. Während seiner langen Geschichte brauchte der Mensch fast nie Geld, um für seine Grundbedürfnisse zu sorgen. Wer kein Teil der Gesellschaft sein wollte, konnte sich an einen abgelegenen Ort zurückziehen und vom Land leben. Dieser Ausweg ist heute kaum noch vorstellbar.

Taoisten schätzen die Freiheit und wollen die Würde des Menschen bewahren. Darum würden sie Humphrey Bogarts Meinung nicht widersprechen: »Viel Geld zu verdienen hat nur einen Vorteil: Man kann hohen Tieren sagen, wohin sie sich scheren sollen.« Es geht nicht darum, feindselig zu anderen zu sein, sondern darum, seinen eigenen Weg zu gehen, frei von Einschüchterungen und ohne fremde Aufsicht. Das hohe Tier kann der Chef sein, für den Sie eine seelenzermürbende, monotone Arbeit verrichten, oder ein Vermieter oder die Bank, die Sie bezahlen müssen, um ein wenig Ruhe und Frieden zu haben. Da Geld ein wichtiger Faktor ist, wenn wir die Zeit, die Macht und die Freiheit haben wollen, das Leben zu genießen, lohnt es sich, Geld zu verdienen. Andererseits werden wir gewiss enttäuscht, wenn wir glauben, das Geld selbst bringe uns Erfüllung,

Wenn wir knapp an Geld sind, denken wir zu oft, dieser Mangel sei unser einziges Problem. Geld kann uns die Zeit geben, einfache Dinge im Leben mehr zu genießen, nicht aber den Geist der Unschuld und des Staunens, den wir dafür brauchen. Geld kann uns die Macht geben, anderen Menschen das Leben zu erleichtern, aber es löst nicht den Wunsch aus, das zu tun. Geld kann uns die Zeit geben, unsere Beziehungen zu entwickeln und zu stärken, aber nicht die Liebe und Fürsorge, die dafür notwendig ist. Geld kann uns aber auch übersättigt, wirklichkeitsfremd, egoistisch und einsam machen. Kurz gesagt: Geld kann uns befreien oder versklaven, je nachdem, warum wir es haben wollen und was wir damit tun. Insofern hat sich nichts geändert, seitdem Horaz vor zweitausend Jahren schrieb: »Reichtum dient seinem Besitzer oder beherrscht ihn.«

Geld ist eine relativ einfache Sache. Es wirft nur zwei wichtige Fragen auf: 1. Wie viel brauche ich? 2. Was kostet es? Wenn wir diese beiden Fragen im Auge behalten, verstehen wir, was Geld mit Fülle zu tun hat. Unsere Erfahrung der Fülle ist unvollständig, wenn wir weniger Geld haben, als wir brauchen, oder wenn das, was wir haben, zu viel kostet. In unserer Welt brauchen Sie Geld, um zu essen, zu schlafen, Kleider zu kaufen, zu arbeiten, zu spielen, Beziehungen einzugehen, gesund zu werden, umzuziehen und sich die Regierung vom Hals zu halten. Wie viel Geld Sie brauchen, hängt von Ihrer Lebensweise ab. Denken Sie daran, dass an jeder Lebensweise ein Preisschild haftet. Wie viel Geld etwas kostet, ist nicht das Problem; entscheidend ist, wie viel das Geld *Sie* kostet. Vergessen Sie nie:

Geld darf nicht Ihre Seele kosten.
Geld darf nicht Ihre Beziehungen kosten.
Geld darf nicht Ihre Würde kosten.
Geld darf nicht Ihre Gesundheit kosten.
Geld darf nicht Ihre Intelligenz kosten.
Geld darf nicht Ihre Freude kosten.

Wenn Sie herausfinden wollen, wie viel Geld Sie brauchen, sind zwei Kategorien wichtig. Erstens brauchen Sie materielle Dinge, um Körper und Seele zusammen zu halten. Zweitens haben Sie »Bedürfnisse«, die den gesellschaftlichen Status betreffen. In beiden Fällen haben Sie einen großen Ermessensspielraum. Die alten taoistischen Meister wussten genau, was Geld kostet, und sie waren sehr skeptisch, was die Kosten der gesellschaftlichen Position anbelangt. Im *Lieh Tzu* schreibt Yang Chu:

Die Menschen erkennen, dass Glück nicht einfach die Befriedigung materieller Bedürfnisse ist. Darum hat die Gesellschaft ein System der Belohnungen eingeführt, das über materielle Güter hinaus geht. Dazu gehören Titel, Anerkennung und politische Macht, jeweils in einem Päckchen, das Selbsterfüllung genannt wird. Von diesen Belohnungen angelockt und unter dem Druck der Gesellschaft, verbringen die Menschen ihr kurzes Leben damit, Körper und Geist zu erschöpfen, indem sie diesen Zielen nachjagen. Das gibt ihnen vielleicht das Gefühl, im Leben etwas erreicht zu haben; doch in Wahrheit haben sie vieles geopfert. Sie können nicht mehr aus dem Herzen sehen, hören, handeln, fühlen und denken. Alles, was sie tun, messen sie daran, ob es ihnen soziale Vorteile verschafft. Am Ende haben sie ihr Leben damit verbracht, den Befehlen anderer zu gehorchen, und sie haben nie ihr eigenes Leben gelebt. Unterscheidet sich dieses Leben von dem eines Gefangenen oder Sklaven? Wir sollten während der kurzen Zeit, die wir haben, auf unsere eigene Stimme hören und unserem eigenen Herzen folgen. Warum nicht frei sein und unser eigenes Leben führen? Warum die Regeln anderer Leute befolgen und leben, um es anderen recht zu machen?

Ja, warum eigentlich? Nach einer neueren Studie geben 48 Prozent der männlichen Führungskräfte zu, dass sie ihr Leben als leer und sinnlos empfinden. Wenn man bedenkt, dass diese Aussage mit einem kulturellen Tabu behaftet ist, muss man annehmen, dass die wahre Zahl noch größer ist. Und das sind die Leute, die das Geld und das Ansehen haben, nach dem so viele andere sich verzweifelt sehnen! Auch Napoleon Hill, der Autor des klassischen Erfolgsbuches *Denke nach und werde reich*, musste lernen, dass man wahren Reichtum nicht in Dollar und Cent messen kann. In einem späteren Buch mit dem Titel *Grow Rich! With Peace of Mind* schilderte er, wie seine Gier nach Geld und materiellem Erfolg ihn zwar reich gemacht, ihn aber den Seelenfrieden, die Gesundheit, seine Beziehungen und letztlich sogar sein Vermögen gekostet hatte. Er erkannte den spirituellen Aspekt der wahren und dauerhaften Fülle an und versprach, er werde, falls er noch einmal reich werden sollte, dem Geld den Platz zuweisen, der ihm gebühre – als *einem* der vielen Reichtümer des Lebens.

Viele glauben, sie wären glücklich, wenn sie genug Geld hätten und nicht mehr arbeiten müssten. Doch das ist oft nur eine Reaktion auf die tägliche Tretmühle, die ihnen sinnlos vorkommt. Ich habe zahlreiche Briefe bekommen, die auf meine Bücher *Zen and the Art of Making a Living* und *How to Find the Work You Love* eingehen. Eines Tages rief mich ein Mann von der anderen Seite der Erdkugel an. Er hatte in seinem Leben noch keinen einzigen Tag gearbeitet. Als Erbe eines großen Vermögens brauchte er sein täglich Brot nicht zu verdienen. Aber glücklich war er nicht. Er war tief betrübt darüber, dass ein großer Teil seines Lebens verstrichen war, ohne dass er seine Talente genutzt und etwas für andere getan hatte. Sinnvolle Arbeit ist wie Gesundheit, spirituelles Wachstum und erfüllende Beziehungen einer der Reichtümer des Lebens, die wir vernachlässigen. Diese ganzheitliche Auffassung von Fülle vertrete ich in diesem Buch.

Es lohnt sich zu fragen, ob unsere Welt eine Welt der Fülle oder des Mangels ist. Unsere Antwort hängt im Wesentlichen davon ab, wie wir Reichtum definieren. Für Ökonomen ist er die Abwesenheit von Mangel, und die Ökonomie gilt als »Wissenschaft, die sich mit der Wahl zwischen verschiedenen knappen Ressourcen befasst«.[1] Die ersten Nationalökonomen betrachteten das Land als Grundlage des Wohlstands. Gewiss, das Land kann uns ernähren und uns eine Fülle von Produkten liefern, die wir für andere Dinge eintauschen können; aber das kultivierbare Land ist begrenzt. Als nächstes kamen die Merkantilisten, die Gold und Silber für die Basis des Reichtums hielten. Gold und Silber sind wertvoll, weil sie selten sind. Diese Auffassung vom

Reichtum spornte die europäischen Staaten an, Kolonien zu gründen. Darum dominieren die Kultur und die Ökonomie des Westens heute noch auf der ganzen Welt. Für spätere Ökonomen war die Arbeit die Grundlage des Reichtums. Die frühe Industriegesellschaft brauchte viele »billige« Arbeiter. Je mehr Arbeiter jemand beschäftigte, desto reicher wurde er in der Regel. Aber auch die Zahl der Arbeitskräfte und die Zahl der Arbeitsstunden, die sie bewältigen können, ist begrenzt. Alle diese Definitionen des »Reichtums« (Land, Gold, Arbeit) gründen also auf begrenzten, das heißt knappen Ressourcen. Wenn das so ist, können offensichtlich nur relativ wenige reich sein.

Wenn jemand sagt, mit Geld könne man alles kaufen, dann ist eines klar: Er hat keines.
Edgar Howe

Der berühmte Architekt, Erfinder und Futurist Westminster Fuller beginnt mit einer völlig anderen Definition des Reichtums. Für ihn ist Reichtum physikalische Energie (in Form von Materie oder Strahlung) plus »metaphysisches Know-what und Know-how«.[2] Dieses Verständnis vom Reichtum als »alle Energie, die dem Planeten Erde zur Verfügung steht, plus das ständig zunehmende Wissen der Menschheit« macht uns alle zu »Milliardären«, wie Fuller es ausdrückt. Wie wir von der Schule her wissen, bleibt die physikalische Energie erhalten, und die Anwendung unseres Wissen führt zu neuem Wissen. Von Fullers Standpunkt aus ist die Grundlage des Reichtums demnach praktisch unbegrenzt. Wir leben in einer Welt der Fülle.

Nachdem er viele Jahre lang Daten über globale Ressourcen und Technologien gesammelt und ausgewertet hatte, kam Fuller zu dem Schluss, dass »die Menschheit gut und angemessen existieren kann, wenn sie nur die täglich verfügbare Gravitationsenergie des Sonnensystems nutzt«. Mit anderen Worten: Es ist so viel Energie vorhanden, dass alle Menschen bequem leben können, ohne die natürlichen Ressourcen der Erde zu erschöpfen. (Ich kann hier nicht näher auf Fullers Forschungen eingehen, ermutige den Leser aber, sich damit zu beschäftigen.[3]) Der Ansatz der Taoisten war zwar naturalistisch und intuitiv, aber sie kamen im Wesentlichen zur gleichen Schlussfolgerung: Wir leben in einer Welt der Fülle. Ihre Behauptung »Wenn alle Dinge ihre natürliche Aufgabe erfüllen dürfen, sind alle glücklich« geht von einem natürlichen Zustand der Fülle aus, der sich dann einstellt, wenn wir dem Prozess eins sind, den wir Universum nennen.

Wenn wir in einer Welt der Fülle leben und wenn wir alle Milliardäre sind, warum gibt es dann so viel Mangel? Abgesehen von wirtschaftlichen und politischen Fehlern sowie der ungerechten Verteilung des Reichtums gibt es noch einen Grund dafür: Die meisten Menschen glauben an den Mangel und leben nach dieser Vorstellung. Die Psychologie des Mangels ist auf den verbreiteten Glauben an die physikalische Knappheit zurückzuführen. Gewiss, es gibt mächtige Leute, die ein Interesse daran haben, dass wir diese Meinung beibehalten. Fuller schreibt dazu: »Mit ihrem Spiel, bei dem sie Geld mit Geld machen, beuten die Geldmacher und ihre Ökonomen unaufhörlich die politische und religiöse Lehre aus, die Ressourcen unseres Planeten seien für uns grundsätzlich zu knapp.«[4] Menschen, die an den Mangel glauben, lassen sich leichter manipulieren.

Einerlei, ob wir mit Fuller übereinstimmen oder nicht, entscheidend ist die Einsicht, dass unsere Definition des Reichtums sehr viel mit unserer individuellen oder kollektiven Erfahrung der Fülle oder des Mangels zu tun hat. Wir alle sollten uns übrigens fragen, ob wir nicht jetzt schon in Fülle leben; denn auf der materiellen Ebene genießen die meisten von uns eine Fülle, die es in der Menschheitsgeschichte nie zuvor gegeben hat. Denken Sie an all das, was Sie bereits haben. Das Wichtigst, was Sie haben, ist Ihr Leben, und ich nehme an, Sie haben auch genug zu essen und ein Bett zum Schlafen. Die Menschen der Mittelschicht in den Industrieländern genießen heute einen höheren Lebensstandard als die Könige früherer Zeitalter. Wir haben fließendes Wasser und WCs, Zentralheizungen, Klimaanlagen und Kühlschränke. Wir essen exotische Früchte aus der ganzen Welt, selbst im Winter. Davon konnte Königin Elisabeth I. nur träumen. Und wir verfügen über Kommunikations- und Transportmittel, die noch vor hundert Jahren als fantastisch gegolten hätten. Die Lebenserwartung des Homo sapiens hat sich von vierzig auf achtzig Jahre verdoppelt.

Obwohl die Tatsachen für eine individuelle und planetare Fülle sprechen, haben viele Menschen das Gefühl, im Mangel zu leben. Selbst dickköpfige Ökonomen räumen ein, dass das Schaffen von Wohlstand und die Einstellung dazu auch eine psychologische Komponente haben. Wenn Ökonomen vom Konsum- oder Investitionsklima sprechen, erkennen sie die Bedeutung der Psyche für die Wirtschaft an. Bei den Schwankungen der Aktienkurse und der Bewertung eines Unternehmens spielen psychologische Faktoren eine wichtige Rolle. Der Glaube an die Stärke des Marktes oder eines Unternehmens setzt sich oft gegen die »Fundamentaldaten« durch. Selbst unser Papiergeld – das heutzutage keinerlei Deckung mehr hat – hängt davon ab, dass alle daran glauben. Der Glaube an die planetare und individuelle Fülle ist im Grunde der gleiche wie der Glaube an den Wert des Papiergeldes.

Da diese psychologischen Aspekte so wichtig für unsere Erfahrung der Fülle sind, gehe ich in diesem Buch ausführlich darauf ein. Die taoistischen Prinzipien, die ich hier bespreche, sind äußerst wirksam, und sie können Ihnen beim Übergang zu einer Psychologie der Fülle helfen. In den ersten beiden Kapiteln lege ich die Grundlage für die Überwindung des Gefühls der Entfremdung und Trennung, das der Psychologie des Mangels zugrunde liegt. Bei den meisten Menschen ist das Gefühl des Mangels nicht die Folge einer materiellen Knappheit. Wir leiden vielmehr an einem Mangel an Muße, Energie, und Harmonie. Wir fühlen uns machtlos und können unser wahres Wesen nicht ausdrücken. Wir sehnen uns nach mehr Zeit, um zu sein, zu wachsen und Beziehungen zu knüpfen. Wir wollen die Schönheit des Lebens intensiver genießen. Auf diese »Mängel« gehe ich in Kapitel 3 bis 8 ein. Ich werde ihre Ursachen erforschen und aufzeigen, wie wir sie überwinden können.

Die acht Prinzipien des Lebens in Fülle: Wenn sich das Ich bildet, stellt sich ein Gefühl des Mangels und der *Trennung* von allem anderen Leben ein. Wir fühlen uns eingeengt und unvollständig. Diesen Zustand wollen wir durch körperliches, seelisches und geistiges *Anhaften* überwinden. Das Bedürfnis, unseren Besitz zu vergrößern und zu verteidigen, zwingt uns zum *Kampf*. Die Folgen des Lebenskampfes sind *Groll*, Undankbarkeit und Geiz – wir können uns nicht mehr freuen, und die Energie fließt nicht mehr frei durch unser Leben. Wir irren vom Weg unseres Schicksals ab und *sehnen uns nach der Anerkennung* anderer. Dieses Verlangen führt zu *feindseligem Wettbewerb* und Neid. Der Neid erzeugt *Gier*, die uns zu der wilden Jagd veranlasst, die man »Tretmühle« nennt. Dabei verlieren wir die Fähigkeit, die einfachen Freuden der Muße zu genießen, und wir geraten in *Chaos* und Verwirrung. Dadurch unterdrücken wir unsere natürliche Intelligenz und können die Schönheit des Lebens nicht mehr genießen.

Die Psychologie der Fülle strömt dagegen auf natürliche Weise aus dem Tao, dem Weg des Lebens. Wenn wir die *Einheit des Tao*, die Einheit aller Lebensformen verstanden haben, empfangen wir die *natürliche Fülle* des Universums *mühelos*; wir sind dankbar und freuen uns. Die Energie *fließt* ungehindert in unserem Leben, und wir erfüllen unser Schicksal. Da wir die *Macht* und die Würde allen Lebens begreifen, leben wir in *Harmonie* mit ihm und seinen natürlichen Zyklen. Wir respektieren unsere Menschlichkeit und stellen sie über jedes äußere Ziel. Wir finden die *Muße* und den Frieden, die wir brauchen, um uns an der *Schönheit* und Ordnung des Lebens erfreuen zu können, und wir können diese Schönheit durch alles, was wir tun, ausdrücken. (Mehr über die acht Prinzipien und ihre Gegensätze lesen Sie am Ende dieses Kapitels.)

Neben den inneren oder psychologischen Aspekten analysiere ich im *Tao der Fülle* auch einige der gesellschaftlichen und ökonomischen Faktoren, die zum individuellen und kollektiven Gefühl des Mangels beitragen, und zeige Ihnen, wie Sie diese Einflüsse in Ihrem Leben mildern können. In diesem Buch wende ich eine uralte Weisheit in unserer modernen Zeit an, und dabei ist die moderne Zeit ebenso wichtig wie die uralte Weisheit. Ich verzichte auf spirituelle Binsenweisheiten, die nichts mit den sozialen und ökonomischen Verhältnissen unserer Zeit zu tun haben. Stattdessen werde ich versuchen, alte, universelle Grundsätze in der Situation anzuwenden, in der wir uns am Anfang des 21. Jahrhunderts befinden. Die klassischen Taoisten waren scharfe Beobachter. Vor allem Lao Tzu fand oft harsche Worte für jene Leute und Systeme, die Menschen unterdrückten oder ihrer wahren Natur entfremdeten, so dass sie ihre Aufgabe im Leben nicht erfüllen konnten. Im Geiste dieser Tradition möchte ich die sozialen und ökonomischen Faktoren untersuchen, die zu der Massenpsychologie des Mangels beitragen. Auch auf die institutionellen Barrieren, die der natürlichen schöpferischen Entwicklung des Individuums Grenzen setzen, werde ich eingehen.

Vielleicht lehnen Sie die Wertvorstellungen der Gesellschaft ab oder arbeiten aktiv daran, sie zu ändern. Das heißt jedoch nicht, dass Sie Fülle erfahren. Wenn Sie das Wirtschaftssystem als Feind betrachten, den man besiegen muss, ehe man gedeihen und glücklich sein kann, versetzen Sie sich selbst in eine Position der Machtlosigkeit, der Frustration und des Grolls. In diesem Buch gehe ich zwar auch auf das kollektive Handeln ein, aber es geht mir in erster Linie darum, was wir als Individuen tun können, um in dem System, in dem wir leben, mehr Fülle und Wohlbefinden zu erfahren. Wenn wir lebendige Beispiele für wahre Fülle im Leben werden, tragen wir dazu bei, unsere Kultur zu transformieren. Natürlich kann kein Einzelner das globale ökonomische System ändern; aber wir alle können unsere Erfahrung der Fülle transformieren. Dort, wo wir einst Mangel, Schulden und Konflikte sahen, können wir reiche Gaben, günstige Gelegenheiten und gegenseitige Hilfe sehen. Wir alle können auf unsere Weise den verbreiteten Glauben herausfordern, dass wir in einer Welt des Mangels leben.

Inzwischen ist Ihnen wohl klar geworden, dass ich mit dem »Tao der Fülle« etwas ganz anderes meine als hohe Aktienkurse. Das Tao der Fülle ist ganzheitlicher Art, es umfasst die gesamte Lebensqualität und nicht nur finanzielle Ziele. Es geht von einer natürlichen Ordnung des Lebens aus, die wir als Individuen verwirklichen, wenn wir unsere Aufgabe im Leben erfüllen. Die zweite Prämisse lautet: Wir leben in einer Welt der Fülle.

Wenn wir in einer Welt der Fülle leben, müssen wir auf dem Weg zur totalen Fülle drei wichtige Aufgaben lösen. Zunächst müssen wir die inneren und äußeren Kräfte durchschauen, die uns Mangel vorgaukeln; nur dann können wir uns vom Einfluss dieser Kräfte befreien. Zweitens müssen wir uns der Fülle in unserem Leben bewusst werden und das Geschenk des Lebens freudig und dankbar feiern. Wenn wir uns im Denken und Tun auf das konzentrieren, was uns ein Gefühl der Verbundenheit mit allem Leben vermittelt, folgen wir dem Strom des Tao. Dann erhalten wir reiche Gaben, und zwar als Teil des »Überflusses«, der aus einem Geist der Fülle quillt, nicht als Dinge, nach denen wir verlangen und um die wir kämpfen, weil wir an Mangel glauben. Wenn wir vom Mangel überzeugt sind, bekommen wir ihn, selbst wenn wir alles haben, was wir vermeintlich brauchen. Wenn wir dagegen vom Geist der Fülle ausgehen, ziehen wir noch größere Fülle an.

Sobald wir im Geist der Fülle leben, werden wir zu einer befreienden und beflügelnden Kraft im Leben unserer Mitmenschen. Wir helfen ihnen – nicht mit Predigten, sondern durch unser Beispiel –, die Wahrheit zu sehen: dass wir alle in einer Welt der Fülle leben und dass auch sie sich vom Mangelbewusstsein befreien können. Wir können uns im Geist der Fülle vereinen und neue Formen des Zusammenlebens schaffen, die nicht auf Wettbewerb, sondern auf Kooperation gründen. So wie Neid, Gier und Wettbewerbsdenken dem Mangel entspringen, fließen Mitgefühl, die Bereitschaft zu dienen und Zusammenarbeit aus dem Geist der Fülle. Dieser Geist der Fülle ist unser Wegweiser, wenn wir uns daran machen, ganzheitliche Fülle in unserem Leben zu verwirklichen.

Die acht Prinzipien des Lebens in Fülle

Die Prinzipien der Fülle sind hier ins Deutsche übertragen worden. Die entsprechenden chinesischen Begriffe sind oft keine wörtliche Übersetzung der deutschen. Das sollen sie auch nicht sein. Die chinesischen Begriffe geben vielmehr das Wesen, den »aktiven Bestandteil« des Prinzips wider. Wenn ich zum Beispiel Yin/Yang im Zusammenhang mit der Harmonie der Fülle verwende, will ich damit nicht sagen, dass Yin/Yang, wörtlich übersetzt, »Harmonie« bedeutet. Ich weise nur darauf hin, dass wir mehr Harmonie in unser Leben bringen, wenn wir Yin und Yang verstehen.

1. Prinzip	Das namenlose Tao	*Wu-ming*	Die Einsicht, dass alles eins ist, führt auf den Weg der wahren Fülle.
2. Prinzip	Natur	*Tzu-jan*	Die Bereitschaft zu empfangen öffnet die Tür zum höchsten Glück.
3. Prinzip	Mühelosigkeit	*Wu-wei*	Der Weg des geringsten Widerstandes bringt Erfolg ohne Mühe.
4. Prinzip	Fließen	*Ch'i*	Fließende Energie fördert die Gesundheit, vertieft Beziehungen und schafft Wohlstand.
5. Prinzip	Macht	*Te*	Innere Würde und angeborene Fähigkeiten schenken wahre Macht.
6. Prinzip	Harmonie	*Yin/Yang*	Ausgewogenheit zwischen Yin und Yang beseitigt Stress und bringt Seelenfrieden.
7. Prinzip	Muße	*Jen*	Wenn wir Zeit haben, zu sein, zu wachsen und Beziehungen zu pflegen, halten wir durch.
8. Prinzip	Schönheit	*Li*	Vertrauen auf das organische Muster unseres Lebens hilft uns, unser Schicksal zu erfüllen.

Der Weg des Tao

In diesem Buch stelle ich den Weg des Tao immer wieder dem Weg des Ichs gegenüber.

Der Weg des Tao	Der Weg des Ichs
1. Die Einheit des namenlosen Tao	Die Trennung des Ichs (Mangel an Einheit, Entfremdung)
2. Die Natur/Empfänglichkeit des Tao	Das Anhaften des Ichs (Mangel an Spontaneität und Inspiration)
3. Die Mühelosigkeit des Tao	Der Kampf des Ichs (Mangel an Leichtigkeit, Spannung, Stress)
4. Der Strom/die Freude des Tao	Der Groll des Ichs (Mangel an Lebensenergie und Lebensfreude)
5. Die Macht/Würde des Tao	Die Sucht nach Anerkennung des Ichs (Mangel an Macht und innerer Richtung)
6. Die Harmonie des Tao	Die Feindseligkeit (der Neid) des Ichs (Mangel an innerem und äußerem Frieden)
7. Die Muße des Tao	Die Gier des Ichs (Mangel an Zeit und Muße)
8. Die Schönheit des Tao	Das Chaos des Ichs (Mangel an Sinn, Nihilismus)

Kapitel 1

Die Einheit des Tao

Wu-ming

Reichtum ist nicht nur das, was wir haben,
sondern auch das, was wir sind.
Sterling W. Still

Verschiedene Menschen in unterschiedlichen Kulturen und zu unterschiedlichen Zeiten definieren »Fülle« auf ihre persönliche Weise. Dieses Kapitel untersucht, wie wir das tiefe Gefühl der Fülle genießen können, das sich einstellt, wenn wir uns mit dem Strom des Tao bewegen und ihm vertrauen. Wir sind eins mit allen Dingen, doch das Ich besteht auf der Trennung und schneidet uns von unserer natürlichen Fülle ab. Wir glauben an »Besitz« und daher fürchten wir auch, besessen zu werden und Schuldner zu sein. Wir leiden an einem quälenden Gefühl des Mangels, selbst wenn wir immer mehr materielle Dinge anhäufen. Dieses Kapitel erklärt, wie wir diesen Kreislauf ein für allemal durchbrechen können. Sie lernen, alle Dinge dieser Welt zu nutzen und zu genießen, ohne in die Falle des Besitzdenkens zu geraten, das Mangelbewusstsein auslöst. Finden Sie heraus, warum Sie immer mehr wollen. Diese Einsicht hilft Ihnen, größere und wahre Fülle zu erlangen – nicht nur mehr »Zeug«.

Heutzutage messen wir Fülle mit Geld und Dingen, die wir besitzen. Wir glauben, die Menschen, die viel besitzen, seien frei und führten ein Leben in Fülle. Doch für Platon, Aristoteles und die Stoiker waren jene Menschen am freisten und mächtigsten, die mit wenig Besitz auskamen. In unserer Kultur sind jene Leute angesehen, die am meisten verdienen und horten. Bei einigen Stämmen Neu Guineas genossen hingegen diejenigen Stammesmitglieder das höchste Ansehen, die am großzügigsten waren. Außer materiellem Besitz können wir auch eine Fülle von Ideen, Freunden, Energie und Mut haben – aber wir können in jedem dieser Bereiche auch Mangel leiden.

Fülle ist das Gefühl, mehr als genug zu haben. Aber wie viel ist genug? Stellen wir uns einen Mann vor, der Millionen besitzt, dessen Laune jedoch mit den Aktienkursen schwankt und der die Mitglieder seines Country Clubs beneidet, weil sie noch mehr haben. Führt er ein Leben in Fülle? Und wie verhält es sich mit einem »Primitiven« im tropischen Regenwald, der nur wenige einfache Gegenstände und eine löchrige Hütte besitzt und sich dennoch über die Fülle des Waldes freut? Fülle ist offenbar ein geistiger Zustand, genauer gesagt ein Seinszustand.

Wenn wir Fülle definieren wollen, ist es hilfreich, den Ursprung des Wortes und anderer, verwandter Ausdrücke zu erforschen. Das Wort *Fülle* gehört zur selben Wortfamilie wie *voll* und *füllen*. Ein bekanntes Symbol des Erntesegens ist das überquellende *Füllhorn*. Das englische Wort *wealth*, das wir vom *Commonwealth* her kennen, ist mit den deutschen Wörtern *wohl*, *Wohlbefinden* und *Wohlstand* verwandt. Das Fremdwort *Prosperität* ist vom lateinischen *prosperare* abgeleitet, das »glücklich machen« bedeutet. *Reich* (englisch *rich*) kommt vermutlich vom keltischen *ri* mit dem Genitiv *rig*, das dem lateinischen *rex* (»Herrscher, König«) entspricht. Die Bedeutung »begütert, vermögend, wohlhabend« hat sich also aus »fürstlich, königlich, mächtig« entwickelt. Während wir diese Ausdrücke heute fast nur mit Geld und materiellem Gewinn in Verbindung bringen, spielten sie ursprünglich auf die Qualität des Lebens im Allgemeinen an.

In Fülle leben heißt lebendig sein, frei von jedem Gefühl des Mangels oder der Verzweiflung. Die folgende kleine Geschichte verdeutlicht das Wesen der Fülle.

Ein Mann verlässt sein abgelegenes Bauerndorf, in dem er geboren wurde, und reist in die weite Welt. Nach vielen Jahren kehrt er zurück. Seine Freunde, Verwandten und Nachbarn scharen sich um ihn und fragen: »Wie lebt man in der großen Welt?« Er antwortet: »So wie hier. Wer zu leben versteht, der lebt gut.«

Die Kunst der Fülle ist nicht die Kunst des Geldverdienens, sondern die Kunst, richtig zu leben. Haben wir also Fülle, wenn wir das Leben so sehen, schätzen und feiern, wie es ist? Letzten Endes ja, aber wir müssen auch begreifen, dass wir diese Einstellung nicht durch Willenskraft erwerben können. Es genügt nicht, positiv zu denken oder uns selbst einzureden, dass wir dankbar sein *sollen*. Wir brauchen Vertrauen, und das setzt Einsicht und Erfahrung voraus.

Wenn du das Tao der alten Zeit begreifst, kannst du die heutige Ära des privaten Wohlstands meistern.
LAO TZU

Auf jedem amerikanischen Dollarschein steht »In God We Trust« (Wir vertrauen auf Gott). Aber vertrauen wir auf Gott als Quelle unserer Versorgung und unserer Erfahrung der Fülle? Oder vertrauen wir der Wirtschaft, der Aktienbörse, unserem Chef oder unserem derzeitigen Vermögen? Taoisten raten uns, weder auf einen persönlichen Gott noch auf das Wirtschaftssystem zu vertrauen, sondern auf das Tao, die Intelligenz des Universums.

Wenn wir auf das Tao als Quelle unserer Fülle vertrauen, sehen wir die Welt natürlich mit ganz anderen Augen, als wenn wir die Quelle unserer Versorgung in der Wirtschaft, in unserem Arbeitgeber, in der Regierung oder gar in unseren eigenen Bemühungen sehen. Aber wir sind von Natur aus skeptisch, und das zu Recht. Vertrauen zum Tao war für Menschen angemessen, die vor zweitausend Jahren einfache Bauern waren. Aber können auch wir in unserer Kommerzkultur, in unserer technisch komplexen Gesellschaft lernen, dem Tao vertrauen? Können wir, wie Lao Tzu es ausdrückte, »das Tao der alten Zeit« begreifen und dadurch »die heutige Ära des privaten Wohlstands meistern«[1]?

Dem Tao vertrauen oder: schwimmen in dem, was ist

Fische brauchen sich nur dem Wasser hinzugeben.
Menschen brauchen sich nur dem Tao hinzugeben.
Chuang Tzu

Bevor Sie schwimmen lernen können, müssen Sie erst lernen, sich treiben zu lassen. Sie müssen dem Medium vertrauen, in dem Sie sich befinden, sei es im Wasser, sei es in der Welt der Natur. Wenn Sie dagegen ankämpfen, fangen Sie an zu keuchen und zu strampeln, und vielleicht gehen Sie sogar unter. Doch wenn Sie Vertrauen haben, merken Sie, dass das Wasser Sie tragen und nicht nach unten ziehen will. Auch das Universum möchte Sie tragen und nicht nach unten ziehen – nicht weil es so nett ist, sondern weil es mit Ihnen identisch ist. Sie treiben, weil Sie Wasser *sind*. Um im Wasser oder im Tao zu schwimmen, müssen Sie darauf verzichten, Ihre Umwelt im Griff zu haben; nur dann bekommen Sie alles in den Griff.

Sich treiben lassen ist nicht schwimmen. Es ist eine notwendige Voraussetzung für das Schwimmen, aber nicht dasselbe. Schwimmen heißt, sich gezielt bewegen, während das Wasser Sie trägt. Dem Tao vertrauen heißt nicht, untätig herumsitzen und warten, dass etwas geschieht. Es heißt vielmehr, aktiv sein und mit dem Universum schwimmen, ohne dagegen anzukämpfen. D. T. Suzuki beschrieb die Erleuchtung als »normales Leben, fünf Zentimeter über dem Boden«. Das ist mit Schwimmen im Tao gemeint.

Soll das nun heißen, dass wir mit einer rosaroten Brille herumlaufen? Was bedeutet es beispielsweise, der menschlichen Natur zu vertrauen? Müssen wir etwa darauf vertrauen, dass alle Menschen immer nett, rücksichtsvoll, empfindsam und fürsorglich sind? Gewiss nicht. Wir können darauf vertrauen, dass Menschen menschlich sind, dass sie gierig, unwissend, grausam und gleichgültig, aber auch mitfühlend, schöpferisch und fröhlich sein können. Es ist töricht, blind auf das Gute oder auf das Böse im Menschen zu vertrauen. Wir können nur darauf vertrauen, dass »Menschsein« im Grunde gut ist. Wir können darauf vertrauen, dass die Natur ihre guten und ihre schlechten Seiten hat, und ihr »Natursein« dennoch im Grunde gut finden.

Können wir der Welt vertrauen, so wie sie ist? Die einzig vernünftige Antwort lautet: ja und nein. Wenn wir mit »Welt« die Gesellschaft nebst ihren Regeln, Gesetzen und Urteilen, ihrer Gier nach Geld, Status und Macht meinen, dann können wir ihr nicht vertrauen. Albert Schweitzer sagte: »Wir lassen keinen Augenblick unser Misstrauen gegenüber den Idealen der Gesellschaft und den Überzeugungen, die sie hegt, außer acht. Wir wissen, dass die Gesellschaft voller Torheit ist und uns Humanität vorgaukelt. Sie ist ein unzuverlässiges Pferd und blind obendrein. Wehe dem Kutscher, wenn er einschläft.«[2]

Wenn wir aber mit der Welt das Leben und seine organischen Prozesse meinen, so wie sie in der Natur und in uns ablaufen, dann ist Vertrauen angebracht. Im Grunde haben wir keine andere Wahl, als der Welt zu vertrauen, weil wir die Welt *sind*. Darum riet Lao Tzu: »Hör auf zu analysieren, zu teilen, zwischen einem Ding und einem anderen zu unterscheiden. Begreife, dass du die Mitte des Universums bist und dass alle Dinge Teile deines unendlichen Leibes sind.«[3]

Wer hat hier eigentlich das Sagen?

Das Universum ist zusammen mit uns entstanden. Alle Dinge sind mit uns eins.
CHUANG TZU

Ist es Aberglauben oder Wunschdenken, wenn wir darauf vertrauen, dass im Universums und im Leben eine höhere Intelligenz waltet? Vielen Menschen fällt es heute schwer, Gott so zu vertrauen, wie es lange Zeit bei uns im Westen üblich war. Jahrhunderte lang wurde uns beigebracht, an einen Vatergott zu glauben, der sich um alles kümmert. Wie der Nikolaus wusste er über alles Bescheid, was wir tun und denken, und er schrieb es in einem dicken Buch auf. Er machte die Welt in sechs Tagen, und dann schuf er jedes einzelne Ding, das in der Welt ist. Im 19. Jahrhundert rechnete ein Gelehrter aus, dass das Universum im Jahr 4004 v. Chr. geschaffen wurde. Da die orthodoxen Religionen des Westens hartnäckig an einer wörtlichen Auslegung der Schrift festhielten, selbst als die wissenschaftlichen Erkenntnisse zunahmen, fiel Gott in Ungnade, zuerst bei den Intellektuellen und später bei der breiten Masse. Heute sagen zwar die meisten Menschen, dass sie an Gott *glauben*, aber nur wenige sind bereit, auf ihn so zu *vertrauen* wie ihre Ahnen im Mittelalter. Heute glauben nur noch sture Fundamentalisten an die biblische Kosmologie und an einen Schöpfer, der Himmel und Erde vor sechstausend Jahren in sechs Tagen machte.

Wenn Gott nicht in uns ist, dann hat er nie existiert.
VOLTAIRE.

Im 19. und im 20. Jahrhundert wich der Glaube an ein von Gott geschaffenes und gelenktes Universum dem Glauben an das wissenschaftliche Bild vom Universum. Die moderne Wissenschaft lehrt, dass das materielle Universum die Folge einer gigantischen Explosion war – des »Urknalls« oder »Big Bang«. (Nach neusten Schätzungen geschah das vor zehn bis vierzehn Milliarden Jahren.) Alle materiellen Dinge bestehen aus einem Stoff, der sich ständig wandelt und unendlich viele Formen annimmt: Planeten, Tauben, Sterne, Sternfische, Pferde, Menschen, Kristalle oder Computer. Astrophysiker erklären uns, dass die Atome unseres Körpers durch Reaktionen im Inneren ferner Sterne entstanden und nach einer Explosion dieser Sterne im Weltall verstreut wurden. So wie der Urknall Sterne hervorbrachte, brachte die Geburt und der Tod der Sterne alle materiellen Substanzen hervor, aus denen unser Körper besteht.

Die Wissenschaft machte Schluss mit dem Schöpfergott, aber auch mit einer Intelligenz und Ordnung im Universum. Das Leben ist nichts weiter als Zufall, die Folge genetischer Mutationen, die ihrerseits die Folge kosmischer Phänomene waren, welche das notwendige Rohmaterial lieferten. Wenn Wissenschaftler Fragen stellen wie »Sind wir Menschen die einzige intelligente Lebensform im Universum?« kann man darüber nur schmunzeln. Wir brauchen nicht auf kleine grüne Männchen oder auf Raumfahrten über unser Sonnensystem hinaus zu warten, um die Antwort zu finden. Denn welches Leben ist *nicht* intelligent? Die meisten Wissenschaftler verwechseln Intelligenz mit der Gehirnfunktion, und darum überschätzen sie das Gehirn und unterschätzen die Intelligenz, die es hervorbrachte. Wir sollen glauben, dass das intelligente Leben aus irgendwelchen leblosen Substanzen entstand.

Den Menschen im Westen fällte es schwer, eine Intelligenz anzuerkennen, die nicht selbstbewusst ist und einen eigenen Willen hat. Die Wissenschaftler behaupten zum Beispiel, Vögel und Schildkröten, die Hunderte oder Tausende von Kilometern durch die Luft oder durchs Meer reisen und an derselben Stelle ihre Eier legen, handelten nur instinktiv und seien nicht intelligent. Da die Gelehrten keine unwillentliche Intelligenz anerkennen, neigen sie auch dazu, jedes mystische oder intuitive Wissen als Humbug zu betrachten. Allerdings wird diese Ansicht nicht von allen Wissenschaftlern geteilt. Viele der größten (etwa Newton und Einstein) anerkannten sowohl eine Intelligenz innerhalb der Struktur und der Prozesse des Universums als auch die Bedeutung der Intuition bei wissenschaftlichen Entdeckungen. Dennoch halten die meisten Wissenschaftler das Leben immer noch für Zufall, und diese Auffassung lernen die Kinder in der Schule.

Können wir einer Intelligenz vertrauen, die nicht unser Chef ist?

Das Tao liebt und nährt alle Dinge, aber es herrscht nicht über sie.
LAO TZU

Die taoistische Kosmologie passt in unser wissenschaftliches Verständnis vom Ursprung des Universums, ohne das Kind (die Intelligenz) mit dem Bad (dem Schöpfer/Chef) auszuschütten. Auf die Frage »Kann es im Universum Intelligenz und Ordnung ohne einen Schöpfer/Chef geben?« antworten die Taoisten mit einem lauten Ja. Vom taoistischen Standpunkt aus gibt es keinen Schöpfergott. Die Natur (das Universum) wurde nicht gemacht, sie ist *tzu-jan* »von selbst so«, und der Kosmos ist organisch gewachsen. Alles, was jetzt existiert oder je existieren wird, ist entstanden, als das Universum »auf mysteriöse Weise seiend«[4] wurde. Alles stammt aus dieser einen Quelle und ist in ihr latent. Die Dinge wurden nicht von einer äußeren Kraft gemacht, sondern sie expandieren von innen heraus. Im *Chuang Tzu* lesen wir: »Himmel und Erde wurden zur selben Zeit geboren wie ich, und die zehntausend Dinge sind mit mir eins.«[5] Da der Kosmos ohne Schöpfer ist, hat es auch keine Ursache und keinen Chef. Kein Ding hat andere Dinge gemacht, sondern alle Dinge sind gemeinsam entstanden (*hsiang-shan*).

Was ist, kommt aus dem, was nicht ist.
LAO TZU

Hsiang-sheng, das »gemeinsame Entstehen« steht im Mittelpunkt der taoistischen Kosmologie. Für Taoisten wurde die Welt nicht von einem Gott geschaffen, der außerhalb der Welt steht, sondern alle Bedingungen sind gemeinsam entstanden. Es gibt eine übergeordnete Intelligenz im Universum (das Tao), und der Mensch kann sich dieser Intelligenz bewusst werden, indem er »das Tao kultiviert«. (Eine ausführlichere Diskussion der taoistischen und der westlichen Kosmologie finden Sie im Abschnitt »Die fünf Finger des Tao« am Anfang dieses Buches).

Ein Taoist würde sagen: Das Universum funktioniert so, wie wir funktionieren, denn wir *sind* das Universum, auch wenn wir vorübergehend menschliche Form angenommen haben. Alles ist gemeinsam entstanden. Ich wäre nicht hier, wenn Sie nicht hier wären. Dieses Buch gäbe es nicht, wenn es nicht das Bewusstsein gäbe, das es liest. Alles durchdringt alles, das heißt, was hier geschieht, wirkt sich dort und überall aus. Was ich soeben schreibe, beeinflusst den Staub auf dem Jupiter – oder beeinflussen die Stürme auf der Venus mich? Kuo Hsiang drückte es so aus: »Einerlei, wie trivial das Leben eines Menschen sein mag, er braucht das ganze Universum als Voraussetzung für seine Existenz. Alle Dinge im Universum, alles, was existiert, kann nicht aufhören zu existieren, ohne das dies Auswirkungen auf ihn hätte. Wenn nur eine Bedingung fehlte, würde er vielleicht nicht existieren.«[6]

Das Tao war vor dem Universum. Wenn das Universum aus einem gasförmigen Urstoff entstand, der explodierte und sich zu verschiedenen Formen zusammenballte, dann kommt dieser Stoff aus dem Tao. Aber er wurde nicht vom Tao verursacht oder gemacht. Wenn Algen in einem Bergsee wachsen, können wir nicht sagen, der See habe die Algen verursacht oder gemacht. Wir können nur sagen, dass die Algen sich dank bestimmter Bedingungen bildeten. In gleicher Weise ist das Universum aus dem Tao entstanden. Für Taoisten gibt es keine erste Ursache, weil kein Ding in Bezug auf ein anderes Ding »anders« oder »separat« ist und daher kein anderes Ding verursacht haben kann. Das Tao ist nicht der Schöpfer, sondern der Urgrund des Seins und des Nichtseins, aus dem alle Dinge kommen. Darum sind alle Dinge miteinander verwandt. Taoisten nennen dieses Prinzip Ta T'ung, die große Verschmelzung.

Die Idee, dass alles im Universum miteinander verbunden ist, stimmt mit der Quantenphysik überein. Heisenbergs Unschärferelation besagt, dass schon eine Beobachtung (sogar das Vorhandensein eines Beobachters) das beobachtete Ding verändert. Die Vorstellung, ein separates Subjekt beobachte ein separates Objekt, ist nichts weiter als eine gedankliche Abstraktion ohne Realität in der physikalischen Welt. Wären unsere Augen fähig, auf subatomarer Ebene zu »sehen«, würde uns unmittelbar klar, dass es keine separaten Dinge gibt. Aber es genügt schon, wenn wir erkennen, dass wir kein einzelnes Ding beschreiben können, ohne es mit etwas anderem in Beziehung zu bringen. Zu jedem Vordergrund gibt es einen Hintergrund, und für jeden positiven Raum gibt es einen negativen, um einen Ausdruck aus der bildenden Kunst zu gebrauchen. Sie könnten diese Buchstaben nicht ohne den weißen Raum lesen, der sie umgibt. Sie könnten keine Musik ohne die Stille zwischen den Tönen hören.

Vom taoistischen Standpunkt aus können wir sagen, dass Subjekt und Objekt voneinander abhängen und daher nur zwei Seiten einer Medaille sind.

Ebenso gilt: Richtig und falsch, Gewinn und Verlust, Sein und Nichtsein, Leere und Form bedingen einander oder, besser gesagt, entstehen zusammen. Chuang Tzu schrieb: »Bejahung entsteht aus Verneinung, und Verneinung entsteht aus Bejahung ... Dieses ist richtig und falsch, und jenes ist richtig und falsch. Dieses und jenes nicht als Gegensätze zu sehen ist das Wesen des Tao.«[7]

Das antagonistische oder einheitliche Universum

Die taoistische Moral lehrt, dass Menschen, die sich selbst und anderen misstrauen, verloren sind.
Alan Watts

Wir dürfen das Tao keinesfalls mit dem westlichen »einen Gott, dem Schöpfer des Himmels und der Erde« verwechseln. Wie bereits gesagt, kennt der Taoist keinen Schöpfer, und das Tao war vor dem einen da. »Das Tao hat kein Gegenteil«, sagt Ch'eng Hao.[8] Wenn wir »eins« denken, dann denken wir sofort auch an sein Gegenteil, an »nicht-eins«. Der eine Gott der westlichen Religionen ist ständig damit beschäftigt, gegen eine böse Nummer zwei zu kämpfen: Ahura Mazda gegen Angara Mainyu, Jehova gegen Luzifer, Allah gegen Iblis. Eins gegen nicht-eins ist der Anfang der Ethik: richtig und falsch, gut und böse, heilig und profan und so weiter.

Weltsicht	***kosmologischer Konflikt***	***innerer Konflikt***	***Moral***
religiös	gut/ böse	spirituell/ fleischlich	heilig/ sündhaft
wissenschaftlich	Mensch/ Natur	Bewusstsein/ Unterbewusstsein	rational/ irrational
kommerziell	Markt/ Hindernisse	produktiv/ unproduktiv	reich/ arm

In der Wissenschaft des Westens überlebte der antagonistische Dualismus Gott/Teufel als Mensch/Natur. Aus dem Spirituellen und Fleischlichen wurde das Bewusste und das Unbewusste, und die Vernunft löste die Heiligkeit ab.

Wie die Gründerväter der modernen Naturwissenschaft (z. B. Bacon und Descartes) ausdrücklich erklärten, muss der Mensch die Natur unterwerfen. Sie muss dem menschlichen Willen unterworfen werden, und der Verstand sorgt für die Mittel, um dieses Ziel zu erreichen.

Es wäre jedoch ein Irrtum zu glauben, heutzutage dominiere das Weltbild der Wissenschaft. Trotz aller Lippenbekenntnisse zur Wissenschaft wissen wir alle, dass der Kommerz das Sagen hat. Ein spanisches Sprichwort stellt zu Recht fest: »Wer das Brot gibt, macht die Gesetze.« Die moderne Wissenschaft dient in der Regel den großen Unternehmen, die sie finanzieren. In einer Welt, die von Finanzmagnaten und Unternehmern gestaltet und regiert wird, ist der Mensch ein Produktionsmittel und ein Konsument, der dazu da ist, die Wirtschaft in Gang zu halten. Die finanzielle und unternehmerische Elite kümmert sich um eine effektive Sozialpolitik, und die von ihr subventionierte Wissenschaft verschafft ihr die erforderlichen technischen Mittel.

KOSMOLOGIEN

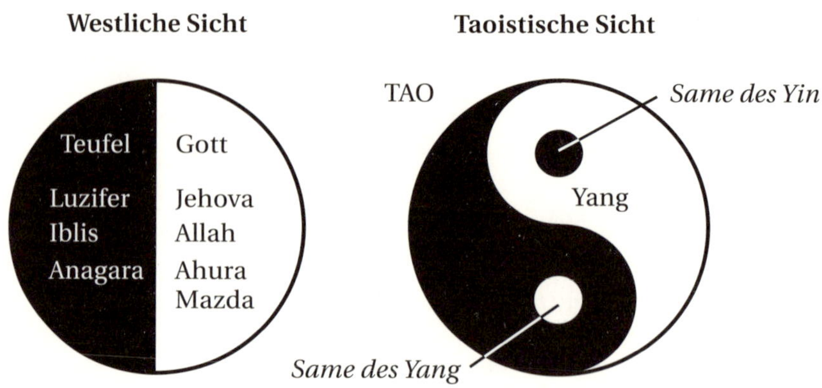

Die heutige Welt gilt als Schlachtfeld – nicht zwischen Gott und dem Teufel, sondern zwischen dem vernünftigen, effizienten Markt und den unvernünftigen, ineffizienten Hindernissen. Das Produktive, also das wirtschaftlich Profitable (Gute) muss das Unproduktive, Unprofitable (Böse) überwinden. Infolgedessen gelten die Ozeane fast nur noch als Vorratslager für »natürliche Ressourcen«, die auf Ausbeutung warten, und zugleich als Müllhalde. Tiere sind »Nahrungsreserven«, die genetisch und mit Hormonen »verbessert« und in fabrikartigen Farmen effizient gelagert und gefüttert werden, bevor man sie in riesigen Verarbeitungsanlagen »erntet«. Dank der Wissenschaft sind die Menschen zu »Ressourcen« geworden, die man mit Hilfe der modernen Psychologie zu immer größerer Produktivität und zu größerem Konsum antreiben kann.

Heute genießen nicht die frömmsten oder vernünftigsten oder intellektuell am höchsten entwickelten Mitglieder der Gesellschaft das höchste Ansehen, sondern die reichsten. Die Medien hämmern uns ein, dass wir uns über höheren Konsum und Produktionssteigerungen freuen sollen, weil sie ausschließlich soziale Vorteile mit sich bringen. Ein Taoist würde dagegen sagen: »Dieses« (höhere Produktion) hat gute und schlechte Seiten, und »jenes« (mehr Konsum) hat ebenfalls gute und schlechte Aspekte.

Für Taoisten wird der duale (geschlechtliche) Charakter des Universums im Prinzip des Yin und Yang deutlich. Das sind Kräfte, die einander ergänzen, keine Gegensätze. Keines von beiden ist gut, und keines ist schlecht. Jedes enthält den Samen des anderen. Es sind keine statischen Kräfte, denn Yin wird mit der Zeit zu Yang, und Yang wird zu Yin. Das Zusammenspiel beider Kräfte findet im Tao statt. Das Tao kämpft nicht gegen einen Teufel und vernichtet keinen Feind. Als Urgrund der Natur steht es nicht im Gegensatz zu ihr. Alle Dinge sind gemeinsam entstanden und unterstützen einander insofern, als sie einander als Existenzbedingung brauchen. Der Mann braucht die Frau, die Frau den Mann, die Nacht den Tag, der Tag die Nacht. Das Gute braucht das Böse, das Böse braucht das Gute und so weiter.

Kein Taoist käme auf den Gedanken zu fragen: »Warum lässt Gott (oder das Tao) das Böse zu?« oder noch zugespitzter: »Warum lässt Gott (oder das Tao) es zu, dass den Guten Böses geschieht?« Taoisten akzeptieren ebenso wie der griechische Philosoph Heraklit, dass »für Gott (das Tao) alle Dinge gut und richtig sind, während die Menschen manche Dinge für falsch und manche für richtig halten«. Unsere ethischen Urteile fällt natürlich der Verstand. Darum schrieb Shakespeare: »Nichts ist gut oder böse, nur das Denken macht es so.«[9]

Vielleicht beginnen Sie nun zu verstehen, was es heißt, dem Tao zu vertrauen – oder was es nicht heißt. Es geht nicht darum, einem Schöpfer oder großen Chef oder der Vernunft oder dem Markt zu vertrauen, sondern es geht um Vertrauen zu dem, was ist, zur Intelligenz in allem Leben. Alles läuft auf die Frage hinaus: Ist das Universum auf Ihrer Seite oder gegen Sie? Damit werden wir uns in Kapitel 3 ausführlich beschäftigen.

Die Trennung des Ichs oder: warum das Ich dem Tao nicht trauen kann

Der vollkommene Mensch hat kein Ich, weil er das Endliche transzendiert hat und mit dem Universum eins geworden ist.
CHUANG TZU

Wenn die Taoisten recht haben und in allem, was lebt, Intelligenz (Tao) ist, warum fühlen wir uns dann von anderen getrennt? Das erste getrennte Ding in unserer Welt sind natürlich wir selbst – das heißt, unser Ich. Das Ich ist die Neigung, Bewusstsein zu trennen. Es mag sein, dass wir dank der taoistischen Philosophie oder der Quantenphysik verstehen, dass wir in einer Welt ohne Grenzen und ohne Trennung leben; doch im täglichen Leben vermitteln uns die Sinnesorgane und die Konventionen des Denkens die Erfahrung einer Welt mit scharfen Grenzen, eine Welt der separaten Dinge und Ereignisse. Vielleicht akzeptieren wir die Einheit aller Dinge als Idee – aber was wir im Leben erfahren, erreicht uns durch den Filter des trennenden Ichs.

Entwicklungspsychologen haben herausgefunden, dass ein neugeborenes Kind noch ein undifferenziertes Bewusstsein hat: Für das Kind gibt es keine Grenze zwischen »ich« und »nicht ich«, zwischen »mein« und »nicht mein«. Das individuelle »Ich« ist eine Reaktion, die das Kind in den ersten Lebensmonaten erlernt. Erst dann reagiert es auch auf seinen Namen. Sobald das »Ich« geformt ist, beginnt das Kind die Welt durch die zeitlich und räumlich getrennten Formen zu erforschen. Nun kann es »hier« von »dort«, »ich« von »du«, »jetzt« von »damals« unterscheiden.

Als wir begannen, auf unseren Namen zu reagieren, fingen wir auch an, damit Erinnerungen und Eigenschaften zu verbinden. Aus unserem nicht differenzierten Bewusstsein wurde ein selektives, das sich vor allem für Erinnerungen, Merkmale und Objekte interessierte, die mit dem Namen assoziiert waren. Mit der Zeit kamen wir zu der Überzeugung, dass wir der Name und somit auch die damit verknüpften Erinnerungen, Eigenschaften und Dinge *sind.* Der Klang des eigenen Namens hat eine Art hypnotische Wirkung auf die Psyche, ebenso die Personalpronomen ich, mich, mein, mir. Sie lösen miteinander verbundene Erinnerungen an Freud und Leid aus. Der englische Dichter Alfred Lord Tennyson schilderte ein tiefes mystisches Erlebnis, das er hervorrief, indem er lediglich seinen Namen wiederholte. Dadurch brach er den Zauberbann des Namens und kehrte, wenn auch nur kurz, in ein expansives, nicht differenziertes Bewusstsein zurück.

Das Tao wird auch *wu ming*, namenlos, genannt, weil es nicht getrennt oder differenziert ist. Lao Tzu erklärte: »Das Tao, dem man einen Namen geben kann, ist nicht der wahre Name.«[10] Wir brauchen Namen, um die Illusion der Trennung aufzubauen. William James sagte: »Das Wort ‚ich' ist in Wahrheit eine Lagebeschreibung wie ‚das' oder ‚hier'.« Aber wo ist das Ich? Ist »Ich« mein Körper? Wenn ja, dann verdaue »ich« mein Essen, »ich« schlage mein Herz, »ich« produziere rote Blutkörperchen, und »ich« tue alles andere, was mein Körper tut. Aber so denken wir normalerweise nicht. Wir denken: »Ich bin irgendwo in meinem Gehirn.« Aber »ich« kann nicht das ganze Gehirn sein, denn es ist ja hauptsächlich mit unwillkürlichen Prozessen beschäftigt, die ich nicht steuern kann. Für uns ist das »Ich« also ein Teil des Gehirns. Alles sonst, selbst der Rest »meines« Körpers, ist »etwas anderes«. Wenn ich mich so begrenzt definiere, ist es kein Wunder, dass ich mich in der Welt fremd fühle und vor ihr Angst habe. Es ist nicht verwunderlich, dass ich von diesem Standpunkt aus das Gefühl habe, kämpfen zu müssen, um glücklich zu sein – und um zu überleben.

Warum brauchen wir ein Ich?

Du amüsierst dich darüber, dass die Dinge nie dieselben bleiben, aber du merkst nicht, dass auch du nie derselbe bleibst.
LIEH TZU

Wenn das Ich uns von der Erkenntnis abhält, dass wir mit allen Dingen eins sind, warum brauchen wir dann ein Ich? Das Ich, seine trennende Ebene der Namen und Gedanken und seine Sinnesorgane kommen wie alles andere im Universum aus dem Tao und haben in der natürlichen Ordnung der Dinge ihren Platz. Sie sind, metaphorisch gesprochen, Trainingsgeräte für die Entwicklung des Bewusstseins. Obwohl sie insofern nützlich sind, sollen wir uns nicht allein und nicht ewig auf sie verlassen.

Die Entwicklung eines Ich-Bewusstseins ist Voraussetzung für die Sozialisation, also das Erlernen jener Fertigkeiten, die für die Funktion einer Gesellschaft notwendig sind. Die Gesellschaft greift zu Strafen und Belohnungen, um bestimmte Verhaltens- und Denkweisen zu ermutigen oder zu verhindern. Vor allem aber ist sie darauf angewiesen, dass ihre Mitglieder sich selbst an die Sitten und Gebräuche halten. Das wäre jedoch unmöglich ohne ein Ich, das Grenzen setzt, denn jedes Individuum braucht das Gefühl, für einen inneren und äußeren Bereich verantwortlich zu sein, den es »mein« nennt. Die Geburt des Ichs wird in vielen Gesellschaften mit einer Zeremonie gefeiert, bei der das Kind seinen Namen erhält. Obwohl die körperliche Geburt ein Triumph der Natur ist, der es um die Erhaltung der Art geht, ist die Geburt in die Gesellschaft hinein zugleich ein Triumph der Gesellschaft, deren Bestand gesichert wird. Taufe, Konfirmation, Kommunion und Bar Mizwa haben in dieser uralten Tradition ihren Ursprung.

Dennoch gilt die Entwicklung des Ichs auch als Verlust – sie ist der Sündenfall, der zur Vertreibung aus dem Paradies führte. Denn sobald wir uns mit dem Ich identifizieren, ist unser Bewusstsein in einer Welt der Trennung und des Kampfes gefangen. Das Ich, das sich als getrennt von allem anderen empfindet, liegt mit der Welt im Streit. Das ist eines der fundamentalen Dilemmas der menschlichen Existenz: *Wir brauchen ein Ich, damit wir gesellschaftliche Wesen sein können; aber das Ich zwingt uns Trennung, Isolation und Konflikt auf.*

Der Taoist sieht das Ich als harten Kern, den nur die Energie des Unbewussten zerbrechen kann. Sie durchdringt ihn und stülpt ihn um.
CHANG CHUNG-YUAN

Leonardo da Vinci fasste dieses Problem des Teils mit dem Ganzen so zusammen: »Der Teil neigt immer dazu, sich mit dem Ganzen zu vereinen, um seine Unvollkommenheit zu überwinden.« Es ist von größter Bedeutung, ob wir versuchen, unser Bewusstsein mit dem Urgrund des Seins (Tao) zu vereinen, oder ob wir danach streben, das Ich durch körperliches, seelisches und geistiges Anhaften zu vergrößert. Davon hängt es ab, ob wir verstehen lernen, was wahre und dauerhafte Fülle ist.

Die spirituelle Tradition des Ostens und die taoistische Philosophie haben erkannt, dass wir zu unserer ursprünglichen Natur, dem nicht differenzierten Bewusstsein, das wir erfahren haben, bevor wir ein Michael oder eine Stephanie waren, zurückkehren wollen und können. In der westlichen Tradition, die schon mit dem alten sumerischen Gilgamesch-Epos (etwa 2500 v. Chr.) begann, herrscht das Gefühl vor, dass wir nicht mehr zurückkehren können. Darum müssen wir uns alles aneignen, was wir in der Festung unseres Ichs finden können, um unser Überleben zu sichern. Erst später kam die Idee, dass wir die Isolierung des Ichs nach dem Tod oder nach dem jüngsten Gericht überwinden können, wenn wir mit Gott vereint sind und uns alle Mysterien des Universums enthüllt werden.

Die drei Augen

Wenn Sie Ihre wahre Aufgabe – das Ich aufzugeben – erkennen, wird Ihnen auch klar, dass dies die härteste Prüfung ist.
JOSEPH CAMPBELL

Um das Problem des Ichs und seiner Integration besser zu verstehen, können wir auf eine buddhistische Metaphorik zurückgreifen. Denken Sie immer daran, dass es hier um die Lösung eines universellen menschlichen Problems geht, nicht um das Dogma einer Religion. Wir könnten ebenso gut Begriffe aus einer anderen spirituellen Tradition benutzen; aber der Taoismus ist besonders klar und elegant. Einige buddhistische Schulen unterscheiden drei Ebenen des Bewusstseins auf dem Weg zur Erleuchtung und vergleichen sie mit drei Augen oder drei Arten der Weltsicht. Das Auge des Dharmas, das Auge der Weisheit und das Auge des Buddhas entsprechen der Anerkennung, der Transzendenz und der Integration des Ichs.

Das Auge des Dharmas: Name, Form und Ich

Vergiss, dass du von anderen und von der göttlichen Quelle getrennt bist.
LAO TZU

Mit dem Auge des Dharmas betrachten wir die Welt. Wir sehen getrennte Dinge, alles ist verschieden von allem anderen, und es gibt klare Grenzen. Dies ist das Auge des Ichs, das zwischen ich und du, Subjekt und Objekt, diesem und jenem unterscheidet. Mit dem Auge des Dharmas sehen wir die Welt der Namen und Formen (*nama-rupa*), also die »zehntausend Dinge«. Unsere moderne Welt erkennt nur dieses Auge an. Weil wir die beiden anderen Augen geschlossen haben, sind wir spirituell blind geworden. Dies ist der Ursprung des Mangelgefühls; denn weil unser Ich ein Teil ist, empfinden wir unsere Trennung vom Ganzen (Tao) als Verlust.

Das Auge der Weisheit: ein völlig gedankenloses Sein

Alle Dinge umarmen heißt auch, jeden Gedanken an Trennung aufgeben: männlich und weiblich, ich und du, Leben und Tod. Teilung widerspricht der Natur des Tao.
LAO TZU

Mit dem Auge der Weisheit sehen wir die Einheit aller Dinge, die nicht differenzierte Leere. Nichts existiert als separate Identität oder Form. Selbst wenn wir diese Einheit noch nicht erfahren haben, fangen wir an zu verstehen, dass es eine Bewusstseinsebene gibt, auf der die Dinge nicht so sind, wie sie zu sein scheinen. Existieren die Dinge wirklich so, wie wir glauben: als solide, konkrete Objekte, oder sollen wir sie eher als Ereignisse betrachten? Ein Ereignis, das wir »Berg« nennen, dauert natürlich länger als ein Ereignis, das wir »Mensch« oder »Spinne« nennen. Doch in der endlosen Zeit ist selbst ein Berg nur ein Augenblick.

Bestimmte Bedingungen führen bisweilen zu einem Ereignis, das wir »Planet« nennen. Innerhalb dieses Ereignisses spielen sich ständig kleinere Ereignisse ab, so dass der Planet in diesem Moment nicht derselbe ist wie im Moment vorher. Das Ereignis, das wir »menschlicher Körper« nennen, unterscheidet sich insofern nicht von einem Planeten. Oder haben Sie heute denselben Körper wie als Kind oder Teenager? Haben Sie noch denselben Körper wie vor fünf Jahren oder gestern? Die Antwort lautet nein, und das ist eine wissenschaftliche Tatsache.

Wie viel weniger solide und real ist dann diese geistige Struktur, die wir »Ich« nennen? Was ist das überhaupt? Ist es ein momentanes Verlangen oder der Erinnerungsspeicher, der uns den Eindruck der Identität verschafft, die sich von allem anderen unterscheidet? Liegt es nicht an diesem Ich-Gefühl, dass meine Geschichte sich von der Ihren unterscheidet? Auch dieser Unterschied ist lediglich die Folge einer begrenzten Auffassung von Raum und Zeit. Auf die Frage: »Wann habe ich begonnen?« würden die meisten Menschen antworten: »Bei der Geburt oder bei der Zeugung« oder auch: »Als das Gedächtnis sich bildete«. Religiöse Menschen im Westen antworten möglicherweise: »Ich habe mit Adam und Eva begonnen, die Gott geschaffen hat. Die Geschichte des Sündenfalls und der Erlösung ist auch meine Geschichte.« Ein Wissenschaftler, der an seine Kosmologie glaubt, würde vielleicht sagen: »Ich habe mit dem Urknall begonnen, denn alle physikalischen Prozesse in diesem Körper haben damals angefangen. Die Geschichte des expandierenden Universums ist auch meine Geschichte.« Diese Menschen haben zwar einen erweiterten Zeitbegriff, sind aber immer noch an ihn gebunden. Die Frage selbst ist das Problem, denn die Worte »wann«, »ich« und »begonnen« haben alle einen zeitlichen Bezug. Keine Kosmologie und kein Denksystem kann uns aus der Zeitfalle befreien. Das Denken selbst hält uns in der Zeit fest. »Die Zeit hört nur auf, wenn das Denken aufhört«, sagte der indische Philosoph Krishnamurti.[11] Wenn wir aufhören zu denken, hört die Zeit auf, weil wir vom Ich-Bewusstsein befreit sind. Dann sehen wir mit dem Auge der Weisheit. Da die scheinbare Dauerhaftigkeit der Formen nur die Folge unserer begrenzten Auffassung von Raum und Zeit ist, sind der Raum und die Zeit selbst Formen, durch die das Auge der Weisheit hindurchsieht.

Im Westen gelten das Ich und das Selbst als ein und dasselbe. Darum ist es nicht verwunderlich, dass die meisten Menschen kaum daran interessiert sind, die Ich-Blase der Getrenntheit platzen und die Welt hereinbrechen zu lassen. Wir identifizieren uns so sehr mit dem Ich, dass wir den Verzicht auf diese Identifikation mit totaler Vernichtung gleichsetzen. Es ist verständlich, dass wir nicht unsere eigene Vernichtung wünschen.

Der höchste Weise teilt seine moralischen Besitztümer mit anderen. Wer ihm an Weisheit am nächsten kommt, teilt seine materiellen Besitztümer mit anderen.
LIEH TZU

Die Tradition des Ostens erkennt ein Leben jenseits des Ichs an – und das muss nicht heißen »jenseits des Grabes«. Das Bewusstsein, welches das Ich transzendiert, hat im Osten verschiedene Namen. Für Yogis ist das »Ziel« der Meditation die Vereinigung mit dem *Atman* (dem Selbst) oder *Paramatman* (dem höheren Selbst), das heißt mit dem Selbst in allen Dingen. Buddhisten streben dagegen nicht die Verschmelzung mit dem Atman oder höheren Selbst an, sondern wollen einfach nur aufhören, sich mit dem trennenden Ich-Bewusstsein zu identifizieren und so im universellen Bewusstsein aufgehen. Doch einerlei, ob wir unter Erleuchtung die Einheit mit dem Atman oder Tao verstehen oder die Aufhebung der Ich-Illusion, das Endziel ist das gleiche, und letztlich gibt es überhaupt kein Ziel, sondern nur die Erkenntnis der wahren Wirklichkeit, die immer war und sein wird.

Die Taoisten empfahlen das bewusste Atmen, um das Auge der Weisheit zu öffnen, das Denken zu transzendieren, die Ich-Blase zu vernichten, mit dem Universum eins zu werden ... nennen Sie es, wie Sie wollen. Im *Tao Te Ching* lesen wir: »Kannst du dich auf deine Atmung konzentrieren, um die Harmonie zu erlangen und wie ein unschuldiges Kind zu werden?«[12] Chuang Tzu schrieb: »Konzentriere dich auf das Ziel der Meditation. Höre nicht mit dem Ohr, sondern mit dem Geist, nicht mit dem Geist, sondern mit dem Atem. Höre auf, mit dem Ohr zu hören und Bilder im Geist zu formen. Atmen bedeutet, sich selbst leeren und auf das Tao warten.«[13] Dann können wir entzückt sagen: »Das Universum ist mein Geist. Mein Geist ist das Universum.«[14]

Doch der Geist ist nur dann das Universum, wenn ich den Zustand erreicht habe, den die Chinesen *wu-nien*, »ohne Gedanken«, nennen. Um die Intelligenz des Universums – das Tao – zu erfahren, muss ich das Denken aufgeben. Ich muss darauf vertrauen, dass die Intelligenz des Universums, die so viele Wunder hervorgebracht hat – auch meinen Körper mit seinem Gehirn –, größer ist als alles, was ich durch bewusstes Denken erreichen kann. Wenn ich mich nicht mehr auf das trennende Denken verlasse, kann ich mit dieser größeren Intelligenz verschmelzen, die in allen Dingen lebt.

Denken Sie darüber nach. Da wird behauptet, wir könnten durch die Atmung eine transzendente Bewusstseinsebene erreichen und mit dem Universum eins werden. Was könnte einfacher sein als atmen? Wer tut es nicht? Dennoch fürchten wir uns davor zu atmen – das Universum herein und uns hinaus zu lassen. Damit das gelingt, müssen wir aufhören zu atmen und das Universum durch uns atmen lassen. Wir müssen den Dingen, so wie sie sind, vertrauen. Ebenso verhält es sich mit dem Tao in allen Lebensbereichen: Wir müssen aufhören zu tun und das Universum durch uns tun lassen.

Das Buddha-Auge oder die Heirat des Himmels und der Erde

> *Wenn du zur Einheit zurückkehrst, denke nicht an sie und werde nicht ehrfürchtig – auch dadurch trennst du dich von ihr. Verschmelze einfach mit der Wahrheit und erlaube ihr, dich einzuhüllen.*
> Lao Tzu

Mit dem Buddha-Auge sehen wir sowohl Form als auch Leere und erkennen, wie das Herz-Sutra lehrt, dass Form nichts anderes ist als Leere und Leere nichts anderes als Form. Wir können auch sagen: Das Buddha-Auge sieht die Welt mit und ohne Zeit, mit und ohne Denken, mit und ohne Ich. Viele östliche Traditionen legen großen Wert auf Ichlosigkeit auf dem Weg zur Erleuchtung. Doch selbst von den Erleuchteten – vom Buddha, den Bodhisattvas und den taoistischen Meistern – können wir nicht sagen, sie hätten kein Ich. Wer kein Ich hat, der hat kein Gedächtnis. »Ich« würde nicht wissen, was »ich« gefrühstückt oder als Kind getan habe.

Dennoch ist der Erleuchtete in gewissem Sinne ohne Ich. Er ist nämlich imstande, das profane Bewusstsein der Namen und Formen zeitweilig erlöschen zu lassen und in ein allumfassendes oder kosmisches Bewusstsein einzugehen. Wie dieser Zustand, *Samadhi* genannt, empfunden wird, hängt von der Ausdehnung des verwirklichten Bewusstseins und von der Fähigkeit ab, es zu steuern. Einige indische Yogis sind ein extremes Beispiel für diese Art der Ichlosigkeit. Sie verbringen den größten Teil ihres Lebens im Samadhi und sind mit dem profanen Bewusstsein nur noch ganz schwach verbunden. Darum ist es ihnen praktisch unmöglich, am Leben in der Gesellschaft teilzunehmen und ihren materiellen Körper ohne fremde Hilfe zu erhalten. Sie sind im Auge der Weisheit gefangen.

Eine zweite Art der Ichlosigkeit, die mit dem taoistischen Standpunkt besser übereinstimmt, ähnelt dem buddhistischen *Nirwana*. Im Mahayana-Buddhismus ist Nirwana kein Ort und keine Zeit, kein Himmel und kein Jenseits, aber auch kein Zustand des ewigen Samadhi, sondern die Loslösung vom Ich. Das Wort Nirwana bedeutet »auslöschen«. Ausgelöscht ist das Verlangen, dessen Ursache die Identifikation mit einem begrenzten Ich ist.

Das Ich-Bewusstsein ist eine Begrenzung oder Kontraktion des allumfassenden Bewusstseins. Das Ich will »mehr« haben: mehr Liebe, Ansehen, Zuwendung, Freude und so weiter. Doch die Erlösung liegt nicht in diesem »Mehr«, sondern im Verzicht auf die Identifikation mit der Begrenzung des Bewusstseins, also mit dem Ich. Der Lohn dafür sind die »drei Juwelen des Erwachens«: *sat, chit* und *ananda* – Sein, reines Bewusstsein und Glückseligkeit.

Im ersten Kapitel des *Tao Te Ching* werden die drei Ebenen (Ich-Bewusstsein, Transzendenz und Integration) so beschrieben:

Oft sehe ich unwillentlich das Wunder des Tao (das Auge der Weisheit).
Oft sehe ich willentlich seine Manifestationen (das Auge des Dharma).
Beide haben denselben Ursprung (das Buddha-Auge).

Den gleichen Gedanken drückt dieser Zen-Spruch aus:

Zuerst ist ein Berg.
Dann ist kein Berg.
Dann ist reines Sein.

Wir können auch sagen:

Zuerst ist ein Ich.
Dann ist kein Ich mehr.
Dann ist reines Sein.

Die Integration des Ichs

Es gibt nur einen Unterschied zwischen einem Weisen und einem Narren: Der Weise weiß, dass er spielt.
FRITZ PERLS

Wir können das Ich im Rahmen der Gesellschaft nutzen (*Dahrma*), ohne uns mit ihm zu identifizieren oder es für das höchste Selbst zu halten. Dieses »soziale Ich« hat noch Wünsche, jedoch nur Buddha-Wünsche, die andere auf den Weg der Erleuchtung führen sollen. Wir wissen, dass das Ich keine höchste Identität ist, aber wir benutzen es noch, um Leiden zu lindern und die Erleuchtung zu verbreiten. Als das Auge der Weisheit sich öffnete, wurde der Bann der Identifikation gebrochen, und wir haben das Ich als gesellschaftliche Fiktion oder Maske durchschaut. Zugleich wissen wir, dass wir das Ich brauchen, um in der Gesellschaft aktiv zu sein.

Diese Situation ähnelt der eines Schauspielers, der ganz in seiner Rolle aufgeht und sich dennoch stets der Tatsache bewusst ist, dass er die Rolle nur spielt. Würde ein Schauspieler den Kontakt mit seinem tieferen Bewusstsein verlieren und mit dem oberflächlichen Bewusstsein glauben, er *sei* die Rolle, wäre er in unseren Augen verrückt. So ist es auch, wenn wir glauben, wir seien unser Ich, das ja nur eine gesellschaftlich bedingte Rolle ist. Auch dann verlieren wir den Kontakt mit dem tieferen Bewusstsein und sind tatsächlich verrückt. (Ich kann den Weihnachtsmann spielen und daran Freude haben, ohne zu glauben, ich sei der Weihnachtsmann.) Vom östlichen Standpunkt aus sind Ich-Rollen wie die Rolle des Schauspielers nur vorübergehende Beschäftigungen.

Das private »Ich« und das Privateigentum

Der Name, den man benennen kann, ist nicht der wahre Name.
LAO TZU

Das primäre oder ursprüngliche Bewusstsein, also das Tao, die Intelligenz des Universums, ist immer da, ob wir uns dessen bewusst sind oder nicht. Wer sein Gedächtnis verliert, wird nicht ein anderer – er hat nur vergessen, wer er ist. Im Westen, der heute im kulturellen Sinne den größten Teil der

Welt umfasst, leiden wir an einer kollektiven Amnesie, was das nicht benennbare Tao anbelangt: Wir haben den Kontakt mit dem Bewusstsein verloren, das dem Ich vorausgeht. Es ist uns nicht nur misslungen, das Auge der Weisheit zu öffnen, sondern wir haben vergessen, dass es existiert. Darum ist unser Bewusstsein vom Ich beschränkt.

Eine Manifestation unserer kollektiven Amnesie hinsichtlich der Transzendenz ist unser unerschütterliches Anhaften am Privateigentum. Das Privateigentum kann wie das Ich durchaus einen sozialen Sinn haben. Doch wenn wir eine vom Menschen gemachte Konvention mit der allem zugrunde liegenden Wirklichkeit verwechseln, geraten wir auf einen Irrweg. Mitten in einer Wüste steht ein Schild, das die Grenze der amerikanischen Bundesstaaten Arizona und New Mexico markiert. Nichts in der Landschaft unterscheidet diese Seite von jener. Die Grenze ist willkürlich und imaginär. Das gleiche gilt für jeden Besitz. Die Grenzen beruhen auf unserem Glauben und haben keine Grundlage in der physikalischen Welt und erst recht nicht in der transzendenten Einheit aller Dinge. Das ist eine offensichtliche und leicht zu beweisende Tatsache des Lebens, die wir im täglichen Leben lieber ignorieren.

Wir haben nicht verstanden, dass ein einzelnes Ding nur eine künstliche Definition unserer Sinne ist und dass es etwas gibt, was nicht definierbar ... und unendlich größer als dieses Ding ist.
P. D. Ouspensky

Trotz der Folgen, die unser Glaube an das Privateigentum für unsere Erfahrung der Fülle oder des Mangels hat, unterziehen wir ihn selten oder nie einer kritischen Prüfung. Die Idee des Eigentums ist bedeutungslos, wenn wir dem Objekt keinen Namen geben. Der Name ist, wie bereits gesagt, der ursprüngliche Same des Ichs. Mit Hilfe dieses Namens definieren wir Unterschiede, und indem wir uns mit unserem Namen und seinen Assoziationen identifizieren und an ihnen haften, stecken wir unser persönliches Territorium ab. (*Persona* bedeutet »Maske«, also sowohl eine Hülle als auch eine Illusion.) Nachdem wir unser Revier bestimmt haben, überlegen wir, wie wir seinen Inhalt von der Außenwelt unterscheiden können. Dieses Territorium ist das ursprüngliche und am meisten private Eigentum. Der Name (mit seinen Assoziationen) ist das erste, was wir besitzen.

Da der Name der Kern des Ichs ist, versuchen wir, unseren Namen größer zu machen, zu schützen und zu bewahren. Wir freuen uns, wenn über unseren Namen etwas »Gutes« gesagt wird, und es tut uns weh, wenn jemand etwas »Schlechtes« über ihn äußert. Hieraus entsteht das Gefühl des Gewinnes und des Verlustes, und das ist auch der psychologische Ursprung des Kredits

Der vollkommene Mensch hat kein Ich. Der spirituelle Mensch will nichts erreichen. Der Weise hat keinen Namen.
CHUANG TZU

und der Schulden. Wenn Sie im Geiste ein Objekt mit Ihrem Namen verbinden, haben Sie das Gefühl, etwas zu besitzen, und wenn Sie Ihren Besitz schützen, schützen Sie Ihren Nahmen – das Ich. Da wir wissen, dass wir als Ich sterben müssen, wollen wir unser Ich irgendwie erweitern, über die spärlichen siebzig oder vielleicht neunzig Jahre hinaus, die uns normalerweise gewährt werden. Ein Mittel, das Leben des Ichs scheinbar zu verlängern, ist die Vererbung des Privateigentums. Sie gibt uns die Möglichkeit, unseren Besitz (die mit unserem Namen verknüpften Objekte) an unsere Nachkommen weiterzugeben, und indem wir das tun, bleibt unser Name und unsere Ich-Identität über das Grab hinaus erhalten. Das ist ein Versuch des Ichs, in einer Welt des ständigen Wandels Sicherheit und Dauer zu finden.

Das universelle Problem des Menschen – das Ich zu entdecken, zu transzendieren und zu integrieren – wird vom künstlichen modernen Leben vergrößert. Wer in der Natur lebt, steht immer in Kontakt mit einem Kraftfeld und mit einer Wirklichkeit, die das Leben des Ichs in der Gesellschaft transzendiert. Die Menschen der alten Kulturen bemühten sich, im Einklang mit den Zyklen und Mächten der natürlichen Welt zu leben. Heute versuchen wir nach Kräften, uns in einer künstlichen Welt zu isolieren. Unsere Gesellschaft strebt wie keine andere in der Geschichte der Menschheit danach, die Illusion zu bewahren, dass wir von der Natur und ihren universellen Lebensprozessen getrennt sind. Wir wickeln uns in die komplexe technologische Gesellschaft ein und begreifen nur schwer, dass die Ordnung der Natur unser Leben bestimmt. Darum vertrauen wir dem Tao nicht.

Die Taoisten lehnten die Einteilung der Gesellschaft in Klassen ab. Sie verbanden sie zu Recht mit der zunehmenden Künstlichkeit und Komplexität des Lebens.
JOSEPH NEEDHAM

Wenn es etwas wie ein Gesetz des Bewusstseins gibt, dann lautet es so: Das, womit wir uns ständig beschäftigen, nimmt in unserem Leben zu. In jeder großen spirituellen Tradition der Welt gilt dieses Prinzip als notwendiger Bestandteil des Weges zur Erlösung. Das erste der beiden Gebote Jesu verlangt, Gott von ganzem Herzen, von ganzer Seele und mit aller Kraft zu lieben. Die indische Yoga-Tradition, von den Sutras des Patanjali bis zur Bhagavadgita, lehrt, dass wir nur dann erwachen, wenn wir uns konzentrieren, sei es auf das *Atman*, das höhere Selbst des Individuums, sei es auf das universelle, unpersönliche *Brahman* oder auf die personifizierten

Gestalten Gottes (*Bhagavan*). Lao Tzu und Chuang Tzu empfahlen dem Menschen, sich des Tao durch Konzentration bewusst zu werden.

In traditionellen Kulturen konnten sich die Menschen mit Hilfe von Mythen, Ritualen und Kunstwerken auf transzendente Symbole konzentrieren, um das Bewusstsein über den Bereich des Ichs hinaus zu projizieren. Für die Gesellschaft hatte das zwei Vorteile: Erstens besaßen die Menschen authentische Rituale, die eine zeitweilige Loslösung vom Ich erlaubten – einen Blick in die andere Welt. Zweitens fanden einige wenige Menschen den Weg zur Erleuchtung und bereicherten dadurch die ganze Gesellschaft.

Der Umgang mit dem Privateigentum

Geld ist vor allem deshalb wertvoll, weil wir in einer Welt leben, die es überschätzt.
H. L. Mencken

In unserer modernen Kommerzgesellschaft haben wir das alles abgeschafft. Die Welt der Symbole ist nicht mehr die Welt von Künstlern, die sich danach sehnen, uns zur Transzendenz zu führen, sondern die Welt von Werbefachleuten, die sich nach Profiten sehnen. Die Symbole, die sie verwenden, führen uns zum Ich zurück. Die symbolischen Bilder unseres Alltags liefern uns die Massenmedien, die neuerdings sogar traditionelle Symbole der Transzendenz verwenden, um den Konsum anzukurbeln. Ihre Aufgabe besteht darin, uns zum Kaufen zu ermuntern, und darum müssen sie uns einreden, dass uns etwas fehlt und dass wir ein bestimmtes Produkt brauchen. Infolgedessen ist unsere Fantasie mit Bildern gefüllt, welche die Ich-Illusion stärken, und fast leer von Bildern, die uns helfen könnten, das Ich zu überwinden.

Du meinst, das Universum sei unruhig?
Gehe nachts in die Wüste und betrachte die Sterne.
Dann wirst du eines Besseren belehrt.
Lao Tzu

Was für die innere Welt gilt, das gilt erst recht für die äußere. Die Städte, in denen (zum ersten Mal) die meisten Menschen leben, bieten uns eine Umwelt, die das Ich unaufhörlich stärkt. Denken Sie an die psychologische Wirkung des weiten Raumes, in dem die meisten Menschen noch vor kurzem lebten. Wer auf Feldern und in Wäldern lebt und den klaren Nachthimmel über sich hat, fühlt sich nicht eingeengt. In traditionellen Kulturen beherrschten heilige Bauwerke die Landschaft, und heilige Rituale beherrschten den Kalender.

Die Menschen wurden im täglichen Leben an Ebenen der Wirklichkeit erinnert, die das Ich transzendieren, einerlei, ob sie in Städten oder im Urwald lebten.

Denken Sie nun an die psychologische Wirkung der modernen Städte. Wir leben in einer überfüllten Umwelt. Raum ist kostbar, der Horizont ist nicht zu sehen, und alles um uns her gehört jemandem. Die großen Glastürme der Banken und Versicherungen dominieren unsere Großstädte. In den Vorstädten dreht sich alles um die riesigen Supermärkte. Das Leben in der modernen Welt versinkt zwischen Papierbergen, die uns alle an unseren Namen und an unsere Position in der Gesellschaft erinnern.

Wie kann ich »mich« vergessen, wenn alles so gemacht ist, dass es mich an mich erinnert?

Sowohl die Massenmedien als auch die physikalische Umgebung weisen uns ständig auf unseren Platz im Ganzen hin. Nur wenn wir die Stadt hinter uns lassen, können wir vergessen, wer wir sind. Wenn ich allein im Wald wandere und kampiere, erinnert mich kaum etwas daran, wer ich in der Gesellschaft bin (natürlich muss ich vorher Formulare ausfüllen und eine Erlaubnis einholen). Auf diese Weise kann ich die Wirklichkeit tiefer erfahren.

Der Name, das Ich

Das Namenlose ist der Ursprung des Himmels und der Erde.
Der Name ist die Mutter der zehntausend Dinge.
LAO TZU

Je mehr die Gesellschaft uns zur Konzentration auf Namen, Positionen und Eigentum zwingt, desto stärker identifizieren wir uns mit dem Ich-Bewusstsein, vor allem wenn wir nie auf die Idee gekommen sind, dass es auch andere Ebenen des Bewusstseins gibt, und erst recht nicht wissen, wie wir diese Ebenen erreichen. Da wir die Grenzen von Raum, Zeit und Ich nicht überschreiten können, fühlen wir uns gefangen und suchen Zerstreuung in Anhaftungen und Erfahrungen, die nur dazu da sind, uns an das Ich zu erinnern, und unsere Fesseln daher noch enger schnüren.

Die Wirtschaft ist die Grundlage unserer Gesellschaft. Die Wirtschaft beruht ihrerseits auf der Idee des Privateigentums. Wir halten das für so selbstverständlich und für einen Bestandteil der natürlichen Ordnung, dass wir es nicht mehr als Produkt des Denkens und der Konvention durchschauen. Wir vergessen, dass es keine natürlichen, unanfechtbaren oder universellen Maßstäbe für das Eigentum gibt und dass das Eigentum letztlich eine gedankliche Konstruktion, aber kein Teil der natürlichen Welt ist. Wir glauben so fest an den Mythos vom Privateigentum, dass wir uns eine Welt ohne Privateigentum kaum vorstellen können.

Gewiss, es gibt auch in den sogenannten primitiven und kollektiven Kulturen den Begriff »mein«, nicht nur in Bezug auf das Ich (das Gedächtnis und zum Teil auch die soziale Position), sondern auch in Bezug auf Objekte. Aber viele traditionelle Kulturen überlebten problemlos Tausende von Jahren, ohne dass es Grundbesitzer gab. Die Völker der matriarchalischen jungsteinzeitlichen Kulturen hielten die Natur nicht für einen Rohstoff, den man besitzen kann.

Es ist faszinierend zu untersuchen, wie die Idee des Privateigentums sich ausweitete. In den matriarchalischen Agrargesellschaften gab es Eigentum an persönlichen Dingen wie Kleidern, Schmuck, Waffen und Geschirr. Später kam in patriarchalischen Kulturen (z. B. bei den Indoeuropäern und Semiten) das Eigentum an domestizierten Tieren (Schafe, Ziegen, Rinder, Pferde) hinzu. Die patriarchalischen Hirtenvölker erweiterten den Begriff des Privateigentums auf die Wiesen, auf denen das Vieh graste, und schließlich auf die Äcker, die sie anlegten. Der Mann wurde zum Eigentümer seiner Frau (oder seiner Frauen) und seiner minderjährigen Kindern sowie der gefangenen Feinde und der Sklaven.

Abkömmlinge dieser patriarchalischen Hirtenvölker, die seefahrenden Phönizier und Griechen, führten das Geld ein. Münzen dienten als Ersatz für Vieh, das mit Schiffen schwer zu transportieren war. Das Wort »Kapital« ist vom lateinischen *capita* abgeleitet, das »Kopf« (im Sinne von »Stück Vieh«) bedeutet. Die ersten Münzen trugen oft Bilder von Rindern, und im Englischen fragt man heute noch *heads or tails?* (Köpfe oder Schwänze), wenn man Münzen wirft. Von den Hirtenvölkern haben wir auch den Zins übernommen. Der Gedanke, Geld gegen Zinsen zu borgen, geht auf den Brauch zurück, dem Eigentümer eines zur Besamung geborgten Bullen einen Teil der Kälber zu geben.

Das Privateigentum an Gegenständen, Tieren, Grundstücken, Menschen, Geld und Zinsen wurde im kapitalistischen Zeitalter auf zahlreiche abstrakte »Finanzinstrumente« erweitert. Man kann beispielsweise das Recht »besitzen«, eine Aktie (also einen Anteil an einer »juristischen Person«) zu einem bestimmten Preis zu erwerben. Solche »Rechte« oder »Optionen« haben heute ihren eigenen »Markt«, so wie Fisch und Gemüse Jahrhunderte lang auf Märkten gehandelt wurde. Was auf diesen Märkten (es gibt noch abstraktere) gehandelt wird, ist zwar nicht real, aber es wirkt sich auf unser tägliches Leben aus.

Wir haben eine Kultur geschaffen, in der fast alles gekauft und verkauft werden kann. Eine ganze Gruppe von Spezialisten (Juristen) ist damit beschäftigt zu bestimmen, wem eigentlich was gehört und wer wem etwas schuldet. Es ist also viel geschehen, seitdem der Mensch mit Stieren gehandelt hat. In jeder Gesellschaft, in der die Idee des Eigentums zunehmend abstrakt wird, führen die Menschen ein zunehmend künstliches und komplexes Leben. Das haben die Taoisten gut verstanden.

In *Science and Civilization in China* beschreibt Joseph Needham den gesellschaftlichen Bruch, der mit dem Übergang von der matriarchalischen Kultur der Jungsteinzeit zum patriarchalischen Feudalstaat einherging. Die Taoisten waren, um es vorsichtig auszudrücken, weder vom Feudalstaat noch von der zunehmenden technischen Komplexität begeistert. Needham schreibt: »Wenn die Macht des Feudalismus auf bestimmten Handwerken wie Bronzeverarbeitung und Bewässerungstechnik beruhte; wenn die Taoisten ihre Kritik an der Gesellschaft so erweiterten, dass daraus Hass auf alles Künstliche wurde; wenn die Herausbildung von Klassen mit technischen Erfindungen einherging – war es dann nicht natürlich, dass diese in die Kritik einbezogen wurden?[15]

Die Idee vom Eigentum an der Natur schließt den Glauben an Knappheit und Armut ein. Wir erhalten Fülle nicht mehr von der Natur (oder von Gott, den Göttern, den Ahnen usw.) und versuchen daher, unser Eigentumsrecht durchzusetzen. Wenn wir glauben, dass wir die Natur besitzen, dann schuldet sie uns auch etwas. Ein »Landbesitzer«, dessen Ernte hinter den Erwartungen zurückbleibt, ist enttäuscht oder fühlt sich sogar betrogen – als habe die Natur ihm etwas vorenthalten, was ihm gehört. Wenn wir die Erde dagegen als lebendes Wesen sehen, das uns ähnlich ist, können wir uns über ihre Früchte und Gaben freuen. Und wenn wir das Leben selbst als Geschenk betrachten, sind wir frei und können alle Gaben der Natur, der Familie, unserer Freunde, unserer Gemeinschaft und unserer Talente und Fähigkeiten dankbar empfangen und genießen. Dann leben wir in einer Welt der Fülle.

Wer besitzt, fühlt sich als Gläubiger. Nie zuvor in seiner Geschichte war der Mensch derart vom Besitz besessen. Darum glauben wir, dass andere uns etwas schulden: Das Leben, die Natur, die Gesellschaft, unsere Eltern und Kinder, alle sind unsere Schuldner. Echte Freude fällt uns schwer, weil wir nichts mehr als Geschenk betrachten. Da wir glauben, das Empfangene stehe uns zu, betrachten wir es lediglich als Pflichterfüllung, und wenn wir nicht bekommen, worauf wir Anspruch zu haben glauben, fühlen wir uns betrogen.

Die meisten Menschen fühlen sich aber auch als Besitz – des Arbeitgebers, des Vermieters, der Bank und so weiter. Selbst wenn es uns finanziell gut geht, müssen wir vieles tun, was wir lieber nicht tun würden, weil wir andernfalls unseren gesellschaftlichen Status nicht halten könnten. Wir fühlen uns als Gläubiger und als Schuldner. Ist es da noch ein Wunder, dass wir nirgendwo Fülle sehen?

Das Eigentum verstärkt also das Mangelbewusstsein, dessen Ursache das trennende Ich ist. Aber in der modernen Konsumgesellschaft brauchen wir viele Dinge. Wir brauchen nicht nur ein Ich, sondern auch Geld und materiellen Besitz, damit wir in dieser Gesellschaft überleben können.

Nutzen, ohne zu besitzen

Mein Körper ist nicht mein Besitz, aber da ich geboren wurde, habe ich keine andere Wahl, als ihn zu pflegen. Auch andere Dinge sind nicht mein Besitz, und doch komme ich nicht ohne sie aus, weil ich existiere. Obwohl ich meinen Körper pflege, kann ich ihn nicht besitzen, und obwohl ich nicht auf Dinge verzichte, kann ich sie nicht besitzen. Würde ich meinen Körper und andere Dinge besitzen, würde ich sie gewaltsam der Welt vorenthalten, der sie gehören.

Lieh Tzu

Der Schlüssel liegt also nicht im Verzicht auf Geld und andere Dinge, sondern in der inneren Loslösung vom Besitz. Ich benutze ein Ich, um in der Gesellschaft leben zu können – aber ich glaube nicht, dass ich dieses Ich »bin«. Und ich benutze Dinge, ohne zu glauben, ich sei ihr Besitzer. So wie ich ein Ich benutzen kann, um mich in der Gesellschaft zu engagieren, kann ich Dinge benutzen, um schöpferisch zu sein.

Die kritische Frage, die ständige Bewusstheit und Selbstprüfung verlangt, lautet: Was treibt mich dazu, Geld und Dinge zu erwerben? Die Motive jedes Handelns entscheiden letztlich über die Folgen, also darüber, ob mein Handeln mich befreit oder versklavt. Was den Erwerb und das Ausgeben von Geld anbelangt, so gibt es zwei Motive, die mich glücklich machen: reine Freude und der Wunsch, anderen zu helfen.

Reine Freude: Leonardo verstand unter reiner Freude, »ein Ding um seiner selbst willen zu lieben und aus keinem anderen Grund«. Es sind also »andere Gründe«, die unsere Freude unrein machen. Will Rogers beschrieb einen solchen anderen Grund, als er sagte: »Zu viele Menschen geben Geld aus, das sie nicht verdient haben, um Dinge zu kaufen, die sie nicht wollen, und um Leute zu beeindrucken, die sie nicht mögen.« Wahre Freude gibt uns das Gefühl, mit dem Ganzen verbunden zu sein. Freude am Essen, an der Musik, am Sex, an Büchern, an einer Landschaft, an Reisen in andere Länder bereichert und belebt uns.

Im Westen wurde Spiritualität lange Zeit mit Selbstverleugnung, Armut und Entsagung gleichgesetzt. Solche Tendenzen gibt es zwar auch im Osten, aber es gibt auch eine Tradition, die nicht Selbstverleugnung, sondern Selbstbewusstheit anstrebt. Die Taoisten waren ein Teil dieser Tradition. Zwar interessierten sie sich nicht für gesellschaftliches Ansehen und technische Spielereien, aber sie wussten das Leben zu genießen. Sie verfeinerten die Kunst der körperlichen Liebe und förderten die Heilkunst. Sie widmeten sich den schönen Künsten und liebten die Natur. Sie genossen gutes Essen, Gespräche und die Einsamkeit. Sie waren empfindsam und konnten sich auch über einfache Dinge freuen.

Anderen helfen: Im *Hua Hu Ching* beschreibt Lao Tzu dieses Motiv als eine der vier Haupttugenden: »Die vierte Tugend ist Hilfsbereitschaft. Sie ist Dienst am Nächsten ohne die Erwartung eines Lohnes.«[15] Hilfsbereitschaft ist, wie Lao Tzu betont, »kein äußeres Dogma, sondern ein Teil deiner ursprünglichen Natur«. In Ihrer ursprünglichen Natur sind Sie mit allem eins, und in Ihrer menschlichen Natur sind Sie ein soziales Wesen. Darum sind Sie nur dann Sie selbst, wenn Sie hilfsbereit sind. Sie handeln gegen Ihre Natur, wenn Sie diesen Wunsch unterdrücken, und die Folge sind Schmerzen und Leid. Wenn Sie Geld brauchen, um andern helfen zu können (das ist in unserer Welt oft der Fall), dann sollten Sie es erwerben, und zwar am besten so, dass Sie dadurch anderen nutzen.

Auch der Erwerb gesellschaftlichen Ansehens ist nicht von vornherein abzulehnen. Er kann notwendig sein, wenn Sie Ihrem natürlichen Wunsch, anderen zu helfen, folgen wollen. Wenn Sie dieses Ansehen brauchen, damit die

Menschen sehen und schätzen, was Sie zu bieten haben, dann sollten Sie es erwerben. Es wäre sogar egoistisch, das nicht zu tun, ebenso egoistisch wie das Streben nach Ansehen aus Eigeninteresse. Die entscheidende Frage lautet: Fühlen Sie sich dadurch mehr isoliert oder stärker mit allem Leben verbunden?

Kapitel 2

Die Natur der Fülle

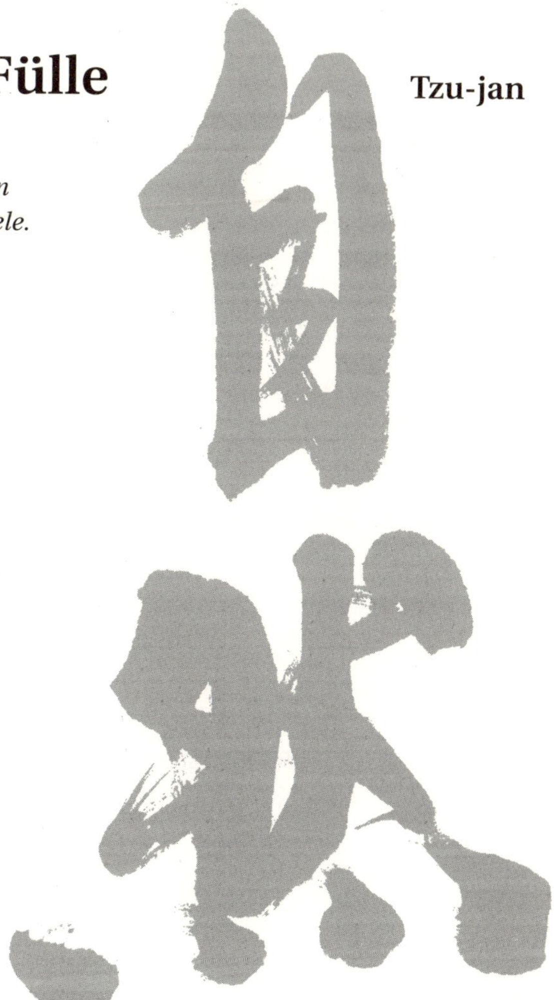

Tzu-jan

Das Universum ist ein Lebewesen
mit einer Substanz und einer Seele.
MARCUS AURELIUS

Wer im Tao lebt, der lebt in der Fülle. Fülle ist die Natur des Universums. Sie spiegelt sich in den Pflanzen wider, die uns mit Nahrung versorgen und sich durch ihre Samen regenerieren: Sie spenden Fülle und verlieren dabei nichts. Um mit dieser natürlichen Fülle in Kontakt zu kommen, müssen wir zunächst empfänglich werden; dann spüren wir, dass wir ein Teil des Lebens sind, und empfinden Dankbarkeit dafür. Wir sind für neue Ideen und Inspirationen offen, wir können uns spontan freuen und die Liebe erfahren, die das Universum durchdringt. Empfänglichkeit (die Bereitschaft, etwas zu empfangen) ist die Voraussetzung für innere Fülle. In diesem Kapitel lernen Sie, sich der natürlichen Fülle des Universums zu öffnen und alles loszulassen, was Sie daran hindert, Fülle zu erfahren.

Das Universum
ist heilig.
Du kannst es nicht
verbessern.
Wenn du versuchst,
es zu ändern,
zerstörst du es.
Wenn du versuchst,
es festzuhalten,
verlierst du es.
Lao Tzu

Für Taoisten hat das Universum keinen Schöpfer oder »Chef«. Es ist *tzu-jan,* »von selbst so«. Wang Pi erklärt: »Himmel und Erde sind *tzu-jan.* Die zehntausend Dinge regieren einander und sorgen für Ordnung.«[1] Die klassischen Taoisten sahen eine natürliche Ordnung und Harmonie in der Natur. Menschen können die Natur nicht verbessern, wohl aber an ihr teilhaben. Als Teil der Natur haben die Menschen ihren Platz in der natürlichen Ordnung, und als Individuen haben sie eine natürliche Aufgabe zu erfüllen. Wenn wir unsere individuelle und gemeinsame Aufgabe akzeptieren und erfüllen, haben wir unseren Anteil an der natürlichen Fülle des Universums.

Tzu-jan wird meist mit »Natürlichkeit« oder »Spontaneität« übersetzt. Spontaneität ist eine Reaktion. Wir können nur dann spontan reagieren, wenn wir empfänglich sind. Ein guter Kampfsportler reagiert auf das, was sein Gegner tatsächlich tut, nicht auf das, was der Gegner seiner Meinung nach tun wird. Er ist empfänglich für seinen Gegner und wird im Geiste mit ihm eins; er reagiert auf jede Bewegung spontan und mühelos. Wenn wir offen und empfänglich sind, reagieren wir ebenso spontan und natürlich auf das Leben.

Die Taoisten lehren, dass unser trennendes Ich die Empfänglichkeit blockiert. Das macht uns nicht nur steif und unnatürlich, sondern hindert uns auch daran, an der natürlichen Fülle des Universums teilzuhaben. Das Ich weist die Einheit und die natürliche Fülle des Tao zurück und sucht Sicherheit im Haften an Dingen, die es vermeintlich zum Überleben braucht. Doch gerade die Trennung und das Anhaften lösen ein Gefühl des Mangels aus.

Wenn wir mit allem Leben eins sind – wie können wir dann Mangel empfinden?

Bevor wir *tzu-jan* im eigenen Leben anwenden können, müssen wir uns einige wichtige Fragen stellen: Sollen wir in die Natur eingreifen oder sie in Ruhe lassen? Hat die Natur eine eigene Intelligenz, oder ist sie wild und dumm, so dass wir sie unterwerfen und dazu zwingen müssen, (in unserem Sinne) intelligent zu handeln? Und wenn es eine natürliche Intelligenz gibt – wie erreichen wir sie?

In der modernen westlichen Kultur sind wir sehr geschickt darin, alles Mögliche »in Ordnung zu bringen«. Die Taoisten würden uns raten, endlich damit aufzuhören. In einer Kultur, die das Ich vergöttert, glauben wir an das, was wir »Fortschritt« nennen. Das Ich ist nie mit einem Zustand zufrieden; es versucht immer, das Universum zu verbessern. Wir sind vom Fortschritt besessen – von Selbstentfaltung, wirtschaftlichem Wachstum, technischen und wissenschaftlichen Innovationen.

Die Arbeit an der eigenen Persönlichkeit ist sinnvoll; aber sie ist kein Ersatz für die Erkenntnis, dass es etwas jenseits des Ichs gibt. Wirtschaftswachstum ist eine abstrakte Idee, die letztlich wenig damit zu tun hat, ob wir die Fülle genießen können oder nicht. Der technische Fortschritt ist ein zweischneidiges Schwert. Wir brauchen den Fortschritt nicht abzulehnen, um zu erkennen, dass wir davon profitieren, wenn wir die Dinge so schätzen, wie sie sind. Wir brauchen nicht auf Zukunftspläne zu verzichten, um einzusehen, dass wir nur im Hier und Jetzt leben können.

Nehmen ist ebenso selig wie Geben

Es gibt eine Macht über und hinter uns, und wir sind ihre Kommunikationsmittel.
EMERSON

Viele Menschen sind stolz auf ihre Freigebigkeit, aber sie denken kaum darüber nach, ob sie auch bereit sind zu empfangen. Gewiss, diese Fähigkeit gilt in unserer Kultur nicht als Ideal wie das Geben. Im Westen setzen wir Geben oft mit Großzügigkeit und Spiritualität gleich, Nehmen aber mit Egoismus und Gier. In Wahrheit empfindet das Ich beim Geben häufig eine Genugtuung, die ihm das Empfangen nicht schenkt. Wenn wir geben, haben wir die

Dinge im Griff. Beim Empfangen ist das nicht der Fall. Nehmen setzt Demut und Loslassen voraus, und dabei empfinden wir Unbehagen. Wir fühlen uns oft viel sicherer, wenn wir glauben, am Steuer zu sitzen.

Obwohl wir den Wert des Empfangens unterschätzen, ist unsere Fähigkeit zu nehmen ebenso wichtig wie die Fähigkeit zu geben. Wir können anderen nur geben, was wir zu empfangen bereit sind. Nimm, und du musst geben: das ist ein spirituelles Gesetz des Universums. Wenn wir uns öffnen, um zu empfangen, folgt das Geben von selbst. Dann ist es ein reines Geben, frei von Hemmungen und innerem Zwang. Es ist natürliche Fülle, die überfließt wie ein voller Bach über seine Ufer tritt.

Wenn wir dagegen Mangel empfinden und versuchen zu geben, haben wir dabei Hintergedanken. Wir »geben«, weil wir etwas anderes haben wollen oder uns nach Anerkennung sehnen – weil wir uns von den Empfängern unserer Gaben getrennt fühlen. Diese Trennung ist der Anfang der Manipulation. Geringes Selbstbewusstsein kann zum Beispiel den Wunsch auslösen, als moralisch überlegen anerkannt zu werden – darum wollen wir zeigen, wie gut wir sind. Wir klopfen uns selbst auf die Schulter und merken nicht, dass »die Tugendlämmer die Diebe der Tugend sind«, wie Konfuzius es ausdrückte.

Echtes Geben fließt ganz natürlich aus dem, was wir sind. Wir haben dabei nicht das Gefühl, Gutes zu tun oder gut zu sein. Was für das Geben unter dem Deckmantel moralischer Überlegenheit gilt, das gilt für jedes Geben, dessen Motiv materieller oder ideeller Gewinn ist. Wir dürfen vorsätzliche Manipulationen, die der Trennung und dem Mangel entspringen, nie mit spontanem Geben im Bewusstsein der Fülle verwechseln.

Nach unserem westlichen Ideal ist Geben immer *seliger* als Nehmen. Die Bhagavadgita ist feinfühliger und unterscheidet zwischen verschiedenen Arten des Gebens, je nach dem Motiv. Sie anerkennt, dass Geben aus Mangel – also mit dem Wunsch, materiell oder spirituell belohnt zu werden – etwas völlig anderes ist als Geben um des Gebens willen. Wenn wir beim Geben Hintergedanken haben, dann geben wir im Grunde gar nicht, sondern wir haben egoistische Ziele. Echtes Geben ist nur möglich, wenn wir zuerst empfangen haben – dann geben wir ohne Mühe, das heißt ohne Ich.

Als Walt Whitman sagte: »Große Dichter brauchen ein großes Publikum«, bestätigte er die schöpferische Macht des Empfangens. Empfangen ist nicht Nichtstun, sondern eine Aktivität. Aber es ist eine Aktivität, die wir im Westen nicht hoch genug schätzen. Wir wollen wissen, wer etwas gibt, tut oder schafft, nicht aber, wer empfängt, und erst recht nicht, mit welchen tiefen

Gefühlen jemand empfängt. Wenn Sie sich der Liebe eines Freundes öffnen, geben Sie ihm das größte Geschenk, das es gibt. Wenn Sie sich der Energie des Universums öffnen, geben Sie der Welt ein Geschenk. Wenn Sie sich einer Inspiration oder einer schöpferischen Idee öffnen, dann geben Sie. Empfangen ist in Wahrheit Geben.

Du kannst eine Figur nur dann malen, wenn du zu dieser Figur wirst.
DANTE

Empfangen ist bewusstes Handeln

Was wirklich dir gehört, wird zu dir hingezogen.
EMERSON

Dass wir bewusst handeln, wenn wir geben, ist uns klar. Wir wollen anderen etwas geben, und wir tun es. Viele Menschen verstehen jedoch nicht, dass auch das Empfangen ein bewusster Akt ist. Um zu empfangen, müssen wir dazu bereit sein, das heißt wir müssen eine entsprechende Absicht haben. Die Absicht schließt Glaube und Tun ein. Wir glauben, dass wir etwas bekommen werden, und wir nehmen an, was wir bekommen. In der Praxis fallen Glaube und Handlung zusammen. Wenn wir mit einem Menschen, einem Objekt oder einem Ereignis im Geiste eins sind, steht nichts zwischen uns und ihm. Was und trennt, ist nur der Glaube, dass wir anders sind als jemand oder etwas – so entsteht »der andere« oder »das andere«.

Du willst geliebt werden, weil du nicht liebst. Sobald du liebst, fragst du nicht mehr danach, ob jemand dich liebt oder nicht.
J. KRISHNAMURTI

Wir können Empfänglichkeit als »die Fähigkeit, mit jemandem oder etwas eins zu sein« definieren. Wenn Sie also mehr von dem haben wollen, was Sie wünschen, müssen Sie damit eins werden. Sehnen Sie sich nach mehr Freude im Leben? Dann werden Sie eins mit der Freude, die Sie umgibt. Trennen Sie sich nicht in Ihrem Bewusstsein von der Freude oder von denen, die Freude empfinden. Wollen Sie mehr Wohlstand haben? Dann werden Sie eins mit der Erfahrung des Wohlstands, und trennen Sie sich nicht in Ihrem Bewusstsein vom Wohlstand oder von denen, die ihn besitzen. Oder wünschen Sie sich mehr Liebe? Dann werden Sie eins mit der Liebe, und trennen Sie sich nicht in Ihrem Bewusstsein von der Liebe, die alles durchdringt oder von denen, die lieben und geliebt werden.

Empfänglichkeit ist die Gabe, bewusst mit dem zu verschmelzen, auf das Sie sich konzentrieren. Sie können Musik hören, oder Sie können mit ihr eins werden. Sie können einen Freund reden hören, ihm aufmerksam zuhören, oder Sie können mit ihm eins werden und nicht nur seine Worte, sondern sein ganzes Wesen hören. Hören ist eine Sinneserfahrung, zuhören ist ein geistiger Akt, empfangen ist eine spirituelle Erfahrung. Die höchste Empfänglichkeit besteht darin, mit dem Universum eins zu werden. Wir können von der Einheit des Universums als spirituelle Idee hören. Wir können mit Hilfe vernünftiger Argumente zu dem Schluss kommen, dass alles letztlich eins ist und alles einander beeinflusst. Und wir können erfahren, dass wir mit allem eins sind.

Empfänglichkeit können wir lernen. Genauer gesagt: Wir können lernen, wie wir unsere natürliche Empfänglichkeit blockieren, und dann die Blockade aufheben. Wir blockieren unser Verständnis, weil wir uns bemühen, die Dinge zu erklären. Wir blockieren unser Leistungsvermögen, weil wir unsere natürliche Stärken missachten oder uns zu viele Gedanken über unsere Leistung machen. Wir blockieren unsere Fähigkeit, Liebe zu spüren, weil wir zu viel darüber nachdenken, ob unsere Liebe geschätzt und erwidert wird oder nicht.

Der Mensch ist ein körperlicher, seelischer und geistiger Empfänger. Leider verderben wir den Empfang oft, weil wir uns nicht mit der natürlichen Intelligenz des Universums eins fühlen und uns daher fremd und verwirrt vorkommen. Wir erfahren uns nicht als eins mit unseren natürlichen Fähigkeiten und haben daher den Eindruck, dass unserem Leben die Richtung fehlt, oder wir versuchen, einen Sinn in irgendwelchen abstrakten Regeln zu finden.

Wir fühlen uns nicht eins mit der Liebe, die das Universum durchdringt, und darum verwechseln wir Liebe mit der Anerkennung, die wir durch unsere Bemühungen erwerben wollen. Wir können Liebe nicht fordern, verdienen oder aushandeln; wir können uns nur der Liebe des Universums öffnen. Wir können die Wahrheit weder machen noch durch den Intellekt allein finden; wir können uns nur öffnen und die Wahrheit empfangen oder erkennen. Wir können uns nicht zu etwas machen, was wir nicht sind; wir können uns nur öffnen und empfangen, was wir sind. Alles, was im Leben wichtig ist, bekommen wir, indem wir das empfangen, was ist, nicht indem wir uns bemühen, etwas zu bekommen, was wir unserer Meinung nach brauchen. Wenn Sie in einem Bereich Ihres Lebens Mangel spüren, sollten Sie überlegen, ob Sie den natürlichen Strom der Fülle blockieren und wie Sie sich der Fülle öffnen können.

Empfänglichkeit und Intelligenz

Intelligenz ist das, was eine Gesellschaft in Bezug auf Leistung und Verhalten für wertvoll hält.
Floyd Watson

Wenn Empfänglichkeit für unsere Erfahrung der Fülle so wichtig ist, warum wird sie dann so oft unterschätzt? Im Westen dominieren seit langem männliche Qualitäten; die traditionellen östlichen Kulturen und die Taoisten legen größeren Wert auf weibliche Qualitäten. Im *I Ching* gilt »das Empfängliche« als Quintessenz des Weiblichen, als yin. Es ist die Lebenskraft des leeren Raumes – der gewaltigen Leere, aus der Galaxien, Sterne und Planeten geboren werden, und der Leere des Mutterleibes, in dem wir Gestalt annahmen.

Lao Tzu erinnerte daran, dass der nützliche Teil eines Topfes nicht seine Substanz ist, sondern der leere Raum darin, und dass der nützliche Teil eines Hauses nicht die Wände sind, sondern der Raum zwischen ihnen. Wir im Westen halten die Leere für »nichts«, aber das *Tao Te Ching* belehrt uns: »Der Geist des Tales ist nicht tot. Man sagt, er sei das mystische Weibliche ... nutze es ohne Anstrengung.« Wir müssen offen und leer bleiben, damit das Tao ungehindert durch uns hindurch fließen kann.

Ich bin allein und anders, weil ich die Mutter (das Tao) ehre und weil sie meine Nahrung ist.
Lao Tzu

Der Weg des Tao ist das Leben der Offenheit für diesen Geist des Tales, den Lao Tzu »das mystische Weibliche« nennt. Natürlich *ist* das Tao nicht weiblich, denn es transzendiert alle Gegensätze. Dieser Vergleich will uns lediglich sagen, dass wir das Tao nur mit einer »weiblichen«, also empfänglichen Einstellung finden. Das Tao kommt nicht, wenn wir es wollen. Wir können uns aber öffnen, um das zu empfangen, was »von selbst so« ist, und dadurch an seinem Mysterium teilhaben.

Nicht nur die Taoisten hielten die spirituelle Intelligenz für weiblich. In der jüdischen Mystik wird sie *Schekina* genannt, bei den Griechen *Sophia.* Sie ist die herabsteigende Taube der Muttergottheit, die wir im Christentum als heiligen Geist antreffen. Sie ist auch Beatrice, die Dante in den Himmel führt. Die alten Ägypter nannten sie »die Intelligenz des Herzens«, um sie von der zerebralen Intelligenz zu unterscheiden.

Was wir als Individuen und als Gesellschaft für intelligent halten, spiegelt unsere Wertvorstellungen wider. Was unsere Gesellschaft für besonders intelligent hält, gilt einer anderen vielleicht als Torheit. Während wir die Intelligenz im Gehirn vermuten, glaubten einige Indianerstämme, Geisteskranke dächten nicht mit dem Herzen, sondern mit dem Kopf. Unsere westliche Kultur stützt sich auf männliche Werte (analytisches, bewusstes Denken, Wille) und unterdrückt die weiblichen Werte (Intuition, Akzeptanz, Instinkt).

Wenn ich die Begriffe *männlich* und *weiblich* verwende, will ich sie nicht mit den Geschlechtern gleichsetzen. Sowohl Männer als auch Frauen besitzen eine männliche und eine weibliche Intelligenz. Bessere Ausdrücke wären vielleicht *gebündelt* und *diffus* oder *yang* und *yin*. Die diffuse Yin-Intelligenz ist ein Produkt des weiblichen Seinszustandes, also der Empfänglichkeit.

Yin-Werte	**Yang-Werte**
Intuition	analytisches Denken
Akzeptanz	Wille
Weisheit des Körpers	bewusste Aufmerksamkeit

Yin-Werte

Intuition: Unmittelbares Wissen, die Weisheit des Herzens, die Intelligenz, die wir hören oder wissen (nicht denken), wenn unser Bewusstsein im Herzen wohnt.

Akzeptanz: Die Erkenntnis, dass alle Menschen, Dinge und Ereignisse vollkommen sind.

Die Weisheit des Körpers: Die instinktive Intelligenz des Lebens, die überall in der Natur zu sehen ist. Die Intelligenz, die Galaxien, Planeten, Mineralien, Pflanzen, Tiere und Menschen hervorbringt, erhält und auflöst.

Yang-Werte

Analytisches Denken: Die Fähigkeit, logisch zu denken und mit den Sinnesorganen wahrzunehmen. Dank dieser Intelligenz unterscheiden wir zwischen moralisch und unmoralisch, billig und teuer und so weiter.

Bewusste Aufmerksamkeit: Die lineare Auffassung der Wirklichkeit: Eines nach dem anderen, Stück für Stück, ein Gedanke führt zum nächsten.

Auf jeder der drei Ebenen ist die Yin-Intelligenz verständnisvoller oder umfassender als die Yang-Intelligenz. Die intuitive Intelligenz, die spontan durch die Erfahrung der Einheit mit allem Leben entsteht, ist zum Beispiel dem vernünftigen, ethischen Urteil überlegen. Nichts ist immer oder nur gut, und keine einzige Tugend ist jeder Situation angemessen. Lao Tzu sagte, wir seien nur dann auf »Tugend« und »Rechtschaffenheit« als Wegweiser im Leben angewiesen, wenn wir den Kontakt mit unserer intuitiven Intelligenz verlören. So ist auch der Rat des Thomas von Aquin zu verstehen: »Liebe Gott und tu, was dir gefällt.« Liebe ist der Ethik übergeordnet. Wenn wir uns für die Intuition des Herzens öffnen, können wir frei und spontan auf die Ereignisse im Leben reagieren und uns von den Schuldgefühlen, der Rechthaberei und der Heuchelei befreien, die mit dem Moralismus einhergeht.

Wisse um das Männliche, aber halte dich an das Weibliche.
LAO TZU

Dem weiblichen Aspekt des Seins verdanken wir nicht nur die Intuition, die uns sagt, was wir in jedem Augenblick tun sollen, sondern auch das Wissen, in welche Richtung wir im Leben gehen sollen, und die schöpferische Inspiration. Das Wort *Autor* bedeutete ursprünglich »gehorsam«. Das ist ein Hinweis darauf, dass der wahre Autor wie jeder echte Künstler dem gehorcht, was er vom Geist oder von der Muse empfängt. Er ist ein Werkzeug der universellen Intelligenz. Wenn wir unseren Geist von Gerümpel befreien, werden wir ein leeres Gefäß, in das Intuitionen und Inspirationen fließen. Dann brauchen wir uns nicht mehr anzustrengen. Wir reagieren spontan auf die Impulse der Inspiration.

So wie die Intuition unmittelbarer ist als das analytische Denken, ist auch die Akzeptanz umfassender als der Wille. Wir müssen im Leben mehr akzeptieren, als wir kraft unseres Willens ändern können. Vor allem müssen wir den Körper mit seinen Grenzen akzeptieren. Und wir müssen die Grenzen des Raumes und der Zeit ebenso akzeptieren wie die Grenzen der Natur. Aber auch der Wille hat seine Aufgabe, wenn es gilt, die Welt entsprechend unserer schöpferischen Visionen zu formen. Doch selbst die Visionen, die wir verwirklichen, sind in gewissem Maße unvollkommen und vergänglich – auch das müssen wir akzeptieren. Mehr noch: Wenn wir die Welt nicht so akzeptieren, wie sie ist, wird der Wille zur Veränderung oft zum egoistischen Kampf gegen die Wirklichkeit.

Es gibt Freuden, die sich nach uns sehnen. Gott schickt uns tausend Wahrheiten, die wie Vögel bei uns Einlass suchen. Aber wir schließen die Tür, und darum bringen sie uns nichts, sondern sitzen eine Weile auf dem Dach und singen. Dann fliegen sie weg.
HENRY WARD BEECHER

Die Weisheit des Körpers ist größer als die des Bewusstseins. Die instinktive Intelligenz hält den Körper am Leben – durch Fortpflanzung, Verdauung, Atmung, Kreislauf, Ausscheidung,

Immunfunktion und viele andere unbewusste Prozesse. Das Bewusstsein ist im Grunde ein Anhängsel der unbewussten Weisheit des Körpers. Außerdem ist die bewusste Aufmerksamkeit selektiv, während der Instinkt global ist. Dass wir uns unter Hypnose an alles erinnern können, beweist, dass das Unbewusste viel mehr weiß als das selektive Bewusstsein. Müssten wir alles bewusst tun, was das Unbewusste für uns erledigt, könnten wir nichts anderes mehr tun.

Der Taoist stützt sich hauptsächlich auf die weibliche Intelligenz, zu der Intuition, Akzeptanz und die Weisheit des Körpers gehören. Sie ist eine ganzheitliche Intelligenz, auf die wir zurückgreifen können, wenn wir dazu bereit sind. Die männliche Intelligenz ist dagegen egozentrisch; sie unterscheidet dieses von jenem und vergleicht dieses mit jenem. Mit Hilfe dieser Intelligenz überleben wir in der Kommerzgesellschaft. Die weibliche Intelligenz wird kaum anerkannt und erst recht nicht geschätzt. Wenn Lao Tzu rät: »Wisse um das Männliche, aber halte dich an das Weibliche«, empfiehlt er uns, auf der Hut zu sein vor der Neigung, das Bewusstsein aufzuteilen, der Natur und anderen Menschen unseren Willen aufzuzwingen und unsere Vorstellung von der Wirklichkeit auf das zu beschränken, was unsere Sinnesorgane wahrnehmen.

Nicht nur in einem einzigen Schöpfungsmythos, sondern in fast allen Kulturen gilt die rechte Seite als männlich und die linke als weiblich.
HERMANN BAUMANN

Es gibt ein Sprichwort der Hopi, das Lao Tzus Rat näher beleuchtet: »Die linke Seite ist gut, weil sie das Herz enthält. Die rechte Seite ist böse, weil sie kein Herz hat. Die linke Seite ist ängstlich, aber weise. Die rechte Seite ist schlau und stark, doch ihr fehlt die Weisheit.« Wir haben die Aufgabe, stark und weise zu sein, die maskulinen Stärken zu integrieren und zu nutzen, ohne sie über das »mystische Weibliche« herrschen zu lassen. Wir sollten ein Gleichgewicht erreichen, das sowohl die männliche als auch die weibliche Intelligenz anerkennt und ehrt. Wir müssen lernen zu *sein*, damit unser Tun im Einklang mit der Energie des Universums steht. Wir müssen empfangen lernen, damit die Intelligenz des Herzens (das Tao) unser Geben lenkt.

Auf der psychologischen Ebene ist die Weigerung, sich der weiblichen Intelligenz zu öffnen, die Folge der Angst, uns jenen Quellen der Energie und des Wissens hinzugeben, die wir nicht mit dem Ich bewusst beherrschen oder steuern können. Einerlei, ob wir »unter« das Ich gehen, in die Weisheit des Körpers, oder »über« das Ich zur spirituellen Intuition, wir sollten unser Bewusstsein (zumindest zeitweilig) aus dem Griff des Ichs befreien, um Zugang zur weiblichen Intelligenz zu finden. Doch wenn wir es tun, entdecken wir die Einheit mit allem Leben, die wahre Grundlage der Fülle.

Vom taoistischen Standpunkt aus ist die weibliche Intelligenz eine Fähigkeit, die sich natürlich (ohne bewusste Anstrengung) und organisch (von innen nach außen) während unseres ganzen Lebens entwickelt. Allerdings hemmen wir die natürliche Entwicklung dieser Intelligenz, weil wir von den Wünschen des Ichs ebenso betört sind wie vom Leben in der künstlichen Gesellschaft, die diese Wünsche unaufhörlich verstärkt und erweitert. Ein Obstbaum überlebt vielleicht auch in schlechtem Boden; aber er trägt nicht die Früchte, die er unter günstigeren Bedingungen von Natur aus tragen würde. Nur in diesem Sinne können wir sagen, dass man die natürliche weibliche Intelligenz bewusst entwickeln kann. In späteren Kapiteln werde ich praktische Vorschläge dazu machen. Der folgende Abschnitt untersucht die Rolle der Gesellschaft bei der Blockade unserer natürlichen Fähigkeit zu empfangen, und zeigt, wie wir diese Blockade beseitigen können.

Das universelle Bewusstsein, das heißt die Intuition, ist der Ursprung jeder Kunst.
PIET MONDRIAN

Die Natur der Empfänglichkeit

Der alte Lakota war weise. Er wusste, dass das Herz des Menschen hart wird, wenn er der Natur fern ist. Er wusste, dass Mangel an Respekt für lebende, wachsende Wesen bald zum Mangel an Respekt vor Menschen führt. Darum ließ er seinen Sohn in der Natur aufwachsen.
HÄUPTLING LUTHER STEHENDER BÄR

Im *Tao Te Ching* schreibt Lao Tzu, das Tao sei das Modell des Himmels, der Himmel das Modell der Erde und die Erde das Modell der Menschen.[2] Heute haben wir den Kontakt mit unserem »Modell« verloren. In unserer künstlichen Gesellschaft haben wir uns von der Erde und von der Lehre der Natur entfernt. Die Natur belehrt uns über den Wandel, den organischen Zyklus der Geburt, des Wachsens, des Verfalls und des Todes. Diese Lektionen haben wir fast vergessen. So wie unser Kontakt mit der Erde seltener wird, verlieren wir auch die Verbindung mit unserer Fähigkeit zu empfangen und mit der weiblichen Intelligenz. Im Westen gelten die Natur und infolgedessen auch das Empfängliche, Weibliche seit langem als Gegner. Wir haben, wie Chuang Tzu es ausdrückte, »vergessen, was wir von der Natur bekommen haben«.[3]

Es gibt kein Naturvolk, das dem Leben gegenüber undankbar oder verbittert ist. Menschen, die in der Natur leben, können nicht so leicht wie wir vergessen, was die Natur ihnen schenkt. Empfänglichkeit – die Fähigkeit, gegenüber der Umwelt offen und wach zu sein – ist ein notwendiger Bestandteil ihres täglichen Lebens. Im Urwald des Amazonas können die Indianer einen Jaguar verfolgen, weil sie seinen Urin riechen. Der Anthropologe Claude Levi-Strauss berichtete von Stämmen, die behaupteten, den Planeten Venus *bei Tag* sehen zu können. Die Menschen, die wir primitiv nennen, spüren und fühlen ihre Umwelt viel deutlicher als wir. Sie *müssen* in ihren Sinnen und Gefühlen aufgeschlossen und wach sein.

Wenn unsere Fähigkeit zu fühlen offen ist, erkennen wir – nicht durch Denken, sondern durch anhaltende innere Erfahrung –, dass alles Lebendige uns Kraft gibt. Wir *erleben* das Geschenk, das Gefühl, dass wir ständig empfangen. Fast alle Naturvölker danken der Sonne und dem Regen, den Pflanzen und den Tieren, die ihnen Nahrung geben, und sie danken der Erde und der Gemeinschaft.

Wahre Furchtlosigkeit ist die Folge unserer Empfindsamkeit. Sie entsteht, wenn wir der Welt erlauben, unser empfindsames und schönes Herz zu kitzeln.
CHÖGYAM TRUNGPA

Viele Menschen in unserer technisch fortgeschrittenen Gesellschaft halten das alles für selbstverständlich. Wir stellen Forderungen an das Leben, ohne es zuerst als Geschenk empfangen zu haben. Wir glauben, dass wir Mangel leiden und nicht bekommen, was uns zusteht. Immer mehr Menschen fühlen sich als Opfer und behaupten, sie würden gegenüber anderen benachteiligt. Wir wetteifern darum, das bedauernswerteste Opfer zu sein. Da die Gesellschaft zunehmend künstlich wird, ist Undankbarkeit an der Tagesordnung. Sie stiehlt unser Glück und beraubt uns der inneren Fülle, die Menschen in einfacheren Kulturen oft empfinden.

Aber wir dürfen der Versuchung nicht nachgeben, den »edlen Wilden« als überlegen zu betrachten. Die Menschen der traditionellen Kulturen sind nicht von Natur aus besser als wir. Es gibt viele Beispiele von traditionellen Kulturen, die den Lebensstil und das Wirtschaftssystem des Westens übernahmen (meist übernehmen mussten) und in kurzer Zeit – oft in einer einzigen Generation – ihre Dankbarkeit und damit auch ihr Gefühl für die Heiligkeit und Einheit des Lebens verloren.

Der Indianerhäuptling Luther Stehender Bär drückte es so aus: »Der Mensch, der in seinem Tipi auf dem Boden saß, über das Leben und dessen Sinn meditierte und die Verwandtschaft aller Kreaturen und die Einheit aller Dinge anerkannte, war zivilisiert im wahren Sinne des Wortes. Und als er dieses Leben aufgab, verzögerte sich die Entwicklung der Menschheit.«[4] Als China sich Ende des 20. Jahrhunderts schnell zu einer Konsumgesellschaft entwickelte, sagte ein alter Mann von der Südküste zu einem Journalisten: »Früher handelten die Menschen nach der Ethik des Konfuzianismus, dann nach den Regeln des Kommunismus. Heute sind sie nur noch gierig.«[5]

Eine alte Kiefer predigt Weisheit. Und ein wilder Vogel schreit die Wahrheit.
Zen-Spruch

Eine Wirtschaft, deren Grundlage die Zusammenarbeit mit der Natur war, weckte im Menschen ein Gefühl der Demut und Dankbarkeit. Seitdem die Wirtschaft auf monetären Abstraktionen basiert, nehmen Stolz und Gier zu (siehe Kapitel 5). Da sich in unserer Gesellschaft alles ums Geld dreht, sollte es uns nicht überraschen, dass die Menschen »heute nur noch gierig« sind. Die Gesundheit unserer Wirtschaft hängt davon ab, dass sie unaufhörlich »künstliche Wünsche« produziert, wie die Taoisten es ausdrückten. Sie unterschieden zwischen den Wünschen des Körpers und der Seele und dem künstlichen Verlangen des Ichs. Der Wunsch nach Essen, Sex, Nachkommen und so weiter erwächst aus dem Körper und ist daher ein Teil der natürlichen Ordnung. Das gleiche gilt für die Wünsche der Seele, die mit der Erfüllung unseres Schicksals zu tun haben. Die Wünsche des Ichs gehen dagegen auf das Gefühl der Trennung zurück und verstärken es noch. Daher berauben sie uns der wahren Fülle eines Lebens im Tao.

In der modernen Konsumgesellschaft ist es unerlässlich, künstliche Wünsche zu wecken, damit immer neue Märkte erschlossen werden und die Wirtschaft boomt. Akio Morita, der Gründer der Firma Sony, gab zu: »Wir vermarkten kein bereits fertiges Produkt, sondern wir schaffen einen Markt für das Produkt, das wir herstellen.«[6] Mit anderen Worten: Man erzeugt zunächst eine Nachfrage und bietet dann ein Produkt an, das diese Nachfrage befriedigt. Diese Strategie ist eine »Anstachelung zum Neid«, die Lao Tzu für die größte aller Sünden hielt:

Keine Sünde ist größer
als die Anstachelung zum Neid.
Kein Elend ist schlimmer
als Unzufriedenheit.

Die Werbung hat dafür zu sorgen, dass wir mit dem, was wir haben, nie zufrieden sind. Gewiss, das Ich und sein Verlangen gibt es, seit es Menschen gibt; aber noch nie in der Menschheitsgeschichte gab es derart massive und organisierte Bemühungen, dieses Verlangen zu fördern. Wer am Einfluss der Werbung auf die Weltkultur zweifelt, braucht nur mehr zu reisen. Die werbenden Unternehmen glauben bestimmt daran, dass ihre Kampagnen sich lohnen. Neulich wurde berichtet, dass ein großer Hersteller von Sportschuhen einem berühmten Sportler mehr Geld dafür bezahlte, dass er diese Schuhe trug, als allen seinen Arbeitern in der dritten Welt dafür, das sie die Schuhe herstellten. Im Jahr 1990 betrugen die Ausgaben für Werbung weltweit etwa 256 Milliarden Dollar. Das war mehr als das Bruttosozialprodukt Indiens im selben Jahr oder fast 50 Dollar pro Kopf der Weltbevölkerung.[7]

Teile ich etwa nicht die Intelligenz mit der Erde? Bestehe ich nicht zum Teil aus Pflanzen und Blättern? Haben sie nicht mein Ich geformt?
THOREAU

In der sich ausbreitenden globalen Kultur der Unzufriedenheit spielt das Fernsehen eine sehr wichtige Rolle. In den Ländern der dritten Welt wird das Fernsehen oft vor dem fließenden Wasser eingeführt. In einem relativ armen Land wie Mexiko haben 99 Prozent aller Haushalte ein Fernsehgerät.[8] Das kommerzielle Fernsehen prägt heute die Fantasie der Menschen auf der ganzen Welt. Darum sollten wir im Gedächtnis behalten, was Fred Friendly, der frühere Präsident von CBS News einräumte: »Die kommerzielle Werbung steuert das Fernsehen«[9] Die Wertvorstellungen der kommerziellen Werbung (Erregung von Neid und Unzufriedenheit) spiegeln sich nicht nur in den endlosen und oft irrwitzigen Werbespots wider, sondern – wichtiger noch – auch in der Auswahl der Programme, die als Köder dienen.

Die Welt der Werbung und des kommerziellen Fernsehens preist eine reiche Auswahl von materiellen Dingen an, und das Gefühl des Mangels hilft ihr, diese Produkte zu verkaufen. Die Botschaft ist klar: Ohne unsere Produkte ist Ihr Leben unvollkommen. Jedes Mal, wenn wir etwas auf dieser Grundlage kaufen, verstärken wir das Gefühl des Mangels. Um uns von diesem Einfluss zu befreien, brauchen wir nicht die materiellen Dinge abzulehnen, sondern nur die Idee, dass wir ohne sie nicht vollkommen sind.

Desensibilisierung in der Kultur der Maschinen

Je mehr ein Mensch nach falschem Besitz strebt, je schwächer sein Sinn für das Wesentliche wird, desto unerfüllter ist sein Leben.
C. G. JUNG

Die moderne Konsumgesellschaft ist nicht nur darauf angewiesen, im Ich Wünsche zu wecken, sondern sie stützt sich dabei auch mehr denn je auf die Technik. Unsere Technik hat die Welt verändert. Aber wir vergessen oft, wie tiefgreifend die Technik uns verändert. Beobachten wir einmal den Einfluss der modernen Maschinentechnik auf traditionelle Kulturen. Wir können drei Hauptwirkungen feststellen. Erstens vertreiben die Maschinen die Menschen aus ihrer natürlichen Umwelt: Städte ersetzen Dörfer, Motorroller oder Autos lösen das Gehen ab, Fabriken und Büros werden auf Feldern gebaut und so weiter. Zweitens wird die traditionelle, lokale, auf dem Land basierende Wirtschaft (Jagd, Viehzucht, Ackerbau) zerstört, und die Menschen werden von Geld und bezahlter Arbeit abhängig.

Drittens wird auch die überlieferte Kultur vernichtet. Das spirituelle oder mythische Leben der Naturvölker orientierte sich an praktischen Dingen – Jagd, Ernte und Herstellung von Dingen für das tägliche Leben. Die Kultur der Indianer auf den großen Ebenen Nordamerikas starb mit dem Büffel. In den heutigen Ländern der dritten Welt empfinden viele eine spirituelle Leere, wenn sie gezwungen werden, die Dörfer ihrer Ahnen zu verlassen und in den Städten zu arbeiten.

Das spirituelle Leben der traditionellen Völker war mit der praktischen Arbeit des täglichen Lebens verbunden, und diese wurzelte tief in der Natur. Im modernen Westen bemühen wir uns dagegen nach Kräften, eine künstliche Welt zu schaffen, die nicht mehr von der Natur abhängig ist. Den Religionen des Westens galt die Natur als verderbt und böse, der Wissenschaft als schmutzig und ungeordnet. Maschinen sollten die Natur unterwerfen und die Unordnung beseitigen. Le Corbusier, ein einflussreicher schweizerischer Architekt des 20. Jahrhunderts, forderte: »Entfernt den Abfall, der das Leben verschmutzt, verstopft und behindert. Packen wir die großen Aufgaben des neuen Maschinenzeitalters an.« Niemand leugnet die Vorteile der modernen Maschinen; aber wir müssen uns darüber im Klaren sein, dass sie ihren Tribut verlangen. Der größte Tribut ist die Desensibilisierung des Menschen.

Wenn Sie den größten Teil des Tages damit verbringen, ein Tier zu verfolgen und zu jagen und es dann leiden und sterben sehen, haben Sie eine andere

Einstellung zum Essen, als wenn Sie in einen überfüllten Supermarkt gehen, ein Stück verpacktes Fleisch aus der Kühltruhe holen und in den Einkaufswagen werfen. Das gleiche gilt für das Getreide, das Sie monatelang pflanzen, schützen und ernten – oder aus dem zwölften Regal rechts holen. Jagen und Pflanzen sensibilisieren uns und lösen Dankbarkeit aus. Der Einkauf im Supermarkt weckt keine solchen Gefühle. Eine ähnliche Desensibilisierung erfahren wir durch die Art und Weise, wie wir reisen, arbeiten, spielen und mit anderen umgehen. Wir halten das schon für derart selbstverständlich, dass wir ein Wort wie »empfindlich« nur noch abwertend verwenden.

In mancher Hinsicht haben wir unsere Menschlichkeit zu Gunsten eines Gefühls der Sicherheit im mechanischen Kosmos geopfert. Lewis Mumford schreibt: »Sobald der Mensch den Glauben an seinen eigenen Wert verliert, reduziert er sich auf das Niveau eines Tieres, das die Sicherheit seiner elementaren, instinktiven Reaktionen verloren hat und sich deshalb mit noch einfacheren mechanischen Mustern begnügen muss.« Da wir das Vertrauen in die Intuition und den Instinkt verloren haben, verlassen wir uns auf den Verstand. Aber der Verstand zweifelt immer, denn das ist seine Natur. Er hat nie die Gewissheit der Intuition oder des Instinkts. Wir fühlen uns isoliert und bedroht – und die Maschine soll uns retten. Eine Kultur, die den Wert des Instinkts und der Intuition nicht anerkennt, muss bei der Maschine Zuflucht suchen, sei es bei der Maschine des Dogmas, sei es bei der Maschine der Unternehmen und ihrer Produktion oder bei der Maschine des lustbetonten Konsums.

Wenn Sie sich in eine Maschine verlieben, stimmt etwas nicht mit Ihrem Liebesleben. Wenn Sie eine Maschine anbeten, stimmt etwas nicht mit Ihrer Religion.
LEWIS MUMFORD

Anfang des 21. Jahrhunderts beherrschen Maschinen unser Leben. Morgens weckt uns nicht mehr die Sonne oder der Gesang der Vögel, sondern der Alarm einer Maschine. Wir fahren mit einer Maschine zum Arbeitsplatz, an dem wir als ersetzbarer Teil einer großen Unternehmens- oder Behördenmaschine mit Maschinen arbeiten. Unsere Freizeit verbringen wir beim Spiel mit Maschinen oder vor einer Maschine, die andere Maschinen anpreist. Die meisten Dinge in unserer Umgebung sind entweder Maschinen, oder sie wurden von Maschinen gemacht. Da wir über Maschinen meditieren, neigen wir dazu, maschinenähnlich zu werden. Aber Maschinen haben selbstverständlich keine Gefühle. Sie reagieren nicht wie lebende, wachsende Wesen.

In vielen großen Kulturen der Welt wurde der Verlust der sensibilisierenden Natur durch den erhebenden Einfluss der Kunst gemildert. Die Architektur und die künstlichen Dinge des Alltags verraten viel über die Lebensweise eines

Volkes. Alle Produkte, vom höchsten Bauwerk bis zum kleinsten Schmuckstück, sind nichts weiter als natürliches Material, das ein Arbeiter oder Künstler nach seiner Vorstellung geformt hat. Wird die Arbeit im Geist der Liebe getan, behalten die Produkte ihre natürliche Schönheit und profitieren zudem von der Geschicklichkeit und Zuwendung des Künstlers. Wenn Waren nur um des Profits willen hergestellt werden, prägt sich ihnen auch diese Haltung unauslöschlich ein. Heute fehlt den Waren der Massenproduktion die menschliche Berührung, und unser Alltag kann uns nicht mehr empfindsam machen und beleben.

Industrie ohne Kunst ist Brutalität.
ANANDA K. COOMARASWAMY

Die Quantität und die Qualität der Formen und Symbole, denen wir begegnen, kann uns sensibilisieren oder desensibilisieren. Das unaufhörliche Bombardement mit Sinnesreizen und die Informationsflut, der wir ausgesetzt sind, stumpfen uns ab. Der seelische Schutzschirm, den wir gegen sie errichten, beraubt uns unserer Energie. Das Leben ist so hektisch geworden, dass wir kaum noch Zeit für andere Menschen oder für die Schönheit einfacher Dinge haben. Wir eilen ständig von hier nach dort. Es versteht sich von selbst, dass Eile und Empfänglichkeit einander ausschließen. Empfangen setzt Entspannen voraus, während die Eile uns verspannt.

Die Ideen, Dinge, Menschen und das Tempo des Lebens in unserer Umwelt haben eine tiefgreifende Wirkung auf uns. Sie können uns sensibilisieren oder desensibilisieren und somit für tiefere Gefühle öffnen oder verschließen. In der modernen Konsumgesellschaft, dem »neuen Maschinenzeitalter«, verkümmern unsere Gefühle und unsere Fähigkeit, das Geschenk des Lebens zu empfangen. Unser Mangel an Sensibilität, unsere Unfähigkeit, das Geschenk – die Verzückung – des Lebens zu empfangen, führt dazu, dass wir nach Unterhaltung und Zerstreuung aller Art suchen. Das schwächt unsere Gefühle noch mehr. Durch unsere Trennung von der Natur haben wir verloren was Häuptling Luther Stehender Bär als ihren »mildernden« Einfluss bezeichnete. Unsere Herzen sind hart geworden, und harten Herzen fällt es schwer, zu vertrauen, aufgeschlossen zu sein, zu empfangen.

Genie ist nicht mehr und nicht weniger als die wiederentdeckte Kindheit ... eine Kindheit, die sich nun dank der Fähigkeiten des Erwachsenen ausdrücken kann.
CHARLES BAUDELAIRE

Wahre Empfänglichkeit setzt eine fast kindliche Unschuld voraus. Wenn wir heute den Weg des Tao gehen wollen, müssen wir die Einfachheit und Natürlichkeit wiederfinden, die Naturvölker von Geburt an kennen. Aber wir brauchen ein anderes Bewusstsein, um eine solche Empfänglichkeit in einer technischen Konsumgesellschaft zu erreichen. Bei Menschen in einer Kultur, deren Werte und deren Lebensweise das Gefühl vermittelten, ein Teil der Natur zu sein, entwickelte sich die Empfänglichkeit ganz von selbst. Wir müssen uns bewusst darum bemühen.

Hüte dich vor deinem männlichen Wesen. Wenn du den weiblichen Weg gehst, bist du für die Welt ein Abgrund, in dem die ewige Tugend wohnt. Geh zurück, und werde wie ein Kind.
LAO TZU

Friedrich Nietzsche beschrieb einen dreifachen Prozess, der das Bewusstsein reifen lässt. Im ersten Stadium gleichen wir einem Kamel, das in die Knie geht, um mit der Last der gesellschaftlichen Konditionierung, der Gewohnheiten und der Konventionen beladen zu werden. Im zweiten Stadium sind wir wie ein Löwe, der gegen das »Du sollst« der Gesellschaft anbrüllt. Erst wenn wir die Arbeit des Löwen vollendet haben, werden wir zum Kind, nämlich zum vollwertigen Menschen, der spontan, intuitiv und vernünftig auf die Welt reagiert. Es gibt also einen Weg zurück zum Vertrauen, zur Natürlichkeit und zur Empfänglichkeit. Es ist der Weg des Loslassens jener Bindungen und Konditionierungen, die wir während unserer Sozialisation entwickelt haben. Wenn wir diese Fesseln abstreifen, gewinnen wir die Spontaneität zurück, welche die Taoisten als »unbehauenen Block« bezeichnen. Nur wenn wir leer werden, füllen wir uns. Der Rest dieses Kapitels behandelt die Frage, wie das Ich unsere natürliche Empfänglichkeit hemmt, indem es Bindungen erzeugt, und wie wir diese Fesseln loswerden.

Empfänglichkeit und das Ich

Wenn wir an nichts haften, sind alle Dinge so, wie sie sind: Es gibt kein Gehen und kein Bleiben mehr.
SENG TS'AN

Das Leugnen der weiblichen Intelligenz, die Ferne vom mildernden Einfluss der Natur und der Kunst und die Hektik des modernen Lebens sind kulturelle Elemente, die zum Mangel an Empfänglichkeit beitragen. Wir dürfen aber nicht vergessen, dass das Haupthindernis das Ich ist. Das Ich ist eine künstlich gezogene Grenze in einer Welt, in der alles miteinander verbunden ist. Das Ich kann sich nicht einer höheren Wirklichkeit öffnen oder bewusst sein, ohne sich in seiner Existenz bedroht zu fühlen. Kulturelle Elemente stärken lediglich das Ich und erschweren den Zugang zum Transzendenten. Die weibliche Intelligenz schließt zum Beispiel das Wissen um eine Ebene ein, die höher ist als die Ebene des Ichs; aber als Gesellschaft verschließen wir uns dieser Intelligenz. Wir haben in mancher Hinsicht eine Gesellschaft geschaffen, die uns vor allen Erfahrungen schützt, welche das Ich-Bewusstsein übersteigen.

Das Ich-Bewusstsein bedeutet seiner Definition nach Begrenzung, Trennung, Isolierung und Entfremdung. Da wir uns dem engen Bewusstsein des Ichs verschrieben haben, sehnen wir uns nach dem erweiterten, nicht differenzierten Bewusstsein, von dem wir uns gelöst haben. Metaphorisch ausgedrückt haben wir auf den unendlichen Raum verzichtet und begnügen uns mit kleinen Zimmern. Da wir diesen Verzicht als Einengung empfinden, versuchen wir, der Enge oder wenigstens ihrer Langeweile zu entfliehen.

Darum versuchen wir, durch Anhaften das Gefühl der Freiheit und Glückseligkeit wiederzugewinnen, das wir im ganzheitlichen, nicht differenzierten Bewusstsein genossen haben – und zugleich halten wir am Ich fest. Das Anhaften gibt uns die Illusion, das Ich erweitern zu können: Wenn ich an Dingen, Menschen, Titeln oder Ereignissen hafte, werde ich *mehr*. Dann bin ich weniger eingeengt, und meine kleinen Zimmer werden größer. Doch das Anhaften sorgt dafür, dass unser Bewusstsein auf das Ich beschränkt bleibt, und das Gefühl der Begrenzung und Einengung verlässt uns nie, unabhängig von der Quantität oder Qualität unseres Anhaftens. Enttäuschungen sind unvermeidlich, wenn unser Versuch, die kleinen Zimmer zu verlassen, nur seine Wände dicker und härter macht.

Eine elegante und treffende Beschreibung dieses Problems verdanken wir dem biblischen Poeten König Salomon. Wir spüren seine Verzweiflung angesichts der Erkenntnis, dass all seine Anstrengungen, sein Ich zu erweitern – durch Autorität, Eroberungen, Sinnenfreuden, Schätze, Denkmäler oder Vaterschaft – vergebens waren. Immer wieder klagt er: »Alles ist eitel.« Alle seine Bemühungen, sein Ich zu erweitern, waren fruchtlos, nichts weiter als eine »Bedrückung des Geistes«.

Wir sind nicht so weise wie Salomon, weil wir im Gegensatz zu einem absoluten Herrscher keine Möglichkeit haben, alles zu erwerben, was wir haben wollen. »Was kann ein Mann tun«, fragt Salomon, »der nach dem König kommt? Nur das, was schon getan ist.« Anstatt einzusehen, dass das Anhaften das Problem ist, glauben wir, lediglich an den falschen Dingen zu haften. Vielleicht helfen uns andere Dinge, andere Beziehungen, andere Machtposi-

Suchet zuerst nach dem Reich Gottes, dann wird euch das Übrige zufallen.
LUKAS 12.31

tionen, Reichtümer oder Ehrungen weiter? So machen wir immer weiter und begreifen nie, in welche Falle wir getappt sind und dass wir selbst das Schloss gemacht haben und den Schlüssel dazu besitzen.

Wir gleichen dem Affen, der die Hand nicht mehr aus dem Topf bekommt, aus dem er Erdnüsse holen wollte. Wir merken nicht, dass wir die Hand jederzeit herausziehen können, wenn wir die Faust öffnen und die Nüsse loslassen. Die geballte Faust ist der Wunsch des Ichs, durch Anhaften zu expandieren, und die Erdnüsse sind die Objekte, an denen wir haften. Wenn wir an der natürlichen Fülle des Tao teilhaben wollen, müssen wir aufhören, uns mit dem Mangel (dem Ich) zu identifizieren. Wir müssen mit offenen Händen und Herzen lebendig werden.

Jede spirituelle oder religiöse Tradition befasst sich mit dem Problem des Anhaftens. Diese Ansätze unterscheiden sich zwar in ihren Einzelheiten, haben aber zwei Elemente gemeinsam: 1. Entsagung, 2. absichtsloses Handeln.

Entsagung: Diese Methode bevorzugen nicht nur die Yogis in Indien, sondern auch die klassischen griechischen Philosophen, etwa Aristoteles und Platon, die römischen Stoiker und die Wüstenväter der frühen christlichen Kirche, die das Ideal des asketischen Mönches als spirituellen Weg einführten. Platon drückte diese Idee am besten aus. Er sagte im Wesentlichen: Am glücklichsten ist, wer am wenigsten Dinge braucht (also an möglichst wenig Dingen haftet). Die Idee, das Anhaften zu verringern, beruht auf der Vorstellung, man könne das Ich aushungern oder schrumpfen lassen, wenn man ihm die Chance nehme, durch Anhaften zu wachsen. Wenn wir mehr Luft in einen Ballon blasen, wird er irgendwann platzen.

Wer loslässt, hat alles getan. Die Welt gehört dem, der loslässt.
LAO TZU

In der modernen Konsumgesellschaft setzt diese Methode voraus, dass wir uns in eine Richtung bewegen, die der Richtung der Gesellschaft entgegengesetzt ist. Das ist heute eine größere Herausforderung denn je. Zwar haben schon die alten Phönizier und Griechen Geld benutzt, aber es ist erst in den letzten Jahren lebenswichtig geworden. Nie zuvor war der Raum so wertvoll. Heute gehört fast alles Land Individuen, Firmen oder Staaten. Es gibt keine offenen Räume mehr. Wir können uns nicht in den Wald zurückziehen wie in der alten Zeit. »Entsager« leben heute in Ashrams und Klöstern, wo sie sich einer streng geregelten Lebensweise unterwerfen müssen, die ebenfalls nicht ohne Fallstricke ist.

Doch so schwierig und wichtig ein Faktor wie die kulturelle Komponente auch sein mag, er verblasst vor dem fundamentalen und universellen Faktor: Das Anhaften ist im Wesentlichen kein körperliches, sondern ein seelisches und geistiges Phänomen. Das Ich ist eine geistige Struktur (siehe Kapitel 1) und, da es in der physikalischen Wirklichkeit keine Wurzel hat, ein abstrakter Gedanke. Manipulationen der äußeren Welt – etwa Verzicht auf materiellen Besitz oder auf ein gesellschaftliches Leben – sind nur dann bedeutsam, wenn sie die innere Einstellung ändern.

Wenn wir unseren Besitz oder seine Verantwortung reduzieren, werden wir deshalb nicht vom Anhaften frei. Im Gegenteil, es ist durchaus möglich, dass das Ich dadurch gestärkt wird, weil wir uns als »frei« oder »spirituell« betrachten. Das »spirituelle Ich« ist eine Nuss, die schwerer zu knacken ist als das rein materiell orientierte Ich. Ein einfaches Leben ist zwar vorteilhaft, wenn wir nach spiritueller Erleuchtung streben, aber es garantiert keine Befreiung vom Anhaften.

Es gibt also zwei Probleme mit dem Weg der Entsagung. Erstens setzt er voraus, dass wir uns vor der Gesellschaft zurückziehen, denn wir müssen nicht nur auf materiellen Besitz verzichten, sondern auch auf Beziehungen mit dem anderen Geschlecht und auf Verantwortung. Zweitens besteht die Gefahr, dass wir stolz auf unsere Entsagung sind und dadurch das Ich stärken.

Absichtsloses Handeln: Eine Alternative ist die innere Befreiung vom Ich bei gleichzeitiger Teilnahme an den Aktivitäten des täglichen Lebens. Das absichtslose Handeln ist der mittlere Weg des Mahayana-Buddhismus, der Weg, den Krishna dem Arjuna in der Bhagavadgita empfiehlt, und der Weg der klassischen Taoisten. Doch wenn wir die großen spirituellen Traditionen betrachten, ist die Lebensfreude der Taoisten am größten. Der Historiker Henri Maspero schrieb: »Die Chinesen haben Geist und Materie nie getrennt. Für sie war die Welt ein Kontinuum, das von der Leere am einen Ende bis zur gröbsten Materie am anderen reicht. Darum war die Seele nie der Gegensatz zur Materie.«[10]

Auch wir sollten uns leer machen, damit die große Seele des Universums uns mit ihrem Atem füllt.
Lawrence Binyon

Die klassischen Taoisten sahen keine Dichotomie – keinen natürlichen Konflikt – zwischen Geist und Natur. Im Gegenteil, sie hielten das spirituelle Leben für das Erblühen der menschlichen Natur. Während es beispielsweise vielen spirituellen Traditionen schwer fällt, das spirituelle Leben mit dem Sexualtrieb zu versöhnen, sahen die Taoisten in der Sexualität ein Mittel, die körperliche Gesundheit und damit auch die spirituellen Fähigkeiten zu verbessern. Ähnlich beurteilten sie das tägliche Leben. Es galt als Mittel zur Entfaltung der Spiritualität, nicht als Last, die man abwerfen muss, um den spirituellen Weg zu beschreiten.

Cuang Tzu war zum Beispiel verheiratet und hatte Kinder. Er lebte weder in einem Kloster, noch wanderte er mit der Bettelschale umher. Es wird zwar oft betont, dass er es ablehnte, für die Regierung zu arbeiten, aber er stellte immerhin Waren her und verkaufte sie auf dem Markt. Wichtig sind eben nicht die äußeren Umstände, wichtig ist nur die innere Befreiung vom Anhaften.

Wir brauchen nicht mit Spiritualität zu protzen, um frei zu sein. Wir können arbeiten, heiraten, Kinder haben, Teil der Gesellschaft sein und materiellen Wohlstand genießen. Wir können alle Anhaftungen des Ichs – Name, Gedächtnis, Besitz, Beziehungen und so weiter – genießen, ohne uns mit ihnen zu identifizieren. Entscheidend ist, dass wir innerlich frei bleiben.

Warum bleiben Erleuchtete unberührt von Lob und Tadel? Weil sie sich innerlich nicht mehr mit Namen identifizieren. Die innere Loslösung vom Ich erzeugt eine »nicht klebrige« Oberfläche, auf der zwar alles erscheinen, aber an der nichts mehr haften kann. Im buddhistischen Herz-Sutra lesen wir: »Der Bodhisattva des Mitgefühls hat alle Bande gelöst, die Leiden verursachten.« Mit anderen Worten: Er hörte auf, sich mit dem Ich zu identifizieren und löste dadurch alle Anhaftungen des Ichs.

Kannst du die spirituelle Energie und die materielle Seele stärken und das Eine umarmen, ohne loszulassen?
WANG PI

Bisher haben wir nur über das Anhaften gesprochen, dessen Ursache das ursprüngliche Festhalten an Namen (Gedächtnis, materieller Besitz und so weiter) ist. Die meisten Menschen sind sich dieser Anhaftungen bewusst und sogar stolz darauf. Doch nicht alle Anhaftungen sind so offensichtlich. Unsere Empfänglichkeit und unsere Fähigkeit, spontan auf den Augenblick zu reagieren, werden auch durch unbewusste assoziative Anhaftungen (mentale Auslöser) sowie durch bewusste und unbewusste Anhaftungen in Form von Verboten und einengenden Überzeugungen blockiert. Unbewusste assoziative Anhaftungen sind konditionierte Reaktionen, die uns daran hindern, im Hier und Jetzt zu leben. Bewusste und unbewusste Verbote und einengende Überzeugungen belasten unser Verhältnis zum Leben, zu uns selbst und zu anderen. Im Folgenden werden wir uns diese subtileren Anhaftungen näher ansehen und überlegen, wie wir sie loswerden.

Mentale Auslöser: konditionierte Reaktionen

Vor allem unsere weniger bewussten Gedanken und Handlungen formen unser Leben und das Leben unserer Nachkommen.
SAMUEL BUTLER

Um spontan reagieren zu können, müssen wir mit den Menschen und mit unserer Umwelt im Jetzt leben. Oft verlieren wir uns jedoch in unserer inneren Welt. Wie kommt es, dass unsere Aufmerksamkeit plötzlich vom Jetzt abschweift und in Tagträume abgleitet? Warum werden wir ohne ersichtlichen Grund ängstlich, wütend oder unsicher? Warum kreisen unsere Gedanken um Themen, über die wir gar nicht nachdenken wollten? Das sind nur einige der vielen Wirkungen jener mentalen Auslöser, die wir auch »konditionierte Reaktionen« nennen können.

Der bahnbrechende Verhaltenspsychologe John Watson leitete an der Universität Chicago einige recht sonderbare klassische Studien. Berühmt ist ein Experiment mit dem elf Monate alten Albert. Watson setzte eine weiße Ratte auf das Kind oder in seine Nähe. Zuerst hatte Albert keine Angst vor dem Tier. Dann erzeugte Watson jedes Mal, wenn er dem Kind die Ratte zeigte, ein lautes Geräusch, das Albert erschreckte.

Nachdem Watson das Kind einige Zeit auf diese Weise konditioniert hatte, löste die Ratte bei Albert auch ohne das Geräusch Angst aus. Dann konfrontierte Watson das Kind mit Kaninchen, Katzen und kleinen Hunden. Obwohl Albert das Geräusch nicht mehr zu hören bekam, übertrug er seine konditionierte Furcht auf diese kleinen Tiere, und nach überraschend kurzer Zeit war ein vorher furchtloses Kind so konditioniert, dass es vor harmlosen Geschöpfen Angst hatte.

Alle Menschen wollen sich nur vom Tod befreien, aber sie wissen nicht, wie sie sich vom Leben befreien können.
LAO TZU

Aus heutiger Sicht waren Watsons Experimente grausam. Aber im täglichen Leben entstehen ähnliche Assoziationen von selbst. Ein Geruch, ein Anblick oder ein Geräusch kann Gefühle auslösen, die mit der jeweiligen Situation nicht das Geringste zu tun haben. Wer weiß, wie viele assoziative Erinnerungen dieser Art sich bei uns gebildet haben, wenn wir erwachsen sind. Wir können uns diese mentalen Auslöser als unbewusste Anhaftungen vorstellen.

Angenommen, Sie beobachten etwas oder konzentrieren sich auf eine Arbeit. Plötzlich löst ein Ton, ein Geruch, eine Stimme oder ein Objekt assoziative Erinnerungen in Ihnen aus. Obwohl Sie körperlich noch da sind, haben Sie innerlich abgeschaltet. Sie beobachten nicht mehr, was vor Ihnen geschieht, sondern schwelgen mit Ihren Gedanken und Gefühlen in Erinnerungen. Sie sehen die Situation durch einen verzerrten Filter aus assoziativen Erinnerungen und sind nicht mehr in der Lage, klar zu beobachten und sich zu konzentrieren. In diesem Zustand ziehen Sie möglicherweise falsche Schlussfolgerungen, deren Grundlage nicht die Tatsachen, sondern Ihre emotionalen Reaktionen auf die assoziativen Erinnerungen sind. Da Sie sich nicht mehr konzentrieren können, nehmen Sie vielleicht an, es fehle Ihnen an Disziplin oder Willenskraft.

Ähnlich geht es uns mit unseren Ideen. Unbewusste assoziative Anhaftungen sorgen dafür, dass bestimmte Worte manchen Menschen viel bedeuten. Ein Beispiel ist das Wort *Gott*. Es löst bei vielen Schuldgefühle, Furcht oder Wut aus – nicht weil sie rational oder objektiv so über Gott denken, sondern wegen ihrer assoziativen Erinnerungen. Vielleicht haben Sie sich schon einmal darüber gewundert, dass ein Wort oder eine Idee in einer beiläufigen Unterhaltung beim Gesprächspartner heftige Gefühle auslösen kann. Das Auslösen solcher assoziativer Anhaftungen erschwert bestenfalls die Kommunikation und führt schlimmstenfalls zu gewalttätigen Reaktionen.

Assoziationen mit Geld

Unbewusste assoziative Anhaftungen können Ihr Verhältnis zum Geld beeinflussen und Sie unfähig machen, die natürliche Fülle des Universums zu empfangen. Geld ist heute das letzte große Tabu in unserer Gesellschaft. Die Menschen reden meist offener über Politik, Religion und Sex als über Geld. Aber Sie können viel gewinnen, wenn Sie dieses Tabu brechen und untersuchen, welche Einstellung Sie zum Geld haben.

Viele Menschen sind so konditioniert, dass sie Geldverdienen mit Mühe und Plage assoziieren und davon überzeugt sind, dass sie nur dann Geld verdienen können, wenn sie etwas tun, was sie nicht tun wollen. Als Berufsberater treffe ich diese Einstellung oft an. Ein Klient, der finanziell erfolgreich, aber mit seiner Arbeit sehr unzufrieden war, klagte, er könne mit einer Arbeit, die ihm Freude bereite, nie und nimmer so viel verdienen wie jetzt. Als ich ihn fragte, was er gerne tun würde, wusste er es nicht. Er kicherte, als ich ihm erklärte, es sei unmöglich das Bekannte mit dem Unbekannten zu vergleichen. Er erkannte, dass seine Einstellung nicht auf der Realität beruhte, sondern auf mächtigen Assoziationen in seinem Unbewussten. Als wir ein wenig tiefer bohrten, sagte er mir, der Kampf seiner Eltern mit dem Geld habe seine Einstellung stark beeinflusst.

Kinder assoziieren Geld oft mit Streit und Stress, weil sie hören, wie die Eltern um das Geld streiten oder sich darüber Sorgen machen. Viele Menschen haben Schuldgefühle, wenn sie von Geld reden, und schämen sich zu sagen, was sie brauchen. Es ist also kein Wunder, dass wir Geld für schmutzig oder schlecht halten. Wenn Sie als Kind immer wieder Bemerkungen gehört haben wie »Es ist nie genug Geld da« oder »Das können wir uns nicht leisten«, kann Ihre heutige Einstellung zum Geld darunter leiden.

Zu erkennen, was du nicht ändern kannst, und dich damit als deinem Schicksal abzufinden, das ist wahrlich ein Zeichen von Tugend.
CHUANG TZU

Den geistigen Nebel durchdringen

Der wahre Wert eines Menschen bestimmt sich vor allem danach, wie weit er Freiheit von sich selbst errungen hat.
ALBERT EINSTEIN

Es gibt viele Methoden, sich vom Einfluss unbewusster assoziativer Anhaftungen zu befreien, aber nur einen einzigen Test, der Ihnen verrät, welchen Einfluss sie auf Ihr Leben haben: Ihre Konzentrationsfähigkeit. Wenn Sie sich bewusst auf A konzentrieren, Ihr Unterbewusstsein sich jedoch mit B beschäftigt, können Sie nicht die gleiche geistige Energie aufbringen, als wenn Ihr ganzer Geist sich auf ein Thema konzentriert.

Die meisten Menschen führen gedankliche Dialoge, die sie nicht bewusst steuern können. Das ist nicht die stille, klare Stimme der Intuition, sondern das assoziative Gemurmel des Unbewussten. Wir können die Qualität dieser Selbstgespräche verbessern, so dass sie konstruktiver werden; aber es ist noch besser, sie abzuschalten. Wenn der Geist leer ist, können wir spontan und natürlich auf unsere Umwelt reagieren. Die folgenden Abschnitte beschäftigen sich mit zwei Arten der Konzentration: Mit der Yang-Konzentration durch Willenskraft und mit der Yin-Konzentration, die wir Einheitsbewusstsein nennen können.

Konzentration durch Willenskraft

Ein Mensch, der sich nicht selbst im Griff hat, ist nicht frei.
PYTHAGORAS

Konzentration bedeutet, die notwendige Energie aufzuwenden, um seine Aufmerksamkeit ausschließlich auf ein Objekt, Symbol oder Ereignis zu richten. In vielen spirituellen Traditionen des Ostens gilt die Entwicklung der Konzentration als Vorstufe der Meditation und Kontemplation. Wenn das Unbewusste voller Gedanken und Bilder ist, fällt es uns schwer, eine philosophische Frage bis zum Ende zu verfolgen. Wenn wir unsere Konzentrationsfähigkeit schulen, verringern wie die Hintergrundgeräusche (die plappernden Gedanken). Mit der Zeit werden wir still. Auf diese Weise beseitigen wir den trennenden Einfluss des Unbewussten (das ständig assoziative Anhaftungen ausgelöst hat) und verbessern unser Gedächtnis. Konzentration ist eine Art geistiges Feuer, das unbewusstes Anhaften verzehrt.

Langeweile ist ein Anzeichen dafür, dass wir uns nicht konzentrieren können. Wir sind immer zuerst und vor allem von uns selbst gelangweilt. Wir langweilen uns mit den lästigen, eintönigen, manchmal beängstigenden und oft dummen Gedanken und Bildern, die das Unbewusste erzeugt. Wenn wir uns auf den Augenblick konzentrieren können, ist unsere psychische Energie so gebündelt, dass nichts für unbewusstes Geplapper übrig bleibt.

Die meisten Menschen kennen die Stille im Kopf nach einem anstrengenden Training. Auch starke oder gar rasende Leidenschaft kann tiefen inneren Frieden auslösen, etwa beim Sex. Wenn Abenteuersportler »high« werden, dann deshalb, weil sie sich konzentrieren. Wer nach dem Sprung aus dem Flugzeug darauf wartet, dass der Fallschirm sich öffnet, richtet seine ganze Aufmerksamkeit auf den Augenblick.

Wir können unsere Konzentrationsfähigkeit aber auch auf weniger drastische Weise stärken, zum Beispiel während der tägliche Arbeit. Wir können sie automatisch verrichten oder uns voll darauf konzentrieren. Das ist natürlich leichter, wenn wir unsere Arbeit lieben. Aber wenn wir begreifen, dass wir von der Konzentration selbst profitieren, sind wir in jeder Situation eher bereit, uns Mühe zu geben.

Kampfsportarten, die Tee-Zeremonie und die Kunst, Blumen anzuordnen, wollen uns eine Begegnung mit uns selbst verschaffen. Wenn wir versuchen, alles völlig aufmerksam zu tun, werden wir uns all der Orte bewusst, an denen wir uns in unserem Leben nicht befinden. Sie können das gleiche durch

Malen, Musizieren oder Reparieren Ihres Autos erreichen. Wenn Sie lernen, eine einzige Tätigkeit völlig bewusst auszuüben, bringen Sie Klarheit und Einfachheit in Ihr Leben und lassen dabei unzählige unbewusste assoziative Anhaftungen hinter sich. Seltsamerweise führt konzentrierte Anstrengung zu Entspannung und Spontaneität. Anfangs brauchen Sie viel Energie, um sich auf Ihr Tun zu konzentrieren. Mit der Zeit, geht es wie von selbst. So wird man Meister in einer Kunst. Wer nicht die Energie aufbringt, um sich zu konzentrieren, erlebt nie die Mühelosigkeit, die sich einstellt, wenn er mit seinem Tun eins wird. Chinesische Maler empfehlen: Meditiere zehn Jahre über Bambus, werde Bambus, und dann male dich selbst. Das ist der Weg zur Spontaneität durch Konzentration.

Einheitsbewusstsein: die Kunst, eins zu werden

Wie kann ich still sein? Indem du mit dem Strom fließt.
Lao Tzu

Konzentration durch Willenskraft vernichtet unbewusste Anhaftungen, bewahrt jedoch das Selbst-Bewusstsein, denn »Ich« bin es ja, der sich konzentriert. Im Einheitsbewusstsein ist das Ichgefühl verschwunden. Dieses Bewusstsein unterscheidet sich qualitativ sowohl von der gewöhnlichen bewussten Aufmerksamkeit als auch vom unbewussten Geplapper. Wenn wir bewusst aufmerksam sind, erfahren wir uns als getrennt vom Objekt unserer Konzentration – alles andere ist in Bezug auf das Ich separat, fern, »da draußen«. Diese Art der Konzentration ist sehr eng, eine Art Scheinwerfer, der nur ein winziges Gebiet beleuchtet. Das Unbewusste ist umfassender. Da es aber jede Erfahrung auf Erinnerungen reduziert, die es sortiert und speichert, werden diese Datenbänke oft automatisch geöffnet, so dass wir das Hier und Jetzt aus dem Blickwinkel verlieren. Das Einheitsbewusstsein führt uns hinein in die Erfahrung des Augenblicks und hebt gleichzeitig das Gefühl der Trennung zwischen Subjekt und Objekt auf.

Jene, deren Glück innerhalb der endlichen Sphäre haftet, sind gewiss Grenzen unterworfen.
Kuo Hsiang

In diesem Zustand gehen wir so sehr in einem Objekt, einer Erfahrung oder einem Ereignis auf, dass wir unser Gefühl für die Zeit, den Raum und das Ich verlieren. Der Philosoph Friedrich von Schelling drückte es so aus: »Wenn das wahrnehmende Selbst mit dem Wahrgenommenen verschmilzt, löschen wir die Zeit aus.« Im Einheitsbewusstsein erfahren wir »die Beseitigung der mentalen und affektiven Barrieren, hinter denen sich die natürliche Manifestation des Geistes verbirgt« (Ananda K. Coomarswamy).

Im Einheitsbewusstsein ist die Trennung zwischen dem Selbst und dem anderen überwunden. Diese Erfahrung heißt im Sanskrit *yoyata*, Selbst-Identifikation, was bedeutet, dass wir uns in unserem Bewusstsein mit dem Objekt vereinen, also zu diesem Objekt *werden*. Wenn wir das andere werden, werden wir zu allem anderen – oder zu nichts. Das ist die mystische Erfahrung, die Essenz der Religion im wahrsten Sinne des Wortes (*religio* bedeutet »Rückverbindung«). Wir werden wieder mit dem ursprünglichen, nicht differenzierten Bewusstsein verbunden.

> *Alles an mir ist identifiziert. Mein Auge wird mein Ohr, mein Ohr wird mein Auge, mein Ohr wird meine Nase, meine Nase mein Mund. Mein Geist ist sehr integriert, mein Körper löst sich auf. Meine Knochen und mein Fleisch schmelzen. Ich kann nicht sagen, was meinen Körper stützt und worauf meine Füße gehen. Ich werde fortgeblasen, nach Osten und Westen, wie ein dürres Blatt, das vom Baume fiel. Ich weiß nicht einmal, ob der Wind auf mir reitet oder ob ich auf dem Wind reite.*
> LIEH TZU

Geistige Fallen: ungeprüfte Meinungen

> *Das Anhaften ist die größte Quelle der Illusion. Wir können die Wirklichkeit nur erfahren, wenn wir loslassen.*
> SIMONE WEIL

Die klassischen Taoisten interessierten sich nicht für abstrakte Ideen dessen, was sein sollte, sondern sie wollten herausfinden, was ist. Sie waren nicht so hochmütig zu behaupten, das trennende Ich könne jemals etwas besseres erdenken als das, was von selbst da ist. Die Taoisten vertrauten der Natürlichkeit und ermutigten die Menschen, sich von allen kulturell konditionierten und eigenen Meinungen zu lösen, die sie einengen und enttäuschen.

Wir hemmen unsere Empfänglichkeit, weil wir zu wissen glauben, was, wann und wie wir empfangen sollten. Wenn wir beispielsweise der Meinung sind, es sei moralischer, arm zu sein, als in finanzieller Sicherheit zu leben, begrenzen wir unsere Fähigkeit, Wohlstand zu erwerben. Wenn wir es für ein Zeichen von Schwäche halten, verletzlich zu sein, schränken wir unsere Chance ein, so geliebt zu werden, wie wir sind. Wenn wir glauben, Männer und Frauen müssten sich so und nicht anders verhalten, zwingen wir einander kulturell anerkannte Geschlechterrollen auf. Das gleiche gilt natürlich auch, wenn wir das Gegenteil dessen tun, was wir unserer Meinung nach tun sollten. In beiden Fällen lassen wir uns von einschränkenden Meinungen beherrschen. *Tzu-jan* bedeutet jedoch, in jedem Augenblick unserer Natur zu folgen, einerlei ob andere das für richtig oder falsch halten.

Wenn wir das große Tao verlieren, gibt es »Rechtschaffenheit«. Wenn es »Weisheit« und »Gelehrsamkeit« gibt, dann gibt es viele Heuchler.
Lao Tzu

Oft begrenzen wir unsere Fähigkeit zu empfangen, indem wir die Rollen, die wir spielen, mit dem verwechseln, was wir wirklich sind. Wenn Sie andere oder sich selbst mit Rollen identifizieren, sind Sie nicht mehr in der Lage, spontan im Hier und Jetzt zu reagieren. Denken Sie daran, wie glücklich Sie waren, als Sie sich zum ersten Mal verliebten. Alles, was der oder die Geliebte Ihnen gab, war für Sie ein wundervolles Geschenk. Ihre Offenheit gegenüber dem anderen Menschen machte Sie extrem empfindlich für subtilste Gefühle und Stimmungen. Dank dieser Empfindsamkeit fühlten Sie sich lebendiger denn je.

Doch allzu schnell halten wir solche Geschenke für selbstverständlich oder gar für unser Recht. Mit der Empfänglichkeit lässt auch die Empfindsamkeit nach, und ehe wir es merken, ist der Reiz des Neuen verflogen. Wenn wir eine liebevolle Beziehung am Leben erhalten wollen, dürfen wir nie vergessen, dass alles, was der andere uns gibt, ein Geschenk ist. Das gilt für alle unsere Beziehungen. Allzu oft sind es nicht Beziehungen zwischen Menschen und Seelen, sondern zwischen Rollen. Wir müssen uns vom Haften an Rollen lösen und jene Menschen, die in den Augen der Gesellschaft höher oder tiefer stehen als wir, nicht nach ihrem Rang oder ihrer Rolle behandeln, sondern als Mitmenschen. Wenn wir Rollen als Illusion durchschauen, verstehen wir unseren Chef und empfinden Mitgefühl für ihn, und wir behandeln auch die Kellnerin und den Taxifahrer respektvoll.

Einmal hatte ich eine Begegnung mit Stammesführern der Hopi. Sie illustriert, wie wichtig es ist, aufgeschlossen zu sein und Vorurteile zu meiden. Da die Hopi Jahrhunderte lang belogen und betrogen wurden, waren sie verständlicherweise skeptisch gegenüber Weißen und zögerten, ihnen zu viel von ihrer authentischen Überlieferung anzuvertrauen. Ein weiser alter Hopi sagte zu mir: »In der alten Zeit lernten wir, auf unsere Herzen zu hören und dementsprechend zu handeln.« Das ist die Essenz des *tzu-jan*: Reagiere spontan auf jede Situation und auf jeden Menschen. Teile die Menschen nicht in Gruppen ein und hafte nicht an vorgefassten Meinungen. Reagiere offen und spontan – von Mensch zu Mensch.

Einschränkende Meinungen können auch die Form von »Wenn-dann-Aussagen« annehmen. Nur wenn das geschieht, kann jenes geschehen. Nur wenn ich tue, was ich nicht tun will, kann ich gut leben. Nur wenn ich mich selbst verleugne, finde ich Liebe. Nur wenn ich diesen oder jenen Titel erwerbe, nehmen die Leute mich ernst. Nur wenn ich genug Geld verdiene, kann ich das Leben genießen. In Wahrheit ist die Liebe, die das Universum erfüllt, von selbst so. Es muss nichts geschehen, damit Sie die Liebe und Fülle des Universums empfangen können.

Entsagung bedeutet, das Universum als reines Bewusstsein zu betrachten.
APAROKSANUBHUTI

Wir schränken unsere Empfänglichkeit durch begrenzende Meinungen ein, die uns sagen, wie die Fülle des Universums uns zufließen muss. Wenn wir beispielsweise glauben, wir könnten nur als Arbeitnehmer Geld verdienen, übersehen wir vielleicht andere Möglichkeiten unmittelbar vor unserer Nase. Wenn wir der Ansicht sind, der Ehepartner müsse für uns sorgen, berauben wir uns anderer Chancen, zu wachsen und uns auszudrücken. Das ewige Tao ist überall, und seine natürliche Fülle kann uns in unendlich vielen Formen zufließen, wenn wir bereit sind, sie zu empfangen.

Es gibt eine Geschichte von einem sehr frommen Mann, der von einer Flut überrascht wurde. Als das Wasser stieg, forderten seine Nachbarn ihn auf, mit ihnen zu fliehen. Aber er schlug ihre Warnungen in den Wind. »Ich mache mir keine Sorgen. Gott wird mir helfen«, sagte er. Das Wasser stieg weiter, und bald fuhr eine Rettungsmannschaft im Boot zum Haus des Mannes. »Steig ein!« schrien sie. Aber der Mann winkte ab und rief: »Gott wird mich retten!« Schließlich saß er auf dem Dach des Hauses, das von einem reißenden Strom fortgespült wurde. Über sich hörte er einen Hubschrauber, und eine Strickleiter wurde zu ihm hinab gelassen. Doch er weigerte sich, hinauf zu klettern und rief tapfer: »Keine Sorge – Gott wird mich retten. Da der Hubschrauber nur noch wenig Treibstoff hatte, flog er weg, und der Mann ertrank. Als er im Himmel ankam, beschwerte er sich bei Gott. »Ich habe an dich geglaubt. Warum hast du mich nicht gerettet?« Gott strich sich über den langen weißen Bart und erwiderte ruhig: »Ich habe drei Mal versucht, dich zu retten, aber du wolltest nicht hören.« Wir sind zu oft wie der Mann in der Geschichte und setzen uns selbst Grenzen, weil wir darauf bestehen, dass alles nach unseren Wünschen abläuft. Nur wenn wie diese einschränkenden Ansichten aufgeben, können wir spontan auf unsere Umwelt und auf die Hilfe des Universums reagieren.

Den Geist beobachten und lenken

> *Wach sein heißt, auf der Grenze zwischen Macht und Selbstvergessenheit gehen.*
> Carlos Castaneda

Bewusstheit überwindet unser Haften an einschränkenden Auffassungen. Bewusstheit transformiert. Maurice Maeterlinck sagte: »Es ist viel wichtiger, unser Leben wahrzunehmen, als es zu transformieren. Denn sobald wir es wahrnehmen, transformiert es sich von selbst.« Wie können wir bewusster werden? Dafür gibt es Yin-Methoden, die sich ganz auf das Bewusstsein verlassen, und Yang-Methoden, die sich auf das Bewusstsein und den Willen stützen.

> *Die erste Regel lautet: Bewahre einen ruhigen Geist. Die zweite lautet: Schau den Dingen ins Gesicht und erkenne sie als das, was sie sind.*
> Marcus Aurelius

Achtsamkeit: Sie sind achtsam, wenn Sie alles, was Sie tun, völlig bewusst tun – sitzen oder stehen, gehen oder denken. Konzentration bündelt den Geist wie beim Blick durch ein Mikroskop. Wenn Sie achtsam sind, betrachten Sie Ihren Geist durch ein Fernglas. Bei der achtsamen Meditation beobachten Sie bewusst Ihre Gedanken und Ihre Reaktionen auf Menschen, Dinge und Ereignisse. Versuchen Sie nicht, Gedanken und Gefühle zu beurteilen oder zu ändern. Beobachten Sie sie losgelöst, als wären es Bilder auf einem Monitor. Lernen Sie, Ihre Gedanken so zu sehen, wie sie sind, ohne sie zu mögen oder abzulehnen. Das erfordert Geduld, Konzentration und eine Menge Übung; aber es gibt Ihnen ein intensives Gefühl der Freiheit und mit der Zeit tiefen Frieden. Dann können Sie den Stress des Lebens bewältigen und dennoch innerlich ruhig und gelassen bleiben.

Anfangs bemerken Sie Zuneigung und Abneigung vielleicht erst, *nachdem* Sie diese Emotionen empfunden haben. Nach einiger Zeit fallen sie Ihnen schon auf, wenn sie anfangen, das Wasser Ihres Geistes aufzuwühlen, aber

Wer den Weg zur Erleuchtung ernsthaft sucht, diktiert seinem Geist die Bedingungen. Dann macht er entschlossen weiter.
BUDDHA

noch keinen Wirbel erzeugt haben. Sie spüren es, wenn Sie das Gleichgewicht zu verlieren beginnen, und können sich abfangen, ehe Sie in den Abgrund stürzen. Eines Tages bemerken Sie diese Gedanken und Gefühle, *bevor* Sie sich emotional oder intellektuell mit ihnen identifizieren. Es wird Ihnen auch auffallen, dass jedem Gefühl ein Gedanke vorausgeht – Sie reagieren emotional, weil Sie sich mit einem Gedanken identifizieren, der die Reaktion auslöst. Sobald Sie sich nicht mehr mit dem Gedanken identifizieren, bleibt die emotionale Reaktion aus. Nach einiger Übung lachen Sie vielleicht über Gedanken, die früher einen Gefühlssturm in Ihnen auslösten. Bewusstheit beraubt destruktive Gedanken ihrer Macht, so dass sie uns nicht mehr zu Reaktionen zwingen können. »Wenn wir alle Dinge so sehen, wie sie sind, kehren sie zu ihrer Natur zurück«, sagte Seng Ts'an.

Intervention: Eine zweite Methode stützt sich ebenfalls auf die Bewusstheit, verlangt aber zusätzlich, dass Sie aktiv eingreifen, indem Sie Gedanken, die Sie stören und aus dem Gleichgewicht bringen, im Geiste ersetzen oder löschen. Angenommen, Sie ertappen sich bei Gedanken, die Eifersucht oder Misstrauen auslösen. Dann befehlen Sie Ihrem Unterbewusstsein, diese Gedanken nicht mehr zu erzeugen, und ersetzen sie durch Gedanken, die Sie an all das erinnern, wofür Sie dankbar sein müssen.

Wer sich seines Tuns bewusst ist und somit Zugang zum Unbewussten hat, übt ohne es zu wollen Einfluss auf seine Umgebung aus.
C. G. JUNG

Sie zügeln also unverzüglich den Geist, der sich selbstständig machen wollte. Vielleicht denken Sie herabsetzend über sich selbst oder andere, oder Sie denken furchtsam an die Zukunft. Befehlen Sie Ihrem Unbewussten, damit aufzuhören, indem Sie sofort laut oder im Geiste sagen: »Aufhören!« Sie können auch eine Situation, die für Sie unerfreulich verlaufen ist, im Geiste umkehren. Nehmen wir an, Sie haben sich mit einem Freund oder Partner gestritten. Spielen Sie die Szene im Geiste noch einmal durch, und achten Sie besonders auf den Augenblick, als Ihnen die Zügel zu entgleiten begannen. Stellen Sie sich nun vor, wie Sie und der andere in der gleichen Situation vernünftig reagieren. In der imaginären Situation kommt es nie zum Streit, und beide Beteiligten demonstrieren Liebe und Respekt. Diese Übung hilft Ihnen, sich von Emotionen zu lösen und zu verhindern, dass sie sich im Geist festsetzen.

Den Geist abschalten

Hör auf zu denken, Meditation sei etwas Besonderes. Hör ganz auf zu denken.
SURYA SINGER

Wenn der Geist völlig leer ist, in dem Zustand, den die Taoisten *wu-nein* nennen, erreichen die Empfänglichkeit und die Fähigkeit, spontan zu reagieren, ihren Höhepunkt. Dieser Zustand der Wachheit ohne Anhaften ist der natürliche Zustand unseres ursprünglichen Geistes. Lieh Tzu sagte: »Wenn der Geist still ist, ergibt sich das ganze Universum.« Jetzt gibt es weder Fülle noch Mangel, weder Trennung noch Einheit. Wir sind das Universum, und alle seine Schätze gehören uns.

Den Geist zu beruhigen ist das einzige Ziel der Meditation. In späteren Kapiteln gehe ich genauer auf die Techniken der Meditation ein. Hier geht es nur darum zu verstehen, dass wir mit der natürlichen Intelligenz des Universums eins sind, wenn der Geist still ist. Meist nennen wir diese Intelligenz »Intuition«. Sie ist nicht »Ihre« Intuition, sondern die Intelligenz des Universums (Tao), die sich an einem bestimmten Ort ihrer selbst bewusst ist. Wenn wir uns von dieser Intelligenz leiten lassen, sind unsere Reaktionen wirklich spontan, sie sind im Geiste des *tzu-jan*: natürlich, nicht geplant und echt.

Fülle bedeutet »Überfließen«, und um überzufließen, müssen wir gefüllt sein. In diesem Kapitel haben wir untersucht, wie wichtig es ist, offen und empfänglich zu sein. Der Rat lautet, kurz gefasst: Empfange, dann gib. Sei erst, dann tue. Gehe im Bewusstsein der Fülle, nicht des Mangels in die Welt. Das nächste Kapitel befasst sich mit der Frage, wie wir in der Welt im Geist der Fülle handeln können. Wir sollten den Weg des geringsten Widerstandes gehen, den die Taoisten *wu-wei* nennen, »Handeln ohne Anstrengung«.

Anhaftungen des Ichs

Bewusste, possessive Anhaftungen (»meine Sachen«)

Hier geht es um alles, an dem wir bewusst als trennenden »Besitz« festhalten. Das Anhaften wird nicht von den Dingen ausgelöst, sondern vom Gefühl, sie zu besitzen. Beispiele für solche Anhaftungen sind:

»MEINE« Sachen	»MEINE« Beziehungen	»MEINE« Probleme
»MEINE« Persönlichkeit	»MEIN« Körper	»MEINE« Karriere
»MEIN« sozialer Status	»MEIN« Wissen	»MEINE« Nationalität
»MEIN« Geld	»MEIN« Sex	»MEINE« Religion

Unbewusste assoziative Anhaftungen (meine »Hintergrundgeräusche«)

Das sind alle Gedanken, Gefühle und Empfindungen, die das Unbewusste erzeugt und die uns an unmittelbaren Erfahrungen hindern. Zum Beispiel:

- plappernde Gedanken
- bestimmte Fantasien oder Tagträume
- konditionierte Reaktionen

Bewusste und unbewusste befehlende Anhaftungen (Meinungen, die mich einschränken)

Hier handelt es sich um begrenzende oder trennende Auffassungen vom Leben, vom Selbst, von unserer Arbeit, von anderen Menschen. Zum Beispiel:

- Geist und Natur sind Gegensätze
- Die Technik kann alle Probleme des Menschen lösen.
- Man kann im Leben nicht tun, was man will.
- Menschen der Kategorie X sind dumm, faul oder heuchlerisch.
- Entscheidend ist, was andere von uns halten.
- Wer die Macht hat, der hat recht.
- Reiche sind besser als Arme, weil sie strebsamer und fleißiger sind.
- Arme sind besser als Reiche, weil Geld stinkt und alle Reichen auf unseriöse Art Geld verdienen.

Das Gesetz des Vakuums: raus mit dem Alten, Platz für das Neue

Die Natur mag kein Vakuum. Wenn wir tief ausatmen, geht das Einatmen von selbst. Wenn Sie mehr in Ihr Leben hineinbringen wollen, dann müssen Sie mehr hinauslassen. Wenn Sie wegwerfen, was Sie nicht mehr brauchen, schaffen Sie Platz für das, was Sie haben wollen.

Raus mit altem Groll und altem Kummer: Schließen Sie Frieden mit der Welt und allem, was darinnen ist. Vergebung setzt enorme Energien frei, die an schmerzliche Erinnerungen gebunden waren. Wir neigen dazu, alles immer wieder zu durchleben, was wir nicht vergeben haben. Das spirituelle Gesetz lautet: Wir empfangen die Vergebung, die wir anderen geben. Durch Vergeben befreien Sie sich vom Groll auf andere und von Ihren Schuldgefühlen. Vergeben Sie allen Menschen und Dingen, dann wird auch Ihnen vergeben.

Raus mit alten Gewohnheiten: Erwachen Sie aus dem Schlaf der Gewohnheit und der Routine. Probieren Sie etwas, was Sie noch nie getan haben. Tun Sie das, was Sie immer tun, auf andere Weise. Selbst kleine Änderungen der Routine können Sie von der traumwandlerischen Automatik befreien. Wenn Sie sich in Situationen bringen, die Ihre totale Anwesenheit verlangen, werfen Sie sich ins Hier und Jetzt, und das ist der einzige Ort, an dem Sie wirklich etwas empfangen können.

Raus mit alten Verhaltensweisen: Wenn Sie beispielsweise chronisch schüchtern sind, sollten Sie versuchen, auf andere zuzugehen. Wenn Sie daran gewöhnt sind, im Mittelpunkt zu stehen, sollten Sie sich bemühen, passiver und empfänglicher zu sein. Beweisen Sie sich selbst, dass Sie nicht an begrenzte Vorstellungen von Ihrer Persönlichkeit gebunden sind. Sie sind ein freier Mensch, der viele verschiedene Möglichkeiten hat zu reagieren.

Raus mit alten Dingen: Hamstern Sie nicht. Trennen Sie sich von Dingen, die Sie nicht mehr brauchen oder benutzen. Immer wenn Sie Dinge hergeben, schaffen Sie im psychischen und im wörtlichen Sinne freien Raum, der sich mit den Dingen füllen kann, die Sie wirklich haben wollen.

Raus mit alten, begrenzenden Ideen: Identifizieren und analysieren Sie begrenzende Einstellungen zum Leben, zu sich selbst, zu Ihrer Arbeit und zu anderen Menschen. Beseitigen Sie abgenutzte Denkweisen, die Sie ohne kritische Prüfung übernommen haben.

Kapitel 3

Die Mühelosigkeit der Fülle

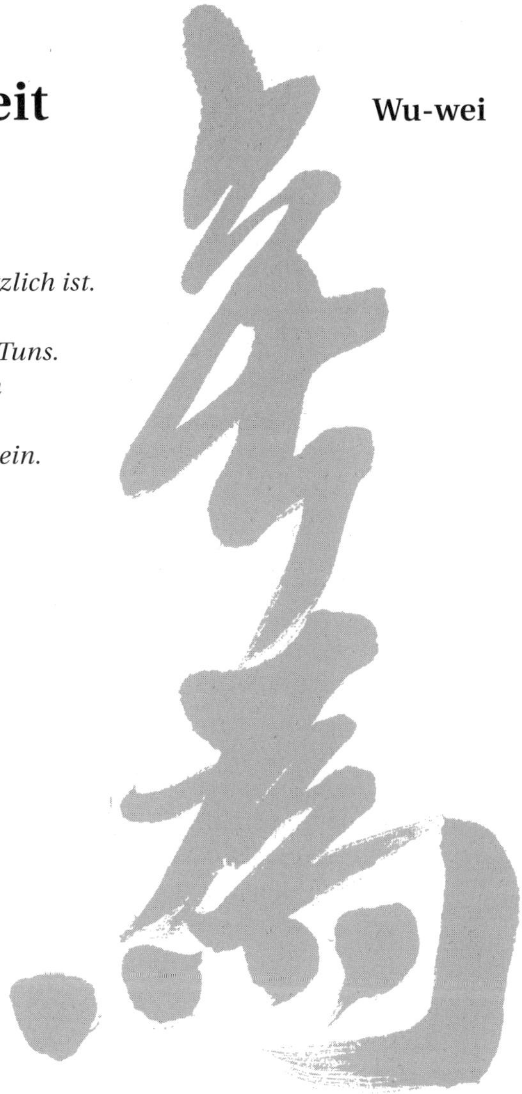

Wu-wei

Benutze, was seiner Natur nach nützlich ist.
Tue, was du spontan tun kannst.
Das ist die einfachste Art des Nicht-Tuns.
Wenn du dich im Einklang mit dem
Prinzip des Nicht-Tuns befindest,
kann dein Leben nur vollkommen sein.
CHUANG TZU

Einerlei, wie erfolgreich wir in finanzieller Hinsicht sind, wir können keine Fülle genießen, wenn unser Leben mit Stress erfüllt ist. Ein Leben in Fülle ist leicht und mühelos. Wenn Sie spüren, dass Sie mit dem Universum eins sind, und wenn Sie offen für die Fülle des Lebens und Ihrer Natur sind, dann sind Sie frei und können sich in einer Welt, in der Sie sich zu Hause fühlen, ungezwungen bewegen. Das Ich betrachtet das Universum als »anders«. Es glaubt, dieses »andere« sei ein Feind und es müsse kämpfen, um zu überleben. In diesem Kapitel untersuchen wir, wie das Ich-Bewusstsein die Illusion einer feindlichen Welt erzeugt, die wir besiegen müssen. Wenn wir diesen Prozess durchschauen, können wir den Kreislauf aus Kampf und Stress durchbrechen. Folgen Sie dem Weg des geringsten Widerstandes und der Mühelosigkeit.

So wie das Empfängliche das Prinzip der Erde ist, so ist das Kreative das Prinzip des Himmels, heißt es im *I Ching*. Die Kreativität des Universums, die Intelligenz und die Energie, die das Leben und unseren Körper hervorbringt, lebt auch in uns. Wir sind von Natur aus schöpferisch. Wenn wir im Tao leben und für das Leben und seine natürliche Intelligenz offen und empfänglich sind, handeln wir frei und mühelos: im Geiste von *wu-wei*. Obwohl dieser Begriff, wörtlich übersetzt, »nicht handeln« bedeutet, gibt »mühelos handeln« seinen Sinn besser wider.[1] *Wu-wei* ist das Prinzip des geringsten Widerstandes, wenn damit nicht Passivität, sondern die geringste notwendige Energie gemeint ist.

Ein Kind fällt aus dem Fenster, ein Betrunkener vom Karren, und beide bleiben unverletzt. Da sie keine Angst haben, widersetzen sie sich dem Sturz nicht. Daraus ziehen die Taoisten eine Lehre: Der Weg des geringsten Widerstandes ermöglicht es uns, in einer gefährlichen Welt sicher zu leben. Im Gegensatz zum Kind oder zum Betrunkenen werden die meisten Menschen verspannt, wenn sie die Dinge nicht im Griff haben. Wir bremsen uns und kämpfen uns mühselig durchs Leben. Wenn wir im Geiste von *wu-wei* handeln, sind wir frei von solchen Verspannungen. Die Voraussetzung ist ein fundamentales Vertrauen in das Leben, das Selbst und das Universum mit der Folge, dass wir diese drei als Einheit erkennen.

Wu-wei ist Empfänglichkeit in Aktion. Das mühelose Handeln entspringt »der Mitte des Kreises«, wie Chuang Tzu es ausdrückt. Diese Mitte ist still wie das Zentrum eines Wirbelsturms oder eine Uhr. Aus Stille kommt Klarheit. Wenn wir mühelos handeln, sind wir offen und empfänglich, und wir blicken ins Wesen der Dinge und ihrer Prinzipien. Müheloses Handeln ist ein Handeln in Harmonie mit der Intelligenz des Universums. Diese intuitive Intelligenz ist unser Wegweiser. Diese Intelligenz oder Bewusstheit macht unser Tun mühelos. Kuan-yin sagte:

Wenn nichts in dir starr bleibt, enthüllen die äußeren Dinge sich von selbst.[2]

Als die Taoisten die Natur beobachteten, fiel ihnen auf, dass junge, wachsende Dinge weich, geschmeidig und nachgiebig sind, während alte und sterbende Dinge hart, brüchig und starr sind. Wenn wir an vorgefassten Meinungen festhalten, werden wir steif, starr und brüchig. Dann suchen wir krampfhaft nach Lösungen für unsere Probleme. Diese Lösungen offenbaren sich von selbst, wenn wir innerlich weich, empfänglich und offen bleiben. »Die Arbeit bringt dir bei, wie du sie tun sollst«, sagt ein estnisches Sprichwort. Dies ist das Herz der taoistischen Kreativität und die fundamentale Methode aller taoistischen Künste und Wissenschaften (siehe »Die fünf Finger des Tao«).

... und doch ist dies die Eigenschaft des Geistes, dass er den Geist ewig anregt.
GOETHE

Wu-wei, das mühelose Handeln, bedeutet, dass wir die Dinge auf uns zukommen, sich in uns widerspiegeln lassen. Wir werden zum leeren Spiegel, der die natürliche Intelligenz aller Dinge reflektiert. »Der Geist des ruhenden Weisen wird zum Spiegel des Universums«, sagte Chuang Tzu. Wir rackern uns nicht mehr mit Problemen ab, sondern erlauben es den Dingen, zu uns zu sprechen und uns zu sagen, was wir mit ihnen tun sollen. Mit diesem Aspekt der Intelligenz haben wir in der modernen Welt den Kontakt verloren. Die Naturvölker entdeckten die Heilkraft bestimmter Pflanzen nicht durch systematische Tests mit ihren Bestandteilen. Wie sie den Ethnologen immer wieder erzählten, sprach der Geist der Pflanzen zu ihnen.

Taoisten raten uns, wie Wasser zu fließen. Wasser passt sich der Form der Dinge an und behält dennoch seine mühelose Macht, die mit der Zeit selbst große Berge abschleift. *Wu-wei* lässt also die Dinge, wie sie sind, und transformiert sie gleichzeitig. Ein weiser Staatsmann führt, indem er die Kräfte der menschlichen Natur akzeptiert und mühelos lenkt. Er unterscheidet nicht zwischen richtig und falsch, sondern lässt die Menschen, wie sie sind. Er bringt das, was wir für seine guten und schlechten Seiten halten, in Einklang mit dem Weg. Er hat es nicht nötig, zu idealisieren oder zu leugnen, zu verdammen oder zu berichtigen, und kämpft nicht dagegen an. Da er sich vom Ich und seinen Anhaftungen gelöst hat, hat er keine Position zu verteidigen, keine Meinung, die er anderen aufzwingen müsste. Er führt also, ohne zu führen, mühelos und fast unsichtbar. Er lenkt die Aufmerksamkeit und das

Der Weise folgt nie seinem Herzen. Sein Herz ist das Herz des Volkes.
Lao Tzu

Handeln anderer, doch niemand fühlt sich verpflichtet, seinen Weg zu gehen. Und da er keinen Weg und keine eigenen Pläne hat, kann er andere zum Tao führen.

Müheloses Handeln ist fließend und unermüdlich wie das Wasser. Spontanes Handeln fließt aus der Leere. »Ein vollkommen tugendhafter Mensch hat keine Gedanken, wenn er ruht, und keine Angst, wenn er handelt«, sagt Chuang Tzu.[3] Wie bereits erwähnt, ist Angst die Folge von Anhaftungen, die letztlich nur Gedanken sind. Wir fürchten, das Gesicht oder die Arbeit, den Partner oder die Gesundheit, unser Geld oder unser Leben zu verlieren. Wir kämpfen, um zu bekommen, und haben Angst zu verlieren. Darum empfinden wir niemals Frieden. Wenn wir aus Angst handeln – weil wir fürchten, etwas zu verlieren –, können wir nie unser Bestes tun.

Angst lässt uns zögern oder verzweifeln, und in beiden Fällen handeln wir unsicher. *Wu-wei* ist müheloses, ungezwungenes Handeln, nicht Faulheit oder Passivität. Wenn Sie das Handeln oder eine Inspiration oder Intuition durch das zögernde oder lähmende Ich-Bewusstsein hemmen, verfehlen Sie den Geist des *wu-wei* ebenso, wie wenn Sie ein Ergebnis erzwingen wollen. Spontanes, müheloses Handeln ist frei von Hintergedanken und haftet nicht an Ergebnissen. Es geht, ohne eine Spur zu hinterlassen, führt ohne Gewalt, erreicht sein Ziel, ohne sein Zeichen einzuritzen. Wenn der buddhistische Pali-Kanon uns rät, Geld wie eine Biene zu sammeln, so ist das eine Aufforderung, unseren Lebensunterhalt im Geist des *Wu-wei* zu verdienen:

Der Weise und Edle leuchtet wie ein Feuer auf einem Berg. Er verdient Geld wie eine Biene, die keine Blume verletzt.
Der Pali-Kanon (500–200 v. Chr.)

Frei von Anhaftungen sein heißt, frei von Gedanken ruhen und frei von Angst handeln. In einem klassischen Werk des Tai Ch'i Chuan wird der gleiche Gedanke poetisch ausgedrückt: »Sei still wie ein Berg, und bewege dich wie ein großer Fluss«.[4] Wenn der Geist frei von Anhaftungen ist, dann ist er flüssig und geschmeidig. Er klebt an nichts, fließt ungehindert und reagiert spontan. Der sechste Patriarch des Ch'an-Buddhismus nannte dieses Prinzip »den Geist aufwecken, ohne ihn irgendwo festzumachen«. Wenn der Geist bewusst und wach, aber flüssig und entspannt ist, handeln wir einfach und klar, spontan und entschlossen. Im Zen wird dieser Zustand *mo chich ch'u* (»vorwärts gehen ohne Zögern«) genannt.

Der Kampf ums Überleben aus neuer Sicht

Tao wohnt im Nicht-Handeln.
Dennoch bleibt nichts ungetan.
LAO TZU

Als Voltaire sagte: »Menschen streiten, die Natur handelt«, verriet er Einsicht in das Prinzip des *wu-wei*. Der streitende Mensch ist das Ich, der natürliche Mensch ist der Mensch des Tao. Das Ich streitet sich durchs Leben, es kämpft ohne Not mit allem und jedem. Die Welt, die wir sehen, ist ein Spiegelbild unseres Geistes, und das Ich betrachtet die Welt als Schlachtfeld. Es schützt sich mit einer Rüstung und geht so der Welt entgegen, auf einen endlosen Kampf vorbereitet. Und es findet ihn. Doch die meisten seiner Probleme, zumindest die tragischen, macht es selbst. Darum sagte Sophokles: »Der größte Kummer ist der, den wir selbst verursachen.« Wenn wir uns gegen die Maserung des Holzes oder gegen den Strom des Flusses bewegen, machen wir es uns dann nicht unnötig schwer? So macht auch das stets kampfbereite Ich das Leben schwerer, als es sein muss.

Das Gefühl, kämpfen zu müssen, dessen Ursprung die Illusion der Trennung ist, liegt dem Mangelbewusstsein zugrunde. Weil wir diese Illusion aufrecht erhalten wollen, strengen wir uns an, um die natürliche Fülle des Tao zu leugnen und zurückzuweisen. Die *Idee* der Trennung löst unweigerlich das *Gefühl* des Kampfes aus. Wir verspüren das Bedürfnis, die Situation zu beherrschen, und das Ich bemüht sich nach Kräften, Liebe oder Geld, Anerkennung oder Zuwendung zu erhalten – das, was es seiner Meinung nach braucht, um ganz zu sein. Das Ich will eben auch das haben, was es niemals haben kann, ohne sich selbst aufzugeben: Ganzheit, Frieden, Glückseligkeit. Je mehr wir uns anstrengen, desto substanzieller scheint das Ich zu werden, das heißt, desto mehr verstärken wir die Illusion der Trennung und des Mangels.

Gehe, wenn du gehst.
Sitze, wenn du sitzt.
Und vor allem:
Schwanke nicht.
YUN-MEN

Wenn wir uns der natürlichen Fülle des Tao öffnen, handeln wir mühelos, denn wir spüren, dass wir mit allen Dingen eins sind. Wir versuchen nicht, ein künstliches Gefühl der Sicherheit aufzubauen, das auf dem Haften an Menschen, Positionen, Titeln oder Dingen beruht. Stattdessen vertrauen wir der natürlichen Fülle und Intelligenz des Universums und bewegen uns im Einklang mit ihm. Empfänglichkeit lässt Energie frei fließen und enthüllt die natürliche Intelligenz. Sie ist mühelos.

Andererseits blockieren wir den freien Fluss der schöpferischen, emotionalen und physikalischen Energie und verwirren unsere angeborene intuitive Intelligenz, wenn der Geist sich an etwas festklammert. Wenn unsere natürliche Intelligenz von einem Sandsturm aus Gedanken und Gefühlen geblendet wird, reisen wir mit trüben Augen durch eine Welt, die wir für feindselig und bedrohlich halten. Wir stoßen überall an, und dabei wird das Gefühl der Enttäuschung, des Kampfes und des Kummers stärker.

Das Ich ist ziemlich erfinderisch, wenn es gilt, sich Kriegsschauplätze auszudenken. Wir können diese Schlachtfelder in mehrere Kategorien einteilen: Das Universum (oder Gott) ist gegen »mich«, die anderen (die Gesellschaft, die Menschen) sind gegen »mich«, »du« (der Nächste) bist gegen »mich«, und Ich (der innere andere) bin gegen »mich«. Wenn wir daran glauben, ist es nicht verwunderlich, dass das Ich sich schützen will: »Ich muss um mein Überleben kämpfen«. Ist das Universum für Sie oder gegen Sie? Das Ich geht von der Annahme aus, dass es gegen Sie ist. Das Tao sagt, es sei für Sie. Wenn Sie sich mit dem Universum identifizieren, ist es für Sie, weil es mit Ihnen eins ist. Es ist insofern »für Sie«, als es Ihnen eine Bühne gibt, mit und auf der Sie spielen können, und auch insofern, als es von Natur aus wohlwollend ist. Wenn Sie sich dagegen mit dem Ich identifizieren, kommen Sie leicht auf den Gedanken, dass das Universum gegen Sie ist und dass Sie kämpfen müssen.

Der Kampf des Ichs

1. Das Universum ist gegen »mich«.
2. Sie sind gegen »mich«.
3. Du bist gegen »mich«.
4. Ich bin gegen »mich«.

Das Universum ist gegen »mich«

Oh, ist das Leben nicht schrecklich? Gott sei Dank.
DYLAN THOMAS

Einmal fragte ein Reporter Albert Einstein: »Gibt es eine Frage, welche die Menschheit unbedingt beantworten muss?« Einstein antwortete: »Ja – ist das Universum freundlich?«[5] Für das Ich gibt es viele »Gründe«, warum das Universum unfreundlich ist. Es ist gegen »mich« und es will »mich« fangen. Nehmen wir den Tod als Beispiel. Die Tatsache, dass ich (das Ich-Bewusstsein) sterben muss, beweist mir, dass das Universum gegen mich ist. Schon bei meiner Empfängnis wollte es mich loswerden, und in ein paar Jahren hat es sein Ziel erreicht. Wie viele der sechs Milliarden Menschen auf der Erde werden in hundert Jahren noch leben? Ich nicht, und Sie, liebe Leserin oder lieber Leser, vermutlich auch nicht. Wenn das Universum Milliarden Jahre alt ist, warum will es mich dann so schnell loswerden? Es muss gegen mich sein.

Das Universum ist unendlich komplex, es übersteigt bei weitem mein Fassungsvermögen. Offenbar will es, dass ich mir dumm vorkomme. »Alles fließt«, sagte Heraklit. Kaum glaube ich, ein Problem gelöst oder etwas erreicht zu haben, ändert sich alles wieder. Das Universum will anscheinend, dass ich mich unsicher fühle und an mir zweifle.

Trotz der Quantentheorie leben die meisten Menschen noch nach uralten kosmologischen Mythen. Der erste Mythos ist die biblische Schöpfungsgeschichte, der zweite das mechanische Urwerk der Physik Newtons. Beide vermitteln uns nicht das Gefühl, in einem freundlichen Universum zu leben oder mit dem Rest des Universums viel gemeinsam zu haben. Beide betrachten das Universum als »das andere« und die Natur als einen Feind, den wir besiegen müssen, sei es kraft unseres Geistes, sei es kraft unseres Verstandes und seiner technischen Errungenschaften. Viele Menschen im Westen teilen die Weltanschauung des Dichters A. E. Housman:

Ich bin ein Fremder, der sich fürchtet, in einer Welt, die er nicht gemacht hat.«

Der Zen-Autor D. T. Suzuki beschrieb die orthodoxe westliche Religion einmal so: »Der Mensch gegen Gott. Gott gegen den Menschen. Der Mensch gegen die Natur. Die Natur gegen den Menschen. Gott gegen die Natur. Die Natur gegen Gott. Eine lustige Religion.«[6] Diese lustige Religion ist die Religion des Ichs. Aus diesem Blickwinkel ist das Leben ein Krieg, in dem jeder gegen jeden kämpft. Für den Taoisten befinden Himmel, Erde und Menschen sich im Zustand der natürlichen Harmonie, denn alle befinden sich im namenlosen Tao. Um diesen Zustand zu erreichen, brauchen wir keinen Krieg zu gewinnen, sondern nur unsere Identifikation mit dem Ich aufzugeben.

Gewiss, das Ich weiß, dass es sich nicht mit dem Universum identifizieren kann, ohne die Illusion seiner Realität zu erschüttern. »Aus der Sicht des Ichs ist die Erleuchtung der Tod«, sagte Chögyam Trungpa. Auch wenn das Ich noch so sehr über den Kampf klagt, den es sich selbst ausdenkt, kann es diesen Kampf nicht einstellen, ohne sich selbst aufzugeben. Einige spirituelle

Traditionen haben das erkannt und versuchen, das Ich so lange aufzublähen, bis es vor Erschöpfung gezwungen ist, das Bewusstsein loszulassen. Das gleicht dem Anzünden eines Feuers, um ein anderes zu löschen.

Die klassischen Taoisten gingen einen anderen Weg. Im Gegensatz zu späteren Zen-Enthusiasten glaubten sie nicht an die Erleuchtung (Satori) in einem einzigen Augenblick. Für sie war der spirituelle Weg eine Evolution, eher eine allmähliche Sensibilisierung als eine plötzliche Transformation. Die Taoisten wählten einen anderen Weg, wiel sie einen anderen Ausgangspunkt hatten. Der klassische Taoismus versöhnt die Natur mit der menschlichen Natur, mehr als jede andere spirituelle Tradition.

Von diesem Standpunkt aus ist das Universum für uns. Wir brauchen es nicht zu besiegen und uns nicht zu unterwerfen. Während wir einen Berg als Hindernis betrachten, das wir erobern oder überwinden müssen, dankt der Taoist dem Berg dafür, dass er ihn dem Himmel näher bringt. Wir gehen nicht in die Welt, sondern wir kommen aus ihr, so wie Eicheln aus der Eiche kommen. Wenn unsere Lebenszeit zu Ende geht, kehren wir dorthin zurück, woher wir gekommen sind. Im Tod und im Leben ist das Universum auf unserer Seite. Chuang Tzu drückte es so aus: »Das Universum trägt uns im Körper durch ein hartes Leben. Es schenkt uns Ruhe im Alter und Frieden im Tod. Was unser Leben gut macht, das macht auch unseren Tod gut.«[7]

»Sie« sind gegen »mich«

Am meisten leide ich
an mir und meiner Selbstsucht.
Wäre ich selbstlos,
wie könnte ich dann leiden?
Lao Tzu

Die Struktur des Ichs, das aus Gedanken besteht, ist von dualer Natur. Sie teilt die Welt in »ich« und »nicht ich«, woraus »wie ich« und »nicht wie ich« wird. »Wie ich« ist angenehm, »nicht wie ich« ist unangenehm. Darum neigen die Armen dazu, die Reichen zu hassen, und die Reichen neigen dazu, die Armen zu hassen. Die Schönen hassen die Hässlichen, die Hässlichen die Schönen, die Schlauen die Dummen, die Dummen die Schlauen und so weiter. Was nicht ist wie ich, ist schlecht und muss berichtigt oder beseitigt werden. Dann ist die Welt mehr wie ich, und das ist gut. Ich werde gereizt oder unangenehm, wenn ich etwas sehe, was mir nicht gefällt, weil es nicht ist wie ich.

Nicht wie ich sind auch Menschen einer anderen Rasse oder Nationalität, Menschen mit anderen politischen Ansichten oder anderer Bildung, das andere Geschlecht und so weiter. Sie werden früher oder später zu Feinden. Die Taoisten wissen, dass wir den Kampf gegen das Böse nie gewinnen können. Es ist eine der großen und tragischen Ironien der Menschheitsgeschichte, dass die schlimmsten Verbrechen im Namen des Kampfes gegen das Böse begangen wurden. Solange Kriege auf Gier basierten (»Wir wollen eure Ernte, euer Vieh, eure Schätze, eure Arbeit«), hatten sie trotz aller Grausamkeit ein menschliches Antlitz. Als sie wegen einer Religion oder Ideologie geführt wurden oder um das Böse auszurotten, war die Ausrottung ganzer Völker denkbar und wurde auch vollzogen. Jetzt wurde es zweckdienlich und notwendig, Waffen zu entwickeln, die alles Leben auf unserem Planeten auslöschen können.

Vollkommenes Glück erlangt, wer nicht nach Glück strebt.
Chuang Tzu

Als Ich identifiziere ich mich mit meiner Biografie, nicht mit meiner Biologie. Meine Biografie – Erinnerungen, Überzeugungen und Erfahrungen – trennt mich von den anderen. Sie gehört nur »mir«. Ich kann von anderen nicht erwarten, dass sie »mich« verstehen, weil sie nicht erlebt haben, was ich erlebt habe, und nicht gewesen sind, wo ich gewesen bin. Ich kann bestenfalls darauf hoffen, dass sie mit einigen Teilen »meiner« Geschichte sympathisieren. Ebenso kann ich nicht erwarten, andere wirklich zu kennen. Ich kann allenfalls hoffen, dass ich mich mit einigen Elementen ihrer Geschichte identifizieren kann. Das alles macht »mich« einsam und entfremdet »mich« von »ihnen«. Die breite Kluft zwischen »mir« hier und »ihnen« dort macht die Kommunikation mit »ihnen« extrem schwierig.

Wenn ich mich mit meiner Biologie, meiner menschlichen Natur identifiziere, kann ich an anderen eine ganze Menge verstehen. Vor allem weiß ich, dass sie leiden. Sie leiden, weil sie Menschen sind. Auch diejenigen leiden, die eine bessere Geschichte haben, eine schönere Kindheit, eine eindrucksvollere Karriere, ein ansprechenderes Äußeres, bessere Beziehungen, eine höhere Bildung. Diejenigen, die weniger Glück hatten als »ich«, leiden ebenfalls. Die Starken oder Guten leiden nicht weniger als die Schwachen oder Bösen. Die biologische Identifikation verhindert, dass wir ständig vergleichen (siehe Kapitel 5). Die individuelle Geschichte offenbart das universelle Schicksal. Statt trennende individuelle Geschichten zu vergleichen, fühle ich mich eins mit allen anderen und teile mit ihnen die Geschichte der Menschheit.

Sobald Sie erkennen, dass Sie nicht Ihre Biografie sind, können Sie bewusst eine Geschichte schreiben. Das heißt, Sie können mit dem Ich spielen, anstatt gegen es zu kämpfen. Wenn wir uns mit unserer Biografie identifizieren, bleiben wir in der Vergangenheit gefangen, die wir ständig überwinden, vergessen, ändern oder übertreffen – mit anderen Worten: bekämpfen wollen. Nachdem wir uns von unserer Geschichte gelöst haben, brauchen wir nichts mehr zu schützen oder zu verteidigen. Das vermittelt uns das Gefühl, in Frieden mit der Welt zu leben. Ein klassischer taoistischer Text rät: »Begrabe deine Vergangenheit. Schneide die Zeit ab, die bereits vergangen ist, und frage nicht mehr danach.«[8]

»Du« bist gegen »mich«

Wer in Harmonie lebt, ist mit anderen Dingen völlig eins, und nichts kann ihn verletzen oder behindern.
Lao Tzu

Das »du« ist natürlich kein lebendes, atmendes Wesen, sondern eine Ikone, ein örtlicher Vertreter von »ihnen«. »Sie« sind verschwommen und vage, aber »du« hast ein Gesicht, und »ich« setze diesem Gesicht auf, was in einem bestimmten Augenblick in mir nach außen drängt. Mit »dir« habe »ich« viel mehr zu tun als mit »ihnen« – denn »sie« sind zu groß, zu nebulös, während »du« vor mir stehst. Darum bist »du« das Ziel meiner Enttäuschung, meines Grolls und meines Kampfes. »Ich« sage zu »dir« (Partner, Freund, Familienmitglied) vieles, was »ich« zu »ihnen« (Fremden) niemals sagen würde, und »ich« tue »dir« manches an, was »ich« »ihnen« keinesfalls antun würde.

Da »ich« nur aus einem Schwall von Gedanken, Bildern und Erinnerung bestehe, bin »ich« extrem flüchtig, und da »ich« instabil und ziemlich melodramatisch bin, neige ich dazu, »dich« entweder zu idealisieren oder zu verteufeln. Das Problem ist, dass »ich« außerstande bin, »dir« zu vertrauen, weil »du« nicht »ich« bist – aber auch weil »du« wie »ich« bist. Das Unangenehme ist: »Du« erinnerst »mich« an meine schlechte Seite, und damit sind wir beim nächsten Punkt.

»Ich« bin gegen »mich«

Wenn ich mal auf etwas verzichte, dann wahrscheinlich auf mein gutes Benehmen.
THOREAU

Vom Standpunkt des Ichs aus hat alles zwei Seiten, auch »ich«. Das bedeutet, dass »ich« nicht immer auf meiner Seite bin, genauer gesagt, dass »ich« manchmal auf »meiner guten Seite« und manchmal auf »meiner schlechten Seite« bin. Denken Sie daran, dass »ich« eine Ansammlung von Erinnerungen, Eigenschaften und Dingen bin, die mit meinem Namen verbunden sind. Manche Dinge, Ereignisse oder Menschen erinnern »mich« an »meine gute Seite« oder an positive Assoziationen und Erfahrungen, und andere Dinge, Ereignisse oder Menschen erinnern »mich« an »meine schlechte Seite« oder an negative Assoziationen und Erfahrungen. Für den Taoisten ist jedoch nichts, was ich tue, richtig oder falsch, weil alles, was ich tue, einfach das ist, was ich tue. Für das Ich liegen die Dinge anders: »Ich« habe immer recht! Aber sobald ich etwas richtig nenne, beginnt das Falsche mich zu plagen. Je mehr ich darauf bestehe, gut zu sein, desto mehr beschwöre ich das Böse herauf. Darum versuche »ich«, wirklich gut zu sein, zu beweisen, dass das Böse nicht wirklich böse ist. Dadurch gleiche ich einem Hund, der nach seinem eigenen Schwanz jagt und ihn nie erreicht.

Auch dabei spielt unsere Auffassung von der Natur des Menschen eine wichtige Rolle. Die Religionen des Westens lehren, der Mensch sei von Geburt an mit der Erbsünde befleckt. Wir kommen frisch aus dem Mutterleib und sind schon durch und durch böse. Wenn wir unserer verderbten Natur nachgeben, werden wir aus diesem Blickwinkel zu Sklaven aller fleischlichen und niedrigen Gelüste. Die politischen und wirtschaftlichen Theorien des Westens vertreten den Standpunkt, der Mensch sei ein gieriges und barbarisches Geschöpf, getrieben von Selbstsucht und nur an Selbsterhaltung interessiert. Nur die Gesetze und die Angst vor Strafe halten uns davon ab, wieder das »Gesetz des Dschungels« einzuführen. Und nur die unsichtbare Hand des Marktes, geführt von ungezügelter Gier, kann den Wohlstand der Nationen gewährleisten.

Psychiatrie und populäre Psychologie werden im Westen heute noch von der Freudschen Psychoanalyse dominiert. Sie behauptet, wir würden über alles herfallen, was sich bewegt, wenn wir unserem Geschlechtstrieb feien Lauf ließen. Zum Glück haben wir auch ein Ich und ein Über-Ich, das den geilen kleinen Teufel in Schach hält und dadurch erst Liebe, Kunst und die ganze Kultur möglich macht. Da wir jedoch unsere Natur unterdrücken müssen, ist die Situation überaus prekär – die unterdrückte Libido könnte sich im nächsten Moment befreien und das Individuum oder gar die Gesellschaft überwältigen.

Alle diese Auffassungen von der Natur des Menschen sind nicht gerade vertrauenserweckend. Letztlich gehen sie davon aus, dass wir im Grunde garstige Kreaturen sind, die man am Kragen packen und zwingen muss, »gut« zu sein. Wir können keine dieser Ideen akzeptieren, ohne uns selbst zu verachten.

Ein Film namens *The Edge* handelt von den Strapazen dreier Männer, die sich in der Wildnis Alaskas verirrt haben. Einer von ihnen erzählt seinen Gefährten, die meisten Verirrten stürben, weil Scham und Schuldgefühle angesichts ihrer Lage sie daran hinderten, ihren gesunden Menschenverstand zu benutzen. Auch die meisten anderen Menschen sterben an Scham – nicht unter dramatischen Umständen, sondern allmählich, Schritt für Schritt, Tag für Tag. Wie die Verirrten in der Wildnis verhindern Scham und Selbstverachtung, dass wir auf unseren Instinkt vertrauen. Nicht weil das Universum gegen uns wäre, sind wir gefährdet, sondern weil wir selbst gegen uns sind.

Die klassischen Taoisten denken viel positiver über die Natur des Menschen. Ihrer Meinung nach entstehen Verkommenheit und Perversion, wenn wir unsere eigentliche Natur ablehnen, nicht wenn wir ihr folgen. Nur wenn wir die Einheit alles Lebens leugnen und uns den Anhaftungen des Ichs hingeben, verirren wir uns. Weil das Ich glaubt, das Universum, »sie«, »du« und »ich« seien seine Feinde, hat es kaum eine andere Wahl, als ums Überleben zu kämpfen. Im folgenden Abschnitt wollen wir untersuchen, ob es einen anderen Weg gibt, einen Weg, der von der Einheit ausgeht und im Frieden endet.

Mühelos schöpferisch sein

Strenge dich nicht an. Folge dem Fluss der Dinge, dann bist du ein Teil der mysteriösen Einheit des Universums.
CHUANG TZU

Das Ich behautet, ich müsse kämpfen, um zu überleben. Ich muss gegen das Leben, gegen »sie« und »dich« und sogar gegen »mich« kämpfen. Darum ist das Ich meist damit beschäftigt, die Welt, »sie«, »dich« und »mich« zu ändern. Für schöpferische Arbeit bleibt ihm nur wenig Zeit und Energie, so dass ihm ein wesentlicher Aspekt der menschlichen Erfahrung entgeht. Denn was unterscheidet den Menschen von anderen Geschöpfen? Ist es nicht die Fähigkeit, bewusst Kontakte zu knüpfen und kreativ zu sein? Wahre Kreativität ist nichts weiter als die bewusste Teilnahme an den Transformationen der Natur. Vom taoistischen Standpunkt aus ist Kreativität nichts Besonderes; sie ist ein Teil dessen, was das Universum tut, und sie ist für die Menschen ebenso natürlich wie das Fliegen für die Vögel und das Schwimmen für die Fische. Wir alle sind von Natur aus fähig, schöpferisch zu sein. »Jedes Kind wird als Genie geboren«, sagte Einstein.

Vernünftige Menschen spielen und lassen sich dafür bezahlen. Das ist Lebenskunst.
ALAN WATTS

Wir können unsere natürliche Kreativität jedoch hemmen, wenn wir sie nicht anerkennen. In einigen Studien über die Voraussetzungen der Kreativität befassten Forscher sich mit dem IQ, der Herkunft, der Bildung und vielen anderen Faktoren. Zu ihrer Überraschung entdeckten sie, dass der einzige Faktor, der zuverlässig darüber Auskunft gibt, ob ein Mensch kreativ ist oder nicht, der Glaube an die eigene Kreativität ist. Wer glaubt, kreativ zu sein, der ist es auch. Wenn Sie Ihre Kreativität befreien wollen, müssen Sie also zuerst die Tatsache anerkennen, dass Sie (wie jeder andere Mensch) kreativ *sind.*

Der nächste Schritt verlangt, dass wir wissen, was zu tun ist. Der Verstand kann nie alle Zweifel beseitigen. Wissen können wir nur durch Intuition – indem wir auf unsere natürliche Intelligenz hören. Wenn sich eine Inspiration einstellt, erkennen wir sie als die Stimme dieser Intelligenz, die das ganze Universum durchdringt. Wir wissen, dass die Idee mit dem Universum eins ist und dass das Universum uns deshalb hilft, sie zu verwirklichen. Die Idee entsteht zusammen mit den notwendigen Mitteln und Wegen.

Gott gibt jedem Vogel sein Futter, aber er wirft es ihm nicht ins Nest.
J. G. HOLLAND

Wenn wir wissen, was zu tun ist, sind wir zuversichtlich und ausdauernd. Wir vermeiden den inneren Kampf, der sich unweigerlich im äußeren Verhalten widerspiegelt. Wir kämpfen nicht gegen uns selbst: »Vielleicht sollte ich das gar nicht tun, sondern etwas anderes.« Wenn wir wissen, was wir tun, sehen wir Hindernisse mit anderen Augen, als wenn wir Selbstzweifel haben. Wir betrachten sie nicht als Signal, klein beizugeben, sondern als Chance, unsere Willenskraft zu stärken und durchzuhalten. Das *Tao Te Ching* rät: »Wer entschlossen handelt, hat große Willenskraft.«[9] Wenn wir im Geiste des Tao schöpferisch sind, wenn wir nicht ungeduldig sind und nicht an Ergebnissen haften, können wir noch weitermachen, wenn andere längst aufgegeben haben, weil sie nur an sofortigem Lohn interessiert sind. Wir können uns entspannen und die Arbeit um ihrer selbst willen genießen, nicht nur als Mittel zu einem Zweck.

Wie bereiten wir uns auf die Intuition vor, die uns dieses machtvolle Wissen schenkt? Ein Taoist würde sagen: Beruhige den Geist, sei glücklich und warte. So wie der leere Raum des Mutterleibes den Samen anzieht, zieht auch der leere Geist schöpferische Ideen an. Wenn wir uns anstrengen, hemmen wir unsere Fähigkeit, Ideen zu empfangen.

Die Menschen scheitern oft, wenn der Erfolg nahe ist. Wer dem Ende so viel Sorgfalt widmet wie dem Anfang, scheitert nur selten.
LAO TZU

Der große Komponist Wolfgang Amadeus Mozart soll viele seiner besten Werke geschrieben haben, als hätte sie ihm jemand diktiert. Er beschrieb den geistigen Zustand, der ihn für Ideen empfänglich machte, so: »Wenn ich sozusagen ganz ich selbst bin, ganz allein und in guter Stimmung ... fließen die Ideen am besten und üppigsten. Ich weiß nicht, wann sie kommen, und ich kann sie nicht zwingen.« Wenn wir allein sind und den Geist beruhigen, fern vom Getöse des modernen Lebens und den üblichen Ablenkungen, befinden wir uns in einem geistigen Zustand, der den Empfang schöpferischer Ideen begünstigt.

Mozart wies auch darauf hin, dass er die Ideen nicht zwingen könne und dass sie ihm nur dann zuströmten, wenn er in guter Stimmung sei. Viele Menschen übersehen diesen Aspekt der Kreativität. Sie halten sich nicht für kreativ, weil sie nicht merken, dass negative Gefühle – Eifersucht, Wut oder Groll – den natürlichen Strom der Ideen blockieren. Solche Gefühle bringen uns aus dem Gleichgewicht und hindern uns daran, die Stimme der Intuition zu hören. Wenn Ihnen an Harmonie mit dem Leben und an Ihrer natürlichen Kreativität liegt, müssen Sie negative Gefühle überwinden. Ein klassischer taoistischer Text empfiehlt: »Wenn du nach Harmonie suchst, ist nichts wichtiger als die Loslösung vom emotionalen Bewusstsein.«[10]

Wenn wir die Welt und alles, was darinnen ist, segnen, wenn wir in guter Stimmung sind und Frieden empfinden, entspannen wir uns bis ins innerste Wesen, das alle schöpferischen Ideen hervorbringt. Die Kombination aus Energie und Entspannung, Wachheit und Frieden ist der Kreativität am zuträglichsten. Schöpferische Visionen keimen in einem Geist, der entspannt und wach ist.

Wenn Sie eine schöpferische Idee haben, sollten Sie sich damit beschäftigen. Kinder in überfüllten Waisenhäusern sterben an fehlender Zuwendung.

Pflanzen werden größer und stärker, wenn wir liebevoll zu ihnen sprechen oder ihnen schöne Musik vorspielen.[11] Lebende Wesen gedeihen bei liebevoller Zuwendung und sterben ohne sie. Wenn wir mühelos schöpferisch sein wollen, müssen wir uns um unsere Inspirationen kümmern und sie liebevoll hegen und pflegen. Dann beginnen sie bald damit, in der materiellen Welt Form anzunehmen und ein Eigenleben zu führen, so dass wir uns noch leichter auf sie konzentrieren können. Dieser Aspekt der Kreativität wird manchmal »Gesetz der Anziehung« genannt. Gleich und Gleich gesellt sich eben gern – das gilt auch für ähnliche Ideen und Menschen. Wir können das, was wir zur Verwirklichung unserer Visionen brauchen, durch ständige Konzentration anziehen.

Der Mensch wurde geboren, um reich zu sein
oder dank seiner Fähigkeiten reich zu werden,
also durch die Einheit des Denkens mit der Natur.
EMERSON

Was tun Sie also, wenn Sie eine Idee empfangen haben? Sie sehen sie mit dem geistigen Auge bereits verwirklicht. Oft vernachlässigen wir die wichtigen inneren Elemente der Kreativität und rackern uns dann auf der physikalischen Ebene ab. Wir projizieren Furcht und Zweifel in unsere Visionen und Intuitionen, ohne zu merken, dass wir dadurch den schöpferischen Prozess erschweren. Überwinden Sie dieses negative Verhaltensmuster, indem Sie den Geist stillen und positive Energie in die gewünschten Ergebnisse projizieren. Harmonisieren Sie Ihre Energie, indem Sie Körper und Geist auf dasselbe Ziel einstimmen. Weigern Sie sich, den Körper etwas tun zu lassen, wenn Herz und Geist ihn nicht unterstützen. Sie werden überrascht sein, wie leicht Sie scheinbar schwierige Aufgaben lösen können. Jefferson sagte: »Nichts ist unangenehm, was wir bereitwillig tun.« Die Taoisten raten uns, die schöpferischen Kräfte des menschlichen Geistes zu verstehen und für uns arbeiten zu lassen. Kämpfen Sie nicht mit Ihrer Fantasie – lassen Sie sie arbeiten.

Die großen Meister der alten Zeit wussten schon, was Sportler erst in den letzten Jahrzehnten entdeckt hatten: Wir können unsere Leistung durch Visualisieren erheblich steigern. Ein Zen-Meister bestätigt: »Wenn wir die Aufgabe im Voraus lösen, ist sie leicht.«[12] Das geschieht, indem wir sie zuerst im Geist lösen und das gewünschte Ergebnis visualisieren. Vor vielen Jahren führte die Universität Chicago eine Studie durch, um die Wirkung des Visualisierens auf die Leistung zu messen. Man stellte drei Gruppen zusammen und prüfte, wie die Mitglieder bei Basketball-Freiwürfen abschnitten. Die erste Gruppe übte zwanzig Tage lang eine Stunde täglich Freiwürfe. Die zweite Gruppe stellte sich zwanzig Tage lang täglich eine Stunde vor, Freiwürfe zu üben. Die dritte Gruppe blieb untätig.

Die Ergebnisse waren verblüffend. Die Leistung der ersten Gruppe verbesserte sich um 24 Prozent, die der zweiten Gruppe um 23 Prozent und die der dritten Gruppe gar nicht. Das Unbewusste erkannte also nicht den Unterschied zwischen dem tatsächlichen und dem visualisierten Üben. Ähnliche Studien bestätigen das. Denken Sie einmal über die Folgen dieser Erkenntnis für Ihr tägliches Leben nach. Wie viel leichter könnte das Leben sein, wenn wir uns die Zeit nähmen, angestrebte Resultate zu visualisieren!

Es genügt jedoch nicht, im Geiste ein Happy End zu sehen. Wir müssen die ganze Landschaft vor uns sehen. Im chinesischen Klassiker *Die Kunst des Krieges* schrieb Sun Tzu: »Der Kluge wägt stets Nutzen und Schaden gegeneinander ab. Indem er den Nutzen erwägt, fördert er seine Arbeit, und indem er den Schaden erwägt, löst er Probleme.«[13] Wenn Sie vor dem Handeln visualisieren, können Sie aus Ihren Bemühungen das Beste machen. Sie können Probleme im Voraus lösen und sich bietende Chancen voll nutzen, ohne Energie zu vergeuden.

Seien Sie geduldig. Denken Sie zuerst nach, und Sie ersparen sich eine Menge Ärger. Fragen Sie sich: Welche Vorteile und Nachteile könnte das, was ich plane, haben? Denken Sie daran, dass es keinen Gewinn ohne Verlust und keinen Vorteil ohne Nachteil gibt. Alles ist ein Tausch. Achten Sie darauf, dass Sie sich über den Tausch, den Sie beabsichtigen, völlig im Klaren sind und damit leben können. Wenn wir lernen, »die Vergangenheit zu begraben«, wie die Taoisten sagen – wenn wir also die Angewohnheit überwinden, Traumas, Fehler oder Erfolge in unserer Vorstellung immer wieder neu zu durchleben –, können wir mit dem Vergangenen unseren Weg zum Erfolg pflastern.

Mehr noch: Wir können Schwierigkeiten und Widerstand willkommen heißen und daraus lernen. Das empfahl auch Shakespeare: »In bösen Dingen ist eine Spur von Gutem. Die Menschen sollten es sorgsam herausdestillieren.« Dies ist das Wesen der spirituellen Alchemie: schmerzliche oder scheinbar negative Erfahrungen vorwegzunehmen und in das Gold der Weisheit zu verwandeln. Wenn das Universum für uns ist, dann können wir sowohl von der Süße als auch von der Bitterkeit des Lebens profitieren. In jedem Scheitern liegt ein Erfolg verborgen, wenn wir ihn nur sehen.

Woher ich meine Ideen bekomme? Das kann ich nicht mit Gewissheit sagen. Sie kommen ungerufen, direkt und indirekt.
BEETHOVEN

Wenn wir in Schwierigkeiten geraten, können wir darauf vertrauen, dass das Universum uns die Lösungen liefert. Es ist eine Ironie und manchmal eine Tragik, dass Denken uns dumm macht. Ein taoistischer Klassiker rät: »Benutze den tiefen Geist, nicht den denkenden Geist.«[14] Mit anderen Worten: Lass dich von deiner Intuition leiten. Bemühe dich nicht, eine Lösung zu finden, sondern tritt einen Schritt zurück und warte, bis die universelle Intelligenz dir die Antwort gibt. Handle, als hättest du bereits bekommen, worum du gebeten hast, sei es die Antwort auf eine Frage, sei es ein Objekt, seien es die Umstände, die du brauchst, um eine Vision zu verwirklichen.

Der Mensch des Tao strengt sich nicht an, um Geld zu verdienen, und macht aus der Armut keine Tugend.
CHUANG TZU

Ein chinesisches Sprichwort sagt: »Wenn ich einen grünen Ast im Herzen habe, kommt der Singvogel.« Mit anderen Worten: Sei glücklich, und du ziehst das Glück an. Das Leben ist viel leichter, wenn wir ihm mit einem Lächeln begegnen. Bereiten Sie sich auf den Erfolg vor. Wenn Sie um Erfolg bitten, sich aber auf ein Scheitern vorbereiten, werden Sie scheitern. Sie bekommen das, was Sie erwarten. Erwarten Sie, was Sie haben wollen, selbst wenn nicht einmal die leiseste Spur davon zu sehen ist. Handeln Sie dann nach Ihrer Erwartung. Im Universum herrscht Fülle; darum ist es ganz natürlich, dass auch Sie Fülle haben. Machen Sie aus Armut und Kampf keine Tugend. Taoisten halten Armut nicht für ein Zeichen von Heiligkeit. Sie raten uns, das Leben zu genießen.

Sie empfehlen uns außerdem, keinen Widerstand zu leisten und nicht gegen unerwünschte Umstände anzukämpfen. Solange wir uns beispielsweise gegen die Armut wehren, werden wir nicht frei davon. Wenn wir dem Mangel davonlaufen, folgt er uns. Selbst wenn er sich nicht sofort auf der materiellen Ebene zeigt, macht er sich als Angst bemerkbar. Seien Sie bereit, scheinbar negative Situationen zu erfahren, ohne sich von ihnen negativ beeinflussen zu lassen. Auf diese Weise transzendieren Sie sie. Jede Disharmonie und jeder Mangel in der äußeren Welt spiegelt eine innere Disharmonie wider. Wenn Sie nicht mehr auf den äußeren Mangel oder die äußere Disharmonie reagieren, begegnen Sie ihnen immer seltener. Seien Sie glücklich, haben Sie das Gute vor Augen, das Sie sich wünschen, kämpfen Sie nicht mit dem, was Sie nicht wünschen – dann wird Ihr »grüner Ast« unweigerlich Singvögel anziehen.

Wenn ich einen grünen Ast im Herzen habe, kommt der Singvogel.
CHINESISCHES SPRICHWORT

Frieden mit sich selbst

Tu einfach, was du zu tun hast, und ich werde dich erkennen.
EMERSON

Wenn Fülle etwas bedeutet, dann Frieden mit uns selbst. Wir sind mit uns selbst im Frieden, wenn wir nichts mehr beweisen wollen. Wenn wir akzeptieren, dass wir in unserem tiefsten Wesen nicht besser, schlechter oder anders sind als andere, sind wir frei und dürfen sein, wer wir sind: einzigartige Individuen. Wenn wir den umgekehrten Weg gehen und zu beweisen versuchen, dass wir einzigartig oder anders sind, ohne unsere Einheit mit dem Rest des Leben anzuerkennen, befinden wir uns immer im Streit.

Das Ich versucht ständig zu beweisen, dass es liebenswert ist. Aber wir können wahre Liebe nur erfahren, wenn wir das trennende Ich aufgeben. Wir können keine Liebe empfangen, ohne sie gleichzeitig allen anderen zu geben. Das ist keine abstrakte spirituelle Idee, sondern eine logische Notwendigkeit.

Wenn meine »Liebenswertigkeit« auf körperlichen Eigenschaften beruht, etwa auf mein Aussehen oder meine Stärke, dann kann ich sie im Alter verlieren. Wenn sie auf meinen Erfolgen, meiner Ethik, meinem Wissen, meinem Charme, meinem Status, meiner Macht beruht, ist sie ebenso gefährdet. Das einzige, wovon diese Wertigkeit tatsächlich abhängt, ist meine Existenz. Doch ich kann »meine« Existenz nicht von der Existenz aller anderen Dinge trennen. Wenn ich das einsehe, kann ich aufhören zu beweisen, dass ich liebenswert bin und mit Whitman sagen: »Ich bin, wie ich bin. Das genügt.« Und weil ich nichts mehr beweisen muss, kann ich einfach das sein und ausdrücken, was ich bin. Dann können sich meine natürlichen Stärken, Talente und Fähigkeiten durchsetzen, ungestört von Bemühungen, meinen Wert zu beweisen. Ich kann meine natürlichen Gaben nutzen und mich an ihnen freuen.

Zusammenfassend können wir sagen, dass wir Frieden mit uns selbst haben, wenn wir in Harmonie mit dem Tao handeln, also die Einheit aller Dinge anerkennen. Frieden entsteht, wenn wir die Natur und unsere menschliche Natur respektieren, wenn wir dankbar sind und unsere innere Kraft nutzen – wenn wir tun, was wir tun, und nicht versuchen, etwas anderes zu tun oder zu bekommen.

Kapitel 4

Der Strom der Fülle

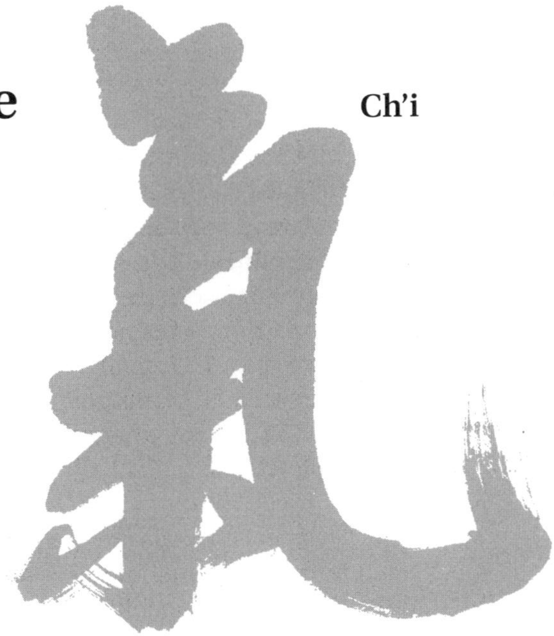

Ch'i

Nichts kann ohne Ch'i am Leben bleiben.
Ko Hung

Ein Leben in Fülle setzt eine Fülle von Energie und deren freies Zirkulieren voraus. Der freie Strom der Lebensenergie (*Ch'i*) bringt körperliche, seelische, geistige und sogar finanzielle Gesundheit. Wenn die Energie frei durch Ihr Leben fließt, verschenken Sie großzügig und ohne Zögern sich selbst, Ihre Liebe und Ihre natürlichen Gaben. Die Energie, die Sie dabei aufwenden, kehrt zu Ihnen zurück als reiche Frucht des Samens, den Sie gesät haben. Das trennende und anhaftende Ich versucht dagegen, sich durchzusetzen und sich zu verteidigen. Dieser Kampf löst Groll aus, der den natürlichen Strom der Energie blockiert und Mangelsymptome in verschiedenen Lebensbereichen hervorruft. Solche Symptome sind Krankheiten des Körpers, unzureichende Kreativität, Mangel an Liebe und vieles andere. In diesem Kapitel haben Sie Gelegenheit, Einstellungen, Fähigkeiten und Fertigkeiten zu erforschen, die Ihnen helfen können, den Energiestrom in Ihrem Leben aufrecht zu erhalten.

Viele Menschen im Westen sind heute mit dem Wort *Ch'i* vertraut, weil sie sich mit chinesischer Medizin oder mit Kampfsportarten beschäftigen.[1] Während diese Disziplinen sich vor allem mit dem Strom des *Ch'i* im Körper befassen, betrachteten die klassischen Taoisten das *Ch'i* als universelle Kraft, die alles Sein durchdringt. Der moderne chinesische Gelehrte Fung Yu-Lan schrieb: »In der alten Zeit neigte man dazu, alle unsichtbaren und nicht greifbaren Dinge und Kräfte *Ch'i* zu nennen.«[2]

Für Taoisten ist der menschliche Körper ein Mikrokosmos des Universums. Er spiegelt kosmische Kräfte wider, die das ganze Universum erfüllen. Dabei ist das *Ch'i* die zentrale, vereinheitlichende Kraft, die alles Lebende durchströmt. Diese unsichtbare, alles durchdringende Lebenskraft entspricht dem indischen *prana*, dem griechischen *pneuma* und dem lateinischen *spiritus*, von dem das Wort *spirituell* abgeleitet ist. Alle diese Begriffe, einschließlich *Ch'i*, haben etwas mit dem Atem zu tun. Wir können allerdings nicht sagen, *Ch'i* sei der Atem; es ist eher die Essenz des Atems.

Das *Ch'i* zu definieren gleicht einer Definition des Windes: Es hängt davon ab, woher er weht. Wie das Wort *Tao* lässt *Ch'i* sich nicht übersetzen, weil es sich nicht präzise beschreiben lässt. Wir können aber sagen, dass *Ch'i* die Brücke zwischen Geist und Materie ist. Das Wort *Brücke* lässt jedoch die Dynamik des *Ch'i* vermissen. Wir könnten auch sagen, *Ch'i* sei das, womit das Tao die Materie belebe. Doch das würde die Materie von der Energie trennen, die sie erhält und ihr Form verleiht. Wie Einstein betrachteten die klassischen Taoisten die Materie als Manifestation der Energie, nicht als etwas anderes. Der Versuch, *Ch'i* zu definieren, wird noch schwieriger, weil es wie das Wort *Tao* benutzt wird, um verschiedene Dinge zu unterschiedlichen Zeiten und in unterschiedlichen Zusammenhängen zu beschreiben. So wie wir vom Tao des Himmels, der Erde und des Menschen sprechen können, ohne zu vergessen, dass es das universelle Tao ist, in dem alles ruht, können wir vom *Ch'i* des Himmels, der Erde und des Menschen sprechen, sofern wir daran denken, dass das universelle *Ch'i* alles durchdringt. Heutzutage kann das Wort *Ch'i* Luft, Dampf, Atem, Äther, Energie und sogar Temperament bedeuten. Für unsere Zwecke werden wir es als »Lebenskraft« oder »Lebensenergie« definieren.

Ursprünglich bedeutete das Wort *Ch'i* »kein Feuer«, und insofern ist es eine Parallele zum Nirwana, das »Erlöschen« oder wörtlich »kein Wehen« bedeutet. Wenn das Feuer der Begierde erloschen ist, wenn der Wind des egoistischen Verlangens sich gelegt hat, erkennen wir das wahre Selbst. Wenn es »kein Feuer« mehr gibt, erreicht unser *Ch'i*, unsere Lebensenergie, ihren Zenit. Aber unsere Anhaftungen entfachen das Feuer und erzeugen Angst, Lust, Ehrgeiz und Kampf. Wir müssen dieses Feuer löschen, bevor wir die Fülle der kosmischen Lebenskraft begreifen können.

In Kapitel 40 des *Tao Te Ching* lesen wir: »Rückkehr ist die Bewegung des Tao.« Alle Dinge kehren zurück. Im Makrokosmos kehren alle Dinge zum nicht manifestierten, namenlosen Tao zurück. Auf unserer Ebene, die an die Zeit gebunden ist, bestimmen Zyklen das ganze Leben, vom Lebenszyklus bis zum Mondzyklus, von Tag und Nacht bis zu den Jahreszeiten. Das Rad des Lebens dreht sich im Kreis. Auch *Ch'i* fließt kreisförmig, in einem Zyklus der Energie. Im menschlichen Körper strömt das *Ch'i* durch die Meridiane.

Was als Atem der Leidenschaft zur Erde hinabsteigt, kehrt im Geiste der Kontemplation zum Himmel zurück.
EDGAR WIND

Obwohl die Taoisten erst viel später vom Karma gesprochen haben, lässt auch diese Idee an einen Kreislauf der Energie denken.[3] Taoisten würden gewiss der Redensart zustimmen, dass »alles schon einmal da war«. Da alle Dinge miteinander zusammenhängen, ist nichts isoliert oder separat. Alles, was wir tun, erzeugt Wellen der Energie, die sich in die Welt ausbreiten und schließlich zu uns zurückkommen. So wie jedes Ausatmen ein Einatmen voraussetzt, muss alles, was wir in die Welt schicken – Gedanken, Gefühle oder Handlungen –, irgendwann zu uns zurückkehren. Wir können uns diesen Energiekreislauf als das *Ch'i* unserer Seele vorstellen. Dieses Seelen-*Ch'i* ist seinerseits nicht vom *Ch'i* des Körpers zu trennen. Insofern ist die Sünde (Taoisten würden dieses viel missbrauchte Wort nicht benutzen) kein Ungehorsam gegenüber einem Vatergott, sondern ein Verstoß gegen die natürlichen Gesetze des Universums. Und so gesehen ist der Tod wirklich der Sünde Lohn.

Ch'i wird auch »einer der drei Schätze« genannt. Das ist eine Idee, die in der taoistischen Philosophie, Medizin und esoterischen Kunst große Bedeutung hat. Taoisten glauben, dass der Embryo, der im Mutterleib Gestalt annimmt, sich vom ewigen Tao zu unterscheiden beginnt. Bei der Geburt teilt sich die innere Energie in drei Hauptelemente: *Ching*, *Ch'i* und *Shen*. *Ching* ist die Energie der Erde, der Zeugungskraft und der Körperflüssigkeiten. *Shen* ist die Energie des Himmels, also der spirituellen Energie, und wird mit den Augen und der Leber assoziiert. *Ch'i* ist (in diesem Zusammenhang) die Energie der Menschheit, der Vitalität, und wird mit dem Atem assoziiert. *Ching* fließt durch die Knochen, *Ch'i* durch die Meridiane (die im Westen durch die Akupunktur bekannt wurden) und *Shen* durch die acht »Meridiane des seltsamen Stromes«.

Für Taoisten ist es äußerst wichtig, die drei Schätze zu bewahren und zirkulieren zu lassen. Wir müssen diese Energien im Inneren und in der äußeren Welt sammeln. *Ching* können wir durch gute Ernährung und den Austausch sexueller Energien sammeln, *Ch'i* durch den Atem und *Shen* durch Meditation. Das taoistische Yoga (*nei kung*) versucht, *Ching* zu *Ch'i* und dieses zu *Shen* zu verfeinern. Aus *Shen* wird Leere. Das höchste Ziel ist die Verschmelzung mit dem ewigen Tao, von dem wir bei der Geburt getrennt wurden.

Der Kreislauf des Ch'i

Der Mensch ist im Ch'i, und das Ch'i ist in jedem Menschen. Himmel und Erde und die zehntausend Dinge brauchen lebendiges Ch'i. Wer es versteht, sein Ch'i zirkulieren zu lassen, kann Krankheiten verhindern.
Ko Hung

Das Zirkulieren des *Ch'i* ist in der traditionellen chinesischen Medizin von größter Bedeutung. Körperliche Krankheiten gelten als Symptome eines unterbrochenen *Ch'i*-Kreislaufs. Die westliche Medizin erkennt das unsichtbare *Ch'i* zwar nicht an, aber sie weiß, wie wichtig ein guter Kreislauf für die Gesundheit ist. Stauungen im Blutkreislauf, in der Atmung, bei der Hormonproduktion oder bei der Entgiftung gelten seit langem als Vorläufer von Krankheiten.

Auch nichtkörperliche Störungen, einschließlich der Armut, können wir auf einen gestörten Energiefluss zurückführen. Da die Fülle ein Teil der natürlichen Ordnung ist, deutet Armut auf blockierte Energie hin. Wenn wir faul oder geizig sind, kann Mangel die Folge sein. Er will uns dazu ermuntern, unsere Aufgabe in dieser Welt zu erfüllen. Selbst wenn wir viel Geld verdienen, aber anderen nicht geben, was wir geben sollen, fließt die Energie nicht ungehindert. Die Folge ist oft ein Gefühl des Mangels, der seelischen Armut. Taoisten wissen natürlich, dass Armut auch durch Eingriffe der politisch oder wirtschaftlich Mächtigen in das Leben des gewöhnlichen Volkes entstehen kann (siehe Kapitel 5).

Das Prinzip der zirkulierenden Energie ist auch in den taoistischen Künsten bedeutsam, zum Beispiel im *Ch'i kung* (»Energiearbeit«) im T'ai Ch'i Chuan, in der taoistischen Alchemie (*nei kung*), in den sexuellen Künsten und in der Meditation.[4] Das Prinzip des Energiekreislaufs ist außerdem ein wichtiger Bestandteil des Feng Shui, der Malerei und der Kalligrafie. Alle diese Künste und viele andere sind auf einen ungehinderten Energiestrom angewiesen.

Freude im Kreis

Die Seele ist ein Kreis.
PLATON

Die Anwendung des Prinzips ist einfach: Wenn wir die Freude und die Erfahrung der Fülle mehren wollen, müssen wir den Energiekreislauf verbessern. Das gilt für die spirituelle Erlösung ebenso wie für Wohlstand, Gesundheit, langes Leben und glückliche Beziehungen – zirkulierende Energie ist immer der Schlüssel. Fülle ist die Folge frei fließender Energie. Mangel deutet auf einen gestörten Energiekreislauf hin. Freude empfinden wir, wenn die Energie frei fließen kann. Schmerzen stellen sich ein, wenn der Energiestrom blockiert ist.

Wir können also mit William Blake sagen: »Energie ist Glückseligkeit.« Aber Energie ist auch Schmerz. Wie wir die Energie spüren, hängt davon ab, wie wir sie durch uns hindurchfließen lassen. Da das Ich seiner Definition nach eingeschränktes Bewusstsein ist, schränkt es auch den Energiestrom ein. Oft widersetzen wir uns der Energie, weil wir merken, dass wir nicht damit umgehen können. Wir fürchten, von ihr überwältigt zu werden.

- Wenn wir den Atem anhalten, wird der Sauerstoffkreislauf unterbrochen, und wir verspüren Schmerzen.
- Wenn die Muskeln chronisch verspannt sind, ist die Durchblutung gestört, und Schmerzen entstehen.
- Wenn wir an einschränkenden Überzeugungen festhalten, sind Schmerzen die Folge, weil der geistige Energiekreislauf behindert wird.
- Wenn wir unsere natürlichen Gaben für uns behalten, verhindern wir ihren Austausch und empfinden Schmerzen.

Im Westen wissen wir viel über Linien, aber wir haben die Macht des Kreises vergessen. Wir wissen viel über lineare Logik, aber wenig über den Kreis der Intuition. Wir wissen viel über lineare Zeiteinteilung, aber wenig über kosmische Zyklen und den Zyklus der Jahreszeiten, wie er sich in der Mythologie und in alten Ritualen widerspiegelt. Wir ziehen Linien aus Beton und Zement, und unsere Häuser sind rechteckige Kästen; aber wir haben den Kontakt mit der Natur und unseren Biorhythmen verloren. Wir hetzen von Termin zu Termin, können aber nicht mehr still sitzen und dem Zyklus unserer Atmung lauschen. Gewiss, Linien haben ihren Sinn, doch das Leben ist ein Kreis, und ohne Zirkulation gibt es kein Leben.

- Ein gesunder Körper setzt ungehindertes Zirkulieren von Energie, Blut und Sauerstoff voraus.
- Glückliche Beziehungen sind die Folge guter Kommunikation. Kommunikation ist Zirkulation – das freie Fließen von Energie, Ideen und Gefühlen.
- Seelenfrieden setzt einen guten geistigen Kreislauf voraus: Wir müssen im Hier und Jetzt leben und dürfen uns weder an die Vergangenheit klammern noch in der Zukunft leben.
- Der schöpferische Prozess ist auf den Kreislauf unserer natürlichen Gaben angewiesen.

Das Leben ist Glückseligkeit, sagen die Taoisten. Buddhisten sagen, das Leben sei Leiden. Beide haben recht – es hängt vom Ausgangspunkt ab. Wenn wir mit »Leben« reine Energie und Bewusstheit meinen, ist es Glückseligkeit. Wenn wir damit die Anhaftungen und den harten Alltag meinen, ist es Leiden. Im einen Fall ist die Identifikation mit der Natur der Ausgangspunkt, im anderen das Ich. Unser Planet dreht sich um die Sonne, und unsere Galaxis dreht sich um ihren Mittelpunkt. Wir leben und sterben und werden wiedergeboren. Manche Leute fragen: »Wenn das Leben nichts weiter als ein Kreislauf ist, welchen Sinn hat es dann?« Es hat einen Sinn, aber das ist nicht entscheidend. Entscheidend ist, dass der Sinn mit dem Kreislauf des Lebens verbunden ist. Nichts lässt sich vom Rest trennen. Wir müssen nur mit dem Kreis verschmelzen und uns fröhlich mit ihm drehen. Die Freude liegt im Kreis.

Der Kreislauf des Wohlstands

Es war einmal ein Mann, den alle für verrückt hielten. Je mehr er gab, desto mehr hatte er.
JOHN BUNYAN

Das Prinzip des Zirkulierens gilt auch für die materielle Fülle. Es ist für die finanzielle Gesundheit ebenso wichtig wir für die körperliche, seelische und geistige. Wenn wir den »Kreislauf« verbessern, nimmt der Wohlstand zu. Sie bringen Ihr Produkt oder Ihren Service in Umlauf, indem Sie Beziehungen knüpfen und werben. Je mehr Wagen ein Hersteller absetzt, je mehr Bücher ein Schriftsteller und je mehr Platten eine Sängerin verkauft, desto mehr Produkte zirkulieren. Auch Investition lassen Geld und die Energie, die es symbolisiert, kreisen.

Alles, was ein Indianer tut, gleicht einem Kreis. Die Energie der Welt fließt immer im Kreis, und alles bemüht sich, rund zu sein. Alles, was die Energie der Welt vollbringt, ist ein Kreis.
SCHWARZER ELCH

Da Energie im Kreis fließt, können wir mehr bekommen, wenn wir mehr von dem geben, was wir bekommen wollen. Wenn Sie sich nach mehr Verständnis sehnen, seien Sie verständnisvoller. Wenn Sie möchten, dass andere Ihnen zuhören, dann hören Sie ihnen besser zu. Wenn Sie größeren materiellen Wohlstand haben wollen, verschenken Sie Ihre natürlichen Gaben und Fähigkeiten. Geben Sie anderen etwas Wertvolles, und mit der Zeit werden Sie die Früchte ernten. Glauben Sie an Ihre Fähigkeiten, und vertrauen Sie darauf, dass die Welt sie braucht.

Gespeicherte Energie kann Stress auslösen, denn Energie will fließen. Wenn wir sie nicht in die äußere Welt strömen lassen, staut sie sich in uns auf, erzeugt Spannungen, Angst und Krankheit. Inneren Frieden finden wir erst, wenn wir Energie freigeben. Abraham Maslow sagte: »Ein Musiker muss seine Musik machen, ein Maler muss malen, ein Dichter muss schreiben, damit er im Frieden mit sich selbst sein kann.« Wenn wir unsere natürlichen Talente ausdrücken, fühlen wir uns wohl, weil es uns Freude macht, etwas zu tun, was wir wirklich können. Es zeugt von schlimmster Armut und Selbstverleugnung, wenn wir durchs Leben gehen, ohne unsere Fähigkeiten zu nutzen und mit anderen zu teilen. Menschen, die nicht wissen, wie viel Freude es macht, die eigenen einzigartigen Talente auszudrücken, halten Arbeit häufig für unangenehm oder bestenfalls für eine Pflicht, die erfüllt werden muss, um etwas zu erreichen. Sie kennen nicht das Glück des Arbeitens um der Arbeit willen.

Wenn Ökonomen über die Geldmenge sprechen, meinen sie damit spezielle Maßnahmen, die den Geldumlauf steuern. Wir wollen hier nicht untersuchen, wie das Geld in Umlauf kommt (siehe dazu Kapitel 5); aber was es in Umlauf hält, ist wirtschaftliche Aktivität – mit anderen Worten: Kaufen und Verkaufen. Was unsere eigene Versorgung mit Geld betrifft, so betrachten die meisten Menschen den Kauf von Produkten als Ausgeben, nicht als In-Umlauf-Bringen von Geld. In meinem Wörterbuch finde ich unter dem Stichwort »ausgeben« folgende Angaben: »Verbrauchen oder konsumieren, abnutzen, erschöpfen, wegwerfen, vergeuden.« Angesichts solcher Definitionen ist es kein Wunder, dass wir Geld oft nur widerwillig ausgeben. Wir freuen uns über das, was wir kaufen, aber wir ärgern uns darüber, dass wir dafür etwas geben müssen. Das bedeutet, dass wir uns an das Geld klammern, anstatt es in unserem Leben frei zirkulieren zu lassen.

Jedes Mal, wenn Sie etwas kaufen oder Geld ausgeben, sollten Sie das mit einem Segen tun. Freuen Sie sich darüber, dass Sie anderen Wohlstand geben und dass Sie genügend Geld haben, um für das, was Sie brauchen und wollen, zu bezahlen. Wenn Sie Geld als Segen betrachten, wann immer Sie es bekommen und hergeben, kann es in Ihrem Leben frei fließen. Wünschen Sie anderen Menschen Wohlstand und Erfolg, und beneiden Sie niemanden. Wenn Sie mit dem Wohlstand anderer eins sind, können Sie auch Wohlstand empfangen.

Der »Zehnte« ist ein weiteres Mittel, um Geld in Ihrem Leben kreisen zu lassen. Diesem Prinzip begegnen wir nicht nur im Judentum und im Christentum, sondern überall auf der Welt. Es geht darum, dass Sie einen gewissen Teil Ihres Einkommens dazu verwenden, Individuen, Gruppen oder eine gute Sache zu unterstützen, und zwar im Einklang mit Ihren spirituellen Wertvorstellungen. Dadurch befreien Sie sich gleichzeitig vom Irrglauben, Sie hätten nicht genug. Sie bekräftigen damit Ihren Glauben, dass Sie zurückbekommen, was Sie geben.

Groll – der große *Ch'i*-Räuber

Schwere Gedanken lösen körperliche Krankheiten aus. Wenn die Seele bedrückt ist, dann ist es auch der Körper.
MARTIN LUTHER

Groll führt zu Schuldgefühlen und schneidet uns von der natürlichen Fülle des Tao ab. Wenn wir anderen Menschen oder den Umständen grollen, müssen wir ein schlechtes Gewissen haben. Dieses wiederum löst das Gefühl aus, wir seien unwürdig; es raubt uns Kraft, so dass wir unsere Aufgabe im Leben nicht erfüllen können. Als Jesus sagte: »Vergib uns unsere Schuld, so wie wir jenen vergeben, die sich an uns schuldig gemacht haben«, drückte er keinen Wunsch und keine Hoffnung aus, sondern eine metaphysische Realität. Wenn wir andere verurteilen, dann verurteilen wir uns selbst. Wer Liebe und Vergebung verweigert, hindert die Energie am Zirkulieren, und diese blockierte Energie wird als Schmerz erfahren. In meinem Wörterbuch wird Groll als »Übelwollen« beschrieben. Das lässt an Unwohlsein und an Feindseligkeit denken. Groll stiehlt Seelenfrieden, er löst körperliche Spannungen, Gefühlsarmut und geistige Stagnation aus. Mit anderen Worten: Er blockiert den Strom des *Ch'i*.

Dankbarkeit und Groll vertragen sich nicht. Wir können nichts Gutes empfangen, wenn wir anderen Schlechtes wünschen. So wie Dankbarkeit nur Glück bringen kann, vermag Groll nur Unglück zu bringen. So wie der Groll den Strom des *Ch'i* blockiert, hält Dankbarkeit den Zyklus in Gang. Wir können die Stagnation jederzeit durch Dankbarkeit überwinden. Worüber sind Sie wirklich glücklich, wofür wirklich dankbar? Sehen Sie es vor dem geistigen Auge, und konzentrieren Sie sich dabei auf Liebe und Dankbarkeit. Übertragen Sie dieses Gefühl dann auf Menschen, Umstände oder Ereignisse, die zu lieben Ihnen schwer fällt. Machen Sie Groll und Schuldgefühle für Energieverluste verantwortlich. Stellen Sie eine »Groll-Liste« zusammen, und senden Sie den Opfern Ihres Grolls Liebe. Das ist eine gute Übung. Sie durchbrechen damit den Kreislauf des Grolls, des schlechten Gewissens und der Selbstsabotage, und die Energie arbeitet nicht mehr gegen Sie, sondern für Sie. Denken Sie daran, dass Umstände, die Sie für Hindernisse halten, oder Menschen, die Ihre Gegner sind, Sie etwas lehren sollen. Finden Sie heraus, was es ist – und seien Sie dankbar dafür.

Gesegnet ist, wer seine Arbeit gefunden hat. Möge er um keinen anderen Segen bitten.
THOMAS CARLYLE

Dankbarkeit ist ein Gefühl der Fülle. Wir sind dankbar für das, was wir haben. Wir grollen dem, was wir nicht haben. Seien Sie dankbar, noch bevor die Inspirationen, auf die Sie hinarbeiten, in Ihrem Leben Wirklichkeit geworden sind. Dadurch überzeugen Sie Ihr Unbewusstes davon, dass Sie das Gewünschte bereits erreicht oder empfangen haben. Vermutlich kennen auch Sie erfolgreiche Leute, die behaupten, sie hätten es »immer schon gewusst«. Wir handeln anders, wenn wir *wissen*, dass wir ein Ziel erreichen werden, und nicht nur wünschen oder hoffen, es zu erreichen. Stellen Sie sich vor, Sie hätten Ihre Ziele bereits erreicht, und seien Sie dankbar dafür. Blicken Sie auf frühere Erfolge zurück, und fragen Sie sich: Woran erkenne ich im Rückblick, dass ich schon vorher von meinem Erfolg überzeugt war?

Dankbarkeit macht die Seele groß.
ABRAHAM HERSCHEL

Der berühmte Philosoph und bahnbrechende Psychologe William James empfahl dieses »Handeln als ob«, um das Bewusstsein zu transformieren. Nach James ist es leichter, das Denken durch das Tun als das Tun durch das Denken zu beeinflussen. Wenn Sie gezielt zu handeln beginnen, beweisen Sie Ihrem Unbewussten, dass Sie an den Erfolg glauben. Wenn Sie Schriftsteller oder Maler werden wollen, fangen Sie an zu schreiben oder zu malen, selbst wenn Sie nur wenig Zeit dafür haben. Die Werke, die Sie vollbringen, überzeugen das Unbewusste davon, dass Sie es ernst meinen.

Wenn Sie ein eigenes Geschäft gründen wollen, stellen Sie einen Plan auf, selbst wenn Sie nicht wissen, wie Sie das Startkapital auftreiben sollen. Wenn Sie immer so weit gehen, wie Sie mit dem, was Sie haben, gehen können, werden Sie feststellen, dass Sie immer einen Schritt weiter gehen können. »Wer nichts waget, der darf nichts hoffen«, sagte Friedrich Schiller. Haben Sie den Mut, sofort auf Ihr Ziel hin zu arbeiten, dann lenken Sie Energie in diese Richtung. Sie lösen einen Impuls aus, der zum Ziel führt.

Stagnierende Energie

Wer den Weg kennt, kommt mühelos mit äußeren Dingen zurecht.
LIEH TZU

Wenn die Energie in Ihrem Leben zirkulieren soll, müssen Sie sich mit Ihrem ganzen Selbst darum bemühen. Wenn Sie die Notausgänge schließen, öffnen Sie die Haustür zum totalen Einsatz. Erfolgreiche Menschen wissen, dass sie nicht mit ganzem Herzen bei der Sache sind, wenn sie sich ein Hintertürchen offen halten – oft halten sie genau das zurück, was für den Erfolg notwendig wäre. Am erfolgreichsten sind jene Menschen, die sich nicht vor Risiken fürchten. Experimentieren Sie mit neuen Wegen des Denkens und Handelns. Versuchen Sie einmal, anders zu handeln, als es Ihrer Persönlichkeit entspricht. Denken Sie daran, dass *persona* die Maske ist – probieren Sie neue Masken aus. Alles, was die Routine durchbricht, bringt frische Energie.

Alles, was unvollendet ist, verdünnt, zerstreut oder blockiert Energie. Machen Sie eine Liste all dessen, was in Ihrem Leben unvollständig ist. Warum haben Sie damit aufgehört? Was wollen Sie jetzt tun? Wollen Sie handeln? Wenn ja, wie und wann? Natürlich können Sie auch zu dem Schluss kommen, dass ein bestimmtes Ziel für Sie nicht mehr wichtig ist. Es kommt darauf an, dass Sie sich mit jedem Punkt auf der Liste befassen und entscheiden, was zu tun ist. Dieses seelische Großreinemachen kann enorme Energien freisetzen, dem Leben neuen Sinn geben und die Konzentration schärfen.

Schwierigkeiten mit der Kommunikation sind die Folge stagnierender Energie. Gute Kommunikation setzt einen freien Austausch von Energie, Ideen und Gefühlen voraus. Der Zyklus der Kommunikation wird durchbrochen, wenn wir unseren freien Ausdruck blockieren oder unfähig sind zu empfangen. Manchmal halten wir zurück, was wir gerne ausdrücken würden, weil wir die Reaktion anderer fürchten, und manchmal wollen wir nicht hören, was andere Menschen oder die Umstände und Ereignisse in unserem Leben uns sagen möchten. Wenn Sie herausfinden, an welcher Stelle des Kommunikationszyklus Sie blockiert sind, und wenn Sie das Hindernis beseitigen, schöpfen Sie ebenfalls neue Energie.

Die Pflege des Ch'i

Energie ist Glückseligkeit.
WILLIAM BLAKE

Die klassischen Taoisten interessierten sich nicht für die körperliche Unsterblichkeit, mit der spätere taoistische Schulen und Sekten sich so ausgiebig beschäftigten. Chuang Tzu machte sich mehrfach lustig über solche Praktiken und nannte sie sinnlos, nutzlos und unnatürlich. Dennoch hielten auch die Klassiker es für wichtig, das natürlich *Ch'i* zu hegen und zu pflegen. Wir sollen zwar nicht am Leben haften, es aber auch nicht rücksichtslos verkürzen. Wenn die taoistische Alchemie versuchte, das Leben zu verlängern, so wollte sie damit eine starke körperliche Plattform schaffen, auf der das spirituelle Leben gedeihen kann.

Im nächsten Kapitel erforschen wir das Prinzip des *Te*, der natürlichen Kraft und Fähigkeit. Ohne Energie und Vitalität gibt es keine Kraft. *Ch'i* ist ein Synonym für die Vitalität des Körpers, der Seele und des Geistes. Diese *Ch-'i*–Energie können wir sammeln und speichern. Ein taoistischer Meister mit viel *Ch'i* kann anderen bei der Genesung helfen, indem er *Ch'i* in ihren Körper leitet. Ein Kung-Fu-Meister kann sein *Ch'i* so steuern, dass er imstande ist, einen viel schwereren Gegner in die Luft zu schleudern.

Doch eine der größten Freuden der *Ch'i*–Pflege ist größere Empfindsamkeit. Das illustriert eine Geschichte über Chuang Tzu. Während er Fischen in einem Teich zusah, sagte er zu einem Begleiter: »Die Fische sind glücklich, wenn sie zappeln.« Sein Gefährte, der sich wohl für sehr geistreich hielt, entgegnete: »Woher weißt du, dass sie glücklich sind? Du bist kein Fisch!« Chuang Tzu erwiderte: »Woher weißt du, dass ich es nicht weiß? Du bist nicht ich!« Wenn wir unser *Ch'i* geweckt, gestärkt und harmonisiert haben, werden wir viel sensitiver für die Energien des Lebens rings um uns her. Wir *spüren* die natürliche Freude des Lebens, und wir haben weniger Bedarf und Interesse an künstlichen Anregungen.

Es gibt mehrere Methoden, das *Ch'i* zu pflegen. Einige setzen jahrelange Übung unter der Anleitung eines Meisters voraus. Aber wir alle können uns dessen bewusst werden, wie wir unsere Energie erschöpfen und wie wir unser *Ch'i* erhalten und erzeugen können. Die folgenden Methoden kann jeder anwenden, auch ohne spezielle Ausbildung.

Einfache Schritte zur Pflege des Ch'i

1. Seien Sie fröhlich.
2. Atmen Sie.
3. Bewegen Sie sich.
4. Ruhen Sie sich aus.
5. Meistern Sie Ihre Gefühle.
6. Meditieren Sie.
7. Vereinfachen Sie Ihr Leben.
8. Gehen Sie hinaus in die Natur.
9. Ernähren Sie sich richtig.
10. Achten Sie immer auf Ihre Umgebung.

Diese Methoden helfen Ihnen nicht nur, Ihr *Ch'i* zu erhalten und zu stärken, sondern sie bauen auch Stress ab, das große Übel unserer Zeit. Stress raubt sogar den Reichen das Gefühl der Fülle. Wenn Sie Ihre Energie vergrößern und Stress reduzieren, erfahren Sie die Fülle des Lebens viel intensiver.

Seien Sie fröhlich

> *Wir werden nie wissen, wie viel Gutes ein einfaches Lächeln bewirken kann.*
> MUTTER TERESA

Eine Zeitlang wohnte ich in einer Kleinstadt, in der die Leute einfach und bedächtig lebten. Nach vielen Jahren in großen Städten überraschte es mich, dass die Menschen mich, einen Fremden, immer wieder anlächelten. Die Leute, die ich auf der Straße und in Geschäften, Cafés und Restaurants traf, waren freundlich. Ich entdeckte, dass man sich herrlich entspannen kann, wenn man fast überall mit einem Lächeln begrüßt wird.

> *Zufriedenheit löst ein echtes Lächeln aus. Ein echtes Lächeln lässt sich nicht erzwingen.*
> CHUANG TZU

Die kalte, gleichgültige Großstadt ruft dagegen Entfremdung und Misstrauen hervor. Hier lächeln wir Fremde nicht an. Wir fürchten, ein Lächeln könnte falsch verstanden, ignoriert oder missbilligt werden. Angesichts all dieser mürrischen und unbewegten Gesichter gewinnen wir den Eindruck, dass Leben sei eine sehr ernste Sache. In der Großstadt fallen wir auf wie ein bunter Hund, wenn wir freundlich zu Fremden sind oder echte Fröhlichkeit ausstrahlen – und das wollen die meisten von uns nicht riskieren. Peter Brook sagte: »Wir wissen nicht, wie man feiert, weil wir nicht wissen, was wir feiern sollen.« Taoisten haben dieses Problem nicht. Sie raten uns schlicht und einfach, das Leben zu feiern. Sie wissen, dass ausgedrückte Freude – Lachen, Lächeln und Spielen – Energie freisetzt.

Manche Taoisten praktizieren das »innere Lächeln«: Sie »lächeln« in die inneren Organe hinein und entlang den Meridianen, in denen das *Ch'i* fließt. Dieses innere Lächeln entspannt und belebt die Körperteile, denen es gilt. Wenn wir in die Probleme und Herausforderungen des Lebens »hineinlächeln«, können wir sie transformieren, auch wenn das in den Ohren eines Westlers zu simpel oder gar kindisch klingen mag. Wenn jemand Sie anlächelt, fühlen Sie sich wohl. Stellen Sie sich vor, Sie reagieren verdrießlich, gleichgültig oder verärgert auf einen Menschen, eine Situation oder ein Ereignis. Nun stellen Sie sich vor, dass Sie den Menschen, die Situation oder das Ereignis anlächeln. Spüren Sie, wie Spannung und Distanz sich verringern?

Die Hälfte der Betten in unserem Krankenhaus sind mit Menschen gefüllt, die wegen ihrer Sorgen krank wurden.
Dr. Charles H. Mayo (Gründer der Mayo-Klinik)

John Ruskin sagte: »Fröhlichkeit ist für einen gesunden Menschen ebenso natürlich wie rote Wangen.« Es funktioniert auch umgekehrt: Fröhlichkeit und eine liebevolle Einstellung zum Leben helfen uns, gesund zu bleiben. In seinem Buch *Anatomie einer Krankheit* schilderte Norman Cousins, wie er mit Humor und Lachen eine schwere und angeblich unheilbare Krankheit besiegte. Seit dieses Buch Ende der achtziger Jahre zum ersten Mal erschien, haben viele Studien bestätigt, dass Körper und Geist bei einer Heilung zusammenwirken. Die alten Taoisten brauchten keine Studien, um zu wissen, dass Lebensfreude zu Gesundheit und Vitalität beiträgt.

Atmen Sie: Atmung ist Inspiration

Es gibt einen gemeinsamen Fluss, einen gemeinsamen Atem. Alle Dinge sind miteinander verbunden.
Hippokrates

Atmen heißt leben. Menschen können sechs Wochen ohne Nahrung, einige Tage ohne Wasser, aber nur wenige Minuten ohne Sauerstoff leben. Unsere Atmung kann den Strom des *Ch'i* im Körper sowohl fördern als auch hemmen. Richtiges Atmen weckt das subtile *Ch'i* und erhöht die Sauerstoffzufuhr zum Gehirn. Sauerstoffmangel verringert die geistige Leistungsfähigkeit und belastet das Herz und den Kreislauf. Die einzelnen taoistischen Schulen empfehlen Dutzende von Atemtechniken, aber viele setzen die Anleitung einer Meisters voraus. Es gibt jedoch einige allgemein Richtlinien, von denen jeder profitieren kann.

Kluge Menschen atmen tief innen, während die meisten anderen mit dem Rachen atmen.
Chuang Tzu

Bewusst atmen: Beim Atmen – wie bei den meisten Dingen im Leben – ist Bewusstheit wichtiger als bewusstes Steuern. Üben Sie, sich auf Ihre Atmung zu konzentrieren. Das ist eine Art Meditation. Es geht einfach darum, dass Sie während des Tages immer wieder darauf achten, wie Sie atmen. Wo beginnt die Atmung, wo endet sie? Ist sie flach oder tief, langsam oder schnell? Bei welchen Gedanken atmen Sie schneller, wann halten Sie den Atem an?

Durch die Nase atmen: Wenn eine Krankheit es nicht unmöglich macht, sollten Sie durch die Nase atmen. Die Nase besitzt ein natürliches Filtersystem, das dem Mund fehlt. Die Haare und die Schleimhäute in der Nase fangen Bakterien und Staubteilchen ein, bevor sie in die Lungen gelangen. Da Sie die Nase nicht öffnen und schließen müssen, ist es einfacher, sich zu entspannen und auf das Strömen des Atems zu achten, als in die Atmung einzugreifen. Bei geschlossenem Mund können Sie zudem den Gaumen mit der Zungenspitze berühren, wie das »taoistische Yoga« es empfiehlt.

Lang und langsam atmen: Viele Menschen verwechseln Atemtechniken mit schneller, tiefer Atmung oder gar Hyperventilation. Taoisten erzwingen keine tiefe Atmung, sondern verlängern und verlangsamen sie behutsam. Wenn wir natürlich atmen, zieht das Zwerchfell sich beim Einatmen zusammen und dehnt sich beim Ausatmen aus. So können die Lungen sich vollständig füllen und dabei die inneren Organe sanft massieren. Beobachten Sie die Atmung eines Kindes – sie ist lang und langsam.

Mühelos atmen: Die taoistischen Meister empfehlen eine natürliche und mühelose Atmung. Denken Sie nicht darüber nach, ob Sie es richtig machen. Das Endziel besteht darin, überhaupt nicht zu atmen, sondern »es atmen zu lassen«, also mit dem Atem eins zu werden. In gewissem Sinne kehren Sie dann zur Einfachheit im Mutterleib zurück. Während die kindliche Atmung uns mit *Ch'i* füllt, trägt die embryonale Atmung uns über den Körper hinaus. Wie bei allen Dingen, ist ein ruhiger Geist bei der mühelosen Atmung am wichtigsten.

Ernähren Sie sich richtig

Die alten Taoisten hielten die Qualität der Nahrung für einen wichtigen Faktor, wenn sie die Stärke des *Ching* (der Körperessenz) bestimmten. In den letzten zwanzig Jahren hat die Medizin sehr viel über Ernährung und Gesundheit herausgefunden. Vollkorngetreide, Hülsenfrüchte und Gemüse sollten den größten Teil unserer Nahrung ausmachen (das wird heute sogar vom amerikanischen Landwirtschaftsministerium anerkannt). Fleisch, Geflügel und Fisch sind allenfalls Beikost, auf die viele Menschen ganz verzichten, weil sie schwer verdaulich ist, zu viel Fett enthält und oft mit giftigen

Chemikalien belastet ist. Meiden Sie Gebratenes, fette Speisen, Salz, Weißmehl, verarbeitete und mit Chemikalien behandelte Produkte sowie Zucker, Kaffee, Alkohol und Tabak. Trinken Sie reichlich reines Wasser, am besten Quellwasser.

Essen Sie organische Produkte, wann immer es möglich ist. Dadurch verhindern Sie, dass sich Pestizide und Herbizide in Ihrem Körper ansammeln. Außerdem sind diese Produkte nährstoffreicher als konventionelle Supermarktware. Nach dem zweiten Weltkrieg blieben Chemiefabriken auf ihren riesigen Beständen von Nitraten sitzen, aus denen Sprengstoff gemacht wurde. Also begannen sie, diese »Düngemittel« als notwendigen Bestandteil der modernen Landwirtschaft zu propagieren. Die Folge sind die ausgelaugten Nahrungsmittel in unseren Geschäften. Gesunde, nährstoffreiche Pflanzen wachen in lebendigem Boden, der viele Mikroorganismen enthält. Kunstdünger und Pestizide zerstören diese Organismen mit der Zeit, und da es viele Jahre dauert, bis ein geschädigter Boden sich erholt, fehlt es sogar manchen organischen Produkten an Nährstoffen. Darum sind Vitamin- und Mineralstoffpräparate für die meisten Mensch empfehlenswert. Organische Produkte sind nicht nur nährstoffreicher und frei von giftige Pestiziden, sie schmecken auch viel besser. Wer einmal den Geschmack einer »chemischen« Karotte mit dem einer organisch angebauten vergleicht, mehrt den Unterschied sofort.

Essen ist die beste Medizin.
DIE UPANISCHADEN

Organische Produkte kosten zwar mehr und sind manchmal schwer zu finden, aber die Mühe lohnt sich. Zum Glück ist Vollgetreide, die Grundlage einer gesunden Ernährung und ein Grundnahrungsmittel fast aller Naturvölker, sehr billig. Selbst wenn es ein wenig teurer ist, gesunde Nahrung zu essen, lohnen sich die Mehrkosten, denn »es gibt keinen größeren Reichtum als die Gesundheit«, wie Benjamin Franklin sagte. Lassen Sie es sich nicht nehmen, köstliche und gesunde Nahrungsmittel zu genießen.

Bewegen Sie sich

Es gibt keinen Zweifel daran, dass regelmäßige körperlich Bewegung wichtig ist. Sie stärkt den Kreislauf, verbessert die Atmung, harmonisiert die Hormone, reduziert Stress, hebt die Stimmung, tonisiert die Muskeln, verbessert die Haltung, senkt den Blutdruck, erhöht die Vitalität und die Ausdauer, stärkt das Immunsystem, baut unnötiges Gewicht ab und vertieft den Schlaf. Darauf brauchen wir hier nicht näher einzugehen, denn wenn Sie bisher nicht in einer Höhle gelebt haben, wissen Sie, dass regelmäßige Bewegung Ihnen gut tut. Dennoch sind derzeit nur 15 Prozent der amerikanischen Bevölkerung bereit, mindestens drei Mal in der Woche zwanzig Minuten oder länger Sport zu treiben.[5]

Sag mir, was du isst, und ich sage dir, wer du bist.
ANTHELME BRILLAT-SAVARIN (1755–1826)

Es genügt offenbar nicht, den Leuten zu sagen, dass Bewegung gut für sie ist. Ein Teil des Problems ist natürlich der moderne Lebensstil. Die meisten Menschen bewegen sich bei der Arbeit nur wenig und müssen daher einen speziellen »Bewegungsplan« aufstellen. Oft betrachten sie Sport als Pflicht, als Aktivität, zu der sie sich zwingen müssen. Das ist besonders schwer für jene Menschen, für die schon der Beruf eine lästige Pflicht ist – sie kommen nach Hause, und dort wartet eine andere Pflicht auf sie.

Auf die Dauer treiben wir nur dann regelmäßig Sport, wenn er uns Spaß macht. Oft genügt es schon, die anfängliche Trägheit zu überwinden, zu der wir aufgrund unserer sitzenden Lebensweise neigen. Sobald uns das gelingt, wollen wir nie wieder ohne Sport sein. Wenn Sie keinen Sport treiben, weil Sie glauben, nur anstrengendes, schmerzhaftes Training sei wirksam, sollten Sie nach Alternativen zu dem Krafttraining und den Aerobics suchen, die in Fitness-Centern angeboten werden. Yoga, Tai Ch'i Chuan, einfache Dehnübungen oder forsches Gehen fördern den Energiefluss ebenfalls.

Ruhen Sie sich aus

Um gesund, vital und fröhlich zu bleiben, brauchen wir auch genügend erholsamen Schlaf. Taoisten beherzigten den uralten Rat »Früh zu Bett und früh aus den Federn«. Bei Sonnenaufgang oder kurz vorher aufzustehen und bei Sonnenuntergang zu Bett zu gehen entspricht der natürlichen Ordnung. So lebten die Menschen zahllose Äonen lang. Heute macht helles elektrisches Licht die Nacht zum Tag. Doch die natürlichen Rhythmen unsere Körpers bleiben an die Sonne und ihr Licht gebunden. Die meisten Menschen verbringen den Abend mit dem Fernseher, der Stereoanlage, dem Computer, Videospielen oder anderem elektronischem Firlefanz, der das Nervensystem erregt. Diese nervöse Erregung macht es uns neben dem allgemeinen Stress des modernen Lebens schwer, früh schlafen zu gehen oder überhaupt zu schlafen.

Versuchen Sie, Ihre Aktivitäten so einzuteilen, dass sie zwischen 21.00 Uhr und 22.00 Uhr bereit zum Schlafengehen sind. Ich weiß, das ist schwierig –

schließlich war ich selbst viele Jahre lang eine Nachteule. Vor allem in meiner Jugend hielt ich es für langweilig, früh zu Bett zu gehen. Es machte mir Spaß, lange auf zu bleiben. Doch seit einigen Jahren ziehe ich mich früh zurück und stehe ganz natürlich zwischen fünf und sechs Uhr morgens auf, so wie es die alten Chinesen empfahlen. Seither fühle ich mich besser ausgeschlafen.

Die besten Ärzte der Welt sind Ernährung, Ruhe und Fröhlichkeit.
JONATHAN SWIFT

Taoisten sagen, jede Stunde Schlaf vor Mitternacht sei so viel wert wie zwei Stunden nach Mitternacht. Sie glauben, dass wir zwischen ein und fünf Uhr die meisten Träume haben, und wenn wir träumen, befindet der Körper sich nicht im tiefsten Ruhezustand. Moderne Schlafforscher bestätigen, dass der Schlaf im Laufe der Nacht leichter wird. Verdunkeln Sie Ihr Schlafzimmer, bevor Sie zu Bett gehen. Je dunkler es ist, desto tiefer schlafen Sie. Wenn Sie völlig gesund sind, Seelenfrieden haben, sich richtig ernähren und früh schlafen gehen, sind sechs Stunden Schlaf ausreichend. Fehlt eine dieser Bedingungen, brauchen Sie mehr. Wie viel Sie brauchen, hängt von Ihnen ab. Denken Sie daran, dass Sie auch zu viel schlafen können und dass die Qualität des Schlafes ebenso wichtig ist wie die Quantität.

Sie können sich auch ausruhen, wenn Sie nichts tun und einfach nur sind. Wenn Sie nur zwanzig Minuten am Tag Zeit haben, um still in einem Hof oder Park zu sitzen, aus dem Fenster zu schauen oder mit geschlossenen Augen (ohne einzuschlafen) auf dem Bett oder dem Sofa zu liegen, werden Sie darüber erstaunt sein, wie sehr diese kurzen Pausen Sie verjüngen. Wenn wir nichts tun, ruht nicht nur der Körper, sondern auch der Geist. Nehmen Sie sich Zeit, nichts zu tun und der Stille zu lauschen.

Meistern Sie Ihre Gefühle

Taoisten glauben, dass *Ching*, die Fortpflanzungsenergie, vor allem durch sexuelles Begehren, *Shen*, die spirituelle Energie, hauptsächlich durch einen zu aktiven Geist und *Ch'i*, die Lebensenergie, vor allem durch negative Gefühle verloren geht. Wenn wir nicht lernen, unsere Gefühle zu meistern, finden wir weder Seelenfrieden noch wahre Gesundheit, selbst wenn wir uns richtig ernähren und ausreichend Bewegung und Ruhe haben. Starke Gefühle wie Furcht und Wut beeinflussen sogar die Atmung, den Herzschlag, die Chemie des Körpers und das hormonelle Gleichgewicht. Sie

Für jede Minute der Wut verlierst du sechzig Sekunden Freude.
EMERSON

rauben uns die Freude am Leben und verringern unsere Leistungsfähigkeit. Wir können nicht klar denken und keine guten Entscheidungen treffen, wenn wir innerlich aufgewühlt sind. Selbst einfache Aufgaben werden dann zur Herausforderung.

Wenn Sie eine einzige Zigarette rauchen, sind keine schlimmen Folgen zu befürchten. Aber wenn Sie täglich zwei Packungen rauchen, Tag für Tag, jahraus, jahrein, müssen Sie mit schweren Krankheiten rechnen. Das gleiche gilt für negative Gefühle. Wenn ein lautes Geräusch Sie erschreckt, so ist das normal. Doch wenn Sie ständig Angst haben, den Atem anhalten und mit einem Knoten im Magen herumlaufen, so ist das unnatürlich. Wenn Sie ab und zu wütend auf jemanden oder etwas sind, sich aber schnell beruhigen, sind die Folgen wahrscheinlich gering. Wenn Sie jedoch grollen, oft von Neid verzehrt werden oder immer wieder Wutausbrüche haben, sind negative Folgen unvermeidlich. Denken Sie an Blakes Worte: »Hass verklammert, Segen löst.« Segnen Sie alles, auch sich selbst.

Ruhe ist Macht.
JAMES ALLEN

Vergebung ist am wichtigsten, wenn Sie Ihre Gefühle meistern wollen; denn sie durchbricht den Kreislauf der Angst und der Wut, so dass Sie Ihre Energie wieder sinnvoll nutzen können. Konfuzius sagte: »Unrecht bedeutet nichts, außer du denkst ständig daran.« Warum kommen wir über erlittenes Unrecht so schwer hinweg? Und warum sagte Äsop: »Das Unrecht, das wir tun, und das Unrecht, das wir erleiden, wird selten mit derselben Waage gemessen.« Mit diesen Fragen werden wir uns im nächsten Kapitel eingehender beschäftigen. Hier möge eine kurze Bemerkung genügen: Wenn wir uns ungerecht behandelt fühlen, verkennen wir die Situation. Oft sind wir beleidigt, obwohl niemand uns beleidigen wollte. Doch selbst wenn jemand uns absichtlich verletzen will, spiegelt seine Reaktion seine Schmerzen und sein Leid wider. Er will uns nicht weh tun, weil er sich wohl fühlt. Hass ist immer Selbsthass.

Wenn Sie auf Hass mit Hass reagieren, gießen Sie Öl ins das Feuer, dass Sie in die emotionale Hölle treibt, in welcher der andere bereits lebt. Wenn Sie diesem Drang widerstehen und gelassen bleiben, fallen Sie nicht in den Abgrund der Gefühle. Buddha sagte: »Hass wird nie durch Hass beendet, sondern nur durch Nicht-Hass. Dies ist das erste Gesetz.« Profaner ausgedrückt: »Wer Menschen hasst, brennt sein Haus nieder, um eine Ratte loszuwerden.«[6]

Meditieren Sie

Meditation kann Wunder bewirken. Sie senkt den Blutdruck, vergrößert die Energie und vermittelt uns ein Gefühl des Friedens und der tiefen Entspannung. Taoisten haben dafür eine einfache Erklärung: Normalerweise lenken die Sinne unsere Energie ständig nach außen, so dass sie verloren geht. Wenn wir meditieren, kehren wir den Energiestrom um und leiten ihn zurück in unser Inneres, wo er uns körperlich, seelisch und geistig stärkt und belebt.

Wenn das Feuer sein Licht nach außen abgibt, verzehrt es den Brennstoff.
Wenn der Geist nach außen gewandt ist, löst die Ganzheit sich auf.[7]

Taoisten glauben, dass *Shen*, die spirituelle Energie, durch die Augen nach außen fließt und durch Aufregung verloren geht. Um *Shen* zu stärken, konzentrieren Sie sich beim Meditieren auf das »dritte Auge« (hinter und über den Augäpfeln). Sitzen Sie still, und beobachten Sie die Atmung, bis der Geist sich beruhigt und das Herz Frieden empfindet. Während Sie meditieren, leiten Sie nicht nur den Energiestrom um, sondern werden auch empfänglicher für das *Ch'i*, das vom Himmel herab fließt. Sie öffnen sich der spirituellen Energie des Universums.

Vereinfachen Sie Ihr Leben

Taoisten sind konservativ im wahrsten Sinne des Wortes. Sie raten uns: Tu nur, was notwendig ist, und behalte nur, was du brauchst. Was Sie brauchen, hängt vor allem von Ihren Wertvorstellungen ab. Die einfache Frage »Was ist notwendig?« hilft Ihnen, auf sinnlose Geschäftigkeit zu verzichten. Da wir in einer Gesellschaft leben, die nach materiellem Besitz giert, sollten wir uns eines vor Augen halten: Je mehr wir haben, desto mehr Sorgen haben wir. Mit Sorgen sind hier nicht nur neurotische Ängste und Gier gemeint, sondern auch Verantwortung und Pflichten, die mit Besitz verbunden sind. Viele Leute kaufen Dinge, die ihnen ein paar angenehme Minuten, Stunden oder Tage schenken, und bezahlen Wochen, Monate oder Jahre dafür. Dadurch wird das Leben unnötig kompliziert. Alles, was Sie kaufen, kostet Sie Zeit: Zeit, um das notwendige Geld zu verdienen, Zeit zum Genießen oder Benutzen, und Zeit zur Wartung oder Pflege. Aber Zeit ist Leben und daher kostbar. Verkaufen Sie Ihre Zeit nicht zu billig.

Gehen Sie hinaus in die Natur

In vielen traditionellen Kulturen gehen Menschen in den Wald, wenn sie ihre Spiritualität entwickeln wollen. Ein Spaziergang im Wald ist für jeden empfindsamen Menschen eine spirituelle Erfahrung, die Körper, Seele und Geist belebt und harmonisiert. *Ch'i*, die Lebensenergie, ist in allen lebenden Dingen. Wenn Sie unter einem Baum stehen oder liegen, tauschen Sie mit ihm Energie aus. Wenn Sie in einen Wald gehen, besteht zwischen Ihnen und seinen Lebensenergien eine subtile Wechselwirkung. Die Farben und die Energie der Umgebung vitalisieren Sie und machen Sie empfänglich. Falls Sie in einer Großstadt leben und es für Sie schwierig ist, aufs Land zu fahren, sollten Sie möglichst oft in einen Park gehen. Wir verbringen so viel Zeit mit Geräten und künstlichen Gegenständen, dass wir vergessen, was es bedeutet, unter Lebewesen zu sein. Selbst nach einem kurzen Besuch in der Natur fühlen wir uns erheblich besser.

Achten Sie immer auf Ihre Umgebung

Wir leben nicht im Vakuum. Unsere Umwelt mit ihren Dingen, Düften und Geräuschen kann unsere Energie stärken oder schwächen. Darum hielten die Taoisten so viel vom *Feng Shui*, einer uralten chinesischen Kunst, die sich hauptsächlich mit der Auswahl von Bauplätzen, der Architektur von Gebäuden und der Anordnung der Möbel und anderen Dinge im Gebäude befasst. Das Ziel ist einfach: ein harmonisches und gedeihliches Wohnklima zu schaffen, in dem das *Ch'i* frei fließen kann. Feng-Shui-Meister sind »in der Lage, für den ungestörten Kreislauf dieser Energie im Hause der Lebenden und der Toten zu sorgen.«[8]

Ein Geomant spürt das Ch'i. Das ist das ganze Feng Shui.
Sara Rosbach

Die Wahl einer Wohnung, die Lage einer Tür im Haus und die Anordnung der Möbel in einem Zimmer können den Strom des *Ch'i* blockieren oder Lebensenergie anziehen. Darum fühlen wir uns in manchen Wohnungen oder Gebäuden wohler als in anderen. Die Farben eines Raumes, schöne Dinge oder Gerümpel beeinflussen uns. Feng Shui kennt diese Einflüsse und nutzt sie. Aber es berücksichtigt auch subtile und sogar unsichtbare Einflüsse auf den *Ch'i*–Strom. Einige Prinzipien des Feng Shui entsprechen dem gesunden Menschenverstand. Stellen Sie zum Beispiel ein Bett, ein Sofa oder einen Schreibtisch an einen Platz, von dem aus die Eingangstür zu sehen ist. Andere Grundsätze sind esoterischer. Der weiße

Tiger (die Yang-Energie) darf beispielsweise nicht den grünen Drachen (die Yin-Energie) überwältigen.

Feng Shui fördert aber nicht nur die Harmonie, sondern kann auch Wohlstand anziehen. In Hongkong käme kein Kaufmann auf die Idee, ein Geschäft zu eröffnen, ohne vorher einen Feng-Shui-Meister zu konsultieren. Heute wird Feng Shui auch im Westen immer beliebter, und es gibt eine Reihe von vorzüglichen Büchern darüber.

In einem klassischen tantrischen Text heißt es: »Die Qualität eines Raumes hängt vom Ton ab.« Töne sind fließende Energie. Das »Ton-*Ch'i*« kann harmonisieren und beleben, aber auch störend und destruktiv wirken. Die Folgen der Lärmbelästigung sind bekannt. Andererseits wissen wir, dass Musik das Lernvermögen verbessern, Stress abbauen und den Seelenfrieden fördern kann. Sorgen Sie für Klänge in Ihrem Leben, die Ihre Stimmung heben und Ihre Energie stärken.

Wie die Natur zeigt, hängt das Glück weniger von äußeren Dingen ab, als die meisten Menschen glauben.
WILLIAM COWPER

Was für Töne gilt, das gilt auch für Düfte. Wir alle kennen Düfte, die uns erregen oder beruhigen, die wir angenehm oder unangenehm finden. Wissenschaftler haben nachgewiesen, dass bestimmte Duftöle sogar die Gehirnwellen ändern, vermutlich weil sie auf den Hypothalamus einwirken, der das Hormonsystem reguliert. Das könnte erklären, warum Düfte die Stimmung, den Stoffwechsel, das Nervensystem und den Geschlechtstrieb beeinflussen. Aromatherapie ist die Kunst, mit ätherischen Ölen zu heilen und die Stimmung zu verbessern. Wie Feng Shui wird sie immer populärer, nicht nur zu Hause, sondern auch am Arbeitsplatz.

In diesem Kapitel haben wir untersucht, wie das *Ch'i* mehr Fülle in unser Leben bringen kann. Im nächsten Kapitel geht es um *Te*, die wahre Macht und ihren Einfluss auf Integrität und Würde.

Produktion, Spekulation und der Geldstrom

Das »Grundgesetz« des Universums lautet: Wie du säst, so wirst du ernten, wie du gibst, so wirst du empfangen. Wer die Seele höher schätzt als den Besitz, wird diese Regel nie vergessen, sagte Konfuzius. Aber auf der finanziellen Ebene gibt es künstliche Einschränkungen, die den natürlichen Kreislauf stören; denn unsere Gesellschaft unterscheidet nicht zwischen dem Geld, das durch Produktivität entsteht, und Spekulationsgewinnen. Echten Reichtum erzeugen nur die Produktion und Verteilung nützlicher Güter und Dienstleistungen. Die Spekulation vergrößert den Profit, ohne etwas zu produzieren. Der Produktionsprozess sieht so aus:

1. Finden Sie einen echten Bedarf, den Sie befriedigen können.
2. Erzeugen Sie Güter oder Dienstleistungen, die diesen Bedarf befriedigen.
3. Liefern Sie Güter und Dienstleistungen so, dass die Empfänger möglichst viel Nutzen davon haben.
4. Verlangen Sie für die Güter und Dienstleistungen einen angemessenen Preis.

Diese Formel ist die Grundlage des Wohlstandes. In einer wirklich freien Marktwirtschaft stehen Einkommen und Wohlstand in direktem Verhältnis zum Wert, den wir schaffen, also zum Nutzen, den andere haben. In diesem System können Energie und Reichtum frei fließen. In einer überregulierten Wirtschaft wie der unseren kann man dagegen durch Spekulation oft größeren Reichtum erwerben als durch Produktion. Spekulation bedeutet, dass abstrakte Werte gehandelt werden, um damit Geld zu verdienen.

Bauern schaffen zum Beispiel Wohlstand, indem sie Mais anbauen, ernten und verkaufen. Warenterminhändler spekulieren mit dem künftigen Preis des Maises und machen dabei Gewinne, die keinerlei echten Wohlstand schaffen – sie »machen Geld« und sonst nichts. Bauunternehmer und ihre Arbeiter produzieren echte Werte, denn sie bauen oder renovieren Wohnungen, in denen Menschen leben können. Investoren spekulieren mit diesem echten Wert, um eine möglichst hohe Rendite zu erzielen, wobei häufig kein zusätzlicher echter Wert entsteht.

Unternehmen produzieren Güter und Dienstleistungen, von denen manche einen echten Wert haben, andere nicht. Investoren spekulieren an der Börse mit Aktien (Anteilscheinen) dieser Firmen, und weil der Wert einer Aktie nicht nur vom wahren Wert des Unternehmens abhängt, können Händler damit spekulieren. Dabei verdienen sie oft viel mehr Geld als die Menschen, die das Produkt herstellen.

Die Produktion echter Werte ist die Basis des von Menschen gemachten Wohlstandes. Die Spekulation ist im Grunde ein Spiel mit diesen Werten. Unser Wirtschaftssystem begünstigt die Spekulation, bei der Geld mit Geld verdient wird, und benachteiligt die Produktion wertvoller Güter und Dienstleistungen (siehe Kapitel 5). Darum hat die Lehrerin, die anderen echte Dienste leistet, ein kleines Einkommen, während der Spekulant, der den ganzen Tag spielt, Millionen verdient. Taoisten betrachten ein solches System als im Kern korrupt; denn Menschen müssen ihre natürlichen Fähigkeiten ausdrücken und anderen echte Dienste leisten, um ihre Aufgabe zu erfüllen und eine gerechte, harmonische Gesellschaft hervorzubringen. Wenn wir Spekulation und Spiel belohnen, werden die Menschen unehrlich und versuchen, einander zu täuschen.

Wer heute echte Werte in Form von Gütern und Dienstleistungen produziert, wird dafür bezahlt. Doch dieses Einkommen führt meist nicht zu Wohlstand. Um finanziell unabhängig zu werden, ist vielleicht Spekulation erforderlich, die nichts mit dem wahren Wert der Arbeit zu tun hat. Auch für die Spekulation gibt es einige Grundregeln:

1. Wählen Sie einen echten Wert aus, mit dem Sie handeln wollen, zum Beispiel Immobilien, Aktien oder Waren. Informieren Sie sich gründlich über den Markt und die Werte.
2. Handeln Sie mit möglichst niedrigen Kosten in Geld und Zeit.
3. Verkaufen Sie mit Gewinn, nutzen Sie die Hebelwirkung.
4. Sparen Sie legal Steuern, und berücksichtigen Sie die Inflation.
5. Behalten Sie einen Teil des Gewinns, und investieren Sie den Rest.

Kapitel 5

Die Macht der Fülle

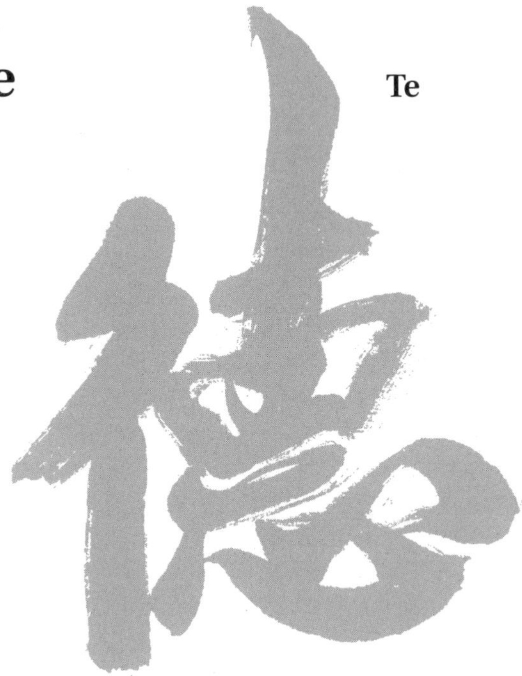

Te

Unser Leben gehört uns, und wir haben
großen Nutzen davon.
Was die Würde des Lebens betrifft,
so kann selbst das Amt des Kaisers
sich nicht damit vergleichen.
Was seine Bedeutung angeht,
so würden wir nicht einmal
die ganze Welt dafür tauschen.
YANG CHU

Dieses Kapitel befasst sich mit dem Prinzip des *Te* und der natürlichen Würde und Macht, die ein Leben im Tao uns schenkt. Der Weg des *Te* ist einfach: Seien Sie, was Sie sind, und folgen Sie Ihrer Natur. Dadurch finden Sie Ihr Schicksal: die Arbeit, die Beziehungen und die Lebensweise, die Ihnen zugedacht sind. Das entfremdete, kämpfende und grollende Ich lenkt uns jedoch vom Weg des *Te* ab. Anstatt unseren eigenen Weg zu suchen, sehnen wir uns nach der Anerkennung anderer. Wir streben nach Sicherheit durch Status und Konformität. Diese Konformität führt unweigerlich zu innerer Auflehnung. Die Folge ist, dass wir andere nötigen oder manipulieren oder uns selbst schaden. In diesem Kapitel untersuchen wir die Ursache der Abhängigkeit, die uns unserer Würde und Macht beraubt, und Möglichkeiten, sie ein für allemal zu überwinden. Außerdem beschäftigen wir uns mit den wirtschaftlichen und sozialen Kräften, die es uns erschweren, den Weg zu gehen, der uns bestimmt ist.

Chuang Tzu sagte: »Das, was die Dinge bekommen, um zu leben, wird *Te* genannt.« Wir können uns das *Te* als den Teil des Tao vorstellen, den jedes einzelne Ding oder Wesen bekommt. Die Eiche hat ihr *Te*, der Vogel hat sein *Te*, der Mensch hat sein *Te*. »Alles hat sein eigenes *Te*, seine eigene Tugend. Alles hat seine eigene Natur. Alles ist glücklich, wenn es sich im Einklang mit seiner Natur befindet.[1] *Te* ist die Macht, Würde und Majestät, die wir haben, wenn wir sind, was wir wirklich sind. Es geht hier nicht um die selbstsüchtige, manipulierende Macht des Ichs, sondern um die natürliche, vorbewusste, intuitive Macht des Seins.

Das Wort *Te* wird oft mit »Tugend« übersetzt. Aber diese Tugend ist kein Befolgen abstrakter ethischer Verhaltensregeln. Das *Lao Tzu* sagt: »Die niedrige Tugend löst sich nicht von der Tugendhaftigkeit und ist daher nicht tugendhaft.« *Te* ist eher eine »wirksame Kraft« oder innere Macht, ähnlich wie die Heilkraft der Pflanzen. Wir können *Te* mit Würde gleichsetzen, wenn wir darunter »den natürlichen Adel und Wert«[2] verstehen.

Obwohl *Te* eine natürliche Kraft ist, kommt sie nicht automatisch zum Ausdruck. Wir müssen viele Irrwege und Ablenkungen vermeiden, damit unsere menschliche Natur voll erblüht und unsere einzigartigen Fähigkeiten sich entwickeln. Wir können jederzeit vom richtigen Weg abkommen und das Leben verfehlen, das uns bestimmt war. Auch Lao Tzu und Chuang Tzu waren an den Fragen interessiert, die Jesus im Markus-Evangelium stellt: »Was hätte der Mensch davon, wenn er die ganze Welt gewänne und verlöre dabei seine Seele? Oder was soll ein Mensch im Austausch für seine Seele geben?«[3]

Wofür würden Sie Ihr *Te* opfern? Verlieren Sie es, weil Sie fürchten, andere zu beleidigen, und sich daher lieber anpassen? Tauschen Sie es gegen Geld oder Ruhm, Lust oder Ehrgeiz, billige Vergnügungen oder leere Versprechungen ein? Wenn Wordsworth sagt: »Durch Kaufen und Ausgeben vergeuden wir unsere Kraft«, dann spricht er vom *Te*. In einer Konsumgesellschaft ist es nicht leicht, unsere natürlichen Talente und unsere angeborene Kraft zu bewahren und zu entwickeln.

Weg den Weg des Tao geht, ist fest entschlossen, unabhängig zu bleiben, und betrachtet »sozialen Druck als Feind«, wie Joseph Campbell es ausdrückte. Allerdings hat der soziale Druck nur die Macht über uns, die wir ihm einräumen. Einstein sagte: »Ein innerlich freies und gewissenhaftes Individuum kann zwar vernichtet, aber nie versklavt oder als blindes Werkzeug benutzt werden.« So wie Wasser Kälte benötigt, um zu Eis zu werden, braucht der soziale Druck Angst, um wirksam zu sein. Wir verlieren unser *Te*, wenn wir zu viel Wert auf die Anerkennung anderer legen und die innere Würde und Macht unserer Seele zu billig verkaufen. Einerlei, wie groß unser Reichtum oder unser Ansehen sein mag, wir empfinden keine wahre Fülle, wenn unsere Seele leidet.

In diesem Kapitel untersuchen wir den Druck, den die heutige Gesellschaft auf uns ausübt, und überlegen, was wir tun können, um unsere Nachgiebigkeit zu überwinden. Wir können unser *Te* nicht erhalten oder stärken, ohne zu wissen, wie wir es erschöpfen. Es gibt genug Regen, um das Fass zu füllen, sofern wir alle Lecks abdichten. In uns ist genug Kraft, um das Leben, so wie es ist, zu bewältigen, sofern wir unsere Kraft nicht vergeuden.

Die klassischen Taoisten sprachen häufig voller Ehrfurcht von den »Alten«. Sie glaubten, die Menschen seien vom Zustand der Gnade, den diese überaus intuitiven und von Natur aus mächtigen Wesen genossen hätten, in die Künstlichkeit und Ich-Bewusstheit unserer Ära abgestürzt. Dadurch sei das Wissen um das Tao verloren gegangen und die Menschheit degeneriert. Heute gehen die Menschen scheinbar unendlich vielen erniedrigenden Tätigkeiten nach. Wir können uns zum Richter aufspielen und sagen: »Dieses Verhalten ist falsch, jenes ist böse.« Wir können auch religiöse Verbote und Gesetze gegen dieses Verhalten erlassen. Davon hielten die Taoisten nichts. Für sie waren Sanktionen unnatürlich und daher eine unnötige und letztlich unwirksame Belastung. Chuang Tzu sagte: »Richtig und falsch sind menschliche Urteile, die nichts mit der Natur zu tun haben. Das zu verstehen ist die Essenz des Tao.«

Die Taoisten wollten wissen, wie falsches Verhalten entsteht. Die Erniedrigung beginnt im Herzen und im Geist und ist letztlich unvollständige Bewusstheit. Sie äußerst sich als Grausamkeit oder Selbstvernichtung oder als langsames Verrotten der Seele, die ein freudloses oder sinnlosen Leben führt. Es genügt nicht, die Symptome zu verdammen. Wenn wir uns als Individuen und als Gesellschaft heilen wollen, müssen wir die Ursachen unseres Leidens verstehen. Wir müssen den Patienten – uns selbst oder andere – lieben und die natürliche Würde aller Menschen respektieren, einerlei wie weit sie vom Weg abgewichen sind.

Die Würde der Selbstständigkeit

Er ist sich selbst sein bester Freund und liebt die Einsamkeit, während der Mann ohne Tugend oder Fähigkeit sich selbst sein schlimmster Feind ist und die Einsamkeit fürchtet.
Aristoteles

Im Menschen vereinigen sich Himmel und Erde. Die Erde ist der Weg der Natur *(hsing)*, der Himmel ist der Weg des Schicksals *(ming)*. Die taoistische Philosophie lässt sich gut im Ausdruck *hsing ming shuang hsiou* zusammenfassen. Das bedeutet »Natur und Schicksal zugleich pflegen«. Der Weg zu unserer Göttlichkeit, also die Erkenntnis, dass wir spirituelle Wesen sind, führt durch unsere Menschlichkeit (unsere Natur). Es ist bestenfalls nutzlos, darüber hinausgehen zu wollen. Im Isha-Upanischad lesen wir: »Zur Finsternis verdammt sind jene, die nur den Körper (die Erde) verehren, zu noch größerer Finsternis jene, die nur den Geist (den Himmel) verehren«. Der Weise pflegt also Körper und Geist, Natur und Schicksal.

Wenn unser spirituelles Leben sinnvoll sein soll, müssen wir mit den Beinen auf der Erde bleiben. Es beginnt nicht mit der Flucht vor den Problemen und Grenzen des Körpers, sondern mit einem Abstieg in die Natur. Wir müssen uns mit der universellen Intelligenz identifizieren, die unseren Körper und alle anderen geformt haben und erhalten, auch den Körper der Erde, auf dem wir die Sonne umkreisen. Die Natur akzeptieren heißt, den Körper und seine Grenzen akzeptieren.

Überlegen wir einmal, was es heißt, ein Mensch zu sein. Neugeborene sind lange Zeit hilflos und abhängig. Diese physiologische Tatsache hat eine tiefgreifende Wirkung auf unsere Psyche. Als Reaktion darauf suchen wir nämlich nach Anerkennung, um uns zu schützen. Das Kleinkind hat den Eindruck »Ohne Anerkennung werde ich sterben«, und diese Vermutung hat eine gewisse biologische Grundlage, weil es ja völlig auf andere angewiesen ist.

Das Streben nach Anerkennung ist eine wirksame Überlebensstrategie. Es trägt dazu bei, die beiden fundamentalen Probleme der ersten Lebensjahre zu lindern, nämlich Abhängigkeit und Unvollständigkeit. Wenn wir uns um die Anerkennung unserer Eltern bemühen, gewinnen wir ihren Schutz und ihre Anerkennung. Zudem ist der Wunsch, anerkannt zu werden, ein starkes Motiv, die Fertigkeiten zu erwerben, die wir brauchen, um in der materiellen Welt und in der Gesellschaft zu überleben. Wir plappern die Worte »Mama« und »Papa«, und unsere Eltern schenken uns ein Lächeln oder loben uns. Ihre Zuwendung und ihr Lob ermutigen uns, zu gehen, selbst zu essen und viele andere wichtige körperliche und soziale Fertigkeiten zu erlernen. Der Tadel der Eltern ist ebenfalls eine wirksame Methode der sozialen Konditionierung. Da wir Lob mit Überleben verbinden, empfinden wir Tadel als Bedrohung unserer Existenz, und deshalb beeinflusst er unser Verhalten.

Die soziale Konditionierung ist für unser Überleben notwendig. Wir lernen viel über die materielle Welt und die Gesellschaft. Dennoch empfinden wir diese Konditionierung als beengend und schmerzhaft. Nietzsche verglich den Menschen im ersten Stadium seines Lebens mit einem Lasttier. Er sagte, wir seien wie Kamele, die auf die Knie sinken und das Gewicht der sozialen Konditionierung in Empfang nehmen. Das Streben nach Anerkennung ist in den ersten Lebensjahren unser *raison d'etre*, tief im Unbewussten verwurzelt und eng mit unserer Identität verbunden, die uns sagt, wer wir sind und warum wir da sind. Das Verlangen nach Anerkennung dominiert unser inneres Leben so sehr, dass nur wenig seelische Energie übrig bleibt. Auch das ist in der ersten Lebensphase eine natürliche Reaktion auf unseren biologischen Zustand und eine geeignete und wirksame Überlebensstrategie.

Mensch zu bleiben ist der erste Schritt zur Göttlichkeit.
NARADA BHAKTI SUTRAS

Problematisch wird es, wenn wir diese Einstellung noch als Erwachsene haben. In diesem Stadium ist ein Leben, das sich um Anerkennung dreht, nicht mehr sinnvoll, ja sogar destruktiv. Es beraubt uns unserer Fähigkeit, ein eigenes Leben zu führen. Entweder wir passen uns an, um anerkannt zu werden, oder wir lehnen uns auf, weil wir nicht glauben, dass es uns gelingt (wahrscheinlicher ist es, dass wir zwischen beiden Verhaltensweisen hin und her schwanken). In beiden Fällen ist unser Verhalten dem Erwachsenenalter nicht angemessen. Die Folge ist, dass wir unser Leben in der Defensive verbringen. Da wir nicht wirklich schöpferisch sind, können wir nur reagieren. Da wir die Dinge, uns selbst und andere nicht objektiv sehen, verfangen wir uns in nebensächlichen subjektiven Problemen. Und wenn wir keinen Bruch herbeiführen, der so scharf und klar ist wie das Durchtrennen der Nabelschnur, bleiben wir unser Leben lang seelisch abhängig. Die Macht, die Tugend, die Würde des *Te* fehlen uns.

Initiation – das zweite Durchtrennen der Nabelschnur

Als ich ein Kind war, sprach ich wie ein Kind, verstand ich wie ein Kind, dachte ich wie ein Kind. Doch als ich zum Mann wurde, legte ich die Kindlichkeit ab.

1. KORINTHERBRIEF 12:11

Die traditionellen Kulturen erkannten dieses Problem und führten Initiationsriten an, um dem Einzelnen den Übergang zum Erwachsenalter zu erleichtern. Die Riten waren in jeder Kultur unterschiedlich, aber alle hielten es für notwendig, kindliche Einstellungen abzulegen und die Züge der Erwachsenen anzunehmen. Irgendwann ist ein Bruch, ein Übergang notwendig, der das Unbewusste mit der Tatsache vertraut macht, dass wir jetzt biologisch unabhängig und sozial angepasst sind. Diese seelische Wiedergeburt galt nicht nur als notwendig, sondern sie wurde auch ausgiebig und fröhlich gefeiert.

Junge Leute denken vielleicht: »Ich bin jetzt neunzehn, habe einen Führerschein und das Abitur. Ich darf wählen. Jetzt bin ich erwachsen.« Doch der unbewusste Bruch fehlt. Während die äußeren Lebensumstände sich drastisch geändert haben, sind die inneren im Wesentlichen gleich geblieben. Wir haben keinen gesellschaftlich anerkannten Prozess, der Jugendliche auf die Verantwortung und die Möglichkeiten des Erwachsenenalters vorbereitet.

Es ist daher kein Wunder dass wir in einer infantilen Gesellschaft, in einer »Kultur des Narzissmus« leben, wie Christopher Lasch es ausgedrückt hat. Es gibt kaum etwas Traurigeres, als Siebzigjährige darüber jammern zu hören, was ihre Eltern falsch gemacht haben. Das ist uns peinlich, weil wir intuitiv verstehen, dass sie solche Probleme schon vor vielen Jahren hätten lösen sollen. Wir begreifen sofort, dass sie ihre wahre Berufung im Leben nie gefunden und in der Opferrolle viel Energie – ihr *Te* – vergeudet haben.

Der Zweck der Initiationsriten bestand darin, der Psyche des Individuums klar zu machen, dass sie jetzt einen neuen Körper bewohnte. Die Männer des Stammes kamen, um die Jungen mitzunehmen, und die Mütter taten so, als wollten sie ihre Söhne festhalten. Das alles wurde als archetypisches Drama erlebt. Die sich sträubende Mutter symbolisierte die Abhängigkeit des Kindes, die Männer, die den Knaben abholten, waren die neue Verantwortung und die neuen Privilegien des Erwachsenenalters.

Doch heute sind wir ein Mob. Der Mensch hat keine Ehrfurcht vor dem Menschen, und sein Genius wird nicht ermahnt, zu Hause zu bleiben und Kontakt mit dem inneren Ozean aufzunehmen. Stattdessen geht er hinaus und bittet um einen Becher Wasser aus den Urnen anderer.
EMERSON

Der Junge wurde in das Männerhaus oder zum rituellen Versammlungsplatz gebracht, um in seinen neuen Körper initiiert zu werden. Das geschah durch Riten, die oft schmerzhaft waren, etwa eine Beschneidung oder das Zufügen von Narben. Die Schmerzen und der Wandel im äußeren Erscheinungsbild sollten das Unbewusste davon überzeugen, dass es nun einen neuen Körper hatte. Die Stammesältesten waren keine Sadisten. Sie verstanden, dass ein Mensch, der innerlich ein Kind bleibt, zu einem hoffnungslos unglücklichen Neurotiker und damit zu einer Gefahr für die Gemeinschaft wird. Vor, während und nach den Initiationsriten wurden Geschichten erzählt, um den Initianden auf seine neue Rolle in der Gemeinschaft vorzubereiten. Er erlernte die Mythologie seines Volkes und erfuhr, was es bedeutete, in seinem Stamm ein Mann zu sein.

In manchen Kulturen führten die Frauen ein Mädchen nach seiner ersten Menstruation in eine Ritualhütte, wo sie über die Transformation nachdenken musste, die ihr Körper durchmachte. Die Frauen erzählten ihr Geschichten und vollzogen Riten, die dem Mädchen klar machten, welche Aufgaben eine Frau innerhalb des Stammes hatte.

Nach den geschlechtsspezifischen Riten kehrten die Initianden in die Gruppe zurück, und der ganze Stamm feierte die neuen Körper und die neue Rolle der jungen Leute. Weder sie selbst noch die anderen betrachteten sie jetzt noch als Kinder – alle akzeptierten sie als erwachsene Mitglieder der Gemeinschaft. Und alle nahmen am Feiern, Tanzen und Singen teil, die das fröhliche Ereignis prägten.

Kein Mensch macht etwas durch, was er nicht von Natur aus ertragen kann.
MARCUS AURELIUS

In traditionellen Kulturen nahm jeder an solchen Initiationsriten teil. Sie spielten eine wichtige Rolle im Leben des Einzelnen und sorgten für Harmonie in der Gemeinschaft und im Kontakt mit der Umwelt. Solche Initiationen sind in kleinen Stammesgemeinschaften am wirksamsten, weil die Rollen dort klar definiert sind und die Arbeitsteilung gering ist. Die Riten erreichten zwar ihr Ziel, waren aber etwas grob. Der psychische Bruch ist zwar notwendig, das Zufügen von Schmerzen aber nicht.

Es gibt eine andere, esoterische Initiation der Mysterienkulte in aller Welt. Sie initiierten nur Kandidaten, die Charakter und moralische Stärke bewiesen hatten. Pythagoras und Platon sollen Initianden solcher Mysterienkulte gewesen sein.[4] Männer und Frauen unterzogen sich den gleichen Riten. In diesen esoterischen Traditionen galt die Initiation ins Erwachsenenalter nur als die erste von mehreren Initiationen, die geeignete Kandidaten durchlaufen mussten.

Da die Teilnehmer unter Androhung der Todesstrafe zur Geheimhaltung verpflichtet wurden, wissen wir nicht genau, was während dieser Riten geschah. Nur Berichte von Gegnern und rituelle Gegenstände erlauben einige Rückschlüsse.[5] In den eleusinischen Mysterien brach ein symbolischer Abstieg in die Unterwelt die Macht des trennenden Ichs. Der Initiand wurde eins mit der Macht und der Energie der Natur, mit dem dionysischen Puls des Lebens in seinen destruktiven und kreativen Aspekten.

Der Initiand wurde nackt ausgezogen (denn so hatte er die Welt betreten) und bekam ein Gerstengetränk mit halluzinogener Wirkung, damit er die nachfolgenden Ereignisse intensiver erlebte und tief ins Unbewusste einprägte. Man führte ihn in unterirdische Kammern, also in eine symbolische Unterwelt, in der alle Schrecken des Hades als lebendiges, rituelles Drama dargestellt wurden. Dort sah er Szenen, die Dantes Inferno glichen, in dem die Seele nach dem Tod von derselben Gier verzehrt wird, die sie auf Erden im Griff hatte. Er lernte, dass der Tod kein Entkommen bietet, sondern lediglich eine andere Bühne für die Rolle der Seele darstellt. An einem entscheidenden Wendepunkt des Dramas zeigte man dem Initianden einen Spiegel, in dem der sich selbst als alten Mann sah – er stand seiner Sterblichkeit von Angesicht zu Angesicht gegenüber. Die Botschaft war klar: Nur wenn wir die Dinge so sehen, wie sie sind, können wir die triviale Einstellung der Jugend, das egozentrische Streben nach Aufmerksamkeit und Anerkennung überwinden. Nur wenn wir den Tod willkommen heißen, sind wir bereit zu leben.

Die klassischen Taoisten lösten das Problem eher philosophisch als ritualistisch. Aber sie betrachteten die damit verbundene Erkenntnis zweifellos als Voraussetzung für den Weg des Tao. In Kapitel 5 des *Chuang Tzu* belehrt Lao Tzu einen Mann namens Zehenlos darüber, wie er andere auf den Weg der Befreiung führen kann: »Warum hast du ihm nicht beigebracht, Leben und Tod, richtig und falsch als Einheit zu betrachten, damit er von seinen Fesseln frei werde?«

Die Natur: Das Gute mit dem Bösen

> *Wer das Richtige ohne das Falsche, eine gute Regierung ohne ihre Fehler haben will, versteht das große Prinzip des Universums und die Natur der Schöpfung nicht.*
> CHUANG TZU

Obwohl unsere Gesellschaft weder traditionelle noch esoterische Initiationsriten kennt, können wir die wichtigen Elemente der Initiation verstehen und so den Übergang ins Erwachsenenalter erleichtern. Nicht die Riten an sich sind entscheidend, sondern die tiefe Einsicht in ihre Bedeutung. Sokrates lehnte angeblich eine Initiation in die eleusinischen Mysterien ab, weil das Schweigegelübde ihn daran gehindert hätte, über die offenbarten Prinzipien zu diskutieren. Die klassischen Taoisten, vor allem Chuang Tzu, befassten sich eingehend mit diesen Fragen und können uns wertvolle Einsichten in das Problem und seine Lösung vermitteln.

Die erste Initiation verlangt, die Natur so zu akzeptieren, wie sie ist: eine bunte Mischung aus Leben und Tod, Licht und Finsternis, Schöpfung und Zerstörung und so weiter. Wir sollen das Leben nicht über den Tod, das Licht nicht über die Dunkelheit stellen, sondern die ganze Existenz bejahen. Wir können die Situation des Menschen nur als bunte Mischung akzeptieren, mit allem, was wir für gut halten, und allem, was wir für schlecht halten. Das setzt voraus, dass wir auch die biologisch bedingte Anfangsphase der Abhängigkeit nebst den damit verbundenen Schmerzen akzeptieren. Dadurch öffnen wir uns einer neuen Lebenserfahrung.

Das Studium anderer Kulturen und spiritueller Traditionen hilft uns verstehen, dass der innere Übergang zwischen dem ersten und zweiten Lebensstadium ein universelles Problem ist. Er ist kein individuelles Problem, nicht Fritz Müllers oder Anna Maiers Problem; er ist kein christliches, jüdisches oder taoistisches Problem und auch kein Problem der Männer oder der Frauen. Er ist ein Problem aller Menschen, weil er in der menschlichen Biologie wurzelt. Das Streben nach Anerkennung ist der seelische Ballast, den wir aus unserer langen Periode der Abhängigkeit mitnehmen. Diesen Ballast müssen wir abwerfen, um die innere Würde unseres Wesens zu erfahren und die Macht des *Te* in unserem Leben zu erkennen.

Wir machen einen Fehler, wenn wir Biografien anstatt Biologien vergleichen. Wir irren uns, wenn wir sagen: »Die Biografie von X wäre mir lieber.« Entscheidend ist nicht der Vergleich mit anderen Menschen, sondern mit anderen (nichtmenschlichen) Arten. Vermutlich wäre es Ihnen nicht lieber, wenn Sie als Insekt oder Kuh geboren worden wären. Viele Tiere sind gleich nach der Geburt unabhängig und vollständig, andere müssen höchstens ein paar Jahre darauf warten. Menschen gelten dagegen in unseren Kulturen erst mit dreizehn, achtzehn oder gar einundzwanzig Jahren als unabhängig.

Im Vergleich zu Tieren haben Menschen viele Vorteile. Doch unser höheres Bewusstsein, unser Fähigkeit zu lernen sowie Sprache, Kunst und Kultur fordern ihren Tribut: eine lange Phase der Abhängigkeit. Da wir ein großes Gehirn und einen großen Körper haben und aufrecht gehen, werden wir im Grunde zu früh geboren – andernfalls könnten wir den Geburtskanal nicht passieren. Infolgedessen verbringen wir den größten Teil unseres ersten Lebensjahres damit, zu schlafen und zu wachsen. Und wir brauchen viele Jahre, um völlig selbstständige Individuen zu werden.

Alle Dinge können etwas tun, und alle können gleich erfolgreich sein. Wenn wir nach Unerreichbarem streben und nicht entsprechend unserer natürlichen Fähigkeiten und unserer echten Gefühle handeln, werden wir mit Sicherheit scheitern.
KUO HSIANG

Das Problem der Kindheit oder des ersten Lebensstadiums ist letztlich die biologische Hilflosigkeit, nicht unsere einzigartige Biografie oder die frühkindliche Erziehung. Wenn wir das nicht begreifen, ist es schwierig, wenn nicht unmöglich, Freude an einem unabhängigen Leben zu haben. Viele Menschen klagen ein Leben lang darüber, dass ihre Eltern sie misshandelt oder vernachlässigt hätten. Doch beide Probleme sind im Grunde auf unsere Hilflosigkeit und Abhängigkeit in der ersten Lebensphase zurückzuführen. Als Erwachsener können Sie sich wehren oder weggehen, wenn jemand unfreundlich zu Ihnen ist, und auch wenn Sie sich vernachlässigt fühlen, können Sie etwas dagegen tun, zum Beispiel Ihre Gefühle äußern oder Ihr Leben ändern.

Als Erwachsener haben Sie Möglichkeiten, die Ihnen als Kind nicht zur Verfügung standen. Sie haben Kraft, Fertigkeiten und Kenntnisse, die Sie damals nicht hatten. Als Kind mussten Sie sich mit dem abfinden, was Ihre Eltern taten. Aber das eigentliche Problem war nicht, was sie taten oder nicht taten, sondern die Tatsache, dass Sie nichts daran ändern konnten. Das war weder Ihr Fehler noch der Fehler Ihrer Eltern. Es ist nur Biologie. Selbst wenn Sie die besten Eltern der Welt gehabt hätten, wären Sie von ihnen abhängig gewesen und hätten sich infolgedessen bemüht, ihre Zuwendung zu erlangen. Diese allgemeine Einstellung zum Leben müssen Sie überwinden, nicht nur die Traumas Ihrer Kindheit. Sie können versuchen, das Unkraut nach und nach zu stutzen; Sie können es aber auch mit der Wurzel ausreißen.

Die erste Initiation besteht also darin, die Situation des Menschen als Ihre eigene zu akzeptieren. Sie können ohnehin nicht davor weglaufen. Auch Willenskraft ist keine Lösung. Wenn Sie sagen: »Ich will nicht abhängig sein. Ab sofort bin ich unabhängig«, werden Sie damit nichts erreichen. Sie müssen zurückgehen und Ihre Hilflosigkeit lieben und akzeptieren. Ihre Kindheit macht Sie nur dann wütend, wenn Sie der Meinung sind, sie hätte anderes verlaufen sollen. Da die Schmerzen Ihrer Kindheit aber die Folge der Hilflosigkeit waren und diese ein normales Entwicklungsstadium ist, wäre es unlogisch, sich zu wünschen, dass es diese Abhängigkeit nie gegeben hätte – dann hätte es auch Sie nie gegeben. Wenn Sie sich selbst als menschliches Wesen ablehnen, können Sie auf der ganzen Welt nach Anerkennung suchen, ohne sie je zu finden. Denken Sie daran, dass Sie von anderen nichts bekommen, was Sie sich nicht selbst geben wollen (siehe Kapitel 2).

Akzeptanz ist weder Flucht noch eine rosarote Brille. Sie brauchen nicht vorzugeben, Ihre Hilflosigkeit als Kind sei wundervoll gewesen. Nasse Windeln; Plappern, Grunzen und Kreischen als Kommunikation; von anderen gefüttert und herumgetragen zu werden – das alles war schmerzlich. Und es war schmerzlich, von anderen und von deren Gunst abhängig zu sein. Wenn Sie das zugeben, haben Sie den ersten Schritt getan, um sich davon zu befreien. Wen Sie Ihre schmerzhafte Hilflosigkeit leugnen oder für falsch halten, bleibt das Problem erhalten, und Sie verzetteln sich in Abhängigkeit und Auflehnung. Sie suchen verzweifelt nach Anerkennung, und wenn Sie keinen Erfolg haben, rebellieren Sie. Solange Anerkennung für Sie derart wichtig ist, können Sie nicht Ihr eigenes Leben führen und Ihr *Te* nicht stärken.

Denken Sie daran, dass Sie einige wichtige Schlussfolgerungen gezogen haben, die Sie selbst, Ihr Leben, andere und Ihren Einfluss auf die Welt betrafen, als Sie noch abhängig und unvollständig waren. Einige dieser Entscheidungen waren gewiss nicht die besten, da Ihr Verstand ja noch nicht voll entwickelt war und Ihr Streben nach Anerkennung Sie beeinflusste. Vielleicht kamen Sie beispielsweise zu dem Schluss, dass man den Menschen nicht trauen kann oder dass Sie im Leben nicht tun dürfen, was Sie wollen. Wenn Sie einräumen, dass Sie zur Zeit dieser Schlussfolgerungen abhängig und unfertig waren, brauchen Sie sie nicht mehr hartnäckig zu verteidigen und bis ans Ende Ihres Lebens so zu tun, als seien es brillante Erkenntnisse. Wenn Sie Ihre Hilflosigkeit im ersten Lebensstadium zugeben und akzeptieren, bringen Sie all diese verdrängten und einschränkenden Schlussfolgerungen ans Tageslicht und können sie analysieren und ohne Mühe loslassen, weil es keinen Grund mehr gibt, sie zu verdrängen – sie haben sich nur deshalb in Ihnen festgesetzt, weil Sie Ihre schmerzliche Abhängigkeit geleugnet und verdrängt haben.

Die erste Nabelschnur haben andere durchtrennt. Die zweite müssen Sie selbst durchschneiden. Der erste Schnitt war der Beginn Ihrer körperlichen Unabhängigkeit, der zweite ist der wahre Anfang Ihres spirituellen Lebens. Akzeptieren Sie die Tatsachen und damit Ihre Aufgaben im Leben. Lao Tzu erinnert uns daran, dass alles gemäß seiner Natur wächst. Suchen Sie also nicht die Anerkennung anderer, sondern schätzen Sie Ihr *Te*. Wachsen Sie auf Ihre natürliche Weise.

Würde bedeutet, der eigenen Natur zu folgen

Es ist besser, wenn ein Mensch seine natürliche Arbeit unvollkommen erfüllt als eine andere Arbeit vollkommen. Niemand sollte seine natürliche Arbeit aufgeben, selbst wenn er dabei Fehler macht.
BHAGAVADGITA

Te, die wahre menschliche Würde und Macht, erlangen Sie nur, wenn Sie Ihrer Natur folgen. Wir haben bereits ausführlich darüber gesprochen, dass wir das kindliche Streben nach Anerkennung überwinden müssen. Diese Einstellung kann unser Leben in mancherlei Weise stören und uns auch davon abhalten, die Arbeit zu tun, für die wir geboren sind. Erst wenn wir uns vom Verlangen nach Beifall befreit haben, können wir herausfinden, wer und was wir wirklich sind. Und nur wenn wir akzeptieren, wie ähnlich wir allen anderen sind, können wir unsere eigenen Fähigkeiten entdecken und zum Ausdruck bringen. Der Weg zu unserem Schicksal führt durch unsere Natur. Das gilt für unsere Arbeit, unsere Beziehungen und unser ganzes Leben.

Der Beruf, sei es der eines Bauern, sei es der eines Architekten, ist eine Aufgabe. Die Erfüllung dieser Aufgabe ist für den Menschen ein notwendiges Mittel der spirituellen Entwicklung und ein Maßstab für seinen gesellschaftlichen Wert.
ANANDA K. COOMARASWAMY

Für die meisten Menschen ist die Arbeit das wichtigste Mittel, um materielle Fülle zu erwerben. Aber auch die bloße Erfahrung der Arbeit kann unsere Erfahrung der Fülle beeinflussen. Wenn wir unserer Natur oder, wie Joseph Campbell es formulierte, unserem Glück folgen, können wir das Leben führen, zu dem wir geboren wurden, und dazu gehört auch die richtige Arbeit. Campbell sagte: »Wenn Sie Ihrem Glück folgen, begeben Sie sich auf einen Pfad, der schon immer auf Sie gewartet hat. Dann ist Ihr Leben das Leben, das Sie führen sollen.«

Gehorche deinem Schicksal. Das ist oft sehr schwer, aber nur dann kannst du gelassen werden.
CHUANG TZU

Was das Tao der Fülle angeht, so finden wir hierin zwei entscheidende Elemente: 1. Unsere Natur ist der Weg des *Te*, der wahren Macht und der echten Freude. Fung Yu-Lan drückte es so aus: »Alles ist glücklich, wenn es im Einklang mit seiner Natur sein darf.« 2. Wenn wir unserer Natur folgen, gelangen wir in den Strom des Tao, auf Campbells »Pfad«, der eigentlich ein großer Fluss ist. Da alle Flüsse zum Meer streben, führt unsere Natur uns unweigerlich zu unserem Schicksal.

Die Kraft Ihrer Natur

Wir sind glücklich, wenn wir das Te oder unsere natürlichen Fähigkeiten vollständig ausdrücken, das heißt wenn unsere Natur sich frei und vollständig entwickeln kann.
FUNG YU-LAN

Ein fundamentaler Grundsatz des Tao der Fülle lautet: Folgen Sie Ihrer Natur. Ihre Natur ist Ihre Kraft. Wenn Sie Ihre Natur leugnen, berauben Sie sich Ihrer Kraft, des *Te*. Viele Menschen leugnen ihre Talente und Fähigkeiten und klagen darüber, sie seien nicht erfolgreich oder nicht glücklich. Sie gleichen einem Läufer, der sich Fußfesseln anlegt und dann darüber klagt, er könne nicht schnell laufen. Tun Sie einfach das, was Ihnen von Natur aus leicht fällt. In seinem Kommentar zum *Chuang Tzu* schreibt Kuo Hsiang: »Wenn ein Mann von Natur aus stark ist, trägt er eine schwere Last, ohne ihr Gewicht zu spüren. Wenn er von Natur aus geschickt ist, bewältigt er viele Dinge, ohne sich beschäftigt zu fühlen.« Mühelosigkeit, Freude und Kraft sind natürliche Nebenprodukte, wenn Sie Ihrer Natur folgen.

Wer seiner Natur nach für eine bestimmte Arbeit geeignet ist, der tut, was er am liebsten tut, selbst wenn er dadurch sein Brot verdient, und wenn die Umstände ihn zu einer anderen Arbeit zwingen, ist er unglücklich, selbst wenn er gut bezahlt wird.
ANANDA K. COOMARASWAMY

Zwei Männer verlassen zur selben Zeit die Stadt mit dem gleichen Ziel. Der eine reitet auf einem starken, gehorsamen Pferd, der andere auf einem störrischen Maultier, das er immerzu antreiben oder gar ziehen muss. Wer kommt zuerst an, und wessen Reise ist angenehmer? Viele Menschen kämpfen unnötig, weil sie ihr Leben lang eine Arbeit verrichten, für die sie ihrer Natur nach nicht geeignet sind. Wie der Mann auf dem Maultier müssen sie sich durch den Tag zwingen, und selbst wenn sie finanziell erfolgreich sind, entgeht ihnen die Freude, ihre natürlichen Talente zu entwickeln. Wenn Ihre tägliche Arbeit Ihrer Natur widerspricht, versäumen Sie eine der großen Freuden des Lebens, und dafür ist kein noch so großes Gehalt ein ausreichender Ersatz.

Mit dem Strom schwimmen

Dein Platz ist dort, wo du glücklich leben kannst.
KAUTHILYA

Wenn Sie Ihre Talente und Fähigkeiten leugnen, schränken Sie nicht nur Ihre Macht, Stärke und Freude ein, sondern Sie berauben sich auch der lenkenden und motivierenden Kraft, die Sie zum Leben führt, für das Sie geboren wurden. Wenn Sie Ihrer Natur folgen, schwimmen Sie mit dem Strom des Tao. »Das Prinzip des Tao ist Spontaneität«, sagte Lao Tzu. Wenn Sie Ihre Natur bei der täglichen Arbeit unterdrücken, können Sie in keinem Bereich Ihres Lebens spontan sein. Die Leugnung Ihrer Natur trübt die Sinne und schaltet die angeborene intuitive Intelligenz ab. Sie fühlen sich schwer und zweifeln an sich selbst.

Sobald Sie der äußeren Welt Ihre Fähigkeiten geben und Ihre Natur ausdrücken, ziehen Sie Menschen, Umstände und Ressourcen an, die Sie benötigen, um Ihr Schicksal zu erfüllen. Sie machen Erfahrungen, die aus dem üblichen Blickwinkel magisch erscheinen, aber in Wahrheit nur der natürliche Zustand sind. Spontanes, schöpferisches Handeln und Synchronizität in Beziehungen und Ereignissen werden alltäglich. Sie sind zur rechten Zeit am richtigen Ort. Darum bemühen Sie sich nicht bewusst – Sie erlauben einfach Ihrer Natur, Sie in den Strom des Tao zu führen.

Die Verheißung und Illusion der Sicherheit bringt uns von unserer Spontaneität ab. Der Weg der Natur setzt voraus, dass wir kreative Unsicherheit akzeptieren und uns mit dem unaufhörlichen und spontanen Wandel bewegen. Wenn Sie Ihrer Natur folgen und die Arbeit tun, für die Sie geschaffen sind, gelangen Sie in den Strom Ihres Schicksals. Schwimmen Sie einfach mit. Wählen Sie jedoch einen bestimmten Beruf, um Ihren Eltern zu gehorchen, mehr Geld zu verdienen oder gesellschaftlich anerkannt zu werden, entgleitet Ihnen Ihr Schicksal. Viele Menschen kümmern sich nicht um ihre natürlichen Talente, wenn sie berufliche Entscheidungen treffen, aber sie beklagen, dass sie nicht wissen, warum sie auf der Welt sind. Oft lassen sie sich von Nebensächlichkeiten ablenken.

Viele äußerlich erfolgreiche Männer haben mir gestanden, dass sie Arzt, Anwalt oder Manager geworden sind, um auf Frauen Endruck zu machen. Oft fühlen sie sich in einem Beruf gefangen, für den sie gar nicht geeignet sind und der ihnen keine Freude macht, und sie verlassen ihn nicht, weil sie fürchten, die Anerkennung ihrer Partnerin zu verlieren. Nachdem sie eine Frau dank ihres Einkommens »erobert« haben, fürchten sie, sie zu verlieren, und haben daher nicht den Mut, sich Zeit für Selbsterforschung zu nehmen oder sich einen weniger lukrativen Beruf zu suchen. Dabei haben sie das Gefühl, zu Hause und bei der Arbeit nicht sie selbst zu sein und ihr Leben lang eine Maske zu tragen. In den mittleren Jahren sind sie enttäuscht und voller Groll. Das zeigt, wie gefährlich es ist, Hintergedanken zu haben. Wählen Sie Ihre Arbeit um ihrer selbst willen. Jede andere Arbeit, selbst wenn Sie ihnen noch so zweckdienlich erscheint, ist ein großes Risiko. Taoisten würden sagen: »Die Schlauen übertrumpfen sich oft selbst.« Bleiben Sie lieber schlicht, und folgen Sie Ihrem Herzen.

Wie viel verliert die Gesellschaft, wenn die Menschen nicht ihrer Natur folgen? Wenn ein Mensch sein *Te* verliert, leiden wir alle darunter. Wie hoch sind dann erst die Kosten, wenn *die meisten* Menschen von ihrem Weg abirren? Wir sind nicht nur für uns selbst verantwortlich, sondern auch für die Gemeinschaft. Darum müssen wir unsere Fähigkeiten voll entwickeln und anwenden.

Das Verlangen nach Anerkennung führt zu Abhängigkeit

Die infantile Sucht nach Anerkennung hindert uns daran, unsere eigene Kraft und unsere menschliche Würde zu erkennen. Stattdessen fühlen wir uns einsam und verzweifelt. Wir glauben fälschlich, das Lob anderer lindere unsere Einsamkeit. Doch wenn wir nach Anerkennung streben, knüpfen wir keinen echten Kontakt mit anderen Menschen, da wir sie zu Objekten machen. Wir sehen in ihnen keine lebenden, atmenden Wesen, sondern Ersatzeltern, die Lob und Tadel verteilen. Wir versuchen, die anderen zu manipulieren, damit sie uns die Anerkennung geben, die wir unserer Meinung nach brauchen.

Aber wir verwandeln auch uns selbst in machtlose Subjekte, denn wir nehmen die Welt nur noch subjektiv wahr. Wir sind unfähig, andere Menschen, Ereignisse und uns selbst objektiv zu sehen. Wichtig ist nur noch, was mit »mir« richtig oder falsch ist und was andere für oder gegen »mich« tun. So werden wir abhängig von Lob und Tadel anderer Leute und verlieren unser natürliches *Te*.

Eines der größten Probleme in unseren Beziehungen ist unsere unbewusste Neigung, aus dem Partner eine Vater- oder Mutterfigur zu machen, auf die wir unsere ungelösten Kindheitsprobleme projizieren. Natürlich sieht ein kleines Kind die Eltern nicht so, wie sie sind: als Menschen mit eigenen Problemen. Und auf unsere kindliche Weise verwechseln wir vielleicht die Müdigkeit unseres Partners mit Gleichgültigkeit oder seine Enttäuschung mit Ablehnung. Manchmal strengen wir uns derart an zu sein, wie der Partner uns unserer Meinung nach haben will, dass wir ihm nicht geben, was er wirklich braucht oder will. Wir konzentrieren uns so sehr auf das, was wir angeblich von ihm haben wollen, dass wir unfähig werden, ihn zu verstehen und echtes Mitgefühl für ihn zu empfinden.

Wir fühlen uns abhängig von Leuten, deren Anerkennung wir suchen, und sind verblüfft darüber, wie leicht und wie stark sie uns beeinflussen können. Ihre Reaktionen, gedeutet als Zeichen des Lobes oder Tadels, können unsere Stimmung verändern und sogar unser Selbstwertgefühl stärken oder schwächen. Wenn sie uns loben, fühlen wir uns manipuliert, und wenn sie uns tadeln, sind wir tief erschüttert. Letztlich fangen wir an, den Menschen zu grollen, von denen wir anerkannt sein wollen. So gehen viele Beziehungen in die Brüche. Aber wir merken oft nicht, dass nicht der andere, sondern unser Bedürfnis uns steuert. Dieses Verhaltensmuster wiederholen wir möglicherweise in immer neuen Beziehungen. Die Folge ist, dass wir nicht den richtigen Partner finden oder ihn vertreiben. Um diesen Zyklus zu brechen, müssen wir einen Schritt zurücktreten, unsere kindliche Verhaltensweise durchschauen und uns ins Erwachsenenalter initiieren. Gesunde Beziehungen beruhen auf gegenseitigem Respekt, Liebe und Verständnis. Wer Anerkennung mit Liebe verwechselt, hat keinen Erfolg.

Harmonie zwischen Natur und Gesellschaft

Folge dem Willen und dem Weg, der nach deiner Erfahrung dein eigener ist.
C. G. JUNG

Es ist eine Ironie, dass es in der heutigen Welt oft schwieriger ist, seine natürliche Arbeit zu finden, als sie auszuüben. Schuld daran ist hauptsächlich die moderne Gesellschaft mit ihren Wertvorstellungen. Gewiss, es gab immer Konflikte zwischen der Gesellschaft und dem Weg der Natur. Dennoch ist es hilfreich zu verstehen, womit wir in unserer Zeit zu kämpfen haben. Die Konsumgesellschaft belohnt Menschen mit einer ehrgeizigen, extravertierten Persönlichkeit, die gerne im Mittelpunkt stehen und sich durchsetzen können.

Aber viele Menschen sind von Natur aus anders. Wenn sie jedoch nicht irgendwie mit dieser Situation zurecht kommen, verpassen sie die Chance, die Arbeit zu tun, für die sie geschaffen sind. Falls es je eine Zeit gab, in der die Erfindung einer besseren Mausefalle Ihnen Ruhm eingebracht hätte, so ist diese Zeit längst vorbei. Wer nicht finanziell unabhängig geboren wurde, muss sich selbst vermarkten, wenn er die Arbeit tun will, die ihm bestimmt ist. Wahre schöpferische Freiheit setzt meist sogar großen kommerziellen Erfolg voraus. Wir müssen also ein Gleichgewicht finden, das es uns erlaubt zu tun, was wir unserer Natur nach tun sollen, ohne dass unsere Energie durch den Kampf ums Geld aufgezehrt wird. Wenn wir uns selbst zu wenig oder zu sehr vermarkten, können wir unserer Natur nicht folgen.

Wir dürfen zwar dem sozialen Druck nicht nachgeben, ihn aber auch nicht unterschätzen. Er kann das Leben sehr bewusster und begabter Menschen stark beeinflussen. In seiner Autobiografie schrieb der Philosoph und Zen-Autor Alan Watts über die Bedeutung der »Show« in der Konsumgesellschaft: »Niemand kann als unabhängiger Autor oder Pfarrer erfolgreich sein, ohne ein Gespür fürs Dramatische und eine starke Persönlichkeit zu haben – und mit Erfolg meine ich nicht nur finanziellen Lohn, sondern auch effektive Kommunikation.«

Was Watts in seiner Autobiografie verschweigt, ist sein Alkoholismus. Für seine Freunde war er ein empfindsamer, von Natur aus introvertierter Mensch, der zu trinken pflegte, um Vorträge halten und sich auf den anschließenden Cocktail-Partys locker bewegen zu können. »Vor solchen Ereignissen schwitzte er Blut. Eines Tages fand er heraus, dass er sich nicht nur wohler fühlte, wenn er zwei oder drei Martinis trank, sondern dass er dann sogar die Seele der Party war.«[6] Schließlich wurde er ein starker Trinker, der zweifellos zu früh starb. Sein Freund Chung-liang Al Huang meint, in Watts Leben spiegle sich das Ungleichgewicht der modernen Gesellschaft wider: die Überbetonung der männlichen Werte, die von einem Mann, welcher der Welt viel zu geben hatte, ihren Tribut forderte. Obwohl die Rolle des gefragten Redners und berühmten Vertreters des New Age Watts half, seine Ideen zu verbreiten und sich und seine Familie zu ernähren, blähte sie auch sein Ich auf und lief seiner Natur zuwider.[7] Seine Geschichte zeigt, dass soziale Zwänge nicht einfach verschwinden, nicht einmal dann, wenn unsere Arbeit unserer Natur entspricht – sie können dabei sogar stärker werden. Wir müssen also immer darüber nachdenken, wie wir mit diesem Druck umgehen.

Lebe nach deinem Selbst, nicht wie andere es wollen. So bewahrst du die Integrität deines Wesens.
KOU HSIANG

Es ist sicherlich schwierig, in der modernen Welt unserer Natur zu folgen und dabei unseren Lebensunterhalt zu verdienen. Mit diesem Problem können wir uns hier nicht näher befassen; ich habe es ausführlich in meinen Büchern *Zen and the Art of Making a Living – How to Find the Work You Love* behandelt, und ich lade Leser, die ihr Leben im Einklang mit ihrer Natur führen wollen, zur Lektüre dieser und anderer Bücher ein. Ich finde es ermutigend, dass in unsere Kultur einzusehen beginnt, wie wichtig es ist, sich durch seine Arbeit selbst auszudrücken und nicht nur Geld damit zu verdienen. Dieses wachsende Bewusstsein könnte eine große gesellschaftliche Transformation auslösen. Dennoch müssen wir uns darüber im Klaren sein, dass heute nur wenige Menschen eine Arbeit haben, die sie lieben und in der ihre natürlichen Talente sich entfalten können. Diese neue gesellschaftliche Bewegung hat bisher nämlich nur gebildete und bewusste Menschen erfasst.

Der Rest des Kapitels untersucht, welche Hindernisse die moderne Gesellschaft samt ihren Wertvorstellungen dem Einzelnen, der seiner Natur folgen will, in den Weg stellt. Diese Untersuchung ist zwar kurz, aber für unsere Erörterung aus drei Gründen wichtig. Erstens definiert die Konsumgesellschaft das Leben, die Gemeinschaft, den Menschen, die Natur und die Fülle auf künstliche, also unnatürliche Weise. Zweitens wird in unserer Gesellschaft zwar viel über Freiheit geredet, aber die menschliche Natur, menschliche Beziehungen und die menschliche Würde werden auf mancherlei Weise unterdrückt. Wir können die Menschen nicht ruhigen Gewissens auffordern, ihrer Natur zu folgen und die Arbeit zu tun, für die sie geschaffen wurden, ohne auf die Schwierigkeiten einzugehen, auf die sie dabei stoßen.

Würde und die Regeln der Gesellschaft

Wenn die Menschen ihre wahre Natur nicht verschmutzen und ihr Te nicht beiseite schieben, brauchen wir dann noch eine Regierung?
CHUANG TZU

Die soziale Umgebung, in der wir leben, kann die Pflege des *Te* erschweren. Tenzin Gyatso, der derzeitige Dalai Lama, drückte es so aus: »Wenn die meisten Ihrer Mitmenschen egoistisch sind, fühlen Sie sich immer isoliert und können niemandem vertrauen. Mitgefühl und Respekt für andere nehmen ab, weil alle glauben, sich verteidigen zu müssen.«[8]

Taoisten sind der Meinung, dass die Menschen nur dann egoistisch werden, wenn sie ihr *Te* verloren haben. Die klassischen Taoisten verlangten von den Herrschenden, eine Umwelt zu schaffen, die den Weg des Tao, nicht jedoch Gier und Wettbewerb förderte. Sie stellten die natürliche Macht *Te*, die ein Handwerker ebenso braucht wie ein Politiker, der künstlichen, dem Volk aufgezwungenen Macht gegenüber. Künstliche Macht ist kein Ausfluss der menschlichen Würde und Fähigkeit (*Te*), sondern der Täuschung oder der Willenskraft.

Wenn eine Gesellschaft von dieser künstlichen Macht beherrscht wird, müssen die Menschen leiden. Es fällt ihnen schwer, ihrer wahren Natur zu folgen, und überall ist Verfall sichtbar. Taoisten erklären diese Vorgänge so: Zuerst verliert die Gesellschaft als Ganzes das Wissen um das Tao. Dann setzen sich Herrscher ohne natürliche Macht durch, und sie organisieren die Gesellschaft so, dass die Menschen ihrer wahren Natur noch mehr entfremdet werden.

Die klassischen Taoisten waren weit davon entfernt, uninteressierte spirituelle Einsiedler zu sein. Sie hatten viel zu den sozialen und politischen Verhältnissen ihrer Zeit zu sagen.[9] Sie waren jedoch keine Anarchisten, wie bisweilen behauptet wird, sondern akzeptierten die politische Führung, weil sie in unserer Ära notwendig ist. Allerdings forderten sie die Politiker auf, Gesetze und andere Eingriffe auf ein Minimum zu beschränken und den Bürgern keine schweren Lasten aufzubürden. Sie rieten den Herrschenden, »das Land so zu regieren, wie man einen kleinen Fisch kocht«.[10]

Die künstliche Gesellschaft

Wenn wir alles nach seinem wirtschaftlichen Wert beurteilen, ist nichts mehr wertvoll.
E. F. SCHUMACHER

Wenn es ein Leitprinzip der taoistischen Ethik gibt, dann dieses: Strebe nach allem, was mit der Natur harmoniert, und meide alles, was der Natur widerspricht. Natürlichkeit stärkt das *Te*, Künstlichkeit führt zum Verfall. Die Taoisten kritisierten die aufkommende Feudalgesellschaft in China, weil in ihr Künstlichkeit und Unterdrückung zunahmen.[11] Wir können nur vermuten, wie sie die heutige Konsumgesellschaft beurteilt hätten – die künstlichste in der Geschichte der Menschheit und die erste globale obendrein. Unsere Gesellschaft gründet auf einem Orwellschen Zwiedenken: Sie funktioniert nur, solange die große Mehrheit der Bevölkerung daran glaubt, dass Arbeit, Land und Geld Waren oder Rohstoffe sind, die man auf Märkten kaufen und verkaufen kann.

Aber – wie der Wirtschaftshistoriker Karl Polany schrieb – »Land, Arbeit und Geld sind offensichtlich keine Waren, und die Behauptung, alles, was gekauft und verkauft werde, sei zum Zwecke des Verkaufs produziert worden, trifft auf sie eindeutig nicht zu. Mit anderen Worten: Gemäß der empirischen Definition der Waren, sind diese drei keine Waren ... Arbeit ist nur ein anderes Wort für menschliches Tun, das zum Leben gehört und nicht zum Verkauf bestimmt ist, sondern zu völlig anderen Zwecken, und das sich auch nicht vom restlichen Leben trennen lässt. Land ist nur ein anderes Wort für die Natur, die nicht vom Menschen hervorgebracht wurde. Und Geld ist nur ein Symbol der Kaufkraft, die in der Regel nicht produziert, sondern durch Banken oder Staaten geschaffen wird ... Arbeit, Land und Geld als Waren zu bezeichnen, ist reine Fiktion.«[12]

Welche Folgen hat es, wenn wir an diese Fiktion glauben? Unsere Vorstellung von Wohlstand und Fülle ist durch und durch künstlich. In vielen Naturvölkern gab es den Brauch, Land zu »benennen«. Das Land der näheren Umgebung bekam im Rahmen eines Rituals einen Namen und gewann dadurch an Macht und Magie, weil der Name die Vorstellungskraft der Menschen in die äußere Welt lenkt. Heute geben die Ökonomen der Welt abstrakte Namen: Die Gesellschaft wird zum Markt. Menschen sind unbedeutende Produktionsfaktoren, Arbeitskosten oder Konsumenten. Aus der Natur werden Immobilien, Rohstoffe und Ressourcen. Zeit ist Geld, und lebensfähig ist gleich wirtschaftlich erfolgreich. Viele dieser Begriffe hatten einst eine heilige Bedeutung; heute werden sie nur noch ökonomisch definiert.

Diese ökonomischen Definitionen beschreiben die sozialen Ziele der modernen Gesellschaft. Da Menschen als Produktionsmittel und Verbraucher gelten, verfolgt die Gesellschaft mit ihnen zwei Ziele: möglichst viel Produktivität zu möglichst niedrigen Kosten und möglichst viel Konsum. Wenn Löhne und Gehälter nicht ausreichen, werden bereitwillig verzinsliche Kredite zur Verfügung gestellt. Ökonomen werden besorgt, wenn die Menschen nicht ihren Erwartungen entsprechen. Ein Nachlassen der Produktivität oder des Verbrauchs gelten als schlimme Vorzeichen. Da die Medien solche Nachrichten verbreiten, sind sie heute Tagesgespräch und beeinflussen sogar unser Selbstbild. Menschen betrachten sich allmählich als verkäufliche Produkte und vergleichen ihren Konsum mit dem der Nachbarn. So schaffen wir eine gesunde Wirtschaft, aber keine gesunde Gesellschaft.

Wenn der Name der Wirklichkeit widerspricht, gibt es Streit.
DAS KANONISCHE RECHT (JING FA)

In der Marktwirtschaft kann Arbeit verkauft werden; Land muss Profite einbringen, und Geld ist am allerwichtigsten. Aber Karl Polany warnt zu Recht: »Arbeit und Land sind identisch mit den Menschen, aus denen jede Gesellschaft besteht, und mit der natürlichen Umwelt, in der sie leben. Wenn wir sie vermarkten, ordnen wir die Substanz der Gesellschaft den Gesetzen des Marktes unter.«[13]

»Die Fiktion von der Ware ... ist ein wichtiges Organisationsprinzip der ganzen Gesellschaft ... Sie verlangt, dass alle Einrichtungen und alle Verhaltensweisen verboten sind, die verhindern, dass der Markt gemäß der Warenfiktion funktioniert.«[14] Mit anderen Worten: Es ist alles verboten, was die Fiktion entlarvt, dass Arbeit, Land und Geld Waren sind, die man kaufen und verkaufen kann. Das verleiht der Marktwirtschaft ihren missionarischen Eifer und erklärt, warum sie sich weltweit durchgesetzt hat.

Die Marktwirtschaft kann keine Gesellschaft dulden, welche die Warenfiktion nicht als Tatsache anerkennt, also nicht auf Kauf und Verkauf basiert. Organische Kulturen und ihre sozialen Beziehungen müssen vernichtet werden, um »die Arbeit von anderen menschlichen Tätigkeiten zu trennen und den Gesetzen des Marktes zu unterwerfen«.[15] Die Folgen waren – zuerst in Europa, dann auf der ganzen Welt – »die Zerstörung des Familienlebens und der Umwelt, Raubbau an den Wäldern, verschmutzte Flüsse, Niedergang des Handwerks und ein allgemeiner Verfall des Lebensstandards einschließlich des Wohnens und der Künste.«[16]

Die künstlichen Gesetze des Marktes liefern die Logik der neuen globalen Gesellschaft. Denken Sie an Los Angeles und Mexico City, zwei gigantische Metropolen, die eine in einem Wüstenbecken, die andere auf einem 2300 Meter hohen Plateau.[17] Aus der Sicht der Natur sind beide eine Absurdität – und aus der Sicht der menschlichen Gesellschaft ebenfalls. Sie sind hektisch, überfüllt und schmutzig. Anders sieht es aus, wenn wir die künstlichen Gesetze des Marktes zum Maßstab nehmen. Diese Gesetze verlangen, dass Pharmakonzerne Pillen erzeugen, welche die Stimmung beeinflussen, nicht aber ein wirksames Heilmittel gegen Malaria, weil es nur einmal benutzt würde und daher unrentabel wäre. Dass jährlich Millionen Menschen an Malaria sterben, wird durch Wirtschaftswachstum wettgemacht. Es gibt viele Beispiele für die perversen Folgen der Marktgesetze für das Leben und die Würde der Menschen, aber der Platz reicht dafür nicht aus.

Es ist skandalös, wie ungleich der Wohlstand verteilt ist. Dass 385 Menschen bis zu drei Milliarden Dollar besitzen, sagt genug.[18] Aber das ist nicht das Hauptproblem. Wir haben nützliches menschliches Tun durch Geldmacherei ersetzt. Es ist wichtiger, dass ein Unternehmen Gewinne erzielt, als dass es etwas Nützliches produziert. Polany schreibt: »Die extreme Künstlichkeit der Marktwirtschaft wurzelt in der Tatsache, dass der Produktionsprozess sich um Kauf und Verkauf dreht.«[19] Geld steuert heute die Aktivitäten der Menschen.

Der Erfolg eines Unternehmens hängt mehr davon ab, ob es Kapital beschaffen kann, als von jedem anderen Faktor. Darum haben Menschen es schwer, die ihre Arbeit nicht verkaufen, sondern ihrer Natur folgen wollen. E. F. Schumacher bestätigt: »Manche akzeptieren das erste Gebot nicht: Du sollst dich anpassen. Sie wollen ihren eigenen Weg gehen und mit ihren Fähigkeiten, ihrem Gehirn und ihren Händen etwas schaffen. Aber sie müssen feststellen, dass ihnen das nötige Kapital fehlt.«[20] Es ist in der Tat eine gewaltige Herausforderung, seiner Natur in einer Gesellschaft zu folgen, die den Respekt vor der Natur und vor der menschlichen Würde den künstlichen Gesetzen des Marktes unterordnet. Aber wenn wir es nicht tun, müssen wir mit tiefgreifenden Folgen rechnen.

Adam Smith, der Autor des Buches *Untersuchung über die Natur und die Ursachen des Nationalreichtums* und der Begründer der Volkswirtschaft, erkannte die tragischen Folgen einer Gesellschaft, die am Profit orientiert ist. Aber er hielt diese Folgen und die zunehmende Spezialisierung der Arbeit für unvermeidlich: »Das Wissen der meisten Menschen wird notwendigerweise durch ihre gewöhnlichen Tätigkeiten geformt. Wer sein Leben lang wenige einfache Arbeiten verrichtet … hat keine Gelegenheit, sein Wissen anzuwenden ... Darum gewöhnt er es sich ab und wird im allgemeinen so dumm und unwissend, wie ein Menschen nur sein kann ... Aber es ist in jeder fortgeschrittenen und zivilisierten Gesellschaft notwendig, dass die arbeitenden Armen, also die große Mehrzahl der Menschen, in diesen Zustand geraten.«[21]

Heute beschränkt sich die Kritik an der Marktwirtschaft meist auf den ungleich verteilten Wohlstand. Aber im 19. Jahrhundert haben sich amerikanische Politiker und Sozialphilosophen aus spirituellen Gründen gegen die zunehmende Vermarktung der Arbeit gewehrt.[22] Sie waren besorgt wegen ihrer negativen Auswirkungen auf die Würde und den Charakter des Menschen und wegen der langfristigen Folgen für die Gesellschaft. Diese Leute beurteilten Lohnarbeit so, wie wir heute die Sozialhilfe beurteilen: als vorübergehenden Zustand, der widrigen Umständen zuzuschreiben ist. Lohnarbeit sollte so schnell wie möglich durch selbstständige Arbeit abgelöst werden, andernfalls würde sie genau wie die Arbeitslosigkeit die Selbstachtung und den Charakter der Menschen untergraben.

Sie argumentierten, Lohnarbeit trenne das Individuum von sich selbst, seinen natürlichen Talenten und seinen spirituellen Zielen und schwäche sein Gefühl für soziale Verantwortung. Außerdem trübe sie die Intelligenz und mache den Menschen anfällig für Vergnügungen, die ihn von seiner wahren Natur ablenken. Bei der Lohnarbeit »reiben wir uns den ganzen Tag lang für andere auf, so dass wir keine Zeit haben, die sozialen Pflichten zu erfüllen, die wir übernommen haben, oder unsere Talente zu nutzen oder anspruchsvollen Vergnügungen nachzugehen«, sagte ein Arbeiterführer im Jahr 1870.[23] Mit der Zeit gaben die Gewerkschaften diese Argumentation auf und forderten höhere Löhne und bessere Arbeitsbedingungen; doch ursprünglich betrachteten Männer wie Samuel Gompers von der American Federation of Labor dies als kurzfristige Strategie, mit der die »endgültige Emanzipation« erreicht werden sollte; denn »der Weg aus dem System der Lohnarbeit sind höhere Löhne«. Heute wissen wir, dass diese Strategie scheiterte. Mehr noch: Die Auswirkungen der Lohnarbeit auf den Charakter des Einzelnen und auf die Gesellschaft sind kaum noch ein Thema in der öffentlichen Diskussion.

Es muss weitreichende Folgen haben, dass die ganze Gesellschaft sich um den Profit dreht.
Karl Polany

Die Arbeit in der Marktwirtschaft ist so eintönig, unnatürlich und abstumpfend, dass wir uns in Vergnügungen flüchten, die unser *Te* noch mehr erschöpfen. Dass wir nur noch für die Wochenenden leben, ist »ein Beweis dafür, dass die meisten Menschen eine Arbeit haben, zu der allenfalls ein Verkäufer sie überreden könnte, keinesfalls aber Gott oder ihre eigene Natur«.[24]

Diese Sehnsucht nach Ausstieg folgt ihrerseits den Gesetzen des Marktes, denn sie veranlasst uns, die minderwertigen Produkte der Unterhaltungsindustrie zu kaufen, und sie stachelt uns an, immer mehr materiellen Besitz zu erwerben. Menschen werden nicht nur ausgebeutet, wenn sie abstumpfende Arbeiten verrichten müssen, sondern nach Alan Watts auch, »wenn man ihnen einredet, dass sie immer mehr Besitz anhäufen müssen, und wenn man sie dazu verleitet, Glück mit Besitz zu verwechseln«.

> *Diese seelenzerstörende, sinnlose, mechanische, blöde Arbeit ist eine Beleidigung der menschlichen Natur und führt unweigerlich zu Wirklichkeitsflucht oder Aggression. Brot und Spiele können diesen Schaden nicht wieder gutmachen. Das sind Tatsachen, die weder bestritten noch eingeräumt werden – denn eine Leugnung wäre zu offensichtlich abwegig, und ein Eingeständnis würde bedeuten, dass die Hauptbeschäftigung der modernen Gesellschaft als Verbrechen gegen die Menschheit verdammt würde.*
> E. F. Schumacher

Das Verlangen nach Anerkennung fördert den ständig wachsenden Konsum. Wenn wir unser Lebensziel nicht finden, haben wir kaum eine andere Chance, als dem Modell der Gesellschaft zu folgen. Darum werden soziale Verantwortung und das Streben nach persönlicher Entwicklung in der Marktwirtschaft zu Gunsten der »Sicherheit« aufgegeben – und diese besteht darin, dass man uns sagt, was wir bei der Arbeit und in der Freizeit tun sollen. Anpassung an die Gesellschaft ist wichtiger als ein nützlicher Beitrag. Anpassen heißt, sich am Konsum beteiligen, und das hat zur Folge, dass das Einkommen bei der Berufswahl am wichtigsten ist. Dabei geht die menschliche Würde verloren, und die soziale Verantwortung weicht der sozialen Konformität.

Der Mensch, den die Marktwirtschaft als Produktionsmittel und Konsumenten betrachtet, wird nicht dazu ermutigt, seiner Berufung zu folgen und seine natürlichen spirituellen Talente zu entwickeln – es genügt, wenn er die Räder der Wirtschaft in Gang hält. All die fabelhaften »arbeitssparenden« Geräte, die der Markt produziert, haben nach E. F. Schumacher nicht dazu geführt, dass »die Menschen mehr Zeit für ihre überaus wichtigen spirituellen Aufgaben haben, denn es fällt allen, und seien sie noch so entschlossen, außerordentlich schwer, die dafür notwendige Zeit zu finden«.[15] Heute schaffen es nur wenige, ihrer natürlichen Arbeit nachzugehen, und sie haben kaum Zeit, ihre wahre Natur außerhalb der Arbeit auszudrücken. Wer nur noch konsumiert, vergeudet sein *Te* und ordnet seine Bedürfnisse dem Markt unter.

Die Herrschaft des Geldes

Geld ist eine neue Form der Sklaverei und von der alten Form nur insofern verschieden, als es unpersönlich ist: Es gibt keine menschliche Beziehung zwischen dem Herrn und dem Sklaven.
LEO TOLSTOI

Seit Beginn der dokumentierten Geschichte gab es in jeder Kultur – auch in vielen Kulturen ohne Schrift – eine privilegierte Schicht, eine Gruppe von Auserwählten, die Vorrechte genossen und sich dadurch vom Rest der Gesellschaft unterschieden. Diese Privilegierten hatten jedoch – auch nach ihrem eigenen Verständnis – Pflichten gegenüber ihren Untertanen und der ganzen Gesellschaft. In traditionellen Kulturen waren wichtige Aufgaben in der Gesellschaft mit Privilegien verbunden. Chinesische Kaiser, Stammeshäuptlinge, sumerische Priester und tibetische Lamas waren ihren Untertanen verpflichtet.

Manche missbrauchten ihre Vorrechte oder vernachlässigten ihre Pflichten. Dennoch waren Rechte und Pflichten klar definiert und allen bekannt. In vielen traditionellen Kulturen gab es Verfahren, um hochgestellte Personen zu bestrafen oder abzusetzen, wenn sie ihrer Aufgabe nicht gerecht wurden. Privilegien gingen aber nicht nur mit sozialer Verantwortung einher, sondern auch mit Verantwortung gegenüber einer höheren Macht. Mythen und Sagen, die von einer Generation zur anderen weitergereicht wurden, förderten dieses System der gegenseitigen Pflichten.

Der wahre Reichtum des Menschen ist das Gute, das er in dieser Welt tut.
MOHAMMED

Der griechische Mythos vom Minotaurus ist die tragische Geschichte eines Königs, der seine privilegierte Rolle mit seinem Ich verwechselt.
Die industrielle Revolution schuf eine neue soziale Ordnung, in der Macht und Privilegien nicht mehr dem Adel, den Politikern, den Militärs und der hohen Geistlichkeit vorbehalten waren, sondern vom Geld abhingen. Als die Industriellen und Bankiers die Macht vom Adel übernahmen, bemühten sie sich, ihre neue, privilegierte Rolle zu rechtfertigen. In Europa kauften oder (im Falle der Rothschilds) erzwangen die neuen Reichen Titel, um ihre Vorrechte mit Hilfe der Tradition zu bestätigen. Ende des 19. und Anfang des 20. Jahrhunderts verheirateten reiche amerikanische Familien wie die Vanderbilts ihre Töchter mit europäischen Adligen, die Geld brauchten.

Abgesehen von diesen dünkelhaften Possen war das neue System insofern einzigartig, als die Privilegien nicht mehr mit Verantwortung gegenüber Individuen oder der Gesellschaft verbunden waren. Das Prinzip *noblesse oblige*, das für die alte Aristokratie zumindest theoretisch eine Richtschnur war, galt für den neuen Geldadel nicht mehr. Die neuen Herrscher vertraten stattdessen den Grundsatz des *laissez faire*, das angeblich Wahlfreiheit bedeutete, in Wirklichkeit aber zu massiven politischen und juristischen Eingriffen zu Gunsten der neuen Elite führte. Polyani erläutert: »Der Weg zum freien Markt wurde durch eine gewaltige Zunahme der zentral gesteuerten Interventionen geöffnet und offen gehalten ... Die Ökonomie des *laissez faire* war das Produkt bewusster staatlicher Eingriffe«.[26] »Am *laissez faire* war nichts natürlich. Freie Märkte hätten sich niemals allein dadurch entwickeln können, dass man den Dingen ihren Lauf ließ.«[27]

Auch die klassischen Taoisten hätten sich gegen diese zentralen Interventionen gewandt. Wäre das *laissez faire* wirklich das, was es vorgibt, hätten die Taoisten es gewiss von ganzem Herzen begrüßt. Doch die Gesetze des Marktes kommen nicht ohne staatliche Gesetze aus. Weil die westlichen Bankiers das wissen, investieren sie nicht gerne in ehemaligen kommunistischen Ländern, denen es noch an der »geeigneten rechtlichen Infrastruktur« fehlt. Sobald diese Infrastruktur errichtet ist, legalisiert sie die Privilegien jener, die Geld mit Geld verdienen, und benachteiligt die vielen, die Güter und Dienstleistungen in endloser Vielfalt produzieren. Diese Infrastruktur – unter anderem das Recht der Unternehmen, Banken, Versicherungen, Immobilien und Steuern – basiert auf einer ausgeklügelten und komplexen juristischen Metaphysik. Die Gesetze sind aber nicht nur die Grundlage des »freien Marktes«, sondern ermöglichen es der wirtschaftlichen Elite, von ihren Untertanen Tribut zu verlangen.

Je mehr Gesetze und Einschränkungen es gibt, desto ärmer werden die Menschen. Je mehr Regeln und Gebote, desto mehr Diebe und Räuber.
LAO TZU

Eines der ältesten Privilegien der Mächtigen ist das Recht, Tribute zu fordern. Der römische Kaiser und der Häuptling eines Stammes verlangten Tribut von ihren Untertanen, und die neue privilegierte Klasse tat es ihnen nach. In jeder Gesellschaft bestätigt und bestärkt die Zahlung eines Tributs den Status der Privilegierten. Wenn die Macht wechselt, fließt der Tribut den neuen Herrschern zu. Als beispielsweise die britische ostindische Gesellschaft mit Unterstützung des Militärs die reiche indische Provinz Bengalen unterwarf, erhob sie von der Bevölkerung Steuern, die in Wirklichkeit ein Tribut waren, weil die Menschen für ihre Zahlungen keine Gegenleistung bekamen. Die Umschichtung des Reichtums als Folge dieses Arrangements trug zur Anhäufung des Kapitals bei, das notwendig war, um die europäischen Nationen in industrielle Riesen zu verwandeln. Allein in Indien erzielten »die britischen Kolonialherren ein direktes Einkommen von mehr als hundert Millionen Pfund«.[28] Europa blühte auf, weil es aus seinen Kolonien Tribute in Form von Sklaven, Steuern, Gold, Silber und Rohstoffen herauspresste. Handelsmonopole vergrößerten die Macht der Kolonialherren. Der Widerstand gegen das Tributsystem war einer der Beweggründe für die amerikanische Revolution.

Für den Schutz der Gesellschaft sind in erster Linie die Herrschenden verantwortlich, weil diese ihren Willen durchsetzen können.
Karl Polanyi

Nachdem sie sich von den Briten befreit hatten, brauchten die meisten weißen Amerikaner in der ersten Hälfte des 19. Jahrhunderts keinerlei Tribute zu zahlen. Da sie als Leibeigene und arme Bauern aus Europa gekommen waren, dachten sie gar nicht daran, erneut das Joch des Tributs auf sich zu nehmen, das sie in ihren Herkunftsländern so schwer gedrückt hatte. Außerdem war der neue Kontinent so groß, dass sie »jungfräuliches« Land für sich beanspruchen konnten (nachdem sie die Indianer ausgerottet oder vertrieben hatten). Als Nation der unabhängigen Bauern und Kaufleute, die keine Einkommenssteuer zahlten und so gut wie keine Schulden hatten, war Amerika in der ersten Hälfte des 19. Jahrhunderts ein Land ohne organisiertes Tributsystem.[29] Allerdings dürfen wir nicht vergessen, dass in dieser Zeit Millionen von Afroamerikanern einer ausgeklügelten Unterdrückung unterworfen waren – sie bezahlten ihre Ausbeuter mit ihrem Leben und mit ihrer Kultur.

Für die meisten Amerikaner begann die Lage sich in der zweiten Hälfte des 19. Jahrhunderts zu ändern. Das »jungfräuliche« Land nahm ab, Lohnarbeit ersetzte die unabhängige Landwirtschaft und den Einzelhandel, die Steuern stiegen, und der Zins wurde zum Teil des täglichen Lebens. Die einst so unabhängigen Menschen spürten allmählich wieder das Joch des Tributs. Verglichen mit den Arbeitern der ersten Hälfte des 19. Jahrhunderts haben die heutigen Arbeiter jedoch nur einen kleinen Anteil an ihrer Produktivität. Man hämmert ihnen zwar ständig ein, die Produktivität müsse steigen, aber der größte Teil der Produktivitätssteigerung fließt nicht ihnen zu, sondern wird ihnen in irgendeiner Form als Tribut abgenommen.

Heutzutage wird in Amerika viel über die Mittelschicht gesprochen, die um ihren Lebensstandard und ihren gesellschaftlichen Status fürchtet. Ökonomen behaupten, ihre einzige Hoffnung sei eine höhere Produktivität. Doch in den letzten Jahren haben Produktionssteigerungen nicht mit der Steuerbelastung Schritt gehalten. Trotz der gestiegenen Produktivität ist das Realeinkommen der meisten amerikanischen Familien gesunken,[30] obwohl die Amerikaner länger arbeiten denn je in der jüngeren Geschichte.[31] Wenn man bedenkt, wie viel Armut es in der Welt gibt, mag es anzüglich erscheinen, über das Joch der Mittelschicht in den Industrieländern zu klagen – aber auch sie muss leiden.

Bei den meisten ist dieses Leiden weniger mit materiellem Mangel verbunden als mit der Tatsache, dass sie ihren Wert mit ökonomischen Maßstäben messen. Sie schämen sich, weil sie den materiellen Wohlstand ihrer Eltern nicht mehr erreichen, und sie haben immer weniger Freizeit. Der ökonomische Zeitdruck ist einer der Gründe dafür, dass Familien und Gemeinschaften zerbrechen und das Gefühl der Entfremdung und der Einsamkeit zunimmt. Selbst Menschen, die ihre wirtschaftliche Situation leicht verbessern können und dafür auf Freizeit verzichten, fühlen sich häufig ärmer, vor allem deshalb, weil die meisten Menschen nicht den Eindruck haben, dass ihre Arbeit sie spirituell bereichert oder kreativ ist. Viele würden Lily Tomlins Aussage zustimmen: »Das Dumme an der täglichen Tretmühle ist, dass selbst die Sieger unaufhörlich treten müssen.«

Die Menschen wundern sich darüber, dass sie zwar immer schneller »treten«, aber nicht vorwärts kommen. Anders als die Bauern und Leibeigenen merken sie vielleicht gar nicht, dass sie Tribut zahlen. Gesetze, die zum Vorteil der privilegierten Schicht erlassen wurden, legalisieren und erzwingen das moderne Tributsystem. Zinsen, Mieten und Gewinne sind Tribute; denn sie fließen dem Empfänger nur deshalb zu, weil er Geld, Land oder Kapital besitzt, und sie werden von Gesetzen als Privileg des Eigentums ans sich festgelegt, nicht als Ergebnis produktiver Arbeit des Eigentümers. Mehr noch: Das Tributrecht ist bei verschiedenen Eigentumsarten verschieden. Das Recht, Tribut für »intellektuelles Eigentum« (Patente, Urheberechte usw.) zu verlangen, ist beispielsweise stark eingeschränkt, wenn man es mit den Rechten der »Grundeigentümer« vergleicht. Patente und Urheberrechte erlöschen nach Jahrzehnten, während die Rechte am »Geldeigentum« und am »Grundeigentum« durch Erbschaft weitergereicht werden. Offenbar sind doch nicht alle Arten des Eigentums gleichgestellt.

Das drückende Tributsystem sorgt heute mit dafür, dass jene, die haben, noch mehr bekommen, und jene, die nichts haben, arm bleiben. Da wir an die Fiktion glauben, Arbeit, Land und Geld seien Waren oder Rohstoffe, sind ihre Märkte (Löhne, Mieten und Zinsen) ein Bestandteil des täglichen Lebens. So wie die Leibeigenen einen Teil ihrer Erträge an den Feudalherrn abführen mussten, wird von ihren modernen Nachkommen verlangt, auf einen großen Teil ihrer Produktivität zu verzichten.

Ein Arbeiter oder Angestellter zahlt den Löwenanteil seiner Produktivität als Tribut an den Arbeitgeber. Dafür bekommt er das Recht, für das Eigentum (Kapital) des Chefs zu arbeiten. Kauft der Arbeitnehmer ein Haus oder ein Auto, fließt ein weiterer Teil seiner Produktivität in Form von Zinsen an den Eigentümer, der ihm dafür das Recht einräumt, sein Eigentum (Geld) zu borgen. Wenn der Arbeitnehmer eine Wohnung mietet, zahlt er einen Teil seiner Produktivität als Tribut an den Eigentümer, der ihm das Recht einräumt, sein Eigentum (»erschlossenes Land«) zu borgen. Meist bezahlt er mit einem weiteren Teil seiner Produktivität die Zinsen für Konsumgüter – Auto, Möbel, Kreditkarten und so weiter. Im Jahr 1993 zahlten Amerikaner unter 65 Jahren, die weniger als 200 000 Dollar im Jahr verdienten, durchschnittlich 22,9 % ihres versteuerten Einkommens für Zinsen.[32]

Der typische Arbeiter zahlt heute hohe Steuern, von denen ein großer Teil dafür verwendet wird, Zinsen an die Inhaber von Schuldverschreibungen zu entrichten oder die Privilegierten auf andere Weise zu begünstigen. Da das Geld im heutigen Amerika nicht mehr vom Staat geschaffen wird (obwohl in der Verfassung steht: »Der Kongress soll das Recht haben, Geld zu prägen und dessen Wert zu regulieren«), sondern von privaten Banken, die vom Staat Zinsen für geborgtes Geld verlangen, ist ein großer Teil der Steuern nur eine andere Form von Tributzahlungen an die Reichen. Die Kosten für die staatlichen Zinszahlungen (die es gar nicht gäbe, wenn die Regierung sich an die Verfassung hielte), werden selbstverständlich den Steuerzahlern aufgebürdet. Der durchschnittliche Amerikaner arbeitet heutzutage vom 1. Januar bis zum 10. Mai nur, um seine Steuern zu zahlen, und über die Hälfte der persönlichen Vermögenssteuer, die der Bund erhält, wird aufgewendet, um Staatsschulden zu verzinsen.

Doch das ist noch nicht alles. Private Zentralbanken (z. B. das Federal Reserve System oder die Bank of England) regulieren den Geldwert, indem sie die Geldmenge steuern. Die Verfassungsväter, die dieses Recht ausdrücklich dem Kongress gaben, wussten sehr wohl, wie gefährlich es ist, privaten Bankiers solche Privilegien einzuräumen. Thomas Jefferson schrieb dazu: »Wenn das amerikanische Volk den privaten Banken jemals die Macht über sein Geld einräumt, zuerst durch Inflation und dann durch Deflation, dann werden die Banken und Unternehmen, die davon profitieren, dem Volk sein Eigentum wegnehmen, bis seine Kinder auf dem Kontinent, den ihre Väter erobert haben, obdachlos aufwachen.«

Aber Jeffersons Warnungen verhallten ungehört, und es blieb Präsident Woodrow Wilson überlassen, die Folgen zu beschreiben: »Eine große Industrienation wird von ihrem Kreditsystem beherrscht. Unser Kreditsystem ist konzentriert. Das Wachstum der Nation und alle unsere Aktivitäten liegen in der Hand weniger Männer. Kaum eine Regierung auf dieser Welt ist so schlecht und wird in einem solchen Umfang von außen gesteuert. Es ist keine Regierung der freien Meinung mehr, keine von der Mehrheit gewählte Regierung mehr, sondern eine Regierung, die von wenigen Männern abhängt.« Was beabsichtigen diese wenigen Männer? Sie wollen natürlich mehr Geld verdienen. Haben sie dabei auch das Wohl ihrer Untertanen im Auge? Man macht uns weis, der Wohlstand, den sie »erwirtschaften«, komme auch der breiten Masse zugute. Aber irgend etwas scheint nicht zu klappen, da 358 Milliardäre ebenso reich sind wie die arme Hälfte der Weltbevölkerung, also fast drei Milliarden Menschen.

Inflationsgewinne

Nur wenn ein Produzent eine Tätigkeit ausübt, die seiner Berufung entspricht und nicht nur ein Job ist, entspricht der Preis seiner Produkte in etwa ihrem echten Wert.
ANANDA K. COOMARASWAMY

Wir zahlen unseren Tribut direkt in Form von Lohnarbeit, Mieten, Steuern und Zinsen, aber auch indirekt in Form von inflationären Preisen für Güter und Dienstleistungen. Die Inflation ist in unser Geldsystem eingebaut. Die Tatsache, dass Zentralbanken wie das Federal Reserve System die Inflationsrate und somit auch die Wirtschaft steuern können, ist ein Beweis für die enorme Bedeutung der Zinsen im heutigen Geldsystem.

Bei einer Inflationsrate von fünf Prozent verdoppeln sich die Preise alle zwölf Jahre. Die Inflation belastet die Armen und die Mittelschicht besonders stark, denn erstens sind diese Menschen mit Kapitalanlagen, die der Inflation ein Schnippchen schlagen, weniger gesegnet als die Reichen, und zweitens verliert eine Familie, die im Jahr 40 000 Dollar verdient, bei vier Prozent Inflation 1600 Dollar, die sie für Essen, Kinderkleidung, das Auto und so weiter braucht. Wenn ein Haushalt mit einem Jahreseinkommen von einer Million Dollar jährlich auf 40 000 Dollar verzichten muss, so hat dies keinen Einfluss auf seinen Lebensstandard, und außerdem verfügt er sehr wahrscheinlich über Kapitalanlagen, die den Verlust mehr als wettmachen.

Im Jahr 1900 waren die meisten Güter billiger als im Jahr 1800. In etwas mehr als 25 Jahren, zwischen 1872 und 1897, »konnte man mit einem Dollar 43% mehr Reis, 35% mehr Bohnen, 49% mehr Tee, 51% mehr Röstkaffee, 114% mehr Zucker, 62% mehr Hammelfleisch, 25% mehr frisches Schweinefleisch und 42% mehr Milch kaufen als im Jahr 1872«.[33]

Die Inflationssteuer ist die rückständigste aller Steuern, weil sie die Armen am meisten belastet.
JACK WEATHERFORD

Das Kreditsystem übt Druck auf Unternehmen aus, so dass sie nach übermäßigen Profiten (bei geringen Lohnkosten) streben, nicht nur um ihre eigenen Schulden zu tilgen, sondern auch um ihre Aktien für Investoren attraktiv zu machen. Die Börse, an der Anteilscheine »juristischer«, also fiktiver »Personen« gehandelt werden, ist zu einem riesigen Markt geworden. Da die Existenz eines Unternehmens vom Kurs seiner Aktien auf diesem künstlichen Markt abhängt, fühlen die Manager sich verständlicherweise ihren Aktionären am meisten verpflichtet – nicht den Mitarbeitern, den Kunden oder der Allgemeinheit. Und wer sind die Aktionäre? Dem Economic Policy Institute zufolge »gehören zwei Drittel aller Aktien den reichsten 10% der Haushalte«.[34]

Wir sind völlig abhängig von den Banken. Irgend jemand muss jeden Dollar borgen, der in Umlauf ist, als Bargeld oder als Kredit ... Wenn man das ganze Bild sieht, sind die Tragik und die Absurdität unserer hoffnungslosen Lage schier unglaublich, aber sie ist real. Das ist das wichtigste Thema, mit dem intelligente Menschen sich beschäftigen können. Es ist so wichtig, dass unsere heutige Kultur womöglich zusammenbricht, wenn es nicht bald allgemein verstanden wird und man die Schäden nicht behebt.
ROBERT H. HEMPHILL
(EHEMALIGER KREDITMANAGER DER FEDERAL RESERVE BANK VON ATLANTA)

Da alles Geld als verzinslicher Kredit geschaffen wird, ist nie genug Geld im Umlauf, und die Preise steigen. Zwar zirkuliert der Darlehensbetrag in der Volkswirtschaft, nicht aber der Zins, der erforderlich ist, um das Darlehen zurückzuzahlen. Für ein Grundschulddarlehen in Höhe von 150 000 Dollar mit einer Laufzeit von dreißig Jahren müssen beispielsweise bei einem Zinssatz von acht Prozent 396 230 Dollar zurückgezahlt werden – das sind 246 230 Dollar mehr als der ursprüngliche Betrag. Die 150 000 Dollar bekommt der

Verkäufer, der den größten Teil wahrscheinlich zurück in den Wirtschaftskreislauf bringt. Das gilt jedoch nicht für die Zinszahlungen.

Nun könnte man einwenden: Ja, es ist unangenehm, die zweieinhalbfachen Kosten des Hauses zurückzahlen zu müssen – aber wer hat schon 150 000 Dollar herumliegen? Dabei wird übersehen, dass das Haus eben wegen des heutigen Kreditgeldsystems so teuer ist. Im 19. Jahrhundert und Anfang des 20. Jahrhunderts konnten durchschnittliche Amerikaner ein Haus kaufen oder bauen, ohne ein Darlehen aufnehmen zu müssen. Heute stehen wir vor einem Dilemma: Entweder wir zahlen den inflationären Preis, oder wir schlagen uns das Haus aus dem Kopf.

Die Regierung hat das Recht, Geld zu schaffen, längst an Privatleute abgetreten. Wenn Banken dem Staat Hunderte von Milliarden Dollar an Krediten zur Verfügung stellen, schaffen sie Milliarden an Kreditzinsen, die sie als Aktiva buchen. Dann können sie anderen Staaten, Unternehmen und Individuen noch mehr Kredite gewähren.

> *Wenn die Nation eine Dollaranleihe auflegen kann, dann kann sie auch eine Dollarbanknote drucken. Was die Anleihe gut macht, das macht auch die Banknote gut ... Es ist abwegig zu behaupten, unser Land könne zwar Anleihen auflegen, aber kein Geld drucken. Beides sind Zahlungsversprechen, doch das eine macht den Wucherer fett, das andere hilft dem Volk ... Es ist schrecklich, wenn die Regierung Schulden machen und ruinöse Zinsen zahlen muss, um den Wohlstand der Nation zu sichern.*
> THOMAS A. EDISON

Banken sind zur »Geldschöpfung« berechtigt und dürfen Geld kreditieren, das ihnen gar nicht gehört. Und das tun sie jeden Tag. Die folgende wahre Geschichte illustriert, wie dieses System funktioniert. Vor einigen Jahren beantragte ein Mann ein Grundschulddarlehen von 45 000 Dollar, bekam aber nur 23 000 Dollar. Allerdings machte die Bank einen Fehler und gewährte ihm eine Kreditlinie von 230 000 Dollar. Der Mann wies die Bank nie auf den Fehler hin und kaufte mit dem Geld zwölf Grundstücke. Auf diese Weise vergrößerte er sein Nettovermögen und seinen »Lebensstandard« erheblich. Selbst nachdem die Bank den Irrtum bemerkt und er das Darlehen zurückgezahlt hatte, blieb ihm ein Überschuss. Was lernen wir daraus?

1. *Geld schafft Geld.* Dieser Mann mit bescheidener Herkunft und wenig Bildung konnte sein Vermögen einfach dadurch beträchtlich vergrößern, dass er einen Kredit in Anspruch nahm. Weder Weiterbildung noch harte

Arbeit machten ihn reich, sondern der Zugang zu mehr Geld. Aber er handelte gewiss unehrlich und vielleicht gesetzwidrig – immerhin hob er zehn Mal so viel Geld ab, als er »wert« war.

2. *Die Reichen werden reicher.* Was dieser Mann nicht hätte tun dürfen, tun die Banken rechtmäßig jeden Tag. Er hob zehn Mal so viel ab, als seine Sicherheiten wert waren. Aber eine Bank darf sogar noch mehr als das Zehnfache ihrer Reserven kreditieren. Sie darf für diese Kredite Zinsen verlangen und kreditierte Beträge zu ihren Reserven hinzuzählen, so dass sie noch mehr Kredite gewähren kann. Das summiert sich! Während des Bankenkrachs der achtziger Jahre verlor eine Bank das Achthundertfache ihres Nettovermögens. Das dürfte dem Durchschnittsbürger schwer fallen! (Da die Gesetze diejenigen begünstigen, die Geld mit Geld verdienen, mussten diese Verluste vom Steuerzahler beglichen werden, nicht von denen, die daran schuld waren.) Solche Privilegien gewähren Regierungspolitiker, deren Wahl von reichen Lobbyisten finanziert wird, und auf diese Weise ist dafür gesorgt, dass nur diejenigen, die bereits reich sind, sich am Spiel beteiligen dürfen.

Wer die Geldmenge reguliert, ist der absolute Herrscher über die ganze Industrie und den gesamten Handel.
James A. Garfield
20. Präsident der USA

Wir können hier nicht auf alle Einzelheiten dieses Spiels eingehen; es genügt, wenn wir uns seiner Folgen für unsere Welt bewusst sind. Sir Josiah Stamp, ein ehemaliger Präsident der Bank of England (sie war das Vorbild für das amerikanische Federal Reserve System) begriff die Situation sehr gut, als er schrieb: »Das Bankensystem wurde in Ungleichheit gezeugt und in Sünde geboren. Die Erde gehört den Bankiers. Man nehme sie ihnen weg, lasse ihnen aber das Recht der Geldschöpfung – und mit einem Federstrich kaufen sie die Erde zurück. Aber wenn wir ihnen dieses Recht auch wegnehmen, verschwinden alle großen Vermögen, auch meines. Und das wäre gut so, denn die Welt wäre dann besser. Wenn wir jedoch Sklaven der Bankiers bleiben und dafür sogar bezahlen wollen, müssen wir ihnen das Recht der Geldschöpfung belassen.«

Einst gehörten die Felder und Höfe den Menschen,
aber jetzt hast du (der Feudalherr) sie.
Einst hatten die Menschen ihr Volk und ihre Familie,
aber du hast sie ihnen weggenommen.
Du säst nicht, und du ernstest nicht.
Wer hat dir die Ernte dieser dreihundert Höfe gegeben?
Shing Ching

Die Taoisten warnten davor, dem Volk schwere Tributzahlungen aufzuerlegen und dadurch Armut zu erzeugen. Die privilegierten Herrscher sollten nicht nur an sich denken, sondern auch Mitgefühl für die Menschen empfinden, von denen ihr Status abhing. Sie sollten nicht durch übermäßige Belastungen in das Leben der einfachen Leute eingreifen. Wenn nämlich die Menschen den Eindruck haben, dass sie es nie zu Wohlstand bringen, werden sie verzweifelt und greifen zu extremen Maßnahmen. Konservative und Liberale beklagen gleichermaßen den Zusammenbruch der sozialen Ordnung, die Zunahme der Gewalt und den Mangel an Respekt vor der Tradition. Trotz all seiner angeblichen Freiheit gibt es in Amerika heute relativ mehr Gefängnisinsassen als in jedem anderen Land der Welt.[35] Vielleicht ist es Zeit, dass wir auf die Taoisten hören und wenigstens darüber nachdenken, wie wir die Last der Menschen lindern können.

Wenn wir über die Würde des Tao reden, müssen wir vor allem darauf eingehen, dass dieses Unterdrückungssystem die Menschen von ihrem natürlichen Lebensweg abbringt. Taoisten befürworten ein Leben im Einklang mit dem eigenen Wesen. Chuang Tzu sagte: »Alles soll tun dürfen, was es von Natur aus tut, damit seine Natur zufrieden sei.«

Wenn ich einen Menschen mit Waffengewalt zum Sklaven mache und ihn zwinge zu tun, was ich will, dann kann er nicht seiner Natur folgen. Das gleiche gilt, wenn ich ein Wirtschaftssystem aufbaue, das ihn zwingt, viel Geld zu verdienen, nur um zu überleben. Wenn ich außerdem seine Möglichkeiten beschränke, dieses Geld zu verdienen, wie könnte er dann seiner Natur folgen?

Wenn ein Mensch, der von Natur aus Künstler ist, gezwungen wird, sein Leben als Kellner oder Buchhalter zu fristen, dann verliert nicht nur er, sondern auch die Gesellschaft einen Teil seines *Te*. Chuang Tzu erklärte: »Die Beine der Ente sind kurz, aber wenn wir versuchen, sie länger zu machen, tun wir der Ente weh. Die Beine des Kranichs sind lang, doch wenn wir versuchen, sie zu kürzen, empfindet der Kranich Schmerzen.« Das unterdrückerische Geldsystem versucht auf der ganzen Welt, aus Kranichen Enten und aus Enten Kraniche zu machen, und darum spüren alle den Schmerz.

Damit will ich jedoch nicht sagen, dass wir uns damit abfinden sollen, etwas zu tun, wofür wir nicht geboren wurden. Im Gegenteil, ich verbringe mein Leben damit, Menschen zu helfen, die herausfinden wollen, wofür sie geboren wurden und wie sie damit in unserer Welt ihren Lebensunterhalt verdienen können. Ich kann bezeugen, dass Hunderte es geschafft haben, und ich habe gehört, dass weitere Tausende ebenfalls Erfolg hatten. Ich ermutige jeden, seine natürlichen Fähigkeiten zu nutzen und so lange durchzuhalten, bis er sich eine Plattform geschaffen hat, auf der er diese Talente voll und ganz ausdrücken kann. Aber jeder muss sich über die Widerstände im Klaren sein – nicht um einen Vorwand für Untätigkeit zu haben, sondern um herauszufinden, wie er das Leben, zu dem er geboren wurde, trotz aller Schwierigkeiten führen kann.

Wer gewarnt ist, der ist gewappnet, und in der heutigen Welt müssen wir oft kämpfen, um zu sein, was wir wirklich sind. »Du selbst zu sein in einer Welt, die sich Tag und Nacht bemüht, aus dir etwas anderes zu machen, ist der härteste Kampf, den ein Mensch ausfechten kann – aber höre nie auf zu kämpfen«, empfahl e. e. cummings. Doch wir ignorieren zu oft die erdrückenden Folgen der »Warenfiktion«, um die unsere Welt sich dreht, und der massiven Eingriffe, die diese Fiktion erzeugen und aufrecht erhalten. Stattdessen rühmen wir den »freien Markt«. Der Mythos vom freien Markt, dessen Grundlage die Privatinitiative ist, wird weitgehend akzeptiert, und er sorgt dafür, dass Menschen, die wirtschaftlich »scheitern«, sich schämen oder aggressiv gegen sich selbst oder andere werden.

Wenn ein Mensch »es nicht schafft«, muss er dumm oder faul sein, sonst könnte er sich an den eigenen Haaren aus dem Sumpf ziehen. Dieses Schamgefühl belastet nicht nur die Armen, sondern führt auch dazu, dass Angehörige der besser gebildeten Mittelschicht einen »lukrativen« Beruf wählen, nicht den Beruf, der ihnen liegt und in dem sie ihre wahren Talente nutzen können. Die Angst, sich zu blamieren, hält die Menschen davon ab, ihrer Natur zu folgen, denn das kann finanziell riskant sein. In meinem Beruf begegne ich immer wieder intelligenten Menschen, die sich nie ernsthaft gefragt haben, welche Arbeit für sie persönlich sinnvoll wäre und ihnen erlauben würde, ihre wahren Fähigkeiten zu nutzen. Sie sehnen sich nach finanziellem Erfolg, ohne zu erkennen, dass sie nicht frei sind, wenn sie jeden Tag einem Beruf nachgehen, den sie verabscheuen.

Bankiers sind Menschen wie alle anderen. Sie sind nur reicher.
OGDEN NASH

Es dürfte klar geworden sein, dass wir das Individuum nicht von der Gesellschaft trennen können, in der es lebt. Wir alle müssen begreifen, dass wir verpflichtet sind, unserer Natur zu folgen und ein soziales Umfeld zu schaffen, die es allen ermöglicht, diese Pflicht zu erfüllen. Wir dürfen uns nicht scheuen, die Unterdrückung und die Ungerechtigkeit anzuprangern, die wir überall sehen – und wir dürfen nicht die Hände in den Schoß legen, nachdem wir das getan haben. Wenn wir unserer Natur folgen und unser *Te* stärken, helfen wir auch anderen Menschen, ihren Weg zu finden. Wenn wir uns weigern, den Marktwert über menschliche Werte zu stellen, bekräftigen wir die Würde aller Menschen.

In wessen Interesse?

Die Macht, die das Geld verleiht, ist brutale Gewalt; sie ist die Macht des Knüppels und des Bajonetts.
William Corbett

Wir leben in einer Kreditwirtschaft. Ihre Basis ist der Zins. Dieser ist so sehr zu einem Teil unseres täglichen Lebens geworden, dass wir uns ein Leben ohne ihn kaum noch vorstellen können. Doch obwohl sehr viele Leute unter ihm leiden, ist er eine moderne Erfindung. Vor 1915 verabscheute die Mittelschicht Käufe auf Kredit.[36]

Obwohl wir dieses System selten in Frage stellen, lohnt es sich, darüber nachzudenken, was Menschen zu anderen Zeiten und in anderen Kulturen vom Zins hielten. Aristoteles hört sich fast wie ein Taoist an, wenn er Zinsen als »wider die Natur« verdammt. Er sagte: »Sehr unbeliebt ist auch die Praxis, Zinsen zu verlangen, und die Abneigung ist berechtigt, weil der Gewinn aus dem Geld selbst kommt, nicht aus dem, wofür das Geld gegeben wurde. Geld wurde als Tauschmittel geschaffen, aber Zinsen vermehren das Geld ... Darum verstößt dieses Geschäft am schlimmsten gegen die Natur.«

Jahrhunderte lang galt der »Wucher« – die Erhebung von Zinsen auf Geld – als unmoralisch, und in vielen islamischen Ländern ist er heute noch verboten. Wucher galt nicht nur wegen seiner inflatorischen Wirkung als sündhaft, sondern auch deshalb, weil Menschen Geld borgten, wenn sie in Not waren, und weil es böse ist, die Not anderer auszunutzen.

Der Zins ist die Erfindung des Satans.
Thomas A. Edison

In einem Meisterwerk der intellektuellen Archäologie mit dem Titel *The Idea of Usury: From Tribal Brotherhood to Universal Otherhood* geht Nelson Benjamin der Frage nach, wie Kredite und Zinsen sich im Westen historisch entwickelt haben. Er beginnt seine Analyse mit dem mosaischen Gesetz des Alten Testaments. Wie die Gesetze des babylonischen Königs Hammurabi (um 1792–1750 v. Chr.), auf dem es basiert, unterscheidet es streng zwischen der eigenen Gemeinschaft und »den anderen«. Diesen unterschiedlichen Standard für »sie« und »uns« finden wir überall im Alten Testament.

Eines der zehn Gebote lautet zum Beispiel: »Du sollst nicht töten.« Aber im fünften Buch Moses befiehlt Gott: »Doch in den Städten dieser Menschen, die der Herr, den Gott, dir zum Erbe gegeben hat, sollst du nichts am Leben lassen, was atmet.« Und aus der Bibel geht klar hervor, dass Gebote dieser Art auch befolgt wurden. In Josua 6:21–24 lesen wir: »Sie schlugen alles, was in der Stadt war, Männer und Frauen, Junge und Alte, Ochsen, Schafe und Esel mit der Schärfe des Schwertes ... und sie verbrannten die Stadt und alles, was darinnen war, mit Feuer.« Die Botschaft ist eindeutig: Du darfst zwar deinen Stammesbruder nicht töten, wohl aber deinen Feind.

Im fünften Buch Moses wird dieser unterschiedliche Standard auch auf den Wucher, also den Zins angewandt: »Du sollst von deinem Bruder nicht Zinsen nehmen, weder mit Geld, noch mit Speise, noch mit allem, womit man wuchern kann. Von den Fremden magst du Zinsen nehmen, aber nicht von deinem Bruder, auf dass dich der Herr, dein Gott, segne in allem, was du tust.«[37]

Die frühen Kirchenväter gingen noch weiter und stellten einen Zusammenhang zwischen erlaubtem Töten und erlaubtem Wucher her. Der zum Christentum übergetretene römische Stoiker Ambrosius von Mailand schrieb:

> *Verlange Zinsen von dem, dessen Tötung kein Verbrechen wäre. Wer Zinsen verlangt, kämpft ohne Waffe ... Darum ist Wucher gerechtfertigt, wo Krieg gerechtfertigt ist.*

Das Recht auf Krieg gibt also ein Recht auf Wucher. Wann aber hat ein Volk, eine Gruppe oder ein Individuum ein Recht auf Krieg? Doch wohl nur, wenn ein Feind das Volk, die Gruppe oder den Einzelnen vernichten will. Dem Alten Testament und den ersten Kirchenvätern zufolge durfte nur von diesen Menschen Zins verlangt werden. Wucher war ein so abscheuliches Verbrechen, dass er nur an den schlimmsten Feinden verübt werden durfte, an jenen, die man mit gutem Gewissen auch töten durfte. Heute wird diese »Waffe« gegen Freund und Feind gleichermaßen angewandt.

Wer wuchert, kämpft ohne Waffe. Unzählige Millionen leiden unter einem Krieg, der mit dieser unsichtbaren Waffe gegen sie geführt wird. Horace Greely, ein Journalist und Präsidentschaftskandidat im 19. Jahrhundert, drückte es so aus: »Wir rühmen uns zwar unserer edlen Taten, doch wir verbergen sorgfältig das hässliche Gesicht des ungeheuerlichen Geldsystems, das wir der Nation aufgezwungen haben und das zwar raffinierter, aber nicht weniger grausam ist als das alte System der Leibeigenschaft.« Heute umspannt dieses System den ganzen Erdball.

Religion und Kommerz

Die alten Chinesen hielten die Landwirtschaft für die Wurzel und den Handel für den Lebenszweig der Gesellschaft. »Wurzelberufe« genossen größeres Ansehen als »Zweigberufe«. Bauern hatten beispielsweise einen höheren Status als reiche Händler, denn man glaubte, der Handel fördere unerwünschte Charakterzüge wie Egoismus, Unehrlichkeit und Gerissenheit.[17] Die traditionelle europäische Kultur hatte ähnliche Wertvorstellungen. Im alten Rom wurden Bauern höher geschätzt als Kaufleute und Bankiers, und auch im Mittelalter stand der feudale Gutsherr über den Händlern und Geldverleihern.

Doch in italienischen Handelsstädten, wo die moderne Welt geboren wurde, entwickelte sich eine neue Rangordnung. Dort war der Zweig nicht nur wichtiger als die Wurzel, sondern je höher man auf den Baum hinaufkletterte, desto besser, und je näher man der Erde war, desto geringer war das Prestige. Zusammen mit vielen anderen Ideen der Renaissance verbreitete sich auch diese rasch in der westlichen Welt.

In seinem hervorragenden Buch *The Wheels of Commerce* weist Fernand Braudel darauf hin, dass diese neue Rangordnung der Berufe sich im 17. Jahrhundert in allen Handelszentren Europas durchgesetzt hatte. Braudel schreibt: »An der Spitze der Pyramide standen jene, die sich mit Geld auskannten.« Es folgten – von den Finanziers verachtet – die Großhändler, die ihrerseits auf die Einzelhändler herabsahen. »Und letztere fühlten sich den Handwerkern überlegen.«[38] Ganz unten auf der Leiter standen die Menschen, die Waren zum Verkauf herstellten oder anbauten.

Diese Rangordnung spiegelt die religiöse Weltsicht der damaligen Zeit wider. Wenn die natürliche Welt schmutzig, sündhaft und verderbt ist, müssen diejenigen, die mit ihr umgehen, ebenfalls verderbt sein. Und wenn die Welt der Ideen dem Himmelreich näher steht, dann müssen Finanziers, die abstrakt denken und sich mit der göttlichen Kunst der Mathematik befassen, einen hohen Status haben – ihr Beruf ist spiritueller als die ordinären Berufe. Diese gesellschaftliche Hierarchie kommt uns heute noch bekannt vor. Allerdings haben wir vergessen, welche Rolle die naturfeindliche Religion bei ihrer Entwicklung spielte.

Kapitel 6

Die Harmonie der Fülle

Das Leben ist ein
harmonisches Gemisch
aus Yin und Yang.
CHUANG TZU

Yin/Yang

Dieses Kapitel beschäftigt sich mit Yin und Yang und untersucht, wie wir diese universellen Kräfte in unserem Leben harmonisieren können. Wenn wir im Tao leben, ist die Welt für uns ein Tanz dieser einander ergänzenden Energien; wenn wir jedoch am Ich haften, ist die Dualität ein Kampf. Das Ich lebt in einer Welt, die nur schwarz oder weiß, richtig oder falsch, gut oder böse ist. Wenn wir diese scheinbaren Gegensätze miteinander versöhnen, knüpfen wir eine neue Beziehung mit dem dualen Universum. Dadurch erlangen wir nicht nur ein tieferes Verständnis für alles, was lebt, sondern auch tieferen Frieden und das Gefühl, im Universum zu Hause zu sein. Überlegen Sie, in welchen Lebensbereichen Sie unnötig gegen sich selbst, andere Menschen oder das Leben kämpfen, und integrieren Sie diese Elemente in Ihr Leben.

In seiner Abhandlung *Ausgleich* schrieb Emerson: »Ein unvermeidlicher Dualismus spaltet die Natur und teilt alles in zwei Hälften, so dass etwas anderes es ganz machen muss: Geist und Materie, Mann und Frau, gerade und ungerade, subjektiv und objektiv, innen und außen, oben und unten, Bewegung und Ruhe, ja und nein. Da die Welt dual ist, sind alle ihre Teile es ebenfalls ... In jeder Kiefernnadel, in jedem Maiskorn und in jedem Mitglied einer Herde gibt es etwas, was Ebbe und Flut, Tag und Nacht, Mann und Frau gleicht.« Die Chinesen haben dieses Etwas schon vor langer Zeit identifiziert und nannten es Yin und Yang.

In der alten Zeit richteten die Menschen, die das Tao verstanden, sich am Yin und Yang aus und lebten in Harmonie.
CH'I PO

Die Idee des Yin und Yang ist viel älter als der klassische Taoismus; dennoch ist sie ein wesentlicher Bestandteil der taoistischen Philosophie und der chinesischen Philosophie überhaupt. Den ältesten schriftlichen Beleg für Yin und Yang finden wir im *I Ching*, dem ältesten noch erhaltenen Buch der chinesischen Literatur und vielleicht der ganzen Welt.[1] Dort heißt es schlicht: »Ein Yin und ein Yang, das ist Tao.«[2] Die Philosophie des Yin und Yang ist tiefgründig, und man kann sie ein Leben lang studieren und dabei ständig neue Einsichten gewinnen. In diesem Kapitel wollen wir drei Grundelemente der Yin-Yang-Philosophie näher betrachten und überlegen, wie wir mit ihrer Hilfe ausgewogener leben können.

Yin und Yang sind Korrelate. Das heißt, sie stehen in reziproker oder komplementärer Beziehung. Es sind keine Gegensätze, sondern zwei Seiten derselben Münze oder, im wörtlichen Sinne, zwei Seiten desselben Hügels. Ursprünglich bezeichneten die beiden Worte nämlich die schattige (yin) und die sonnige (yang) Seite eines Berges. Die sonnige Seite ist warm, hell und trocken, die schattige ist kühl, dunkel und feucht. Aus dieser Beobachtung wurden unzählige Folgerungen abgeleitet, so dass Yang mit Bewegung, dem Männlichen und dem Himmel, Yin mit Ruhe, dem Weiblichen und der Erde assoziiert wurde.

Yin und Yang sind nicht absolut, denn beide enthalten den Samen des anderen. Darum ziehen sie einander auch an. Das Wechselspiel dieser beiden Kräfte ist überall im Universum sichtbar. Das materielle Universum selbst ist ein Produkt dieser Interaktion, und alle Veränderungen in ihm richten sich nach den Gesetzen der Transformation von Yin in Yang und umgekehrt.

Grundsätze der Yin-Yang-Philosophie

1. Komplementäre Pole: Sie sind zwei Seiten derselben Münze.
2. Nicht absolut: Beide enthalten ein Element des anderen.
   Magnetisch: Yin zieht Yang an, Yang zieht Yin an.
   Evokativ: Starkes Yang ruft Yin wach, starkes Yin ruft Yang wach.
3. Dynamisch: Yin transformiert Yang, Yang transformiert Yin.

Komplementäre Pole und zwei Seiten derselben Münze

Yang gibt, Yin empfängt. Das Männliche und das Weibliche brauchen einander.
Die Dreifache Einheit

Wie das Licht und die Dunkelheit hängen Yin und Yang voneinander ab: das eine kann nicht ohne das andere sein. Yin und Yang entstehen gemeinsam wie der Kamm und das Tal einer Welle, wie das Einatmen und das Ausatmen. Beide dehnen sich aus und ziehen sich zusammen, ohne Ende. Wenn wir von Yin und Yang sprechen, dann reden wir auch vom Geschlecht, von Beziehungen zwischen Polaritäten. Das können Männer und Frauen, trocken und nass, heiß und kalt, oder Himmel und Erde sein. Da der Mann sich zur Frau und die Frau sich zum Mann hingezogen fühlt, werden Kinder geboren, und die menschliche Art bleibt erhalten. Da Trockenheit Nässe anzieht und Nässe Trockenheit anzieht, verdampft das Wasser und fällt als lebensspendender Regen nieder. Da die Erde den Himmel anzieht, steigt *Shen*, die spirituelle Energie, nach unten, und da der Himmel die Erde anzieht, steigt *Ching* empor und öffnet das Herz und erleuchtet das Gehirn.

Ein Yin und ein Yang werden Tao genannt. Die leidenschaftliche Paarung von Yin und Yang und die Paarung des Mannes und der Frau sind das ewige Muster des Universums. Würden Himmel und Erde sich nicht vereinigen, woher käme dann das Leben?
CH'ENG TZU

Insofern ist also die ganze Welt sexuell. Das wird nicht nur in der Fortpflanzung sichtbar, sondern auch in der Zellteilung, der Atombindung und in allen Prozessen des organischen und anorganischen Lebens. Aus diesem Blickwinkel bereiten die Dinge sind entweder auf die Paarung vor, oder sie paaren sich, oder sie ruhen sich von der Paarung aus – um dann wieder von vorne zu beginnen.

Es überrascht nicht, dass die chinesische Kultur unter allen großen Kulturen der Welt die am höchsten entwickelte ist, was die sexuellen Künste anbelangt.[3] Joseph Needham schrieb dazu: »Da die Yin-Yang-Philosophie allgemein anerkannt war, betrachtete man die menschliche Sexualität ganz natürlich vor einem kosmischen Hintergrund und stellte eine Verbindung zwischen ihr und dem ganzen Universum her. Die Taoisten waren der Meinung, dass Sex nicht nur kein Hindernis auf dem Weg zur spirituellen Erleuchtung sei, sondern sie sogar fördern könne.«[4]

Die westliche Kultur hat dagegen immer Probleme mit dem Sex gehabt. Sie hat ihn nie in ihre drei großen religiösen Strömungen integriert. Vor allem die frühen christlichen Theologen standen dem Sex ablehnend gegenüber. Origenes von Alexandria kastrierte sich selbst, um nicht in Versuchung zu geraten. Arnobius nannte den Geschlechtsverkehr »abstoßend und erniedrigend«. Für Methodius war er »unschicklich«, für Hieronymus »unrein«, für Tertullian »schändlich« und für Ambrosius »schmutzig«.[5] Sex war dem gemeinen Volk erlaubt, weil es seinem Reiz nicht widerstehen konnte – aber nur als Mittel zur Fortpflanzung. Lust durfte man dabei nicht empfinden. Sex war böse, *weil* er natürlich war. Tertullian meinte: »Selbst natürliche Schönheit muss verborgen oder ignoriert werden, denn sie ist gefährlich für jene, die sie betrachten.«[6]

Was im Westen von der erotischen Ikonographie und Mythologie der alten heidnischen Religionen übrig blieb, wurde im Laufe von Jahrhunderten systematisch und oft brutal ausgetilgt. Sexuelle Symbolik spielte in den Mythen und Riten der traditionellen Kulturen, auch der europäischen Kultur der Jungsteinzeit, eine wichtige Rolle. Es wäre falsch, die gesamte sexuelle Ikonographie als magische Fetische abzutun, die von primitiven Menschen bei Fruchtbarkeitsriten benutzt wurden. In vielen Fällen war sie eine überaus komplexe Lehre von der Polarität des Universums, symbolisiert durch die Beziehung zwischen dem Männlichen und dem Weiblichen.

So wie die traditionellen Kulturen das Heilige nicht vom Profanen trennten, unterschieden sie auch nicht zwischen dem Spirituellen und dem Natürlichen oder Sexuellen. Die *participation mystique* (die bewusste Teilnahme an den Mysterien der Natur) ist eine weibliche Fähigkeit, die im Westen lange unterdrückt wurde (siehe Kapitel 2). Infolgedessen sind die meisten Menschen im Westen ziemlich prüde, wenn sie offen über Sex reden sollten. Westlichen Intellektuellen fällt es heute noch schwer, die sexuellen Aspekte der Spiritualität von Naturvölkern zu erörtern und zu verstehen.

Jeder Teil unserer Persönlichkeit, den wir nicht mögen, wird zu unserem Feind.
ROBERT BLY

Trotz der viel gepriesenen sexuellen Revolution werden heute noch ganze Wagenladungen von eindeutig sexuellen religiösen Kunstwerken verschiedener Kulturen (einschließlich unserer eigenen) in den Kellern von Museen und in Lagerhäusern versteckt. (Hätten wir freien Zugang zum Britischen Museum, zum Museum und zur Bibliothek des Vatikans und zum Nationalmuseum in Neapel, würden uns die Augen übergehen!) Anscheinend sind diese Werke immer noch zu schockierend. Wegen dieser Weigerung, sich mit der natürlichen Sexualität des Lebens auseinander zu setzen (oder sie sogar zu feiern), kommt uns die Yin-Yang-Philosophie so fremdartig vor, wenn wir ihr zum ersten Mal begegnen. Unseren Vorfahren oder Naturvölkern wäre sie keineswegs fremd gewesen, sondern nur eine Variation eines vertrauten Themas.

Einigermaßen bekannt ist bei uns allenfalls die sexuelle Ikonographie Indiens und Tibets. In der indischen und tibetischen Kunst und Religion symbolisieren androgyne oder kopulierende Göttinnen und Götter die Einheit der Polaritäten. Auch der Lingam und die Yoni, miteinander vereinte männliche und weibliche Geschlechtsorgane, sind in Indien weit verbreitet; auch sie symbolisieren die Einheit der kosmischen Polaritäten. In der traditionellen chinesischen Kultur wurden diese Polaritäten nicht als persönliche Götter dargestellt, sondern als unpersönliche Kräfte – Yin und Yang – empfunden.

Sex – Kampf oder Tanz?

Der Mensch ist ein Mikrokosmos, in dem alles wie im Makrokosmos abläuft. Die sexuelle Vereinigung von Mann und Frau ist ein kleines Ebenbild der Wechselwirkungen zwischen den Kräften der Natur.
R. H. VAN GULIK

Die sexuelle Polarität fehlt in der religiösen Ikonographie des Westens. Die westlichen Religionen haben sie sogar Jahrhunderte lang bekämpft. Dieser

Kampf gegen den Sex sorgte dafür, dass die Menschen einen natürlichen Trieb mit Scham, Schuldgefühlen und Furcht assoziierten. Sexuelle Unterdrückung und Perversion waren die Ursache für körperliche und seelische Krankheiten. Diese Einstellung hat sich in der Psyche westlicher Männer und Frauen bis heute erhalten. In den letzten Jahren wurde viel über die sozialen und psychischen Folgen der Pornografie geschrieben, die überwiegend von Männern gekauft wird. Doch schon ein flüchtiger Blick in Bücher wie *Mein geheimer Garten* offenbart, dass viele Frauen ebenfalls von sexuellen Perversionen besessen sind, obwohl sie entsprechende Bilder eher in ihrer Fantasie schaffen, als sie am Kiosk zu kaufen. Sexuelle Unterdrückung, Schuldgefühle und Perversion beginnen im Kopf und in der Kultur, und dort müssen sie überwunden werden. Taoisten würden uns erklären, dass gesetzliche Verbote nichts bewirken, solange die psychischen Aspekte nicht berücksichtigt werden.

In seinem wichtigen Buch *Sexual Life in Ancient China* fasst R. H. van Gulik die chinesische Einstellung zum Sex und ihre Folgen für die psychische und soziale Entwicklung zusammen. Er schreibt, für die Chinesen sei »der Geschlechtsakt ein Teil der natürlichen Ordnung und eine heilige Pflicht jedes Mannes und jeder Frau gewesen, der nie mit Sünde oder Schuldgefühlen verbunden wurde ... Diese Haltung und das fast völlige Fehlen von Unterdrückung führten wahrscheinlich dazu, dass das Sexualleben der alten Chinesen im Allgemeinen gesund und erstaunlich frei von den pathologischen Verirrungen so vieler anderer alter Kulturen war«.[7]

Zweifellos trug die taoistische Philosophie entscheidend zu dieser gesunden Sexualität im alten China bei. Dieser Ansicht ist auch Joseph Needham: »Die Frau hatte einen wichtigen Platz in der natürlichen Ordnung, Männer und Frauen waren gleichberechtigt, die Zusammenarbeit der Geschlechter galt als notwendig für ein gesundes und langes Leben, und gewisse weibliche Charakterzüge wurden bewundert ... Dafür gibt es keine Parallelen im Konfuzianismus und im volkstümlichen Buddhismus.«[8] Keine Kultur kann ein gesundes Geschlechtsleben haben, wenn sie nicht beide Geschlechter respektiert. Der einzigartige Respekt der Taoisten für das Weibliche und ihr tiefes Verständnis für Yin und Yang trugen zu einem gesunden Sexualleben bei.

Der Kampf gegen den Sex wird zwangsläufig zum Kampf zwischen den Geschlechtern. Das ist auch in unserer Kultur sichtbar. Historisch gesehen hat er dazu geführt, dass Frauen unterdrückt und ihre Talente abgewertet wurden (siehe Kapitel 5) und dass uns Tun und Haben wichtiger sind als Sein und Ruhen (mehr dazu im nächsten Kapitel).

Der Kampf gegen den Sex (die natürliche Polarität des Lebens) wird zum Kampf für *einen* »richtigen« Weg, sei es Vernunft, Technik, Kapitalismus, Marxismus oder Fundamentalismus. Wir stehen immer auf einer Seite. Wir hängen am Leben und verdrängen den Tod. Wir schätzen die Vernunft und fürchten das Unbewusste.

Um den Kampf der Geschlechter zu beenden, müssen wir den Kampf gegen den Sex einstellen. Wir müssen begreifen, dass Dualitäten letztlich Teil einer übergeordneten Einheit sind. Dies ist der Weg zur Harmonie, den die Philosophie des Yin und Yang aufzeigt. Es ist sinnlos, sich darüber zu streiten, ob der Mann besser ist als die Frau oder umgekehrt, denn beide hängen voneinander ab. Das Licht ist nicht besser als die Dunkelheit, und die Dunkelheit ist nicht besser als das Licht, denn beide hängen voneinander ab. Das gleiche gilt für Leben und Tod, Hitze und Kälte und alle anderen bipolaren Beziehungen. Wenn wir mehr Harmonie in unser Leben bringen wollen, müssen wir zunächst herausfinden, welche Einstellung wir zur natürlichen sexuellen Polarität haben. Muss sie zum Kampf führen? Bedeutet Polarität immer Antagonismus? Taoisten antworten mit einem klaren Nein. Sie raten uns, die natürliche Sexualität des Lebens zu akzeptieren. Yin und Yang in allen ihren Erscheinungsformen sind keine Gegensätze, sondern einander ergänzende Pole derselben ewigen Lebenskraft. Wenn wir das einsehen, wird aus dem Kampf der Geschlechter ein Tanz der Geschlechter, und wir genießen das Zusammenspiel dieser Polaritäten in der ganzen Schöpfung.

Wenn wir ruhen, teilen wir die Passivität des Yin. Wenn wir handeln, teilen wir die Energie des Yang.
CHUANG TZU

Aber wir können den Kampf der Geschlechter nur beenden, wenn wir verstehen, was das Universum ist. Wir sehen uns so, wie wir die Natur sehen. Die Natur ist nichts anderes als Sex. Darum ist der Kampf gegen den Sex ein Kampf gegen die Natur, auch gegen die menschliche Natur. Letztlich spiegelt der Kampf der Geschlechter unser Verständnis des Universums und des Göttlichen – des Tao, der höchsten Wirklichkeit – wider. Im Westen ist Gott das Gute, das gegen das Böse kämpft. Der Himmel ist gut, die Erde schlecht. Spiritualität ist gut, die Natur ist schlecht. Das Bewusstsein ist gut, das Unbewusste ist schlecht. Und so weiter. Für Taoisten ist das Tao das »All«, das Licht und Dunkelheit, Gut und Böse, Männer und Frauen, Yin und Yang einschließt.

In Kapitel 3 bin ich kurz auf das Ich und seinen Schatten in der Psychologie C. G. Jungs eingegangen. Dabei geht es um Folgendes: Was wir meiden oder ablehnen, betrachten wir meist als böse. Wer nur das Licht oder das Gute sehen will, wird ständig von der Dunkelheit oder vom Bösen überschattet. Das gilt auch für ganze Kulturen. Wenn wir unsere Sexualität verleugnen, ist unterdrückter, pervertierter oder ausbeuterischer Sex die Folge. Wenn wir unsere natürliche Aggression leugnen, kommt sie in Kriegen und sinnloser Gewalt zum Ausdruck.

Im *Parzival*, Wolfram von Eschenbachs Epos über die Suche nach dem heiligen Gral, wird der Gralskönig (der in vielen Mythen die Kultur symbolisiert), sexuell verwundet. Die natürlichen sexuellen Lebenskräfte werden als Feinde des Spirituellen betrachtet und daher unterdrückt. Wir können den *Parzival*, der im 12. Jahrhundert geschrieben wurde, als Leitfaden zur Reintegration des Geistes und der Natur, des Himmels (Yang) und der Erde (Yin) deuten. Aber seine Botschaft verhallte fast ungehört. Wir müssen uns heute noch um die Integration von Yin und Yang bemühen, sowohl im täglichen Leben als auch in der Gesellschaft. Wie die klassischen Taoisten rät uns der *Parzival*, nicht den künstlichen Gesetzen des Menschen, sondern den universellen Kräften des Lebens zu vertrauen. Taoismus und *Parzival* ermutigen uns, auf unsere spontane, intuitive Natur zu hören und nicht auf Gedankenkonstruktionen, die uns sagen wollen, was wir tun sollen und was wir nicht tun dürfen. Sie empfehlen uns, den Körper samt seiner natürlichen Energien und seiner natürlichen Weisheit zu akzeptieren und in den Schatten zu gehen, um verborgene Dinge zu finden und ans Licht zu bringen.

Heraklit sagte: »Im Kreis sind Anfang und Ende eins.« Wir können das Tai Ch'i Tu nicht ohne den Kreis (das Tao) verstehen, der Yin und Yang einschließt. Hier deutet die Zwei sowohl das Eine (das Tao, die höchste Einheit) als auch die Drei (Tao, Yin und Yang) an. In den westlichen Religionen ist Gott die weiße Hälfte des Kreises, die nicht nur zur dunklen Hälfte, sondern auch zum kleinen schwarzen Punkt im Gegensatz steht. Die Einheit fehlt, und alle Aspekte der Dreiheit (Vater, Sohn und heiliger Geist) haben etwas Weltfernes an sich. Die Erde (Yin) wird nicht umarmt.

Alchemie, die innere Einheit

Um alle zehntausend Dinge zu lieben, musst du Himmel und Erde als Einheit behandeln.
Hui Shih

Die Taoisten erkannten, dass es im materiellen Körper des Menschen und in der äußeren Welt männliche und weibliche Polaritäten gibt. Harmonie setzt voraus, dass wir diese Polaritäten akzeptieren und vereinigen. Die innere Einheit der Polaritäten ist ein wesentlicher Bestandteil der taoistischen Alchemie, die mit der westlichen vieles gemeinsam hat. C. G. Jung trug dazu bei, das Interesse an der westlichen Alchemie wieder zu beleben. Er widersprach der verbreiteten Ansicht, die Alchemie sei nur eine primitive Wissenschaft und ihr Hauptziel sei die Verwandlung von Blei in Gold. Gewiss, es gab sowohl im Westen als auch in China Alchemisten, die eher materielle Ziele verfolgten (Reichtum im Westen und Unsterblichkeit in China), doch die wahren Anhänger beider Spielarten der Alchemie strebten nach innerer Einheit und Transformation. Dazu brauchten sie eine spirituelle Ausbildung, denn sie mussten den physischen Körper transformieren und eine Art spirituellen Körper schaffen, den die Taoisten »unsterblichen Fetus« nannten.

Sexuelle Bildersymbolik ist in allen alchemistischen Systemen verbreitet. Taoistische Alchemisten sprechen von der Paarung des grünen Drachens (Yin-Energie) mit dem weißen Tiger (Yang-Energie). In der westlichen Alchemie wird die Vereinigung der inneren männlichen und weiblichen Kräfte oft als Umarmung des Sonnenkönigs und der Mondkönigin dargestellt. Im Chakrasystem des indischen Yoga ist die sexuelle Vereinigung des Männlichen und des Weiblichen auch ein Sinnbild des zweiten oder Sexualchakras. Eines weiteres Paar umarmt sich in Höhe des Herzchakras und symbolisiert die Verschmelzung der inneren männlichen und weiblichen Energien. So wie der physische Körper aus der Vereinigung des Männlichen und des Weiblichen geboren wird, setzt die zweite oder spirituelle Geburt die Vereinigung der inneren männlichen und weiblichen Energien voraus. Für die taoistischen Alchemisten war die Geburt des unsterblichen Fetus der Höhepunkt dieses »inneren Geschlechtsaktes«. In allen drei Systemen ist die Vereinigung von männlichem Feuer und weiblichem Wasser notwendig. Dieses Thema wiederholt sich symbolhaft in der christlichen Taufe mit Wasser und dem feurigen Abstieg des heiligen Geistes.

Sowohl in der westlichen und taoistischen Alchemie als auch im tantrischen und buddhistischen Yoga ist die angestrebte Transformation nicht nur eine intellektuelle Erkenntnis, sondern auch eine Umwandlung des Körpers. Alle diese Systeme haben ihre eigene Symbolsprache und ihre eigenen Methoden, auf die ich hier nicht näher eingehen kann. Aber es gibt eine Alchemie, die wir alle anwenden können, um harmonischer zu leben. Auch sie gründet auf dem Prinzip der Dreiheit oder der Vereinigung polarer Dualitäten. Die moderne Mystik und der Philosoph G. I. Gurdjieff sahen in dieser

Der Mensch geht immer am Rand eines Abgrunds entlang. Seine wahre Aufgabe besteht darin, das Gleichgewicht zu halten.
José Ortega y Gasset

Dreiheit die bejahenden, verneinenden und versöhnenden Kräfte des Universums. Wie können wir diese Idee im täglichen Leben anwenden?

Stellen Sie sich eine Frau vor, die meint, sie müsse immer fröhlich sein. Sie wehrt sich gegen jede Traurigkeit und verdrängt alle natürlichen Schmerzen im Leben. Sie treibt auf der Oberfläche ihrer Gefühle und setzt ein künstliches Lächeln auf. Bei dieser Frau kann Kummer ein tiefgreifendes inneres Wachstum auslösen. Wäre der Kummer tief genug und würde er ihre persönlichen Probleme überschreiten und sich mit dem Leiden aller lebenden Wesen vereinigen, hätte sie ein »Durchbruchserlebnis« und könnte echtes Mitgefühl empfinden. Dieses Mitgefühl, das Buddhisten *karuna* nennen, löst seinerseits ein neues Glücksgefühl aus, das jedoch viel tiefer ist und das alles Leiden einschließt.

Echte Gewaltlosigkeit schließt Gewalt ein und transzendiert sie. Es geht nicht darum, Gewalt zu leugnen. Mahatma Gandhi betonte immer wieder, dass ein mutiger, aber gewalttätiger Mensch dem wahren Geist der Gewaltlosigkeit näher ist als ein schwacher und schüchterner. Er erklärte: »Der Gewalttätige darf darauf hoffen, eines Tages gewaltlos zu werden. Der Feigling hat diese Hoffnung nicht.«[9] Die scheinbare Gewaltlosigkeit des Zaghaften ist gar keine Gewaltlosigkeit, sondern Unterwerfung aus Furcht. Der Mutige kann dagegen lernen, seine Wut zu transformieren und wahrhaft gewaltlos zu werden.

Wir dürfen uns nie mit der Vernunft identifizieren, denn der Mensch ist nicht nur ein Vernunftwesen und wird es nie sein.
C. G. Jung

Das Prinzip der Transzendenz durch Integration scheinbarer Gegensätze gilt auch für unsere Erfahrung der materiellen Fülle. Wer Armut fürchtet und versucht, sie zu verhindern, indem er nur dem Geld nachjagt, kann keine wahre Fülle empfinden, einerlei, wie reich er wird. Erst wenn er sich mit seiner Furcht vor Armut und mit seinem Hass gegen arme Menschen auseinandersetzt, hat er die Chance, echten Reichtum zu erlangen. Es geht also darum, scheinbar antagonistische Kräfte im Leben miteinander zu versöhnen. Entscheidend ist auch hier, ob wir die natürliche Dualität des Lebens als Konflikt oder als Spiel komplementärer Kräfte ansehen.

Das Nicht-Absolute: Yin enthält Yang, Yang enthält Yin

Entstehen und Vergehen, Schaffen und Vernichten, Geburt und Tod, Freud und Leid, alles wirkt durcheinander.
GOETHE

Wir dürfen nie vergessen, dass Yin und Yang relativ sind. Das heißt, etwas ist yin oder yang in Bezug auf etwas anderes. Die Philosophie des Yin und Yang hilft uns, Beziehungen zu verstehen, nicht, Dinge zu identifizieren. Das illustriert ein Blick auf die chinesische Medizin. *Der Klassiker der inneren Medizin des Gelben Kaisers* lehrt, dass das Innere des Körpers yin im Vergleich zur Außenseite und letztere yang in Bezug auf das Innere ist. Im Körper sind die fünf Organe (Leber, Herz, Milz, Lungen, Nieren) yin im Vergleich zu den Hohlorganen (Gallenblase, Magen, Dünndarm, Blase und die »drei brennenden Räume«), die yang sind.[10] Zwar sind alle inneren Organe yin, aber im Verhältnis zueinander sind sie yin und yang. Leber und Herz sind yang in Bezug auf Lungen und Nieren, die yin sind. Innerhalb des Herzens, das im Vergleich zu den Hohlorganen yin und in Bezug auf die Nieren yang ist, finden wir sowohl Yin- als auch Yang-Elemente. Würden wir einen Teil des Herzens sezieren, fänden wir Yin- und Yang-Elemente auch in diesem Teil. So könnten wir endlos weitermachen wie mit einer chinesischen Schachtel in einer Schachtel in einer Schachtel ... Auf jeder Ebene, auf der kosmischen wie auf der unendlich kleinen, bleibt die Beziehung zwischen Yin und Yang erhalten.

Das alles ist so geordnet, dass Yin und Yang einander ergänzen, vorne und hinten, innen und außen, als männliches und als weibliches Element. Sie dienen einander und reagieren aufeinander in Harmonie mit dem Yin und Yang des Himmels.
DER KLASSIKER DER INNEREN MEDIZIN DES GELBEN KAISERS

Yin und Yang gleichen also den Liebenden des Dichters Rumi: Sie »begegnen sich nicht irgendwann irgendwo, sondern sie sind bereits ineinander enthalten«. Nichts ist ganz yin, nichts ist ganz yang. Beide enthalten den Samen des anderen. Der Mann kann sich mit der Frau verbinden, weil er auch weibliche Aspekte hat. Was absolut verschieden ist, hat keinen Berührungspunkt. So ist es mit allen Dingen der Natur: Alle enthalten den Samen ihrer scheinbaren Gegensätze.

Das schließt nicht aus, dass Yin und Yang im Ungleichgewicht sein können. Wir haben ja bereits darüber gesprochen, dass unsere Kultur in vieler Hinsicht extrem yang ist. Die traditionelle chinesische Medizin lehrt, dass ein Yin-Überschuss im Körper die Funktion bestimmter Organe verlangsamt oder schwächt und dadurch bestimmte Symptome auslöst. Andererseits werden die Organe von zu viel Yang übererregt, und die Folge sind ebenfalls bestimmte, jedoch andere Symptome. Die alte chinesische Kultur strebte in allen Lebensbereichen danach, Yin und Yang zu harmonisieren – in der Architektur, in der Ernährung, in der Psychologie, in der militärischen Strategie, in der Medizin, in der Technik, im Geschlechtsleben und in der Politik.

Als Beispiel für die Anwendung der Yin-Yang-Philosophie im Alltag mögen die taoistischen sexuellen Künste dienen. Dabei entwickelt der Mann, seine weibliche, empfängliche Yin-Seite, um in der Liebe geduldiger zu werden und den Ejakulationsreflex in den Griff zu bekommen. Die Frau entwickelt ihre männlichen Yang-Aspekte, indem sie beim Sex häufiger die Initiative ergreift. Dieses »aufeinander zugehen« betont sogar die ursprüngliche Polarität, so dass der Mann seine Yang-Kraft und die Frau ihre Yin-Kraft bewahrt und stärkt. Wenn wir den anderen in uns erkennen, schwächen wir unsere sexuelle Primärenergie nicht, sondern fördern sie. Ein Mann, der seine weibliche Seite unterdrückt, wird mit der Zeit übermäßig yin, und eine Frau, die sich gegen ihre männlichen Aspekte wehrt, wird übermäßig yang.

Anima und Animus – das eine im anderen

C. G. Jungs Psychologie ist eine Parallele zum Prinzip »das eine im anderen«.[11] Jung glaubte, im Unbewussten des Mannes wohne ein weiblicher Aspekt, die *Anima*, und im Unbewussten der Frau wohne ein männlicher Aspekt, der *Animus*. Die Anima befähigt den Mann, sich mit dem empfänglichen Weiblichen (den Eros) zu verbinden, der Animus versetzt die Frau in die Lage, Kontakt mit dem vernünftigen, willensstarken Männlichen aufzunehmen. Doch als Schatten richten Anima und Animus Verwüstungen im Verhältnis zwischen den Geschlechtern an. Wenn beide sich streiten, dominieren oft die beiden Schatten. Da Anima und Animus ein Teil des Unbewussten sind, sind sie Archetypen und werden daher in ihren negativen Aspekten vom kollektiven Schatten beherrscht.

Der Animus, den die Frau auf den Mann projiziert, und die Anima, die der Mann auf die Frau projiziert, folgen bestimmten Mustern. Ein Mann im Griff der Anima wird launisch und überempfindlich. Seine verborgene Botschaft lautet: Du kümmerst dich nicht um mich. Die Frau im Griff des Animus benutzt das Wort (Logos) als Schwert, um zu schneiden und zu schelten, oft mit Hilfe von Verallgemeinerungen (»nie«, »immer« und so weiter). Sie ist untröstlich und in ihrem Zorn nicht ansprechbar. Ihre verborgene Botschaft lautet: Du respektierst mich nicht. Natürlich kann es sein, dass die Frau etwas getan hat, was nicht fürsorglich war, oder dass der Mann sich wenig respektvoll verhalten hat; aber wenn er oder sie rasch von einer Klage zur anderen übergeht, so ist dies ein untrügliches Zeichen dafür, dass der Schatten die Oberhand hat.

Das Problem wird noch dadurch kompliziert, dass Anima und Animus einander provozieren. Eine Frau im Banne ihres Animus ruft ziemlich schnell die Anima ihres Partners auf den Plan, und ein Mann im Griff seiner Anima weckt rasch den Animus seiner Partnerin. Dann verlieren die Streitenden die Beherrschung, denn jetzt streitet nicht mehr *dieser* Mann mit *dieser* Frau über *dieses* Thema, sondern zwei mächtige Elemente des kollektiven Unbewussten spielen ein uraltes Drama. Wenn die beiden ihr Gleichgewicht wiedergefunden haben, fragen sie sich, worum es eigentlich ging, und erkennen dadurch an, dass sie in einem Energiefeld gefangen waren, das viel größer ist als sie.

Da es sich hier um archetypische Energien handelt, können wir sie nicht loswerden. Doch wenn wir uns ihrer negativen Aspekte bewusst sind, können wir sie transzendieren. Jung wies darauf hin, dass es schwer ist, den Animus und die Anima zu erkennen und in den Griff zu bekommen: »Erstens gibt es in dieser Hinsicht keine moralische Erziehung, und zweitens sind die meisten Menschen damit zufrieden, selbstgefällig zu sein, und ziehen es vor, einander zu verleumden (oder Schlimmeres), anstatt sich ihrer Projektionen bewusst zu sein.« Wenn wir uns von der Disharmonie befreien wollen, die Anima und Animus hervorrufen können, müssen wir sie als Projektion durchschauen und wieder in uns aufnehmen. Als Partner sollten wir lernen, nicht zu reagieren, wenn wir merken, dass der andere uns nicht sieht (solange er in seiner Projektion gefangen ist, sieht er uns nicht) oder wenn wir unfair angegriffen werden. Dann löst die Projektion des anderen sich schneller auf.

Du besitzt die größte Tugend zwischen Himmel und Erde, wenn du lebst.
I CHING

Noch eine Bemerkung zum Schatten in einer Beziehung. Seine illusionären Projektionen enthalten sowohl negative als auch positive Verzerrungen. Wenn wir uns verlieben, projizieren wir oft unsere Vorstellung vom idealen Partner auf den anderen. Mit der Zeit merken wir aber, dass wir mit einem Menschen zusammen sind, nicht mit einem Gott oder einer Göttin. Bald stellen sich negative Projektionen ein, und viele Menschen fangen jetzt an, nach einem neuen Partner zu suchen – entweder in der realen Welt oder in ihrer Fantasie –, auf den sie dann erneut ihr Idealbild projizieren. Erst wenn wir die positiven und negativen Verzerrungen der Anima und des Animus als solche erkennen, sind wir imstande, in unseren Beziehungen echte Harmonie zu erzeugen und zu bewahren. Das gelingt jedoch nur, wenn wir das Leben als Ganzes akzeptieren, einschließlich aller Aspekte des Ichs.

Nach östlicher Auffassung besteht ein spiritueller »Durchbruch« nicht darin, dass wir mit dem Guten das Böse vernichten, sondern darin, dass wir uns der *Leere* bewusst werden. Die Leere, von der Taoisten und später auch Ch'an-Meister oft geredet haben, ist keine Leere im Kopf und keine Weltflucht. Der sechste Ch'an-Patriarch Hui Neng erklärt: »Leere enthält die Sonne, den Mond, die Sterne und Planeten, die Erde mit Bergen, Flüssen, Bäumen und Gras, gute und schlechte Menschen und Dinge, Himmel und Hölle. Das alles ist in der Mitte der Leere. Mit der Leere in der Natur des Menschen verhält es sich ebenso.« Mit anderen Worten: Leere schließt alle Aspekte des Ichs ein.

Dynamik: Yin transformiert Yang, Yang transformiert Yin

> *Das endlose Zusammenspiel zwischen Himmel und Erde gibt allen Dingen ihre Gestalt. Die Vereinigung des Männlichen mit dem Weiblichen gibt allen Dingen Leben. Dieses Zusammenspiel von Yin und Yang wird »der Weg« genannt, und der daraus entstehende schöpferische Prozess heißt »Wandel«.*
> I CHING

Das dritte Hauptprinzip von Yin und Yang ist ihre Transformation. Die Muster dieser Transformation werden am klarsten und tiefgründigsten im *I Ching*, dem Buch der Wandlungen, dargestellt. Das *I Ching* ist vor allem als Orakel bekannt, das wahrscheinliche Szenarien der Zukunft enthüllt. Aber es ist viel mehr als ein Buch zum Wahrsagen, denn es enthält eine praktische Philosophie, die uns hilft, produktiv und harmonisch zu leben, und seine Symbolsprache beschreibt universelle Archetypen der Transformation.

Obwohl die meisten Menschen im Westen mit dem *I Ching* nicht vertraut sind und nur wenige es wirklich verstehen, verdanken wir ihm viel. Die Ziffern 1 und 0, mit denen unsere Computer rechnen, sind möglicherweise von den durchgezogenen und unterbrochenen Linien abgeleitet, die im *I Ching* Yin und Yang symbolisieren. Der Philosoph Wilhelm Gottfried Leibnitz, der im 18. Jahrhundert die Binärrechnung einführte und als intellektueller Vorläufer des Computerzeitalters gilt, war von der chinesischen Philosophie und vom *I Ching* beeinflusst. Leibnitz stand in engem Kontakt mit jesuitischen Missionaren in China und fand Ähnlichkeiten zwischen seinem Binärsystem und dem des *I Ching*. Joseph Needham schreibt dazu: »Es war also kein Zufall, dass Leibnitz nicht nur die binäre Arithmetik entwickelte, sondern auch die moderne mathematische Logik begründete und ein Pionier der Konstruktion von Rechenmaschinen war.« Der Philosoph Hegel, dessen Werk Marx und andere westliche Denker beeinflusste, studierte ebenfalls das *I Ching* und hielt sogar Vorlesungen darüber.

Das *I Ching* beschreibt den Prozess des Wandels. Wenn wir ihn und das Zusammenspiel von Yin und Yang verstehen, erreichen wir unsere Ziele effektiver und leichter, und wir wissen, wann wir loslassen und wann wir Ereignisse hinnehmen müssen, die wir nicht ändern können. Das *I Ching* sagt uns, wann wir beharrlich sein und wann wir uns zurückziehen sollen.

Im Westen rühmen wir den Wandel, den wir selbst auslösen, und nennen ihn Fortschritt. Andererseits fürchten wir Veränderungen, die andere oder ie Natur auslösen. Für die alten Chinesen war der Wandel kein linearer, sondern ein zyklischer Vorgang,[12] und sie schätzten auch unbeabsichtigte Änderungen mehr als wir. »Der Wandel ist sprudelndes Leben«, erklärt die *Große Abhandlung über das I Ching*. Das zeigt, wie vertrauensvoll die Chinesen Veränderungen aller Art gegenüber standen. Wandel ist nicht Chaos, sondern Ausdruck der natürlichen Ordnung. Er ist nicht das Gegenteil des Unwandelbaren, sondern seine Erscheinungsform. Die zehntausend Dinge sind das manifestierte namenlose Tao.

Die westliche Weltsicht ist in mancher Hinsicht ein Erbe des alten Griechen. Während die Griechen nach dem Urstoff suchten, wollten die Chinesen die Muster und Beziehungen zwischen den Dingen finden. Unsere Kultur ist von der Materie fasziniert, die chinesische von der Zeit. Das *I Ching* ist nicht nur ein Buch, sondern auch eine Tafel, auf der die Transformationsmuster der Zeit verzeichnet sind. Es ist ebenso ein natürliches und logisches Ergebnis der chinesischen Weltsicht, wie die Tabelle der chemischen Elemente ein zwangsläufiges Produkt des westlichen (griechischen) Interesses an den Bausteinen der Materie ist. Eine Auffassung sucht nach der letzten Ursache, die andere will Prozesse verstehen.

Diese unterschiedliche Weltsicht veranlasste die besten Köpfe beider Kulturen, verschiedene Dinge zu erforschen und die gleichen Dinge mit anderen Augen zu sehen.
Nach der einen Auffassung befindet sich ein Teilchen an einem bestimmten Punkt in der Raumzeit, weil ein anderes Teilchen es dorthin gestoßen hat; nach der anderen nimmt es seinen Platz in einem Kraftfeld neben ähnlichen Teilchen ein.
JOSEPH NEEDHAM

Der westliche Intellekt fragt: Welches ist der letzte Baustein, die letzte Ursache? Auf der politischen Ebene lautet die Frage: Wer ist der Chef? Und auf der persönlichen Ebene: Wer ist schuld? Der chinesische Intellekt fragt: Welche Beziehung besteht? oder: Welches Muster liegt vor? Auf der politischen Ebene wurde daraus der Kommunalismus der Taoisten und das Familienmodell des Konfuzianismus.

Diesen Unterschieden in der Weltsicht entsprechen Unterschiede in der Sprachstruktur. Im Gegensatz zum Englischen und anderen europäischen Sprachen benötigt die chinesische nicht für jedes Verb ein Subjekt. Etwas kann also ohne einen Auslöser geschehen. Während unserer Auffassung nach ein Ding nicht gleichzeitig sein und nicht sein kann, befinden die Dinge sich nach Ansicht der traditionellen chinesischen Philosophie entweder im Zustand des Werdens oder des »Entwerdens«. Aus diesem Blickwinkel (der übrigens besser zur modernen Physik passt) hat nichts eine feste oder stabile Identität, sondern alles ist dabei, etwas anderes zu werden. Die Hexagramme (*kua*) des *I Ching* symbolisieren die Stadien des Werdens und Entwerdens.

Die europäische Philosophie wollte die Wirklichkeit in der Substanz finden, die chinesische wollte sie in Beziehungen finden.
JOSEPH NEEDHAM

Das *I Ching* betrachtet jeden Wandel als Folge der Interaktion von Yin und Yang: »Das Schöpferische (Yang) und das Empfangende (Yin) sind die wahren Geheimnisse des Wandels.« Den Tanz von Yin und Yang, die sich endlos vermischen und trennen, deutet auch die Doppelhelix an, ein traditionelles Yin-Yang-Symbol. Die Doppelhelix ist auch das Modell des menschlichen DNS-Moleküls, wie Watson und Crick in den fünfziger Jahren entdeckten. Sie fanden zudem heraus, dass der genetische Code aus 64 binären Tripletts besteht. 1973 veröffentlichte der deutsche Philosoph Martin Schönberger ein Buch mit dem Titel *Verborgener Schlüssel zum Leben*. Darin wies er nach, dass die 64 DNS-Tripletts, im Binärcode geschrieben, exakt den 63 Hexagrammen des *I Ching* entsprechen. Das *I Ching* ist in der Tat ein verborgener Schlüssel zum Leben, der genauer erforscht werden sollte, nicht nur von Menschen, die mehr Harmonie und tieferes Verständnis erlangen wollen, sondern auch von westlichen Philosophen und Wissenschaftlern.

Im *I Ching* steht eine durchgehende Linie (—) für Yang, eine unterbrochene (– –) für Yin. Diese Linien werden in Dreiergruppen angeordnet und bilden so die acht Primärzeichen oder *Pa Kua*. Die drei Linien symbolisieren Himmel, Erde und Mensch. Aus diesen acht Zeichen oder Trigrammen bildet man die 64 Hexagramme. Die 384 (64×6) Linien des *I Ching* sind Sinnbilder aller möglichen Kombinationen zwischen Yin und Yang.

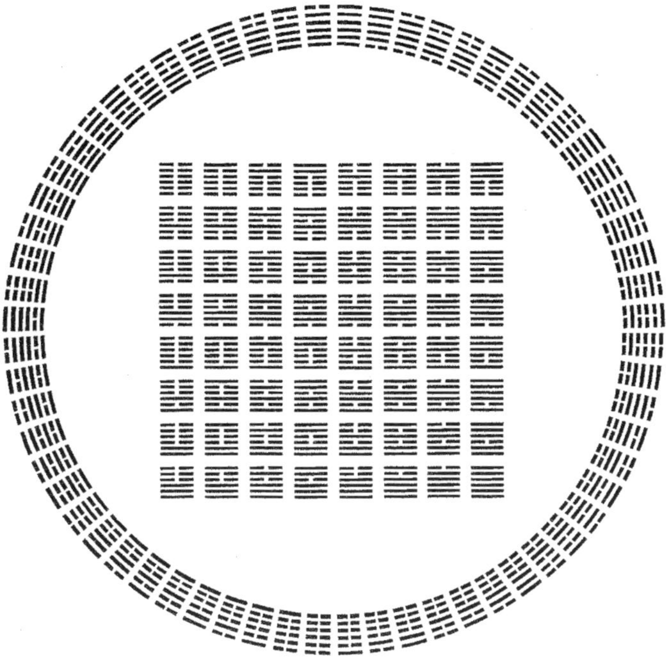

Pa Kua (acht Zeichen)

schöpferisch *Ch'ien* Himmel ☰	empfänglich *K'un* Erde ☷	unergründlich *K'an* Wasser ☵	anhaftend *Li* Feuer ☲
erregend *Chen* Donner ☳	freudig *Tui* See ☱	sanft *Sun* Wind ☴	stillstehend *Ken* Berg ☶

Die Hexagramme des *I Ching* sind nicht statisch, sondern fließende, dynamische Muster des Wandels. Was Richard Wilhelm über die Trigramme des *Pa Kua* schrieb, gilt auch für die 64 Hexagramme:

> Von den acht Trigrammen ... nahm man an, dass sie sich ständig in einem Übergangsstadium befinden und eines sich in ein anderes verwandelt, so wie in der physikalischen Welt unaufhörlich ein Phänomen in ein anderes übergeht ... Die Aufmerksamkeit richtet sich nicht auf Dinge in ihrem Seinszustand – wie es vor allem im Westen der Fall ist –, sondern auf ihre Bewegungen im Wandel. Die acht Trigramme symbolisieren also keine Dinge als solche, sondern ihre fließenden Tendenzen.[13]

Wir können uns hier nicht ausführlich mit dem *I Ching* und den 64 Hexagrammen befassen. Darum greifen wir drei heraus: das 1., 2. und 63. Kua. »Das Schöpferische«, »Das Empfangende« und »Nach der Vollendung«. *Das Schöpferische* besteht aus sechs durchgehenden Linien (yang), *Das Empfangende* aus sechs unterbrochenen Linien (yin) und *Nach der Vollendung* aus drei unterbrochenen und drei durchgehenden Linien.

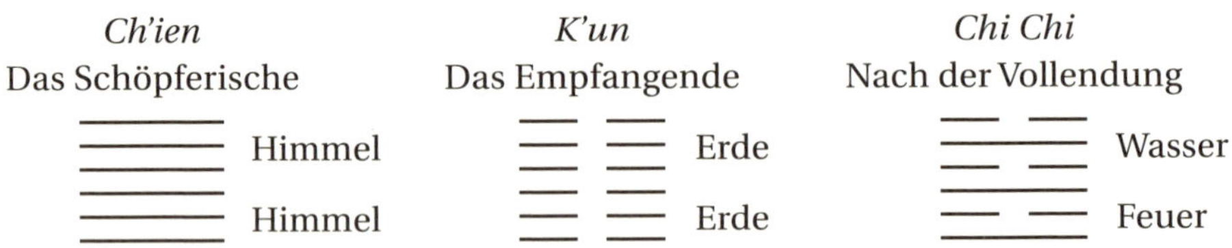

Die Hexagramme Ch'ien und K'un, *Das Schöpferische* und *Das Empfangende*, entstehen, wenn man die Trigramme für Himmel und Erde verdoppelt. Sie gelten als die wichtigsten aller Zeichen, weil alle anderen von ihnen abgeleitet sind. In der *Großen Abhandlung über das I Ching* lesen wir: »Das Schöpferische ist das stärkste aller Dinge in der Welt. Der Ausdruck seiner Natur ist das Einfache, welches das Gefährliche meistert. Das Empfangende ist von allen Dingen in der Welt am hingebungsvollsten. Der Ausdruck seiner Natur ist das Einfache, welches das Hemmende meistert.« Und im Anhang heißt es: »Der Himmel ist hoch, die Erde ist tief. Darum sind Ch'ien und K'un unbeweglich ... Ch'ien ist männlich, K'un ist weiblich. Ch'ien kennt den großen Anfang, K'un vollendet die Dinge. Ch'ien weiß durch das Leichte, K'un vollendet durch das Einfache.«

Das Zeichen *Nach der Vollendung* heißt auch *Vollkommene Einheit*. Im *Wahren Klassiker der vollkommenen Einheit* wird Lü Yen so beschrieben: »Das obere Trigramm ist *K'an* (Wasser), das untere *Li* (Feuer). *Li* symbolisiert das Männliche. Seine leere Mitte ist wahres *Yin*; darum ist das Männliche außen *yang* und innen *yin*. K'an ist das Trigramm, welches das Weibliche symbolisiert. Seine volle Mitte ist wahres *Yang*; darum ist das Weibliche außen *yin* und innen *yang*.«[14]

Dieses Zeichen steht für Gleichgewicht oder die Vereinigung von Yin und Yang. Das ist nicht nur an der Symmetrie der Anordnung (Yin- und Yang-Linien wechseln sich ab) erkennbar, sondern auch am Platz des Trigramms *Wasser*, das vom Himmel fällt, über dem Trigramm *Feuer*, das aus der Erde steigt. Wir können es auch horizontal im Verhältnis zu den Zeichen *Das Schöpferische* und *Das Empfangende* betrachten. Von unten nach oben (so werden Hexagramme gelesen) nehmen wir eine Linie aus dem Zeichen *Das Schöpferische*, gefolgt von einer Linie aus dem Zeichen *Das Empfangende* und so weiter.

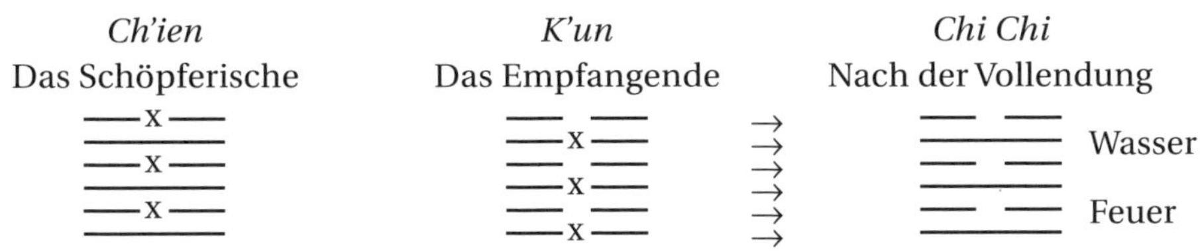

Innen und Außen synchronisieren

C. G. Jung war vom *I Ching* fasziniert und schrieb das Vorwort zu Richard Wilhelms Übersetzung. Jungs Vorstellung von Synchronizität erlaubt uns einen Einblick in das *I Ching* als Orakel. Synchronizität ist eine nichtkausale, aber sinnvolle Beziehung zwischen Ereignissen oder geistigen Zuständen oder, einfacher ausgedrückt, ein sinnvoller Zufall. Wir alle machen gelegentlich Erfahrungen, die wir instinktiv als bedeutsam ansehen, obwohl wir es rational kaum erklären könnten. Solche sinnvollen Zufälle sind im Grunde keine Zufälle, sondern die spontane Erkenntnis, dass alle Dinge im Universum miteinander zusammenhängen. Heraklit drückte es so aus: »Der unsichtbare Plan der Dinge ist harmonischer als der sichtbare.« Das *I Ching* ist eine Art Fenster, das einen Blick auf den unsichtbaren Plan ermöglicht.

Unsere westliche empirische Wissenschaft sucht meist nach Ereignismustern, die sich wiederholen und wiederholbar sind. Experimente gelten nur dann als korrekt, wenn ihre Ergebnisse beliebig oft wiederholbar sind. Die »Gesetze« der Wissenschaft (zumindest vor der Quantenmechanik) betreffen

Ereignisse, die immer wieder vorkommen. Aber es gibt noch eine andere Kategorie von Ereignissen: solche, die manchmal vorkommen, also dem Wandel unterworfen sind. Mit diesem Aspekt der Wirklichkeit befassen sich die Quantenphysik und das *I Ching* mit seinen Hexagrammen. Wenn wir Einblick in die Zukunft suchen, befinden wir uns im Bereich der diskontinuierlichen oder veränderlichen Ereignisse. Wir können nicht mit Sicherheit sagen, was geschehen *wird*; aber wir können einen sinnvollen Zusammenhang zwischen der Gegenwart (einschließlich unseres derzeitigen seelischen Zustandes) und wahrscheinlichen künftigen Ereignissen herstellen.

Wer das *I Ching* befragt und der traditionellen Methode folgt, beruhigt zunächst die Gedanken und konzentriert sich dann auf eine bestimmte Frage, während er mit 50 Schafgarbenstängeln eine Art Ritual vollführt. Er wirft die Schafgarbenstängel, um damit einen der 64 kosmischen Archetypen zu erhalten, welche die Hexagramme des *I Ching* symbolisieren, und jede der sechs Linien, aus denen das Hexagramm besteht, zu deuten. Diese Prozedur kann eine halbe Stunde dauern. Das rituelle Werfen der Schafgarben (eine Anspielung auf die kosmische Ordnung) und das Element des Zufalls synchronisieren gemeinsam den Geist mit der äußeren Welt der Ereignisse. Wilhelm erklärt: »Das Hantieren mit den Schafgarbenstängeln erlaubt es dem Unbewussten im Menschen, aktiv zu werden.«

Wer das *I Ching* als Orakel benutzen will, muss in der Lage sein, das Hexagramm nebst seinen Linien in Bezug auf seine Frage richtig zu deuten. Aber es geht hier nicht um »Wahrsagen«, sondern um den Zusammenhang zwischen der Gegenwart und der möglichen Zukunft und um die Frage, welches Tun oder welches Unterlassen in der Gegenwart die beste Entscheidung ist.

Selbst wenn wir das *I Ching* nicht befragen, fördert das Synchronisieren der inneren und der äußeren Welt die Harmonie, weil dabei die ansonsten unbewusste Intelligenz aktiviert wird und unser Gefühl der Identität mit der Natur stärkt. Traditionelle Kulturen versuchten auf verschiedene Weise, die Welt des Unbewussten dem Bewusstsein zugänglich zu machen, um mit Hilfe der unbewussten Intelligenz die richtigen Entscheidungen für ein Individuum in der Gemeinschaft zu treffen. Eine Entscheidung, die allein auf der Vernunft basierte, galt als Tappen im Dunkeln. Nicht nur Orakel, sondern auch Rituale, Tanzen in Trance, Fasten, Mantras und Psychopharmaka wurden verwendet, um diese tiefere Intelligenz zu erreichen.

Zenit und Wandlung

In seinem Zenit verwandelt Yin sich in Yang und umgekehrt. Die Dinge expandieren bis zu einem bestimmten Punkt, dann kontrahieren sie (probieren Sie es mit einem Luftballon). Es gibt keine endlose Expansion. In der Kulturgeschichte und in der Natur sehen wir Geburt und Wachstum, gefolgt von Niedergang, Verfall und Zerstörung. In der Biologie zerstört das ungehemmte Wachstum von Krebszellen den Organismus. Der Gedanke, dass alles sich in sein Gegenteil verwandelt, ist in vielen Lebensbereichen anwendbar. Aus der Sicht der Yin-Yang-Philosophie ist beispielsweise die Idee des ständigen wirtschaftlichen Wachstums nicht mit der natürlichen Ordnung vereinbar; denn dort folgt Verlust dem Gewinn und Niedergang dem Anstieg. Selbst wenn wir mit Hilfe einer abstrakten Statistik ein ununerbrochenes Wirtschaftswachstum »nachweisen« könnten, würden wir in anderen Bereichen etwas verlieren. Im nächsten Kapitel wollen wir uns überlegen, welchen Preis wir bezahlen. In unserem kollektiven Kampf gegen die eine Form von Armut (materielle Not) ist es uns nämlich gelungen, eine neue Form (Zeitnot) zu schaffen.

Yang zieht sich auf seinem Höhepunkt zugunsten von Yin zurück, und Yin zieht sich auf seinem Höhepunkt zugunsten von Yang zurück.
WANG CH'UNG

C. G. Jung nannte dieses Phänomen (unter Bezug auf Heraklit) *enantiodromia* oder »Lauf in die Gegenrichtung«. Er sagte: »Jedes psychologische Extrem enthält insgeheim sein Gegenteil oder steht in einer Beziehung damit.« Die schlimmsten Verbrechen werden im Namen des Kampfes gegen das Böse verübt. Der Held stürzt, besiegt von seiner eigenen Hybris. Ein Mensch oder ein Land strebt demütig und geschickt nach dem Erfolg und erreicht ihn – doch bald setzen Stolz und Faulheit ein und lösen den Niedergang aus. Das *I Ching* rät uns, auf Gefahren zu achten und mit Unglück zu rechnen, wenn alles zu gut geht, und in einer ungünstigen Phase daran zu denken, dass auch sie vorüber geht. Wir finden Harmonie nicht durch den endgültigen Sieg gegen das Böse, sondern durch Einsicht in die Beziehung zwischen Gut und Böse und die Einordnung in der Mitte, zwischen den beiden scheinbaren Gegensätzen.

Gefahr droht, wenn ein Mensch sich seiner Position sicher ist. Zerstörung droht, wenn ein Mensch seine weltlichen Güter erhalten will. Verwirrung entsteht, wenn ein Mensch alles in Ordnung gebracht hat. Darum vergisst der Kluge in seiner Sicherheit nicht die Gefahr, in seinem Wohlstand nicht den Ruin und in seiner Ordnung nicht die Verwirrung.
I CHING

Wir können unnötig und erfolglos gegen den Sex kämpfen, indem wir aus den Polaritäten des Lebens Feinde machen, und wir können ebenso unnötig und erfolglos den Wandel bekämpfen, indem wir ihn als fremd betrachten. Der Wandel geschieht nicht mit uns, sondern wir geschehen in einem Meer des Wandels. Wir kämpfen gegen den Wandel in der Hoffnung, immer von günstigen Umständen profitieren zu können. Wir bekämpfen ihn auch, wenn wir in ungünstigen Umständen resignieren und glauben, sie seien von Dauer. Taoisten empfehlen uns, nicht gegen den Wandel zu kämpfen, sondern ihn zu akzeptieren – nicht resignierend, sondern freudig und dankbar.

Feindseliger Wettbewerb

Der zyklische Strom ist wie ein Fluss. Alle Flüsse finden Frieden im Meer, wo sie Name und Form verlieren.
UPANISCHADEN

Der sexuelle Kampf ist natürlich ein Kampf des Ichs. Freud glaubte, der Kampf um die Herrschaft des Unbewussten definiere das Ich. Doch es gibt auch einen grundlegenderen sexuellen Kampf, dessen Ursache die bloße Existenz des Ichs ist, also die Unterscheidung zwischen Ich und Nicht-Ich. Diese Dualität löst das Gefühl des feindseligen Wettbewerbs aus, den Wunsch, das Nicht-Ich (andere Menschen oder die Natur) zu manipulieren und zu unterwerfen. In diesem »sexuellen« Krieg ist entscheidend, wer obenauf ist.

Wenn wir die polaren Beziehungen nicht verstehen, verfallen wir dem Irrglauben, dass wir auf Kosten anderer gewinnen können. Die klassischen Taoisten sprachen vom Verlangen, Herr über die Natur und andere Menschen zu sein. Ohne die Erfahrung des *Te*, unserer natürlichen Macht und Würde, streben wir nach nicht-authentischer Macht. Wir verzichten auf unsere Würde und suchen verzweifelt nach Aufmerksamkeit und Anerkennung. Feindselig wird diese Suche, weil wir andere als Rivalen betrachten.

Sobald die Menschen glauben, etwas sei nicht ausreichend vorhanden, fangen sie an, es anderen wegzunehmen.
PHILIP SLATER

Dieser feindselige Wettbewerb zerstört die Harmonie im Leben von Individuen und Völkern. Es verleitete Abel, Kain zu töten, und er hat seither Millionen Menschen getötet. Als die Israeliten das Land, in dem Milch und Honig floss, mit Gewalt eroberten, als die Arier Sumer und Indien überrannten und die Mongolen in China einfielen, marschierte der feindselige Wettbewerb an ihrer Seite. Wenn ein Volk neidisch auf das Land und den Reichtum eines anderen ist, hat der feindselige Wettbewerb es geblendet, so dass es in den anderen keine Mitmenschen mehr sieht.

Es ist wahr, dass relativ wenige die Vernichtung von Millionen Juden während der Herrschaft der Nazis organisierten und vollstreckten. Aber es ist auch wahr, dass Millionen von Deutschen in ihren Herzen neidisch auf ein Volk waren, das sie für grundlos privilegiert hielten und dessen materielle, intellektuelle und künstlerische Leistungen sie eifersüchtig machten. Von feindseligem Wettbewerb geblendet, gaben sie vor, nichts zu wissen – sie duldeten ein Verbrechen, vor dem alle anderen verblassen, oder beteiligten sich sogar daran. Leider ist dieses Verbrechen nur hinsichtlich seines Ausmaßes, nicht aber hinsichtlich seines Charakters einzigartig.

Fragen Sie die Inkas, Azteken oder Indianer, was feindseliger Wettbewerb anrichten kann! Die Sioux, die immer wieder aus ihrer Heimat vertrieben wurden, nannten Gold »das Ding, das die Weißen verrückt macht«. Aber nicht das Gold selbst, sondern die Gier nach Macht und Anerkennung macht die Menschen verrückt. Selbst wenn wir nicht töten und plündern, können wir dennoch gierig sein. Neid, Selbstgerechtigkeit und der Wunsch, um jeden Preis zu gewinnen, kann unser Leben ebenso ruinieren wie das Leben ganzer Völker.

Wir machen alles falsch, wenn wir grimmig entschlossen sind, alles richtig zu machen.
NATHANIEL HAWTHORNE

Der feindselige Wettbewerb ist eine universelle Tendenz des Ichs, die alle Zeiten und Kulturen überdauert. Doch die Kultur kann diese Neigung stärken oder schwächen. Unsere moderne Konsumgesellschaft fördert den Wettbewerb in fast allen Lebensbereichen. Nicht nur der Wettbewerb der Märkte, sondern auch unsere Gier nach perfekter Schönheit, Macht und materiellem Reichtum begünstigt den Wettbewerb im Verhältnis zwischen den Geschlechtern, aber auch zwischen Vertretern des eigenen Geschlechts. Die moderne Werbung fordert uns ständig zum Vergleich mit anderen auf, zum Wettbewerb mit den Schönsten, Berühmtesten und Reichsten. Wir sollen begehren, was sie haben, und die Dinge kaufen, die uns dabei helfen.

Im nächsten Kapitel wollen wir untersuchen, wie feindseliger Wettbewerb und der Wunsch, beneidet zu werden, sich auf das Streben nach Macht und materiellem Besitz auswirken. Diese gierige Jagd raubt uns die Muße, die wir brauchen, um menschlich zu bleiben. Feindseliger Wettbewerb verhärtet unser Herz und blendet uns, so dass wir nicht mehr sehen, was für uns gut ist.

Die taoistische Weltsicht: leben und leben lassen

Im Gegensatz zu unserer Kultur war die chinesische im Allgemeinen weniger vom Wettstreit geprägt. Das wird wohl am deutlichsten, wenn wir den Kolonialismus näher betrachten. Mehr als fünfzig Jahre, bevor Vasco da Gama Indien erreichte und Kolumbus in Amerika landete, segelten riesige Flotten des kaiserlichen China im Osten bis nach Java und im Westen bis zur Einfahrt des Roten Meeres. Die Chinesen waren gute Seefahrer, die den Magnetkompass erfunden und große, seetüchtige Schiffe mit mehreren Masten eingeführt hatten. Ihre Schiffe waren viel größer und besser als ihre europäischen Gegenstücke. Mit einer Flotte von 317 Schiffen – manche bis zu 135 Meter lang – und etwa 37 000 Matrosen hätte die kaiserliche Flotte leicht ein großes Kolonialreich gründen können, denn sie war allem, was die Europäer damals hatten, zweifellos weit überlegen. Die Chinesen erfanden auch das Schießpulver, das die Europäer später benutzten, um die Völker ferner Länder zu unterwerfen.

Allerdings hatten die Chinesen nicht den Wunsch, andere Länder zu erobern und den Menschen ihren Willen aufzuzwingen. Sie glaubten auch nicht, dass ihre Religion die allein selig machende sei, und darum fehlte ihnen der missionarische Eifer, ihren Glauben bis ans Ende der Welt zu verbreiten. Der Historiker Daniel Boorstin erläutert: »Die Chinesen hatten eine ganz andere Auffassung von Religion. Ihre Devise lautete: leben und leben lassen.«[15]

»Die moderne Landwirtschaft, das moderne Transportwesen, die moderne Ölindustrie, die moderne astronomische Beobachtung, die moderne Musik, das Dezimalsystem, Papiergeld, Schirme, Angelrollen, Schubkarren, mehrstufige Raketen, Kanonen, Unterwasserminen, Giftgas, Fallschirme, Heißluftballons, bemannte Flugapparate, Brandy, Whisky, das Schachspiel, der Buchdruck und sogar die Grundlagen der Dampfmaschine kommen aus China.«[16]

Westliche Historiker nennen meist die überlegene Technik des Westens als Grund für den europäischen Kolonialismus. Aber das entspricht nicht den Tatsachen (siehe Robert Temple, *The Genius of China: 3,000 Years of Science, Discovery and Invention*). Diese Theorie konnte sich nur deshalb so lange halten, weil westliche Historiker über die wissenschaftlichen und technischen Errungenschaften Chinas nicht informiert waren und zum Teil heute noch nicht informiert sind. Außerdem dachten sie nicht darüber nach, welchen Einfluss das kollektive Unbewusste oder die Weltsicht eines Volkes auf den Verlauf seiner Geschichte hat. China war im 14. und frühen 15. Jahrhundert technisch derart überlegen, dass wir uns fragen müssen: Warum hat es keine Kolonien gegründet? Die Antwort lautet: Die chinesische Kultur dämmte den feindseligen Wettbewerb ein, und die Taoisten hatten daran einen großen Anteil.

Kapitel 7

Die Muße der Fülle

Jeder Mensch weiß, wie nützlich es ist,
nützlich zu sein.
Doch niemand scheint zu wissen,
wie nützlich es ist, nutzlos zu sein.
CHUANG TZU

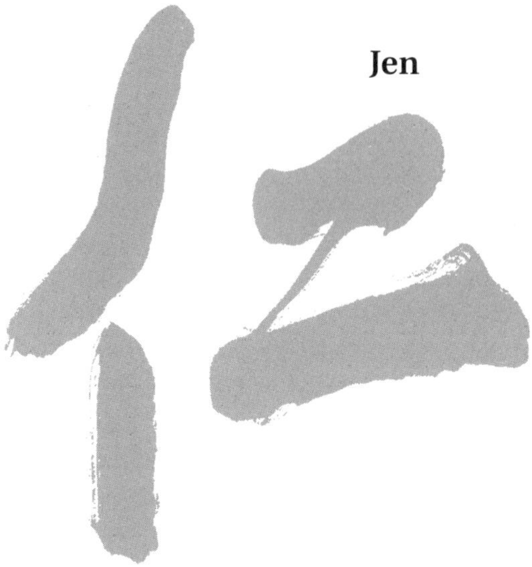

Jen

Dieses Kapitel befasst sich mit *Jen*, der Menschlichkeit, und untersucht, wie wir sie in unserer hektischen Gesellschaft pflegen und erhalten können. Wir brauchen Zeit, um zu sein, zu wachsen und Beziehungen zu knüpfen. Wir brauchen Zeit, Menschen zu sein. Muße gehört zur Fülle des Lebens. Selbst ein wohlhabender Mensch genießt keine wahre Fülle, wenn er keine Zeit hat, wirklich zu leben. Da wir produktiv sein und konsumieren wollen, wissen wir den Wert der Muße nicht mehr zu schätzen. Mitten im materiellen Überfluss fühlen viele Menschen sich »arm an Zeit«. Darum müssen wir herausfinden, welche sozialen und psychischen Faktoren zu dieser Zeitarmut beitragen und was wir dagegen tun können.

Gewiss, Muße ist nicht überlebenswichtig. Aber sie ist wichtig, um unsere Menschlichkeit zu bewahren und zu entwickeln. Darum verbinden wir Muße mit dem chinesischen Begriff *Jen*, der oft mit »Wohlwollen« oder »Güte« übersetzt wird. »Menschlichkeit« ist jedoch der bessere Ausdruck, denn er spielt auf unser natürliches Mitgefühl an. Das Zeichen *Jen* besteht aus dem Zeichen für »Mensch« und dem Zeichen für »zwei«, meint also den Menschen in seinen Beziehungen.

Der Begriff *Jen* steht dem Konfuzianismus näher als dem Taoismus. *Jen* ist eine der vier Haupttugenden des *Ju*, der konfuzianischen Philosophie.[1] Aber wir dürfen nicht vergessen, dass die Idee des Tao älter ist als die »Taoisten« und die gesamte chinesische Philosophie, einschließlich des Konfuzianismus, durchdringt. Konfuzius war vor allem am Tao des menschlichen Handelns interessiert. Wenn wir über *Jen* sprechen, geht es um das Tao der Menschlichkeit, um unser angeborenes Mitgefühl für andere Wesen. In einem hektischen Leben ohne Muße ist es schwierig, menschlich zu bleiben.

Aber was ist Muße? Nach meinem Wörterbuch ist es »die Freiheit von zeitraubenden Pflichten, Verantwortlichkeiten oder Tätigkeiten«.[2] Aber der Zeitaufwand für eine Tätigkeit ist nicht der kritische Faktor. Wir können stundenlang die Wolken betrachten oder tage- und wochenlang künstlerisch tätig sein und dennoch Muße empfinden – weil wir dabei das »Zeitgefühl« verlieren. Darum wollen wir Muße als »Tätigsein ohne Zeitgefühl« definieren. Wenn wir die Zeit vergessen, dann vergessen wir uns selbst – wir verlieren die Selbstbewusstheit. Das ist sowohl entspannend als auch stärkend. Es ist das Wesen der Muße.

Da Muße nicht von bestimmen Aktivitäten und nicht einmal von Untätigkeit abhängt, sondern ein Zustand der Zeitlosigkeit ist, können wir auch während der täglichen Arbeit oder im Haushalt Muße empfinden. Ein überorganisierter Urlaub, in dem jede Minute verplant ist, lässt diese Stimmung dagegen nicht aufkommen. Wenn Sie sich in einem guten Buch verlieren, so ist das Muße. Fernsehen kann Muße sein, muss es aber nicht. Wenn Sie sich in einem bequemen Sessel einen engagierten Spielfilm, ein anregendes Interview oder einen Dokumentarfilm ansehen, so kann das für Sie Muße bedeuten. Allerdings werden die meisten Sendungen so oft von Werbung unterbrochen, dass man die Zeit kaum vergisst.

Es kann eine ekstatische Muße sein, sich beim Sex im Partner zu verlieren. Eiliger oder zielorientierter Sex ist etwas anderes. An einem Bach zu sitzen und die Wellen zu beobachten lässt uns gewiss an Muße denken. Aber wenn Sie dabei ständig alle ihre Sorgen und Probleme im Kopf haben, fehlt dieses Element.

Gegensätzliche Ansichten über Genuss und Fülle

Die ideale Gesellschaft der Taoisten war an Zusammenarbeit, nicht am Erwerb orientiert.
Joseph Needham

Im Westen messen wir Fülle an der Menge und der Qualität unseres Besitzes. Für Taoisten ist Muße das Wesen der Fülle. Ein Blick auf chinesische und westliche Gemälde aus der gleichen Periode offenbart diese beiden unterschiedlichen Standpunkte. Um das zu illustrieren, habe ich ein Bild des chinesischen Malers Liu Chüeh mit dem Titel *Der reine und schlichte Pavillon* (1458) und das Gemälde *Die Botschafter* (1533) des deutschen Malers Hans Holbein ausgewählt (s. S. 228).[3] Auf dem chinesischen Bild sehen wir eine Gebirgslandschaft, in der die Menschen und die von ihnen errichteten Bauten und Brücken klein, aber vollständig ins Ganze integriert sind. Die Gebäude sind offen und fügen sich nahtlos in die natürliche Umgebung ein. Holbein stellt ein Zimmer mit künstlichen Gegenständen dar. Nur der Globus auf dem Tischchen erinnert an die Natur; er lässt uns aber an Herrschaft, nicht an Harmonie denken. Die schweren Vorhänge im Hintergrund rufen die Illusion einer Bühne hervor, auf der die prächtig gekleideten Männer agieren.

Der Weise liebt seine Seele. Der Törichte liebt seinen Besitz.
Konfuzius

Wenn wir das chinesische Gemälde betrachten, haben wir den Eindruck in eine friedliche Szene hinein zu platzen. Die Menschen tragen einfache Kleider und sind in ihre Tätigkeiten vertieft – ohne sich um uns, die Beobachter, zu kümmern. Zwei Männer unterhalten sich, ein dritter betrachtet die schö-

Die Botschafter (1533)
HANS HOLBEIN

Der reine und schlichte Pavillon (1458)
LIU CHÜEH

ne Landschaft. Die Männer auf Holbeins Bild wenden sich uns zu. Sie reden nicht miteinander, sondern sind mit den Gegenständen nur Schaustücke. Die Botschafter scheinen zu sagen: »Seht, was wir haben. Seht, wie wichtig wir sind!«

Diese beiden Gemälde sind für zahllose andere ihrer Kultur repräsentativ. Nach der Renaissance waren Aristokraten und reiche Kaufleute, umgeben von ihren Besitztümern, beliebte Themen der westlichen Kunst. In der Ära vor der Fotografie wollten reiche Händler ihren Status unter Beweis stellen und waren daher die besten Kunden der Maler.[4] Andererseits gibt es Hunderte von chinesischen Bildern (zweifellos nur ein kleiner Bruchteil der Gesamtzahl), die dem hier abgebildeten vergleichbar sind. Sie zeigen zum Beispiel einen Mann mit Stock auf einem Bergpfad oder einen Einsiedler in einer kleinen Hütte auf einem Felsen oder auf einer kleinen Insel mitten im Fluss. Wir sehen Menschen, die ruhig ihre Umgebung betrachten, eine Tasse Tee genießen, an einem Kunstwerk oder an einer Kalligrafie arbeiten oder ein philosophisches Gespräch führen. Stets dominiert die Landschaft. Menschen samt ihrem Besitz und ihren Werken spielen eine geringe Rolle. Spätere chinesische Bilder stellen oft Paare beim müßigen Liebesspiel dar. Auch das verrät taoistischen Einfluss.

Wie diese Gemälde zeigen, haben Taoisten Freude an der Natur, an ihrem Tee, an der Kunst (vor allem an Kalligrafie und Malerei), an der Gesellschaft gleich gesinnter Freunde und an einer liebevollen Partnerschaft. Obwohl die Bilder einen überaus kultivierten und üppigen Lebensstil darstellen, finden wir kaum Dinge, die wir mit Reichtum assoziieren. Das Leben hat den Geschmack und die Substanz der Fülle, aber ohne jeden Firlefanz. Wichtig sind Beziehungen, Schönheit und Menschlichkeit, nicht der Besitz.

Sowohl die vom Taoismus und vom Ch'an (Zen) inspirierten Pinselzeichnungen als auch die westlichen, von Kaufleuten bestellten Ölgemälde stellen eine idealisierte Welt dar, ein Modell, dem die Mitglieder der jeweiligen Gesellschaft nacheifern können. Beide erzählen vom höchsten Genuss und von einer bestimmten Einstellung zur Natur. Und beide haben die Fülle als Thema: die einen die Fülle an Zeit, die anderen die Fülle an Dingen. Diese Unterschiede sind die Folge des griechischen Interesses an der Materie und des chinesischen Interesses an der Zeit. Die Renaissance (das Wort bedeutet »Wiedergeburt«) war vor allem ein wieder erwachtes Interesse an der Spiritualität, der Kunst und dem geistigen Erde der Griechen.

Dieses heftige und ehrgeizige Verlangen des Besitzers oder gar des Betrachters nach dem Objekt scheint mir eines der herausragenden und typischen Merkmale der westlichen Kunst zu sein.
CLAUDE LÉVI-STRAUSS

Kehren wir zu unseren beiden Gemälden zurück. Die Gestalten auf dem chinesischen Bild sind uns zwar räumlich fern, aber in ihrer Menschlichkeit nahe. Wir können uns mit ihnen identifizieren. Die Männer auf Holbeins Bild sind uns räumlich nahe, aber geistig fern – sie schüchtern uns fast ein. Diese räumliche Nähe bei geistiger Ferne nutzt heute noch die Werbung. Wir alle kennen die Zeitschriften voller Bilder von schönen, erotischen Models, die körperlich nahe, aber geistig unnahbar sind.

Bilder wie *Die Botschafter* und viele moderne Anzeigen wollen uns mit ihren Hauptfiguren und deren Besitz imponieren. Aber es gibt auch Unterschiede. Die Botschafter bekräftigen ihren Status und erwarten von uns nur, dass wir ihn anerkennen. Das Model in der Werbung will uns etwas verkaufen. Es lädt uns in die glamouröse Welt ein, in der es zu Hause ist. Die Werbung behauptet, wir könnten uns dem Model nähern und die Kluft zwischen ihrer und unserer Welt überbrücken – indem wir kaufen.

Man verliert nicht immer, wenn man entbehrt.
GOETHE

Doch das Model ist nicht wirklich es selbst und auch nicht das Produkt. Es verkauft uns ein idealisiertes Bild unseres Ichs. Wenn wir das Produkt kaufen, werden wir ebenfalls glamourös sein und beneidet werden. Das gleiche gilt natürlich für den Sportstar oder andere »beneidenswerte« Leute, die in der Werbung auftreten. Alle fordern uns auf zu glauben, dass wir das Glück kaufen können. Und dazu fordern sie uns unablässig auf. Ein zwanzigjähriger Amerikaner hat eine Million Werbeanzeigen gesehen, und am Ende seines Lebens hat er insgesamt ein Jahr damit verbracht, im Fernsehen Werbespots anzuschauen.[5]

Mein Meister sagte mir, wer gerissene Methoden anwende, habe ein gerissenes Herz. Diese Gerissenheit bedeutet den Verlust der Einfachheit, und dieser Verlust führt zu einem unruhigen Geist. Solche Menschen meidet das Tao.[6]

Im Jahr 1983 – damals begann der kometenhafte Aufstieg von Microsoft – umwarb Bill Gates einen Mann, der als Marketingleiter für eine Kosmetikfirma gearbeitet hatte. Er wollte ihn zum ersten Vizepräsidenten des Bereichs Öffentlichkeitsarbeit machen. C. Rowland Hanson verstand damals wenig von Computern und wunderte sich über Gates' Interesse an ihm. Angeblich fragte Gates ihn nach dem Unterschied zwischen einem Luftbefeuchter für einen Dollar und einem für hundert Dollar. Hanson antwortete: »Der einzige Unterschied ist der Markenname, das Image.« Gates erwiderte: »Genau das ist der Punkt, der in unserer Branche noch nicht verstanden wird.«[7] Ich unterhielt mich einmal mit einem Mann, der einen großen Weinberg in Kalifornien besitzt. Er verkauft einen Teil seiner Ernte an Weingüter, die daraus Wein machen und für hundert Dollar je Flasche verkaufen. Einen weiteren Teil verkauft er an andere Weingüter, die ebenfalls Wein daraus machen, diesen aber für zehn bis zwölf Dollar pro Flasche verkaufen. Als ich ihn nach dem Unterschied zwischen dem teuren und dem billigen Wein fragte, antwortete er mit einem Wort: »Marketing.«

Nur unter Menschen, deren Geist durch eine Art Trance geschwächt ist, konnte jemand auf die Idee kommen, einen so durchsichtigen Trick wie die Werbung überhaupt auszuprobieren.
G. K. Chesterton

Auf diese Weise werden uns nicht nur Produkte, sondern auch die Idee des Marketing verkauft. Es ist kein Zufall, dass unsere Kultur derart vom Konsum besessen ist. Der Konsum ist Bestandteil eines kommerziellen Wertesystems, das jene, die davon profitieren, ohne Unterlass fördern (mehr dazu weiter unten). Aber wir sind ihre Komplizen, denn das Verlangen des Ichs nach Anerkennung und seine Feindseligkeit anderen gegenüber machen uns gierig. Wir wollen Dinge nicht nur haben, um sie zu benutzen oder zu genießen, sondern auch weil sie uns gesellschaftliche Anerkennung verschaffen. Wir haben das Modell der Fülle durch Konsum akzeptiert, das die Ölgemälde nach der Renaissance idealisierten und das die moderne Werbung übernommen hat, und wir haben die Freude an der Muße gegen den Genuss am Konsum eingetauscht. Die Freiheit zu besitzen ist uns mehr wert als die Freiheit, unsere Zeit frei einzuteilen.

Eine Geschichte über Konfuzius und einige seiner Schüler stellt diese beiden Auffassungen von Fülle einander gegenüber. Konfuzius fragte jeden Schüler nach seinem Lebensziel. Der eine wollte Kriegsminister werden, ein anderer Finanzminister, der dritte Hofbeamter. Tseng Tien, der letzte Schüler, antwortete nicht, sondern spielte mit seiner Laute. Als Konfuzius ihn um eine Antwort bat, sagte er, im Frühling wolle er mit Freunden ans Flussufer gehen, baden, den lauen Wind genießen und singend nach Hause gehen. Diese Antwort gefiel Konfuzius am besten. Ihre Moral ist klar: Freuen wir uns an einfachen Dingen, und bleiben wir menschlich. Leben wir um des Lebens willen – das ist wichtiger als Besitz.

Es ist unmöglich, dass die ganze Welt so lebt wie die Amerikaner oder die Deutschen. Dieser Tatsache müssen wir ins Gesicht sehen.
José Lutzenburger (ehemaliger brasilianischer Umweltminister)

Wie die Muße ist auch der Konsum nicht überlebenswichtig, wenn er über das Notwendigste an Nahrung, Wohnung und Kleidung hinaus geht. Ob wir mehr an der Muße oder mehr am Konsum interessiert sind, entscheidet über die Qualität unseres Lebens und über die Zukunft unserer Gesellschaft. Umweltforscher weisen schon lange darauf hin, dass uns eine Katastrophe bevorsteht, wenn der Rest der Welt die Konsumgewohnheiten der Nordamerikaner übernimmt. Die Zahl derer, die den Konsum mit Fülle gleichsetzen – und dementsprechend kaufen –, wächst jährlich um mehrere Millionen.

Wie die vom Taoismus inspirierten Bilder zeigen, brauchen wir nicht die Fülle zu opfern, wenn wir die Grenzen des Konsums akzeptieren. Im Gegenteil: Wahre Fülle ist vor allem eine Fülle der Zeit und die Freiheit, sie nach Belieben zu nutzen.

Die moderne Gesellschaft und der Niedergang der Muße

Zeit ist die neue Armut.
Robert Heilbroner

Es ist eine Ironie, dass die Menschen im reichsten Land der Welt, in der materiell und technisch fortschrittlichsten Gesellschaft so arm an Zeit sind. Seit 1950 haben allein die Amerikaner mehr natürliche Ressourcen verbraucht als alle Menschen, die vor ihnen auf der Erde lebten.[8] Obwohl die Amerikaner nur fünf Prozent der Weltbevölkerung stellen, verbrauchen sie dreißig Prozent aller Ressourcen. Der Durchschnittsamerikaner verbraucht fünf Mal mehr Ressourcen als der durchschnittliche Mexikaner, zehn Mal mehr als der durchschnittliche Chinese und dreißig Mal mehr als der durchschnittliche Inder.[9] Zwischen 1978 und 1998 nahm der Pro-Kopf-Verbrauch in den USA um 45 Prozent zu.[10] Doch diese größere materielle Fülle hat uns nicht glücklicher gemacht. Die Zahl der Amerikaner, die sich als »sehr glücklich« bezeichnen, erreichte 1957 ihren Höchststand.[11]

Materieller Überfluss macht nicht glücklich, er kann sogar das Gefühl der Fülle abtöten. Staffan Linder machte schon 1970 in einem Buch mit dem ironischen Titel *The Harried Leisure Class* auf den Zusammenhang zwischen der zunehmenden materiellen Fülle und dem mit der Zeitknappheit verbundenen Stress aufmerksam. Heute, am Anfang des 21. Jahrhunderts, sind Zeitmangel und Stress für die meisten Berufstätigen alltäglich geworden.

Millionen Amerikaner leben fünfzehn Jahre oder länger im Ruhestand. Das wäre noch vor hundert Jahren unvorstellbar gewesen.[12] Aber die große Mehrheit der Berufstätigen hat weniger Freizeit als Menschen zu anderen Zeiten und in anderen Kulturen, trotz eines materiellen Überflusses, den es nie zuvor gegeben hat. Wir arbeiten länger, wir arbeiten nach der Uhr, und selbst nach Feierabend haben wir kaum Gelegenheit, die Zeit zu vergessen.

Der Mensch ist zum Werkzeug seiner Werkzeuge geworden.
THOREAU

Gewiss, zu Beginn der industriellen Revolution mussten viele Fabrikarbeiter länger arbeiten, als wir es heute tun. Aber damals lebten die meisten Menschen noch auf dem Land und waren nicht derart beansprucht. Im alten Rom gab es 175 öffentliche Festtage im Jahr. Im mittelalterlichen England machten Feiertage etwa ein Drittel des Jahres aus. Französische Arbeiter im *ancien régime* hatten ein Recht auf 90 Ruhetage und 39 Feiertage, und die Sonntage waren ebenfalls frei.[13] Anthropologische Studien über sogenannte primitive Kulturen belegen, dass die Menschen dort viel weniger arbeiteten als wir. Die Ohlone an der kalifornischen Küste brauchten beispielsweise nur zwei Stunden am Tag zu arbeiten, um ihre materiellen Grundbedürfnisse zu befriedigen.

Gesetze haben die Arbeitszeit beschränkt und die Situation seit dem 19. Jahrhundert verbessert. Dennoch nahm die Zeit, die amerikanische Arbeiter in ihrem Betrieb verbringen, in der zweiten Hälfte des 20. Jahrhunderts erheblich zu – um mehr als einen Monat im Jahr. Seit dem zweiten Weltkrieg war die wöchentliche Arbeitszeit nie länger als heute. Die Amerikaner arbeiten auch im Jahr länger als die Menschen jeder anderen Industrienation.[14]

Der Ökonom Robert Heilbroner meint: »Zeitmangel ist die neue Armut.«[15] Viele Menschen haben heute das Gefühl, dass ihr Leben sich nur noch um den Beruf dreht. Die Unternehmen haben so viele Arbeitsplätze abgebaut, dass die verbliebenen Angestellten härter und länger arbeiten müssen. Außerdem wird von ihnen erwartet, dass sie mehr Verantwortung übernehmen und sich ständig fortbilden. Die Folge ist, dass sie oft Arbeit mit nach Hause nehmen und in ihrer »Freizeit« Kurse besuchen müssen. Da heute beide Ehepartner berufstätig sein müssen, um so viel zu verdienen, wie ein Einzelner vor dreißig Jahren verdiente, haben sie weniger Zeit für die Familie oder für ihre Hobbys.[16]

Wenn wir nicht arbeiten, uns auf die Arbeit vorbereiten oder als Pendler unterwegs sind, haben wir dennoch viel zu tun. In einer traditionellen Agrargesellschaft wurde geruhsamer gearbeitet, und die Pflichten des Mannes und der Frau waren genau verteilt. Und wenn die Arbeit getan war, dann war sie getan. Heute haben wir selbst dann noch genug Arbeit, wenn wir nicht für andere arbeiten. Rechnungen bezahlen, einkaufen, waschen, kochen, putzen und für die Kinder sorgen – das alles haben wir nach »Feierabend« (und häufig nach einer 49-Stunden-Woche) zu erledigen.

Der große Zeitriss

Als der Kapitalismus wuchs, verlängerte er die Arbeitszeit stetig.
Juliet Schor

Nicht nur die lange Arbeitszeit ist daran schuld, dass wir so wenig Muße haben. Eine weitere Ursache ist unser Zeitempfinden. In der vorindustriellen Ära wurde die Zeit nicht in Minuten oder Stunden gemessen, sondern nach dem Stand und dem Jahreszyklus der Sonne. Bauern und Leibeigene mussten zwar einen Teil ihrer Ernte an ihren Feudalherrn abliefern, aber es gab eine klare Trennungslinie zwischen ihrer Zeit und der Zeit, die sie dem Herrn opferten. Pflanzen und Ernten kosteten sie viele Arbeitsstunden, aber dafür hatten sie in den Wintermonaten wenig zu tun. Die Siesta, die heute noch in Spanien, Süditalien und Lateinamerika gepflegt wird, war einst auch in den nordeuropäischen Ländern verbreitet. Heute ist das Tempo des Lebens konstant. Wir kümmern uns wenig um die Auswirkungen der Jahreszeiten auf den Körper oder der Tageszeit auf unseren Biorhythmus.

Der Kapitalismus hat die Zeit gespalten. Er hat die sechzehn Stunden, in denen wir wach sind, zwischen dem »Arbeitgeber« und dem »Arbeitnehmer« aufgeteilt. Das Muster »Arbeit-Freizeit«, das wir so gut kennen, veränderte unsere Zeitempfinden tiefgreifend. Heute ist uns dieses Muster so sehr in Fleisch und Blut übergegangen, dass der Werbespot einer Telefongesellschaft, in dem ein billiger Wochenendtarif angepriesen wird, ganz selbstverständlich feststellt: »Das Wochenende ist die Zeit, in der Sie nachholen, was Sie während der Woche im Leben versäumt haben.« Dieser Zeitriss ist die treibende Kraft hinter den beiden großen Themen der modernen Konsumgesellschaft, nämlich dem Streben nach höherer Produktivität und dem Streben nach mehr Konsum. Beide zusammen machen es normalen Menschen zunehmend schwerer, in ihrem Leben Muße zu finden.

Der Wunsch nach Effizienz

Es genügt nicht, beschäftigt zu sein – das sind Ameisen auch.
Die Frage ist: Womit sind wir beschäftigt?
THOREAU

Die drastischen Produktionssteigerungen während der industriellen Revolution wären nicht möglich gewesen, wenn die Einstellung zur Arbeit sich nicht tiefgreifend geändert hätte. Diese Veränderung war mindestens so bedeutsam wie die neue Technik und die neuen Methoden der Arbeitsorganisation, die häufiger als Grundlage der Industrialisierung genannt werden. Anfangs wehrten die Arbeiter sich gegen die lange Arbeitszeit, und die ersten Fabrikanten rauften sich oft die Haare, weil ihre Arbeiter die Werkbank verließen, sobald sie genug verdient hatten, um ihren gewohnten Lebensstandard aufrecht zu erhalten. Es reichte nicht aus, ihnen mehr Geld anzubieten. Solange immer noch die Möglichkeit bestand, seinen Lebensunterhalt auf traditionelle Weise zu verdienen, weigerten sich vor allem die Männer, den ganzen Tag zu arbeiten. Frauen wurden ursprünglich deshalb in die Fabriken gebracht, weil man glaubte, sie seien Vorgesetzten gegenüber unterwürfiger und eher bereit, lange zu arbeiten. Die weit verbreitete Kinderarbeit hatte ähnliche Gründe; außerdem wurde damit erreicht, dass eine neue Generation sich an lange, regelmäßige Arbeitszeiten gewöhnte.

Passe dich an und bleibe dumm.
JAMES FRANK DOBIE

Als die Menschen endlich bereit waren, ganztags zu arbeiten, versuchten die Fabrikbesitzer, möglichst viel aus ihnen heraus zu holen. Sie zerlegten die Zeit in immer kleinere Einheiten, damit die Arbeiter in jeder Minute ihr Bestes gaben. Zeitdruck wurde allmählich zum Synonym für Arbeit. Der durchschnittliche Arbeiter war kein Bauer mehr, der nach der Sonne arbeitete, sondern ein Städter, der nach der Uhr arbeitete. Obwohl mechanische Uhren (auch eine Erfindung der Chinesen) in Europa schon seit Mitte des 14. Jahrhunderts bekannt waren, hatten sie zunächst wenig Einfluss auf das Leben gewöhnlicher Leute. Das änderte sich Ende des 18. und Anfang des 19. Jahrhunderts.

Für uns ist es schwer zu begreifen, was es für die Menschen bedeutete, nach der Uhr und für Geld zu arbeiten. Um 1880 lösten Frederick Taylors Zeit- und Bewegungsstudien einen Wettlauf um optimale Effizienz am Arbeitsplatz aus. Ein Historiker erläutert: »Mit seiner Stoppuhr, welche die körperliche Bewegung noch mehr der Zeit unterwarf, empfahl Taylor ... die absolute Unterwerfung der ‚lebenden Arbeit' unter die Maschine.«[17] Diese Unterwerfung des Menschen unter die Maschine bedeutete zugleich eine neue Belastung des Nervensystems. Im Jahr 1884 veröffentlichte George M. Beard ein Buch mit dem Titel *American Nervousness*, in dem er die Folgen des zunehmenden Zeitdrucks auf den Körper und die Seele des Menschen untersuchte. »Die moderne Nervosität ist der Schrei des Organismus, der mit seiner Umwelt kämpft«, schrieb Beard.[18] Er meinte, schon der Versuch, pünktlich zu sein, belaste den Körper, und moderne Erfindungen wie die Eisenbahn und der Telegraf verstärkten den Stress.

Wir können uns denken, was Beard zu Flugzeugen, Autobahnen, Verkehrsstaus, Telefonen, Faxgeräten, Handys und E-Mail sagen würde, ganz zu schweigen vom zunehmenden Leistungsdruck am Arbeitsplatz. Aber wir sollten darüber nachdenken, wie diese modernen Wunder und das hektische Tempo des Lebens sich auf unser Nervensystem und auf unsere Beziehungen auswirken. Unsere Situation erinnert an die Geschichte vom Frosch im heißen Wasser. Wenn Sie einen Frosch in heißes Wasser setzen, hüpft er sofort heraus. Doch wenn Sie das Wasser langsam erhitzen, bleibt er im Wasser, bis er tot ist. Nun kann man nicht behaupten, der Zeitdruck töte uns alle. Aber er verändert uns. Wir sind uns dessen nicht bewusst (und können es auch nicht sein), welche Wirkung ein Leben in einer Gesellschaft hat, in der das Tempo ständig zunimmt.

Es ist ein großes Übel – vielleicht das größte – der modernen Industriegesellschaft, dass sie uns wegen ihrer enormen Komplexität nervlich zu sehr belastet und zu viel Aufmerksamkeit von uns verlangt.
E. F. SCHUMACHER

Natürlich sind wir mit den Auswirkungen des Stress auf den Körper vertraut. Heute leiden vierzig Millionen Amerikaner an Schlafstörungen.[19] Etwa fünfundvierzig Millionen nehmen regelmäßig verschreibungspflichtige Medikamente gegen psychiatrische Störungen.[20] Noch mehr Menschen sind von Alkohol oder Drogen abhängig.[21] Millionen Amerikaner essen zu viel und sind übergewichtig, weil sie versuchen, ihr Gefühl der Leere oder ihre Angst loszuwerden. Seitdem die meisten Frauen berufstätig sind, leiden sie häufiger an Herzkrankheiten und passen sich damit den gestressten männlichen Kollegen an. Das alles sind Symptome für den Tribut, den der Zeitdruck des modernen Lebens von unserem Körper und unserer Seele verlangt.

Es ist genug da, um jeden Bedarf zu decken, aber nicht, um jede Gier zu befriedigen.
GANDHI

Aber der Zeitdruck wirkt sich auch auf unsere Menschlichkeit, auf unsere Beziehungen und auf unser Verhältnis zur Umwelt aus. Als Reaktion auf das hektische Leben werden wir verspannt und verschlossen. Vielen Menschen fällt es nicht nur schwer, sich zu entspannen, sondern auch, sich längere Zeit zu konzentrieren. Es sollte uns zu denken geben, wenn wir Kaffee oder andere Anregungsmittel brauchen, nur um den Tag zu bewältigen. Heute wird oft darüber geklagt, wie wir miteinander umgehen; aber wir denken nur selten daran, dass auch gesellschaftliche Zwänge, einschließlich Zeitdruck, Menschen rücksichtslos machen.

Taoisten haben nicht nur ihre eigene Auffassung von Fülle, sondern auch von Produktivität. Ihr Rat ist kurz und bündig: Tu, was notwendig ist, und lass bleiben, was nicht notwendig ist. Heutzutage messen wir die Produktivität anhand abstrakter wirtschaftlicher Maßstäbe. Wichtig ist der Gewinn, nicht der innere Wert einer Sache. Manchmal stimmen der Geldwert und der wahre Wert überein, doch oft ist das nicht der Fall. Wie wir gesehen haben, ist der Geldwert eines Produktes oft eine Funktion des Marketings, nicht des inneren Wertes. Das bedeutet, dass viele Waren weder wertvoll noch nützlich sind, aber hohe Gewinne bringen. Taoisten würden dazu sagen, dass solche Geschäfte trotz ihrer Gewinne *nicht* produktiv sind, sondern natürliche Ressourcen und menschliche Energie vergeuden.

Wenn ein Mensch eine wichtige Arbeit hat und genügend Muße und Einkommen, um die Arbeit ordentlich zu tun, dann ist er so glücklich, wie es für einen Nachkommen Adams gut ist.
R. H. TAWNEY

Als produktiv gilt heute, wer »Geld macht«. Der Nutzen für die Gesellschaft, die Intelligenz, die Talente und der Dienst am Nächsten sind zweitrangig. Die Folge ist, dass viele Menschen sich bei der Berufswahl allein am Einkommen orientieren und nicht danach fragen, ob der Beruf ihnen Freude macht und ihnen die Möglichkeit gibt, anderen zu helfen. Auch das ist nicht produktiv, weil es uns unglücklich macht und weil dabei vieles ungetan bleibt, was wichtig ist.

Heute werden die Regeln der Effizienz immer häufiger vom Arbeitsplatz auf alle Lebensbereiche übertragen. Da wir den größten Teil unseres Lebens damit verbringen, für andere zu arbeiten und Produkte mit geringem persönlichem Wert herzustellen, versuchen wir, möglichst viel Vergnügen in unsere Freizeit zu stopfen. Dabei spielt das Einkaufen die größte Rolle. Es macht uns zwar vorübergehend »high«, trägt aber wenig zu einem erfüllten Leben bei und hat auch keinen sozialen Wert. Ein beliebter Autoaufkleber fasst zusammen, warum viele Menschen ihrer Meinung nach zur Arbeit gehen: »I owe, I owe, so off to work I go« (Ich habe Schulden, also arbeite ich).

Die Sucht nach mehr Konsum

Heute ist die Unterhaltung das Opium für das Volk. Sie hat ihre mächtigste Rivalin, die Religion, abgelöst.
JOHN MALTHEVITCH

Das Streben nach Effizienz am Arbeitsplatz hat die Produktivität enorm gesteigert. Aber das hat uns nicht mehr Muße, sondern mehr Konsum verschafft. Juliet Schor weist in ihrem vorzüglichen Buch *The Overworked American* nach, dass wir nur sechs Monate im Jahr arbeiten müssten, wenn wir uns mit dem Lebensstandard von 1948 begnügen würden.[22] Wir besitzen heute zahlreiche »arbeitssparende« Geräte und gehen Vergnügungen nach, die früheren Generationen unbekannt waren. Im Jahr 1948 hatten wir keine Geschirrspülmaschinen, Klimaanlagen, Mikrowellenherde, Wäschetrockner, Fernsehgeräte, Computer, CD-Player und Videorecorder. Nur wenige Menschen hatten ein eigenes Haus, und das typische Einfamilienhaus war kleiner (etwa so groß wie heute eine Garage für drei Autos). Ist der materielle Komfort, den wir in den letzten fünfzig Jahren erworben haben, sechs Monate im Jahr oder die Hälfte unseres Lebens wert?

Zumindest sollten wir uns fragen, war anders wäre, wenn wir uns für mehr Freizeit anstatt für mehr Konsum entschieden hätten. Gewiss, wir könnten dann manche Dinge nicht haben – aber was bekämen wir dafür? Wären unsere Ehen besser? Könnten wir besser für unsere Kinder sorgen und ihnen mehr Sicherheit bieten? Hätten wir mehr Zeit, um schöpferisch tätig zu sein? Würden unsere Gemeinden von größerer Beteiligung am gesellschaftlichen, kulturellen und politischen Leben profitieren? Wären wir freundlicher und mehr an unseren Nachbarn interessiert? Wären wir körperlich, seelisch und geistig gesünder?

Das sind natürlich hypothetische Fragen, auf die es keine eindeutigen Antworten gibt. Dennoch sind sie nützlich. Noch wichtiger wäre die Frage, was wir mit den Produktionssteigerungen anfangen wollen, die wir in den kommenden fünfzig Jahren erwarten dürfen. Soll auch sie in größere Tribute für die Elite und mehr Konsum für die Massen fließen? Oder soll sie den Berufstätigen in Form von mehr Freizeit zugute kommen? Gewiss werden neue Techniken und Spielzeuge wieder unsere Sinne betören. Aber wir müssen auch an ihre Folgen für unsere Menschlichkeit denken. Neuer Firlefanz, der uns den Seelenfrieden oder menschlichen Kontakte kostet, ist kein Fortschritt.

Wir erwarten, dass die Unternehmen ihre Mitarbeiter an Produktionssteigerungen beteiligen (das geschieht in der Tat, obwohl die Lohnerhöhungen, wie wir in Kapitel 5 festgestellt haben, nicht mit der gestiegenen Produktivität mithalten). Aber wir könnten auch die Frage stellen: Warum geben die Unternehmen ihren Mitarbeiter nicht die Chance, sich für mehr Freizeit zu entscheiden? Juliet Schor meint, die Arbeitgeber hätten ein starkes Interesse an zahlreichen Arbeitslosen und an Mitarbeitern mit einer langen Arbeitszeit, weil dadurch die Arbeitskosten niedrig bleiben (und die Angst vor Entlassung steigt). Hinzu kommt, dass höhere Löhne in den Konsum und somit zu einem Teil in die Kassen der Unternehmen zurück fließen.

Profit und die Vorteile einer am Geld orientierten Gesellschaft genügen nicht, um den Menschen zufrieden zu machen.
EDMUND WILSON

Heutzutage werden zwei Gründe dafür genannt, warum gewöhnliche Menschen nicht mehr Freizeit haben sollten. Erstens wird behauptet, der Mensch sei von Natur aus egoistisch und seine Boshaftigkeit werde sich noch verschlimmern, wenn er weniger arbeite. Man könne nicht darauf vertrauen, dass die Menschen ihre Feizeit sinnvoll nutzten.

Das zweite und beliebtere Argument lautet: Die Wirtschaft und mit ihr die Gesellschaft würde auseinander fallen, wenn die »Nachfrage« zu stark zurückginge. Wir sollen also glauben, wir seien Gefangene unserer Produktivität. Wenn der Zyklus des Arbeitens und Konsumierens sich verlangsamt – etwa durch längere Freizeit –, fällt das Kartenhaus in sich zusammen. Den Kreislauf in Gang zu halten ist schon seit vielen Jahren das Hauptanliegen der Ökonomen und Regierungen.

Das wichtigste ökonomische Problem, das Adam Smith und andere Pioniere auf diesem Gebiet beschäftigte, war das Problem der materiellen Knappheit.

Wie werden wir mit dem »Geiz der Natur« fertig, wie Smith es nannte? Wir können wir so viele Güter produzieren, dass die Grundbedürfnisse der Menschen befriedigt werden? Ende des 19. Jahrhunderts schwand das Interesse an diesen Fragen, weil ein anderes Problem die Ökonomen umtrieb: Wie kommen wir mit der Überproduktion zurecht? Anders formuliert: Wie können wir den Konsum so anregen, dass er mit einer ständig steigenden Produktion Schritt hält? Die Lösung soll eine vermeintlich unerschöpfliche Quelle bringen: die Gier des Menschen.

Schon in den zwanziger Jahren bekräftigte ein Regierungsbericht, was damals bereits allgemein anerkannt war. »Die Ökonomen erklären seit langem, dass der Konsum, die Befriedigung von Bedürfnissen, zunähme und kaum Anzeichen einer Sättigung erkennen ließe, wenn wir schlummernde Bedürfnisse wecken könnten.«[23] Das heißt in der Praxis: Wir müssen in den Menschen Wünsche wecken, von denen sie selbst keine Ahnung haben. John Wannaker, einer der ersten Gründer von Supermarktketten, meinte, man müsse »Luxusartikel zu Bedarfsgütern oder zu notwendigen Produkten machen«.[24] Auch das galt als wirksame Methode, der Überproduktion Herr zu werden.

Heute spricht man eher davon, »neue Märkte zu erschließen«. Dafür gibt es zwei Strategien. Die erste besteht darin, ein neues Produkt auf den Markt zu bringen und die Menschen davon zu überzeugen, dass sie es kaufen wollen. Das beste Beispiel ist wohl die Aufforderung, die allerneusten elektronischen Kinkerlitzchen zu kaufen; aber Zahnbürsten, Fertiggerichte und Designer-Parfüms werden nach der gleichen Methode vermarktet. Der Name und das Marketing eines Parfüms stehen oft schon fest, lange bevor das Parfüm im Regal steht.

Die zweite Strategie ist der Verkauf in »Entwicklungsländern«. Man überzeugt die Menschen davon, dass sie ein Produkt brauchen und haben wollen, obwohl sie Tausende von Jahren ohne diesen Artikel ausgekommen sind. Während ich dieses Buch schreibe, wird gerade der Markt für amerikanische Schokoriegel in Russland und für amerikanisches Fast Food in Indien »erschlossen«. Es ist jedoch absurd, diese »sich entwickelnden Märkte« nach den klassischen Gesetzen von »Angebot und Nachfrage« zu beurteilen. Oder will man uns weismachen, dass der Bedarf an Schokoriegeln in Russland oder an Hamburgern in Indien Jahrtausende lang geschlummert hat und jetzt plötzlich erwacht?

Die globale Markterschließung ist eine Bedrohung nicht nur der Umwelt, sondern auch der kulturellen Vielfalt. Wir müssen die Gleichschaltung der ganzen Welt befürchten und mit ihr den Verlust unseres kulturellen Erbes – der Weisheit und des Wissens, das sich in Tausenden von Jahren angesammelt hat. Neulich sagte mir eine japanische Studentin in Amerika, sie esse gerne bei McDonalds, weil sie das an ihre Heimat erinnere. Wir können heute in Peking Pepsi Cola schlürfen, Starbucks Kaffee trinken und Kentucky Brathähnchen essen. Wir können in Lhasa im Holiday Inn übernachten – in einer Stadt, die einst für Ausländer fast unerreichbar war. Wir können in über achtzig Ländern amerikanische Pizza verspeisen und in afrikanischen Dörfern Posters mit amerikanischen Film- und Popstars kaufen.

Wollt ihr, dass ein Volk aktiv bleibt und hart arbeitet? Dann bietet ihm Vergnügungen an, damit die Menschen Gefallen an ihrer Situation finden und sich keine bessere wünschen.
JEAN JACQUES ROUSSEAU

Heute will anscheinend die ganze Welt alles haben, was die Nachbarn haben. Doch die zunehmende Produktion und die neuen Märkte sorgen dafür, dass wir das gelobte Land der Konsumentengleichheit nie erreichen. Neue Produkte werden nicht gleichmäßig verteilt; denn Ungleichheit erzeugt Neid, der seinerseits die Nachfrage ankurbelt. Zwei Beispiele, eines aus Amerika und eines aus den Entwicklungsländern, mögen zur Illustration dienen. Ein Fernsehgerät mit der allerneusten HD-Technik kostet rund 7000 Dollar. Das können sich nur Wohlhabende leisten – aber die Tatsache, dass einige Leute es haben, weckt Begehrlichkeit in anderen. Diese Gier erzeugt Nachfrage, und die Folge dürfte sein, dass diese Nachfrage stark ist, wenn der Preis mit der Zeit fällt.

In vielen asiatischen Ländern hat sich das Transportwesen nach dem gleichen Muster entwickelt: Zuerst gingen die Leute zu Fuß oder fuhren in Wagen, die Tiere zogen. Dann benutzten sie Fahrräder, Motorroller, Motorräder, kleine Autos und schließlich größere Autos. Noch Mitte der achtziger Jahre gab es in China nur ein paar tausend private Autos. Inzwischen ist ihre Zahl drastisch gestiegen, und bei einer Bevölkerung von über einer Milliarde Menschen ist der Markt schier unbegrenzt. Auch hier gilt: Je mehr Leute ein Auto haben, desto mehr sehnen sich diejenigen danach, die keines haben.

Nichts mehr war gut oder schlecht – es war entweder verfrüht oder altmodisch.
ALBERT CAMUS

Den meisten Menschen ist klar, dass ihre Arbeit von anderen gesteuert wird, aber nur wenigen ist klar, dass auch ihr Konsum von anderen gesteuert wird. Ende des 19. und Anfang des 20. Jahrhunderts haben Supermärkte die Mode für die Massen geschaffen. Frauen waren von Anfang an ihr Hauptziel. Ein »Modeexperte« dieser Zeit erkannte, dass man mit der Mode die Nachfrage enorm steigern und auf diese Weise das Problem der Überproduktion lindern kann. »Der Weg aus der Überproduktion«, schrieb er, »besteht darin herauszufinden, was die Frau an der Ladentheke haben will. Machen Sie das, hören Sie kurz danach damit auf, und produzieren Sie dann etwas anderes, worauf die wankelmütige Mode ihre Aufmerksamkeit gelenkt hat.«[25] Ein anderer Fachmann empfahl: »Ständiger Wandel durch die gesamte Skala der Stoffe, Farben und Muster ist Voraussetzung dafür, dass sowohl Hersteller als auch Großhändler gedeihen.«[26]

Amos Parrish, der eine einflussreiche Beratungsfirma leitete und regelmäßig Kurse für Vertreter von Hunderten von Einzelhandelsgeschäften abhielt, schrieb 1929: »Nichts kann die Mode aufhalten. Sie nutzt die Dinge ab. Und die Industrie will, dass die Dinge sind abnutzen, damit sie mehr Dinge machen, größere Geschäfte bauen und höhere Dividenden zahlen kann. Alles muss wachsen. Die Mode ist das einzige in der Welt, mit dem wir das erreichen können.«[27] Ein Einzelhändler meinte schon im Jahr 1908: »Die Mode gibt der Ware einen Wert, der ihren inneren Wert übersteigt, und verleiht ihr einen besonderen Reiz, selbst wenn sie ansonsten nur schwaches Interesse auslösen würde.«[28]

Wir müssen die Frauen mit dem, was sie haben, unglücklich machen.
B. EARL PUCKETT
(ehemaliger Direktor der Allied Stores Corporation)

Heute sind Männer, Frauen und Kinder das Ziel der Mode und die von der Modeindustrie entwickelten Marketingprinzipien werden heute mit Erfolg angewandt, um Autos, Haushaltsgeräte, Elektronik, Möbel, Unterhaltung, Reisen, CDs und Nahrungsmittel zu verkaufen. Schon im Jahr 1930 konnte ein Modehändler schreiben: »Es gibt kein Produkt mehr, das nicht der Mode unterläge. Es gibt modische Möbel, Autos, Waschmaschinen, Reifen und so weiter. Die Mode macht die Dinge lebendig und bewegt die Menschen zum Kauf.«[29] Und wir kaufen! Einkaufen ist heute die beliebteste Unterhaltung. Siebzig Prozent der Amerikaner gehen mindestens einmal in der Woche in ein großes Einkaufszentrum.[30]

Heute halten wir die Konsumgesellschaft für selbstverständlich. Aber sie konnte sich nur gegen erheblichen Widerstand durchsetzen. Traditionelle Wertvorstellungen mussten geändert werden, um die Produktion und den Verbrauch anzukurbeln. Im 19. Jahrhundert erschraken Angehörige der Mittelschicht vor dem bloßen Gedanken, etwas auf Kredit zu kaufen. Wucher war verpönt, Sparsamkeit eine Tugend, und es galt als Sünde, etwas zu kaufen, was man sich nicht leisten konnte. Die neue Einstellung – »Jetzt kaufen, spä-

Ich lese keine Werbeanzeigen. Ich möchte mir nicht alle möglichen Dinge wünschen.
George Carey, Erzbischof von Canterbury

ter zahlen« – setzte sich erst vor kurzem durch. Der Historiker William Leach schreibt dazu: »Viele Menschen der Mittelschicht verabscheuten noch im Jahr 1915 den Ratenkauf, aber 1925 schwanden ihre Vorbehalte rasch. Verbraucher aus allen Schichten kauften Autos auf Raten, und als das Eis gebrochen war, kamen Waschmaschinen, Kühlschränke und Geschirrspülmaschinen hinzu. Nach 1920 förderte ein neues Bankensystem – es ähnelte dem System in der Welt der Produktion – das Wachstum der Konsumentenkredite.«[31]

In den fünfziger Jahren führte der Diners Club in den USA die erste Kreditkarte ein. Heute besitzen die Amerikaner mehr als eine Milliarde Kreditkarten. Weniger als ein Drittel der Karteninhaber zahlen ihre Schulden monatlich zurück. Neben ihren Grundschulden haben die Amerikaner über eine Billion Dollar Privatschulden. Im Jahr 1996 war die Zahl der Amerikaner, die einen Konkursantrag stellten, höher als die Zahl der College-Absolventen.[32] Neid und Konsumzwang können unsere Menschlichkeit und unsere Vernunft überwältigen. Wenn eine Ehe in der Mittelschicht geschieden wird, weil das Paar über seine Verhältnisse lebte, und wenn ein elfjähriges Kind einen Klassenkameraden tötet, um seine teuren Basketballschuhe zu bekommen, ist eben dieser Neid im Spiel.

Lao Tzu sagte: »Wer genügsam ist, hat Fülle.« In einer Gesellschaft, die den Status und sogar den persönlichen Wert am Besitz misst, hat Genügsamkeit keinen hohen Stellenwert. Aber das Fremdwort *»frugal«* ist vom lateinischen *frux* abgleitet, das »Frucht« bedeutet. Frugal oder genügsam sein heißt also, fruchtbar sein. Sparen, bewahren, flicken, reparieren, auf Unnötiges verzichten – das sind zweifellos Tugenden. Doch die Industrie hat uns davon überzeugt, dass dieses Verhalten nicht wünschenswert und nicht sexy ist. Darum verlassen wir die Tretmühle des Arbeitens und Konsumierens nie – denn wir müssen ja die soziale, sprich ökonomische Ordnung aufrecht erhalten.

Dies sind meine drei Schätze: Mitgefühl, Genügsamkeit und Demut. Wer mitfühlend ist, hat Mut, wer genügsam ist, hat Fülle, wer demütig ist, wird zum größten aller Gefäße.
Lao Tzu

Manche Leute behaupten, die Gesellschaft bräche zusammen, wenn die Menschen ein wenig nachdächten, ehe sie kaufen, oder wenn sie weniger kaufen würden. Aber sind diese Zeichen des Verfalls nicht ohnehin sichtbar? Welche Auswirkungen hat unser Streben nach höherer Produktion und größerem Konsum auf unsere Menschlichkeit? Früher oder später müssen wir uns mit der Tatsache abfinden, dass die Erde nur ein begrenztes Wachstum verkraften kann. Es ist besser, wenn wir uns jetzt schon mit diesem Problem befassen, anstatt die Augen zu schließen und so lange zu warten, bis gewaltige ökologische und ökonomische Krisen uns zum Umdenken zwingen. Wir alle sind aufgefordert, neue Visionen eines Lebens in Fülle zu entwickeln und eine soziale Ordnung zu schaffen, die ökologisch verantwortungsbewusst ist und die Menschlichkeit hegt und pflegt.

Muße in Fülle

Freude ist nicht in Dingen, sondern in uns.
CHARLES WAGNER

In seinem Bestseller *Die Sieben Wege zur Effektivität* weist Stephen Covey auf die entscheidenden Unterschiede zwischen dem Dringlichen und dem Wichtigen im Leben hin. Dringlich ist das, worum wir uns kümmern müssen. Wir müssen zum Beispiel die Miete und die Steuern zahlen, wenn sie fällig sind. Wichtig ist, was unsere Wertvorstellungen und unsere Lebensziele widerspiegelt. Zu oft stellen wir das Dringliche über das Wichtige. Viele wirklich wichtigen Dinge im Leben setzen eine gewisse Muße voraus. Nun ist Muße, wirtschaftlich betrachtet, nur unproduktiv, wenn sie der Tourismus-, Unterhaltungs- oder Freizeitindustrie keine Profite bringt; aber wenn es darum geht, unsere Menschlichkeit zu pflegen, ist sie sogar sehr produktiv.

Wir brauchen Zeitbewusstsein ebenso sehr wie »Zeitmanagement«, denn wir müssen im Lichte unserer Werte und Prioritäten darüber nachdenken, wie wir unsere Zeit nutzen. Immer mehr Menschen tun das und definieren, was Fülle für sie bedeutet. Ihre Kriterien sind nicht mehr Geld und Besitz. Sie bemühen sich, ihre Lebenshaltungskosten zu senken und schätzen Zeit höher ein als Geld.

Eine Umfrage für die Zeitschrift *Time* ergab, dass 69 Prozent der Amerikaner gerne kürzer treten und entspannter leben würden.[33] Das Institut für Trendforschung schätzt, dass im Jahr 2005 rund 15 Prozent der Bevölkerung in den Industrieländern sich bewusst dafür entscheiden werden, einfach zu leben.[34] Viele haben entdeckt, dass sie bei der Wahl ihres Berufes um so mehr Freiheit haben, je weniger sie nach materiellem Besitz streben. Oft fühlen sie sich sogar in allen Lebensbereichen freier. Wenn wir über unser Leben selbst bestimmen können, ist es ganz natürlich, dass wir das Gefühl haben, reicher zu sein.

Wenn wir keine Zeit für unsere Partner und Kinder oder für unsere Gemeinde haben; wenn wir keine Zeit haben, zu denken, zu lernen und schöpferisch tätig zu sein; wenn wir keine Zeit haben, die Wunder des Lebens zu genießen, zu spielen oder einfach nur zu sein, dann wissen wir nicht, was Fülle ist, einerlei, wie reich wir sein mögen.

Vielleicht fragen Sie nun: »Woher soll ich die Zeit für das alles nehmen?« Selbst wenn Sie nicht Ihr ganzes Leben umkrempeln und nicht einfacher leben können, ist es Ihnen bestimmt möglich, Ihre Zeit ein wenig anders einzuteilen. Der durchschnittliche Amerikaner sitzt beispielsweise zwanzig Stunden in der Woche vor dem Fernseher. Wenn Sie sich etwas Zeit für andere Dinge nehmen, wird Ihr Leben interessanter und reicher.

Die Muße zu sein	**Die Muße zu wachsen**	**Muße für andere**
Zeit zum Faulenzen	Zeit zum Denken	Zeit für den Partner
Zeit zum Spielen	Zeit zum Lernen	Zeit für die Kinder
Zeit zum Leben	Zeit für Kreativität	Zeit für die Gemeinschaft

Die Muße zu sein

Wenn du glücklich sein willst, musst du sein.
Henry David Thoreau

Zeit zum Nichtstun

Als Kinder hatten wir kein Zeitgefühl. Wir lebten in einer Welt, die vom Augenblick und vom Unbewussten dominiert wurde. Als wir älter wurden, mussten wir uns der Zeit unterwerfen. Wir lebten nicht mehr im Augenblick, sondern in Hoffnungen und in Zukunftsangst, in Nostalgie und in Reue. In der Freizeit können wir die zeitlose Welt unserer Jugend wieder einfangen und »wie ein Kind werden«.

Ich habe schon mehrfach auf den Nutzen der Meditation hingewiesen. Es ist überaus erfrischend, einfach zu sitzen und der Atmung zu lauschen. Meditation ist echte Muße; sie befreit uns von den Sorgen und Problemen der an die Zeit gefesselten Welt und bringt uns die Glückseligkeit des reinen Seins. Und sie kostet keinen Pfennig! Aber Sie brauchen nicht zu meditieren, um die Zeit totzuschlagen.

Wann haben Sie zum letzten Mal die Wolken betrachtet oder lange ins Feuer gestarrt? Wann haben Sie zum letzten Mal den prachtvollen Nachthimmel bewundert? Wann haben sie zum letzten Mal am Strand oder an einem See den Wellen zugeschaut oder die Augen geschlossen und dem leisen Plätschern gelauscht? Wie lange ist es schon her, dass Sie unter einem Baum gelegen und beobachtet haben, wie die Blätter im Wind tanzen? Wie lange ist es her, dass Sie in einer Winternacht spazieren gegangen und im Mondlicht das Rieseln der Schneeflocken beobachtet haben? Nehmen Sie sich die Zeit, nichts zu tun. Und tun Sie es gut.

Wer sein Spiegelbild sehen will, schaut nicht in den Fluss, sondern in stilles Wasser. Nur was still ist, kann andere Dinge festhalten.
CHUANG TZU

Zeit zum Spielen

Zu einem Leben in Fülle gehört auch das Spiel. Das Leben selbst ist ein Spiel – darum sollten wir weder das Leben noch uns zu ernst nehmen. Der Alltag stumpft unsere Sinne ab, aber durch das Spiel können wir wieder staunen und überschwänglich sein wie als Kind. Im Geiste der staunenden Unschuld können wir die Welt mit neuen Augen sehen und Zusammenhänge entdecken, die uns normalerweise entgehen. Wenn wir spielen wie ein Kind, verlieren wir unser Ich-Bewusstsein und können sein, was wir sind: rein und schlicht.

Das Spiel macht nicht nur Spaß und entspannt uns, es vermittelt uns auch Einblicke in uns selbst und in die Natur des Universums. Der große Psychologe C. G. Jung spielte gerne im Schlamm. Eines Tages – er war schon ein alter Herr – stand er am Ufer eines Flusses und grub Schlamm um, wie er es schon oft getan hatte. Auf einmal erkannte er: Das war der ganze Sinn seines Lebens. Er hatte sein Leben damit verbracht, Schlamm umzugraben und Dinge zu enthüllen, die unter der Oberfläche des Bewusstseins verborgen sind.

Michael Faraday stellte sich vor, er sei ein Atom – und schuf dabei die Theorie des Elektromagnetismus. Albert Einstein stellte sich vor, er fliege mit Lichtgeschwindigkeit durchs All. Er schrieb die Entdeckung der Relativitätstheorie Spielen dieser Art zu. »Das Spiel ist offenbar der entscheidende Faktor beim produktiven Denken«, sagte er. Für Galilei war das Teleskop zunächst nur ein Spielzeug. Isaak Newton sagte: »Ich

Wir können unserer Natur nach nie lange gebückt stehen. Wir müssen den Körper und die Seele entspannen.
H. PEACHAM
in English Recreations (1641)

weiß nicht, wofür die Welt mich hält. Aber meiner Ansicht nach bin ich nur ein Junge, der am Strand spielt und sich freut, wenn er ab und zu einen glatteren Kiesel oder eine hübschere Muschel findet, während der große Ozean der Wahrheit noch unentdeckt vor ihm liegt.«

Die Erkenntnisse von Newton, Galilei, Faraday und Einstein haben unser Weltbild geprägt. Diese Giganten der modernen Wissenschaft scheuten sich nicht zu spielen. Dennoch meinen viele Menschen, es sei albern und unter ihrer Würde. Wir fürchten, nicht ernst genommen zu werden, wenn wir fröhlich, aufgeregt oder verspielt sind. Wir zügeln unsere Fantasie, damit sie die ausgetretenen Pfade nicht verlässt. Vor allem bei der Arbeit wollen wir einen seriösen Eindruck machen. Man hat uns beigebracht, dass Erwachsene steif und würdevoll sein müssen.

Ohne dieses Spiel mit der Phantasie ist noch keine schöpferische Arbeit zustande gekommen. Es ist für uns unbezahlbar.
C. G. JUNG

Unsere Konsumgesellschaft gibt uns wenig Gelegenheit zu spielen. Wenn wir überhaupt spielen, dann betrachten wir diese Zeit als Belohnung dafür, dass wir meist etwas tun müssen, wozu wir gar keine Lust haben. Dadurch wird unser Spiel zielorientiert, anstatt uns zu erfrischen. Wenn Sie Ihr Spiel zu ernst nehmen, halten Sie inne und denken Sie daran, dass Spaß das einzige Ziel sein sollte.

Verspieltheit gehört zum Leben; sie ist nicht bestimmten Tätigkeiten vorbehalten. Wir können mit unseren Kindern, Partnern, Freunden und zumindest manchmal auch mit Kollegen, Chefs und Untergebenen verspielt sein. Dann sind wir keine Automaten mehr, die Konventionen folgen, sondern wir leben im Hier und Jetzt. Und es ist ansteckend! Mit Humor und Neckereien, mit Singen oder Tanzen oder mit einem netten Scherz ab und zu können wir andere auf ihre verspielte Natur aufmerksam machen. Wir können uns auch selbst daran erinnern, wenn wir allein sind, indem wir gelegentlich eine Pause einlegen und herzhaft lachen – über uns selbst.

Zeit zum Leben

Die französische Autorin Colette sagte: »Ich hatte ein herrliches Leben! Wenn ich es doch nur früher gemerkt hätte.« Wir alle haben ein herrliches Leben und merken es oft nicht. Unser Leben ist voller Wunder. Es ist schon ein Wunder, dass wir atmen und gehen können. Ein Sonnenuntergang oder das Spiel des Lichts im Laub, die Aromen des Essens und die Bewegungen unseres Körpers – das alles ist ein Mysterium.

Leider können sich heutzutage viele Menschen nie ganz von der Hektik des Lebens befreien. Die Folge ist, dass wir vieles gar nicht mitbekommen, was in unserer Umgebung vorgeht. Nehmen wir das Essen als Beispiel. Die Kunst des Essens ist fast verloren gegangen, und die Kunst des Kochens ist am Aussterben. Wir schlingen tiefgefrorene, im Mikrowellenherd erhitzte Schnellgerichte oder Imbisskost hinunter – oft beim Autofahren, Arbeiten oder Fernsehen. Wir nehmen kaum noch wahr, was wir essen, geschweige denn, wie es schmeckt. Auch mit der Kunst der Konversation ist es schlecht bestellt. Wir haben so wenig Zeit, dass wir oft nur aufeinander einreden, anstatt einander zuzuhören. Offenbar fürchten wir, unseren Standpunkt nicht vertreten zu können, wenn wir zuhören.

Eine Massage, ein Spiel, Meditation oder Nichtstun kann uns helfen, am Leben teilzunehmen, das sich vor unseren Augen abspielt. Wir können bewusst leben oder wie ein Automat. Selbst aus alltäglichen Dingen – Essen, Gespräche mit Freunden, Sex oder Arbeit – können tiefgründige Rituale werden, wenn wir in jedem Augenblick achtsam sind, wie die Buddhisten es ausdrücken.

Die Muße zu wachsen

Wandel und Wachstum sind möglich, wenn wir es wagen, mit unserem Leben zu experimentieren.
HERBERT OTTO

Zeit zum Denken

Die Muße verschafft uns Zugang zu jenen Teilen unseres Selbstes, die uns sonst verborgen blieben. Unterdrückte oder vernachlässigte Aspekte steigen an die Oberfläche, wenn wir ihnen dafür Zeit und seelischen Raum geben. Wir können alte Wunden heilen, neue Interessen und Fähigkeiten entdecken und uns selbst und unsere Situation mit neuer Klarheit sehen. Dann sind wir auch fähig, unsere Einstellungen und unsere Richtung im Leben zu ändern.

Es wird oft behauptet, unser Volk werde dümmer. Gewiss, die Popkultur verlangt kein tiefes Nachdenken über das Leben, und das Fernsehen produziert überwiegend geistlose Programme. In den Buchhandlungen verdrängen Bestseller die ernsthaften Bücher, und viele Politiker geben nur noch Schlagworte von sich. Wir sind daran gewöhnt, dass man uns vorverdaute Argumente und Plattitüden in Dosen vorsetzt – häufig mit verborgenen Hintergedanken. Wie die Muskeln wird auch das Gehirn schlaff, wenn wir es nicht trainieren. Es ist leichter, dem Programm zu folgen, das die Gesellschaft, unsere Eltern oder unsere Kollegen sich für uns ausgedacht haben, als selbstständig zu denken und zu entscheiden. Vor allem wenn wir es nicht gewohnt sind, müssen wir uns bemühen, diese Trägheit zu überwinden. Das kostet Zeit, Geduld und Hingabe.

Wir brauchen Muße, um über den Alltag und das bloße Überleben hinaus zu denken und uns unserer Verantwortung für die Welt bewusst zu werden. Wir brauchen Zeit, um über unsere persönlichen und gesellschaftlichen Werte und Prioritäten nachzudenken und herauszufinden, wer wir sind und was wir im Leben erreichen wollen. Joseph Campbell empfahl oft, für einige Zeit aus der Gesellschaft auszusteigen und nach eigenem Plan zu lernen und ernsthaft nachzudenken (diesen Rat beherzigte er selbst). Das mag nicht für alle wünschenswert oder praktikabel sein; aber alle können davon profitieren, wenn sie sich mehr Zeit für die Innenschau nehmen.

Es dauert eine Weile, die persönliche und soziale Konditionierung zu durchbrechen und die eigenen Denkprozesse zu durchschauen. Doch nur wenn wir wissen, welche Auswirkungen unsere Konditionierung auf unsere Weltsicht und unsere Reaktionen auf die Welt hat, können wir frei über unsere Wertvorstellungen entscheiden. Und nur wenn wir unsere Werte selbst auswählen, können wir kluge und wirklich freie Lebensentscheidungen treffen.

Es ist auch hilfreich zu analysieren, wie wir jeden Tag unsere Zeit verbringen. Wir müssen dafür sorgen, dass wir unsere Zeit für unsere Werte, Visionen und Ziele nutzen, nicht für die alltägliche Routine. Experten des Zeitmanagements sind der Meinung, dass wir für vier Arbeitsstunden eine Stunde Planung brauchen, um unsere Zeit optimal nutzen zu können. In der Regel sind nur zwanzig Prozent unserer Tätigkeiten effektiv, und achtzig Prozent sind mehr oder weniger Leerlauf.

Wir müssen also darüber nachdenken, wie wir unsere Zeit verwenden, und aus den effektiven zwanzig Prozent bewusst das Beste machen. Dann haben wir auch mehr Zeit für andere Dinge. Wir können die ewige Tretmühle verlassen und selbst entscheiden, wie wir den größten Schatz nutzen, den wir haben: unsere Lebenszeit.

Zeit zum Lernen

In früheren Zeiten hatten Aristokraten kraft ihrer Geburt ein Recht auf Muße, und einigen Künstlern und Intellektuellen wurde dieses Recht verliehen. Diese Privilegierten bekamen eine Apanage, damit ihr Lebensunterhalt gesichert war und sie sich auf ihre Musik, ihre Kunst, ihre Schriftstellerei oder ihre Studien konzentrieren konnten. Im 19. Jahrhundert hofften viele Menschen, der technische Fortschritt werde eines Tages auch gewöhnlichen Leuten genügend Muße verschaffen, um sich spirituell, intellektuell und kulturell entwickeln und intensiver am bürgerlichen Leben ihrer Gemeinde teilnehmen zu können. Man freute sich auf eine kulturelle Neugeburt, zu der es unweigerlich kommen würde, sobald die Menschen nicht mehr ums Überleben kämpfen mussten, sondern schöpferisch tätig sein konnten.

Wie wir bereits gesehen haben, sind diese Vorstellungen ein Wunschtraum geblieben. Heute haben wir sogar weniger Zeit als vor dreißig Jahren. Es ist daher verständlich, dass Persönlichkeitswachstum für viele Menschen ein Luxus ist, der wenig mit ihrem täglichen Kampf ums Dasein zu tun hat. Wer sich an die Konsumgesellschaft angepasst hat, ist ohnehin damit beschäftigt, Besitz anzuhäufen und sich unterhalten zu lassen.

Einst lernten die Menschen um ihretwillen. Heute lernen sie, um andere zu beeindrucken.
Konfuzius

Gewiss, es wird auch gelernt – aber mit dem Ziel, den eigenen Marktwert zu steigern. Fachbereiche wir Philosophie, Kunst und Geisteswissenschaften haben die Gunst der jungen Leute verloren. Favoriten sind heute Wirtschafts- und Betriebswissenschaft, Naturwissenschaften und Technik, weil sie angeblich mehr zum ökonomischen Wachstum des Einzelnen und der Gesellschaft beitragen. Es wird oft beklagt, dass die heutige Jugend wenig über unsere Geschichte und Kultur weiß – aber sie richtet sich nur nach den Wertvorstellungen der Gesellschaft. Auch das Lernen ist heute zur Ware geworden, die wir kaufen, um vorwärts zu kommen, nicht um ihrer selbst willen. Das hat Folgen für Individuen und für die Gesellschaft. Das Wissen innerhalb unserer Kultur wird abnehmen, wenn immer mehr Menschen nicht mehr das lernen, was sie interessiert, sondern das, was sich auszahlt.

Die Taoisten hielten zwar nichts davon, ziellos Wissen anzuhäufen, aber sie waren sehr am Forschen und Experimentieren interessiert und hatten nach Joseph Needham großen Anteil an den außergewöhnlichen wissenschaftlichen Errungenschaften der Chinesen.[33] Der indische Philosoph Krishnamurti sagte: »Gelehrsamkeit ist die Grundlage der Demut.« Das gilt auch für die taoistischen Gelehrten. Das Ziel des Lernens besteht nicht darin, als wandelndes Lexikon andere zu beeindrucken, sondern neue Einsichten zu vermitteln. Das ist immer ein Prozess, der bescheiden macht und das Ich nicht aufbläht. Einstein schrieb: »Je mehr ich lerne, desto mehr wird mir klar, dass ich nichts weiß.« Beim Lernen haben wir immer wieder »Aha-Erlebnisse«, die uns mit Ehrfurcht und Staunen erfüllen. Lebenslanges Lernen und Forscherdrang tragen dazu bei, den Menschen jung zu erhalten und das Leben interessant zu machen.

Der Begriff *curriculum vitae*, der im englischen Sprachraum als vornehmes Synonym für Lebenslauf benutzt wird, bedeutet wörtlich »Lebenslehrplan«. Das Leben ist das größte aller Klassenzimmer, und seine Lektionen sind wichtiger als alle anderen. Wir können vieles lernen – ohne Kursgebühren, Lehrer und Bücher. Unsere Intuition lehrt uns ebenso viel oder mehr als die Schule. Wenn wir lernen, aus unseren Erfahrungen zu lernen, wenn wir uns von den Ereignissen unseres Lebens lösen und darüber nachdenken, finden wir gewiss Bröckchen der Weisheit, denn die Lektionen des Lebens sind wertvoller als Gold.

Taoistische Forscher beruhigen zunächst den Geist, dann beobachten sie und versuchen, in das Wesen der Dinge vorzudringen, sei es in die materiellen Formen und Phänomene der Natur, sei es in geistige Vorgänge. Sie waren von der Intelligenz des Universums überzeugt und ermutigten die Menschen, empfänglicher für ihre Umwelt zu werden, anstatt nur Daten zu sammeln und zu analysieren. Dieser eher weibliche Forschungsansatz setzt Muße und einen entspannten, geduldigen Geist voraus, der es den Dingen und Phänomenen überlässt, selbst natürliche Lösungen vorzuschlagen. Wenn wir diese Einstellung pflegen, können wir die Herausforderungen des neuen Jahrtausends besser bewältigen. Nehmen Sie sich Zeit, um zu studieren, zu forschen und über alles zu meditieren, was Sie neugierig macht und fasziniert. Und nehmen Sie sich Zeit, mehr über sich selbst und Ihre Welt zu lernen.

Zeit für Kreativität

Der Dichter Wallace Stevens (der auch Anwalt war) sagte: »Wer originell sein will, muss den Mut haben, Amateur zu sein.« Oft brauchen wir nur diesen Mut, um schöpferisch tätig zu sein. Viele Menschen haben wenig Gelegenheit, sich selbst auszudrücken, und wenig Vertrauen zu ihren schöpferischen

Fähigkeiten. Aber Menschen sind von Natur aus kreativ und brauchen für dieses Talent ein Ventil, um glücklich zu sein. Wenn Sie noch nicht kreativ sind und Ihre natürlichen Gaben nicht ausdrücken, dann wagen Sie es, Amateur zu sein!

Kreativität ist wie Autofahren in der Nacht. Man sieht nur so weit, wie die Scheinwerfer reichen, aber man kommt ans Ziel.
E. L. DOCTOROW

Nehmen Sie sich die Zeit, wenigstens ein paar Mal in der Woche schöpferisch zu sein. Führen Sie ein Tagebuch, fotografieren, singen oder segeln Sie. Sie können auch Gedichte schreiben, mit Holz arbeiten, ihr Heim dekorieren, gärtnern, Vögel beobachten oder Marathon laufen. Wichtig ist, dass Sie etwas tun, was Sie wirklich gerne tun.

Als Berufsberater habe ich mit vielen Menschen gearbeitet, die ihr Hobby zum Lebensberuf gemacht haben. Das Tor zu einer neuen Karriere öffnet sich oft, wenn wir anfangen, in der Freizeit zu experimentieren. Auf diese Weise sammeln wir ohne Leistungsdruck Erfahrung und Selbstvertrauen. Leonardo da Vinci sagte: »Genießen heißt, etwas um seiner selbst willen lieben und aus keinem anderen Grund.« Tun Sie, was Ihnen Freude macht, selbst wenn es Ihnen kein Geld einbringt. Ihre Freude sorgt dafür, dass Sie gut sind, und wenn Sie sehr gut werden, wird es sich früher oder später auszahlen.

Ein finanziell erfolgreicher, aber unglücklicher Mann kam zu mir. Er machte einen etwas trotzigen Eindruck und bestand darauf, dass er nur einen Wunsch habe: mit seinem Boot zu segeln. Nachdem ich mich vergewissert hatte, dass er es ernst meinte, überlegten wir, wie er seine Leidenschaft zum Beruf machen konnte. Er zog nach Hawaii, kaufte ein größeres Schiff und nahm Touristen auf Segelfahrten mit. Natürlich verdiente er jetzt deutlich weniger, und seine Arbeit war auch kein besonderer Dienst an der Menschheit. Aber wir vergessen oft, wie wichtig es ist, einfach nur glücklich zu sein.

Versuche nicht, ein bestimmter Menschentyp zu sein. Sei viele Typen zugleich.
CHUANG TZU

Wer glücklich ist, verbreitet Glück, und wer in düsterer Stimmung ist, verbreitet Düsterkeit.

Im Idealfall verdienen Sie Ihren Lebensunterhalt mit einer schöpferischen Tätigkeit, die Sie lieben. Doch selbst wenn das nicht möglich ist, sollten Sie tun, was Sie lieben. Folgen Sie dem Ruf Ihres Herzens. Wenn Sie gerne singen, aber nicht das Talent zu einer Berufssängerin haben – singen Sie trotzdem. Wenn Sie gerne schreiben, aber Ihre Werke keine Chance haben, gedruckt zu werden – schreiben Sie trotzdem. Tun Sie, was Ihnen am Herzen liegt.

Muße für andere

Wir sind alle für die Liebe geboren ... Sie ist das Prinzip der Existenz und ihr einziges Ziel.
BENJAMIN DISRAELI

Zeit für den Partner

Wenn die Familie das Fundament der Gesellschaft ist, dann ist die Beziehung zwischen den erwachsenen Familienmitgliedern das Fundament der Familie. Am stärksten sind jene Familien, in denen die erwachsenen Partner liebevolle Freunde sind. Eltern sind Vorbilder, und ihre Beziehung beeinflusst die Beziehungen ihrer Kinder zum anderen Geschlecht nachhaltig. Wir kommunizieren mit Kindern hauptsächlich durch unser Beispiel, aber oft übermitteln wir ihnen die falsche Botschaft. Wenn man bedenkt, dass berufstätige amerikanische Ehepartner nur noch zwölf Minuten am Tag miteinander reden, überrascht es nicht, dass mehr als die Hälfte aller Ehen geschieden wird.[36]

Der zeitliche und finanzielle Druck des modernen Lebens wirkt sich auch auf Partnerschaften aus. Bei neunzig Prozent aller Scheidungen spielen Geldprobleme eine wichtige Rolle. Das liegt zum Teil daran, dass das Paar sich in die Konsumgesellschaft einfügen will. Der körperliche und seelische Stress verdirbt die Laune und macht die Menschen reizbar. Die Belastung wird noch größer, wenn Großfamilien auseinander brechen und die Kernfamilie sich isoliert fühlt, weil sie keine echten Nachbarn mehr hat. Zudem hegen wir oft unrealistische Erwartungen: Wir glauben, der Partner müsse alle unsere Bedürfnisse befriedigen und alle unsere Probleme lösen. Unsere Partnerbeziehung ist häufig das einzige Forum, in dem wir unserem Ärger Luft machen können – Ärger mit den Kindern, dem Beruf, der Einsamkeit und der Entfremdung. Das kann der Beziehung schaden, wenn wir keine Zeit haben, sie zu hegen und zu pflegen.

Oft übertragen wir die Wertvorstellungen der Konsumgesellschaft auf unsere Beziehungen. Die Popkultur ermutigt uns, den Partner und uns selbst als Waren auf einer Art Partnermarkt zu betrachten. Das beeinflusst natürlich die Partnerwahl. Ein Blick in beliebte Frauen- und Männerzeitschriften vermittelt den Eindruck, dass es bei Partnerschaften eher darum geht, einen guten Handel abzuschließen, nicht darum, wahre Liebe zu finden. Wenn wir dieses Modell akzeptieren, wächst die Wahrscheinlichkeit, dass wir aufgeben, sobald unsere Wünsche nicht erfüllt werden. Da der Partner eine Ware ist, können wir ihn gegen einen besseren tauschen.

Einerseits erwarten wir oft zu viel von einer Beziehung, andererseits investieren wir zu wenig in sie. Zeitdruck und Leistungsdruck führen oft dazu, dass wir uns erst dann um die Partnerschaft kümmern, wenn alles andere erledigt ist. Versuchen Sie, Ihrer Beziehung die Zeit zu geben, die sie verdient. Sie sollten zumindest Zeit haben

- um Wertvorstellungen, Visionen und Ziele miteinander zu teilen
- um über Ängste, Zweifel und Sorgen zu reden
- um die Romantik und ein aufregendes Sexualleben zu bewahren
- um zärtlich zu sein
- um gemeinsam etwas zu unternehmen
- um auf gemeinsame Ziele hinzuarbeiten
- um miteinander zu spielen und albern zu sein

Zeit für unsere Kinder

Die »Männerbewegung«, die Ende der Achtziger- und Anfang der neunziger Jahre begann, wurde in den Medien meist verspottet und ist immer noch die Zielscheibe vieler Witze. Dennoch hat sie einige wichtige Themen aufgegriffen. Robert Bly, einer der gedankenvollen Leitfiguren dieser Bewegung, forderte beispielsweise zum Nachdenken darüber auf, wie der Wechsel von der Agrar- zur Industriegesellschaft sich auf Individuen und die Gesellschaft auswirkt. Die Familienstruktur veränderte sich drastisch, als der Mann zum einzigen Ernährer wurde und meist nicht zu Hause war. Oft war der Vater nicht nur körperlich abwesend, sondern nach einem harten Arbeitstag auch emotional ausgelaugt.

Mangelndes Vertrauen zwischen Männern ist nach Bly die unmittelbare Folge, der Abwesenheit des Vaters. Das ist leicht nachvollziehbar: Menschen trauen dem, was sie kennen, und misstrauen dem, was sie nicht kennen. Männer, die ihren eigenen Vater kaum gekannt haben, vertrauen anderen Männern weniger. Aber auch Frauen, die ihren Vater nur selten gesehen haben, trauen Männern weniger. Es ist sehr wichtig, diese Zusammenhänge zu verstehen, zumal wir derzeit einen weiteren historischen Wandel erleben, was den Beruf und das Familienleben betrifft. In den letzten Jahrzehnten ist die Zahl der berufstätigen Frauen enorm gestiegen, so dass Millionen von Kindern heute nicht nur ohne Vater, sondern auch ohne Mutter aufwachsen.

Selbstverständlich erleiden nicht alle Kinder berufstätiger Eltern einen seelischen Schaden. Eltern können eine Menge tun – und viele Eltern tun es auch –, um das zu verhindern. Das setzt jedoch voraus, dass sie das Problem erkennen und bereit sind, es anzupacken. Leider ist das nicht immer der Fall. Das Problem wird noch dadurch verschlimmert, dass die Kernfamilie heutzutage viel isolierter ist als früher. Vor hundert Jahren waren Großfamilien im selben Haus die Norm; heute sind sie äußerst selten geworden, so dass die Eltern sich allein um die Kinder kümmern müssen.

Da wir nur begrenzte Zeit für unsere Kinder haben, ist es um so wichtiger, ihnen unsere ungeteilte Aufmerksamkeit zu schenken, wann immer es möglich ist. Es ist hilfreich, wenn sowohl die Mutter als auch der Vater mindestens einmal in der Woche einige Zeit allein mit jedem Kind verbringt. Regelmäßige Familienabende und Wochenendausflüge sollten hinzukommen. Schon die physische Anwesenheit der Eltern kann Kindern das Gefühl geben, geliebt zu werden und sicher zu sein.

Jessie O'Neill schreibt in ihrem Buch *The Golden Ghetto*: »Die durchschnittliche berufstätige Frau spielt vierzig Minuten in der Woche mit ihren Kindern und geht sechs Stunden einkaufen.«[37] Dieses krasse Missverhältnis zeigt, dass wir unsere kulturellen Werte neu definieren müssen. Zwar haben die Väter in den letzten Jahren damit begonnen, mehr Zeit mit ihren Kindern zu verbringen, aber im Durchschnitt sind es dennoch erst siebzig Minuten in der Woche.

Familie und Beruf unter einen Hut zu bringen, ist in unserer Welt, die wir erst allmählich als Gesellschaft begreifen, gewiss schwer. Manche Paare lösen das Problem zumindest teilweise dadurch, dass sie zu Hause arbeiten. Andere beschließen, dass die Mutter oder der Vater zu Hause bei den Kindern bleibt, wenigstens während der Vorschuljahre. Das erfordert natürlich einige finanzielle Umstellungen. Der Wunsch, mehr Zeit für die Familie zu haben, ist oft der Grund für die Entscheidung, einfacher zu leben. Diese Menschen fragen sich: Was nützt es uns, mehr Geld zu verdienen, wenn unsere Ehe in die Brüche geht und unsere Kinder allein aufwachsen müssen?

Zeit für die Gemeinschaft

Die klassischen Taoisten befürworteten kleine Siedlungen, weil sie ihrer Meinung nach die Menschlichkeit und das Gefühl der Zusammengehörigkeit fördern. In einer Großstadt steigen die Leute über einen Obdachlosen, der auf dem Gehweg liegt, als handle es sich um Abfall. Das wäre in einer kleinen

Gemeinde, in der jeder den anderen kennt, undenkbar. Doch nicht nur in den großen Städten ist das Gemeinschaftsgefühl verloren gegangen; in den Vorstädten kann das Leben sogar noch einsamer sein.

Einst war die Gemeinschaft ein fester Bestandteil der Gesellschaft; heute müssen wir bewusst danach suchen – und viele tun genau das. In den neunziger Jahren begannen Millionen Amerikaner aus den Großstädten in die Umgebung – in Kleinstädte und Dörfer – zu ziehen. Dort leben sie billiger und weniger hektisch, und die Menschen kennen einander. Viele, die das ersehnte Gefühl der Zusammengehörigkeit in ihrem Umfeld nicht finden, schließen sich mit Gleichgesinnten zu einer Gruppe zusammen.

In meinen Seminaren erlebe ich es immer wieder, dass Einzelne durch die Gruppendynamik beflügelt werden. Sobald die Menschen merken, dass sie nicht allein sind und dass andere die gleichen Hoffnungen, Zweifel und Sorgen haben, spüren sie oft große Erleichterung. Sie grübeln nicht länger, ob sie »sonderbar« sind, weil sie mehr vom Leben erwarten, und sie machen sich keine Selbstvorwürfe mehr, weil sie noch nicht mehr erreicht haben. Stattdessen konzentrieren sie sich mit neuer Kraft und Hingabe auf ihre akuten Probleme. Sie tauschen mit den anderen Gruppenmitgliedern Ideen und Informationen aus und lassen sich von deren Begeisterung anstecken.

Obwohl andere uns inspirieren können, müssen wir uns auf die Dauer selbst motivieren. Dabei kann die Gruppe uns ebenfalls helfen. Wenn Menschen anfangen, sich für das Wohl des Ganzen zu interessieren, bekommt ihre persönliche Suche nach dem Sinn eine neue Bedeutung. Sie spüren, dass sie zu etwas Größerem beitragen, wenn sie ihre eigenen Probleme anpacken und lösen. Hinzu kommt eine schwer zu beschreibende Komponente der Gruppenerfahrung: Jede Gruppe nimmt ein Eigenleben an und erfährt eine schöpferische Synthese, deren Quelle die Interaktionen der einzelnen Mitglieder sind.

Selbstbestätigung, Informationsaustausch, Inspiration, Motivation und schöpferische Synthese können wir in Gruppen aller Art finden, einerlei, worum es den Mitgliedern geht: um spirituelles Bewusstsein, Kunst, Gärtnerei, Spaziergänge in der Natur oder vielleicht nur um gemeinsame Mahlzeiten und Ausflüge. Aristoteles hatte recht, als er sagte: »Der Mensch ist ein soziales Wesen.« Es ist für alle Menschen wichtig, in unserer zersplitterten und oft chaotischen Welt ein Gemeinschaftsgefühl zu entwickeln. Unsere Mitmenschlichkeit hängt davon ab.

Die Philosophie der Gier

Ökonomie wird gelehrt, ohne dass man sich Gedanken darüber macht, welche Auffassung vom Menschen der modernen Wirtschaftstheorie zugrunde liegt.
E. F. Schumacher

Im Laufe der Geschichte haben Menschen viele Formen der Sozialphilosophie und unterschiedliche Idealvorstellungen von der Gesellschaft entwickelt. Die moderne Ökonomie begann als Zweig der Sozialphilosophie, die früher Moralphilosophie hieß. Die Philosophie der ersten Ökonomen, die von ihren Nachfolgern im Wesentlichen übernommen wurde, geht zunächst von einer universellen Natur des Menschen aus. Zweitens nimmt sie an, dass die Wurzeln dieser menschlichen Natur Egoismus und Gier sind oder, höflicher ausgedrückt, das »Eigeninteresse«. Drittens unterstellt sie, dass die Gier der Menschen im Großen und Ganzen unveränderlich ist. Und schließlich behauptet sie noch (als einziger Zweig der Philosophie), es sei nicht notwendig, Gier zu überwinden, weil sie eine moralische Tugend sei.

Heute wird diese Auffassung von der Natur des Menschen oft angegriffen. Die Kritiker sagen, das menschliche Verhalten sei derart unterschiedlich, dass niemand wisse, was daran natürlich sei. Die meisten philosophischen Traditionen (auch der Taoismus), die eine allgemeine menschliche Natur annehmen, halten diese für gut und Egoismus oder Gier für einen Verstoß gegen die »ursprüngliche Natur«. Selbst jene Moralphilosophen (etwa die christlichen), die den Menschen für sündhaft und verderbt halten, räumen meist ein, dass dieser Fehler überwunden werden kann und soll. Wer »in Christus neu« wird, kann seine Feinde lieben, diejenigen segnen, die ihm fluchen, großzügig sein und anderen vergeben. Ich kenne keine zweite Sozialphilosophie, die Gier zur moralischen Tugend erklärt.

Diese seltsame neue Moralphilosophie hatte tiefgreifende Folgen. Natürlich war Gier nichts Neues; aber sie war ein Drang, den die traditionellen Kulturen in Schach hielten. Neu war die Gier oder das Eigeninteresse als Tugend, sogar als Tugend, auf der die ganze Gesellschaft basierte. Karl Polyani schreibt: »Ich kritisiere an der Marktgesellschaft nicht, dass ihre Grundlage die Ökonomie ist – das ist in gewissem Sinne bei jeder Gesellschaft der Fall, sondern dass ihre Ökonomie auf dem Eigeninteresse beruht. Eine solche Organisation des Wirtschaftslebens ist völlig unnatürlich im streng empirischen Sinne von *außergewöhnlich*.«[38]

Ende des 18. Jahrhunderts stellte Adam Smith, der Vater der modernen Wirtschaftswissenschaft, in seinem klassischen Werk *Untersuchung über die Natur und die Ursachen des Nationalreichtums* die These auf, der Mensch wolle in erster Linie eine Ware gegen eine andere tauschen. Diese Theorie hatte erhebliche Auswirkungen auf die moderne Welt. Polyani schreibt dazu: »Kein Fehlurteil über die Vergangenheit war jemals so prophetisch. Obwohl nämlich dieser Tauschdrang zu Adam Smiths Zeiten in keiner bekannten Gemeinschaft sonderlich entwickelt war ... hatte sich hundert Jahre später ein industrielles System über einen großen Teil der Erde verbreitet, dem ... die Annahme zugrunde lag, dieser eine Drang bewege die menschliche Spezies bei allen ihren wirtschaftlichen, wenn nicht sogar bei ihre politischen, intellektuellen und spirituellen Aktivitäten.«[39]

Ein besseres Beispiel für eine sich selbst erfüllende Prophezeiung hat es nie zuvor oder danach gegeben, jedenfalls nicht in dieser Größenordnung. Als immer mehr Menschen Smiths Auffassung von der Natur des Menschen teilten, wurde die westliche Kultur nach seinem Bilde neu geschaffen. Für uns ist es schwer, die Auswirkungen dieser kulturellen Transformation auf das tägliche Leben voll zu erfassen. Dieser Meinung ist auch John Maynard Keynes, unstreitig der einflussreichste Ökonom des 20. Jahrhunderts: »Die Ideen der Nationalökonomen und politischen Philosophen – sowohl wenn sie richtig, als auch wenn sie falsch sind – haben eine größere Macht, als die meisten Menschen glauben. Im Grunde regieren sie die Welt fast allein. Pragmatische Menschen, die meinen, sie seien keinen intellektuellen Einflüssen unterworfen, sind gewöhnlich die Sklaven eines verstorbenen Ökonomen.«

Die Moralphilosophie der modernen Wirtschaftswissenschaft ist nicht nur wegen ihrer Auffassung von der Natur des Menschen einzigartig, sondern auch wegen ihrer weltweiten Vorherrschaft. In der Geschichte der Menschheit hat keine andere Sozialphilosophie so viele verschiedene ethnische und nationale Gruppen beeinflusst. Vielleicht noch außergewöhnlicher ist die Geschwindigkeit, mit der sie sich über den Erdball ausbreitete.

Ursprünglich wurde die Theorie vom wirtschaftlichen Eigeninteresse oder von der »natürlichen Gier« des Menschen dazu benutzt, die soziale Ungleichheit zu erklären und den Status des neuen Geldadels zu rechtfertigen. Warum ging es ein paar Leuten so viel besser als allen anderen? Die Philosophie der frühen Nationalökonomen, etwa Ricardo und Malthus, behauptete im Wesentlichen, zwar sei jeder Mensch gierig, aber einige seien eben erfolgreicher als andere, und genau das habe Gott (später waren es die Natur oder die Gene) gewollt. Herbert Spencer, der den Ausdruck »Überleben der Tüchtigsten«

prägte, versuchte, Darwins Evolutionslehre auf die Volkswirtschaft zu übertragen. Seiner Meinung nach waren einige Menschen reich, weil sie biologisch überlegen, also von Natur aus tüchtiger seien.

Eine Philosophie dieser Art hatte für die Wohlhabenden einen gewissen Charme, aber für die einfachen Menschen keine Vorteile, außer dass sie ihnen erklärte, warum die Reichen reicher waren. Der einfache Mensch war mit dem Kampf ums Überleben vollauf beschäftigt. Welchen Nutzen hatte seine Gier, wenn er so wenige Gelegenheit hatte, sie auszuleben? Viele arme Arbeiter, besonders die Industriearbeiter, lehnten die Theorie von der natürlichen Überlegenheit der Fabrikbesitzer ab und führten lange und harte Arbeitskämpfe. Die meisten Menschen, einschließlich der amerikanischen Mittelschicht, hielten an der traditionellen religiösen Moral fest und blieben in den ersten drei Vierteln des 19. Jahrhunderts von der Theorie des wirtschaftlichen Eigeninteresses weitgehend unberührt.

Ende des 19. und Anfang des 20. Jahrhunderts erkannten die amerikanischen Wirtschaftsmagnaten, dass die traditionellen Werte eine maximale wirtschaftliche Entwicklung – vor allem den Massenkonsum – hemmten, und entwickelten neue, sehr wirksame Methoden, um den Konsum anzukurbeln: Werbung, Konsumentenkredite, Unterhaltung, Mode, Massenmedien und Ladenketten.

Diese neuen Methoden waren enorm erfolgreich, denn sie veränderten das vorherrschende moralische Klima und begünstigten den Konsum. Und sie demokratisierten die Gier. Zum ersten Mal war die neue Moralphilosophie wirklich populär. Der kulturelle Wandel erfasste die ganze Welt. Traditionelle Werte wurden zu Gunsten der neuen, demokratischen Sozialphilosophie der Konsumgesellschaft beiseite geschoben. Die Massen bekamen mehr materielle Güter und begannen die neuen ökonomischen Werte zu akzeptieren und in sich aufzunehmen – sie wurden »zu einem Teil des Systems«, wie die Liberalen so stolz verkünden.

Da wir die Moralphilosophie der Gier angenommen und in den Rang eines Organisationsprinzips der Wirtschaft und der Gesellschaft erhoben haben, ist es nicht verwunderlich, dass wir heute den Zusammenbruch der religiösen, ethischen, sozialen und familiären Werte erleben. Alle diese Werte setzen voraus, dass der Einzelne sein Eigeninteresse zügelt. Religiöse, politische und akademische Kommentatoren jammern über den Niedergang der Familie und der Gemeinschaft. Aber ist dies nicht die natürliche Folge einer Kultur, deren Fundament Gier und wirtschaftlicher Egoismus sind? Ein Blick auf traditionelle Völker, deren Wirtschaft sich schnell entwickelt, und auf Immigranten in den Vereinigten Staaten zeigt, welche Auswirkungen das moderne Wirtschaftssystem auf die Moral hat. Innerhalb einer einzigen Generation werden alte religiöse, ethische, soziale und familiäre Wertvorstellungen untergraben, und in der zweiten Generation verdrängt das wirtschaftliche Eigeninteresse alle anderen Werte. Die Moralphilosophie der frühen Nationalökonomen ist heute die einflussreichste Sozialphilosophie auf unserer Erde.

Um eine Sozialphilosophie beurteilen zu können, brauchen wir nur zu fragen: Was sagt sie über die Natur des Menschen? Die Sozialphilosophie der modernen Konsumgesellschaft hält den Menschen für grundsätzlich gierig. Mit anderen Worten: Wir handeln natürlich, wenn wir uns von wirtschaftlichen Eigeninteressen leiten lassen. Gewiss, selbst die Volkswirtschaftler geben zu, dass die Menschen manchmal mitfühlend, großzügig und selbstlos handeln – doch das gilt als Abirrung. Für Taoisten ist die »ursprüngliche Natur« des Menschen die Harmonie mit dem Universum. Es gibt keine Ursünde zu überwinden. Egoismus und Gier sind nicht natürlich, sondern ein Zeichen dafür, dass wir »den Weg« verloren haben.

Kapitel 8

Die Schönheit der Fülle

Li

Schönheit ist eine ewige Freude,
denn sie nimmt zu
und kann niemals erlöschen.
John Keats

In diesem Kapitel geht es um das Prinzip des *Li* und um die Schönheit des Tao, die sich in der natürlichen Ordnung des Universums offenbart. Die organischen Muster der Natur, das kollektive menschliche Bewusstsein und das Leben jedes Individuums spiegeln diese natürliche Ordnung wider. Wenn wir im Tao leben, sind diese Muster wichtige Wegweiser auf dem Weg der Schönheit. Die Aufgabe der Kunst besteht darin, unsere Fantasie auf diese Muster hin zu lenken und uns in ihnen ein Spiegelbild der Einheit, der Harmonie und des Rhythmus des Universums zu offenbaren. Heute ist auch die Kunst zum Kommerz geworden und will uns nicht mehr zur Transzendenz oder auf den Weg der Schönheit führen, sondern uns zum Kauf veranlassen. Diese subversive Kunst führt zu einem Mangel an Bewusstheit in der Gesellschaft. Aber wir können ihren Einfluss auf unser Leben beschränken und für die Schönheit unserer Umwelt empfänglicher werden.

Wenn wir den Menschen objektiv betrachten und die lange Geschichte der Menschheit berücksichtigen, müssen wir die Schönheit als Grundprinzip des menschlichen Lebens anerkennen. Um eine Bestätigung dafür zu finden, brauchen wir nicht die Welt zu bereisen oder ein Kunstmuseum zu besuchen. Ein Besuch in einem naturgeschichtlichen Museum mit einer soliden ethnologischen Sammlung genügt. Hier finden wir Artefakte des täglichen Lebens aus prähistorischen und sogenannten primitiven Kulturen – und sie sind erstaunlich schön.

Wir sind von Schönheit umgeben, aber unsere Augen sind getrübt.
EMERSON

Mehr noch: »Anthropologen, die tief in das Studium des primitiven Lebens eingedrungen sind, haben immer wieder darauf hingewiesen, es sei keineswegs sicher, dass das Notwendige dem Schönen voraus gegangen sei.«[1] In der Tat – das Schöne ist zusammen mit dem Notwendigen entstanden und in manchen Fällen vielleicht sogar vorher. Wenn die Menschen etwas herstellten, machten sie es schön. Ohne zwischen dem Heiligen und dem Profanen zu unterscheiden, statteten sie ihre Werkzeuge, Schmuckstücke und anderen Dinge mit ästhetischem Reiz und spiritueller Bedeutung aus, ohne dass die Brauchbarkeit darunter litt.[2] Künstler und Kunsthandwerker setzten diese Tradition bis zum Beginn der technisch orientierten Gesellschaft fort. Lewis Mumford schreibt: »Der Kunsthandwerker lebte wie der Künstler in seiner Arbeit, für seine Arbeit und von seiner Arbeit. Sein Lohn lag im Werk selbst, und dessen Wirkung bestand lediglich darin, diese natürlichen, organischen Vorgänge zu betonen und zu intensivieren – sie diente nicht der Kompensation oder der Flucht.«[3]

Die Schönheit ist seit langem ein Bestandteil des menschlichen Lebens, schon deshalb, weil die Menschen in der Natur lebten. Einerlei, ob sie in den Bergen oder in Flusstälern, im dichten Urwald oder in der windgepeitschten Wüste siedelten, überall faszinierte sie die Schönheit der Natur. Heute ist die Natur für die meisten Menschen kein Teil ihres Alltags mehr. Sie ist »das andere«, ein Ort, den man an Wochenenden oder Feiertagen besucht. Zudem legen die mechanischen Herstellungsverfahren bei den Gegenständen des täglichen Lebens wenig Wert auf Ästhetik oder spirituelle Bedeutung. Wir müssen die Schönheit suchen.

Wie die Muße ist auch die Schönheit nicht überlebenswichtig. Wenn wir nur Produktions- und Konsumeinheiten sind, dann ist Schönheit kein Wert an sich, sondern wird als Ware wie jede andere zu ihrem Marktwert verkauft. Sind wir jedoch spirituelle Wesen, ist die Schönheit für unsere Existenz wichtig. Sie ist Nahrung für die Seele und für das spirituelle Wachstum und Wohlbefinden ebenso notwendig wie die Nahrung für den Körper. Ein Leben ist Fülle ist gewiss reich an innerer und äußerer Schönheit. Aber wir brauchen keinen großen materiellen Reichtum, um ein schönes Leben zu führen. Denn Schönheit ist keine Ware, sondern ein natürlicher Bestandteil des Universums, offenbart von Menschen, deren Beweggrund die Liebe ist. In diesem Kapitel wollen wir untersuchen, was Schönheit ist, warum sie für uns wichtig ist und wie wir unser Leben damit erfüllen können. Beginnen wir mit der chinesischen Idee des *Li*.

Das Prinzip der Schönheit

Die Idee des Li ist umfassender als die christliche Vorstellung vom göttlichen Gesetz und das indische Dharma.
WEI MING

Das Wort *Li* wird in diesem Zusammenhang meist mit »Prinzip« oder »Muster« übersetzt.[4] In der alten Zeit beobachtete man, dass bebaute Felder, die nach den natürlichen Konturen des Landes angelegt waren, bestimmte Muster bildeten. Diese wurden *Li* genannt. Später verwendete man den Ausdruck auch für die Muster in der Jade, die Maserung im Holz oder Bambus, die Textur von Muskelfasern und so weiter.

Noch später verstand man unter *Li* das Organisationsprinzip oder die innere Gesetzmäßigkeit der Dinge. Der Neukonfuzianer Chu Hsi (1130–1200 n. Chr.), der sowohl vom klassischen Taoismus als auch vom Buddhismus beeinflusst

Alle Dinge sind in einem höchsten Prinzip der Existenz vereinigt, obwohl jedes Ding sein eigenes Prinzip der Existenz hat.
CHU HSI

war, lehrte, jedes physikalische Objekt im Universum besitze *Li* und *Ch'i*.[5] Er schrieb: »Gäbe es kein *Ch'i*, könnte *Li* sich nicht manifestieren.« Umgekehrt gilt: »Die Aktivität des *Ch'i* hängt vollständig von der des *Li* ab.«[6] *Li* ist das unsichtbare (immaterielle) innere Organisationsprinzip oder organische Muster eines Dinges und wird durch *Ch'i* zum Ausdruck gebracht. *Li* existiert schon, ehe es in der materiellen Welt Form annimmt, also bevor das *Ch'i* es belebt.

Chu Hsi bezeichnete *Li* als Prinzip oder Organisationsmuster jedes separaten Dinges sowie als kosmisches Organisationsprinzip, das die natürliche Welt durchdringt. Nach taoistischer Auffassung entstehen die Dinge ohne Ursache oder Schöpfer. Dennoch ist das Muster ihrer Interaktionen kein Zufall, weil es der kosmischen Ordnung, dem *Li*, folgt. Insofern ist *Li* auch »das innere Gesetz der Dinge«, das auf allen Daseinsebenen gilt, auch auf der menschlichen. Chu Hsi erläutert: »*Li* ist kein separates Ding vor uns, sondern es ist in uns. Die Menschen müssen selbst entdecken, dass es in ihnen ist, dann ist alles in Ordnung.«[7]

Es gibt also das *Li* jedes einzelnen Dinges, das *Li* im menschlichen Bewusstsein und das kosmische *Li*, das »große Muster«, das alle Muster umfasst. Anhand dieser Aspekte wollen wir die Schönheit näher erforschen. Schönheit ist die Offenbarung der organischen Muster, des höchsten kosmischen Organisationsprinzips. *Li* hilft uns, die Schönheit (das Tao) im ganzen Universum, in den einzelnen Dingen und im Bewusstsein des Menschen zu verstehen.

Der Rhythmus der Schönheit

Die wahre Kunst folgt der Natur,
wie ein Schüler seinem Meister folgt.
So soll auch deine Kunst sein:
in gewisser Weise Gottes Enkelkind.
DANTE

Einerlei, ob wir vom kosmischen *Li* des Himmels (*T'ien-li*), dem *Li* des menschlichen Bewusstseins oder dem *Li* eines bestimmten Dinges reden, es geht stets um ein Organisationsprinzip, das sich in rhythmischen Mustern offenbart. Solide Objekte sind in Wirklichkeit organisierte Muster schwingender Atome. Diesen Mustern verdankt das Objekt seine spezifischen Merkmale. Die Merkmale und die Schwingungsmuster spiegeln die natürliche Intelligenz, das innere Gesetz (*Li*) des Objekts wider.[8] Auf der kosmischen Ebene bilden die Dinge ein großes Muster, das kosmische *Li*, das wir im rhythmischen Zusammenspiel aller Dinge im Universum erkennen.

Das alles erinnert an einen großen Wandteppich, in dem jedes einzelne und einzigartige Muster in das große Muster passt. Aber dieses Bild ist zu statisch. Eine bessere Metapher ist das hinduistische »Netz des Indra«. In diesem großen Netz wird an jedem Kreuzstich ein Edelstein angebracht, so dass jeder Stein alle anderen widerspiegelt. Alle diese Spiegelbilder erzeugen das große Netz aus Licht. Das sind die Bestandteile der Schönheit: Ganzheit (das Netz), Harmonie (die Reflexionen) und Rhythmus (die Bewegung des Lichts).[9]

Alle Menschen, die bewusst in der Natur leben, leben in der Schönheit. Jetzt verstehen wir, warum das so ist. Der Teil der Natur, den ein Mensch bewohnt, weist auf das größere Ganze hin, auf eine Welt, die umfassender ist als die unmittelbare Umgebung, und er weist auf einen höheren Grund der Existenz hin (Tao, Gott, großer Geist usw.). Die Naturvölker wussten, dass alle Dinge miteinander zusammenhängen, und wollten sowohl mit den Wesen der sichtbaren Welt als auch mit den Wesen oder Kräften der unsichtbaren Welt in Harmonie leben.

Wer in der Natur lebt, spürt auch ihren Rhythmus. Das Leben pulsiert rhythmisch – der Herzschlag, die Atmung, die Muster eines Blattes, das Geräusch eines Baches, die Wanderungen mancher Tiere und der Zyklus des Tages oder der Jahreszeiten. Naturvölker feierten die Ganzheit, die Harmonie und den Rhythmus des Universums in ihren Riten mit Tänzen und Liedern, also ebenfalls rhythmisch. Auch die Struktur des menschlichen Bewusstseins ist ein rhythmisches Muster, das in seinen Riten, Mythen und Kunstwerken die rhythmischen Muster des Universums widerspiegelt und auf sie antwortet.

Schönheit ist vor mir,
und Schönheit ist hinter mir.
Schönheit ist unter mir und über mir.
Ich bin von Schönheit umringt
und in Schönheit gehüllt.
In meiner Jugend sehe ich sie,
und wenn ich alt bin, gehe ich still
den Pfad der Schönheit entlang.
Gebet der Navajo

Wenn wir sagen, die Natur sei schön und wer in ihr lebe, der lebe in der Schönheit, meinen wir damit eine transzendente Schönheit, nicht nur das Attraktive und Angenehme. Auch Gewalt, Zerstörung und Tod in der Natur enthüllen die Ganzheit, die Harmonie und den Rhythmus des Lebens. Sie sind ebenso ein Teil seiner Schönheit wie ein stiller Bergsee an einem warmen Frühlingstag. Für den japanischen Künstler Sōetsu Yanagi ist Schönheit »das, was von der Dualität befreit ist«. Schönheit ist demnach die Erkenntnis der Ewigkeit oder, poetischer ausgedrückt, eine glückselige Gottesschau. In diesem Sinne können wir mit dem Dichter Keats sagen: »Schönheit ist Wahrheit, Wahrheit ist Schönheit – das ist alles, was wir auf Erden wissen und wissen müssen.«

Das Wort Tao meint das Große und Weite. Das Wort Li meint die zahllosen, Adern gleichenden Muster im Tao.
Chu Hsi

Heute leben die meisten Menschen nicht mehr in der Natur. Das schließt jedoch nicht aus, dass wir an ihrer Schönheit und an ihrem Mysterium teilhaben. Wie die Taoisten empfahlen europäische Pantheisten, etwa Goethe und amerikanische Transzendentalisten wie Thoreau, die Naturbetrachtung als Weg in die Transzendenz.[10] Ihre Schriften legen uns die Natur als Tempel ans Herz, in dem die Schönheit des transzendenten Mysteriums sich offenbart. Wenn Goethe sagt: »Man suche nur nichts hinter den Phänomenen; sie selbst sind die Lehre«, so ist er zu der gleichen Einsicht gelangt wie die Taoisten. Der Teil offenbart das Ganze und weist auf das Mysterium (das Tao) hin: »Willst du dich am Ganzen erquicken, so musst du das Ganze im Kleinsten erblicken.«[11]

Es ist erstaunlich, dass Menschen, die in der Natur leben – die klassischen Taoisten, die Indianer oder Naturalisten wie John Muir im 19. Jahrhundert –, so oft das Gleiche sagen. Muir schreibt zum Beispiel: »Wenn wir an einem einzigen Ding in der Natur ziehen, merken wir, dass es am Rest der Welt hängt.« Das hätten auch Chuang Tzu oder Häuptling Seattle sagen können. Weisheit ist ein Teil der Natur und offenbart sich Menschen aller Nationen, Rassen und Zeiten, wenn sie dafür offen sind. Auch wir können diese Weisheit nutzen, indem wir einige Zeit in der Natur verbringen.

Nur wenige Menschen haben heute die Möglichkeit (oder den Wunsch), sich wie Thoreau für einige Tage im Jahr in die Wälder zurückzuziehen. Aber wir können auch kürzere Ausflüge genießen. Eine Wanderung mit dem Rucksack in einer abgelegenen Gegend oder ein Zeltlager fern der Massen kann uns verjüngen und sogar unser Leben verändern. Wenn wir einige Zeit in der Natur sind, passt der Körper sich dem gemächlicheren Rhythmus der Natur an und fühlt sich eins mit ihr. Die Sinne werden wacher, und wir können uns länger konzentrieren. Am dritten oder vierten Tag fällt uns manches auf, was wir am ersten Tag noch übersehen haben. Dann bekommen wir eine Ahnung von der transzendenten Weisheit der Natur.

Du siehst die Welt
im Körnchen Sand,
in wilden Blumen
das Himmelsrund,
hältst du das All
in deiner Hand,
und Ewigkeiten
in einer Stund.
WILLIAM BLAKE

Die Merkmale der Schönheit in der Natur (Ganzheit, Harmonie, Rhythmus) sind auch die wesentlichen Elemente der Kunst. Insofern imitiert die Kunst die Natur – nicht indem sie schlechte Kopien produziert, sondern indem sie in ihren Mustern ein Fenster zum Muster des Universums öffnet. Das englische Wort *art* (Kunst) ist vom griechischen *artunien* abgeleitet, das »arrangieren« bedeutet. Die Kunst ist ein gelungenes Arrangement, das uns dank seiner Ganzheit, seiner Harmonie und seines Rhythmus einen Blick in die transzendente Wirklichkeit erlaubt. Die Kunst ist ein Fenster zum Unsichtbaren, aber nicht jeder will einen Blick durch dieses Fenster werfen, und nicht jeder, der es wagt, wird etwas sehen.

Das Himmelreich liegt
auf Erden ausgebreitet,
doch die Menschen
sehen es nicht.
THOMAS-EVANGELIUM

Durch die Betrachtung eines Kunstwerkes können wir, ebenso wie durch die Betrachtung der Natur, das Mysterium schauen. Wenn das Auge der Intuition offen ist, merken wir, dass alle Wege zur selben transzendenten Realität führen. Als Blake sagte: »Ein Narr sieht nicht denselben Baum wie ein Weiser«, sprach er im Hinblick auf die Naturbetrachtung die gleiche Warnung aus wie der chinesische Maler Ching Hao: »Wir dürfen das äußere Erscheinungsbild nicht mit der wahren Wirklichkeit verwechseln. Wer das nicht versteht, zeichnet etwas Ähnliches, aber nicht das wahre Wesen. Etwas Ähnliches entsteht, wenn du die Form eines Dinges darstellst, aber nicht seinen Geist. *Chen* (die Wirklichkeit) ist Form und Geist zugleich. Wenn der Geist fehlt, ist die Form tot.«[12]

So geht es uns auch im täglichen Leben: Es stirbt ebenfalls ab, wenn ihm der Geist fehlt. Das geistlose Ähnliche in der Kunst entspricht der Maya oder dem Glamour im Alltag. Glamour ist ein Zauberbann, Maya ist Magie und Illusion. Das Ich mit dem Selbst zu verwechseln, ist auf einen Zauberbann zurückzuführen, und in der physikalischen Welt eine willkürliche Ansammlung solider, unveränderlicher und separater Teile zu sehen ist nur durch eine Art Magie zu erklären. Wir können den Bann brechen, wenn wir den Schleier der Formen lüften und uns mit dem Bewusstsein vereinigen, das alles durchdringt – innen wie außen. Wir durchschauen die Magie, wenn wir begreifen, dass innen und außen, hoch und tief, gut und schlecht, heilig und profan lediglich Unterscheidungen des Verstandes, aber keine Merkmale der Wirklichkeit sind. Diese Erkenntnis scheint das Resultat eines Prozesses oder einer spirituellen Reise zu sein, die oft viel Zeit und Mühe kostet – aber das ist ein Irrtum, denn sie liegt in uns, sie ist ein Teil der Struktur des menschlichen Bewusstseins: »*Li* ist kein separates Ding vor uns, sondern es ist in uns.«

Das Muster des Geistes

> *Das Muster des menschlichen Verhaltens ist in keinem Code zu finden, sondern in den Prinzipien des Universums, das uns seine Natur ständig offenbart.*
> Ananda K. Coomaraswamy

Mit C. G. Jungs Archetypen können wir erklären, warum *Li* in unserem Geist ist, wie Chu Hsi sagte. Natürlich ist hier mit dem Geist nicht die beschränkte Gehirnfunktion oder individuelle Persönlichkeit gemeint, sondern die gesamte Intelligenz des menschlichen Organismus. Das Bewusstsein des Menschen hat ein bestimmtes Muster, eine bestimmte Struktur, welche die idiosynkratische Konditionierung des Individuums und die soziale Konditionierung, die Sitten und Gebräuche der lokalen Gruppe, transzendiert. Dieses Muster offenbart sich in den Archetypen des kollektiven Unbewussten. Jung erläuterte: »Die Archetypen sind die numinosen Strukturelemente der Psyche und besitzen eine gewisse Autonomie und eine spezifische Energie, die es ihnen ermöglicht, aus dem Bewusstsein jene Inhalte herauszuziehen, die für sie am besten geeignet sind.« Wir können uns die Archetypen als Organisationsprinzip (*Li*) im menschlichen Bewusstsein vorstellen, durch welche die transzendente Wirklichkeit (Tao) sich bemerkbar macht.

Was Jung »Archetypen« nannte, hat Adolf Bastian schon vor ihm als »elementare Ideen« bezeichnet.[13] Bestimmte lokale Gruppen stellen diese elementaren Ideen auf ihre eigene Weise dar: als »ethnische Ideen«. Die Vorstellung von einer transzendenten Realität ist zum Beispiel eine universelle elementare Idee, der wir in vielen Kulturen aller Zeitalter begegnen. Oft wurde dieser Archetypus als lokale Gottheit (z. B. Jahwe oder Indra) personifiziert oder als unpersönliche Kraft (z. B. Tao oder Brahma) verstanden. Das sind ethnische oder kulturelle Manifestationen einer universellen elementaren

Idee. Der jeweilige Inhalt, der in den Mythen einer Kultur oder in Träumen und Visionen der Individuen zum Ausdruck kommt, verleiht dem präexistenten Archetypus eine konkrete Form, so wie das Ch'i dem *Li* eines Dinges eine konkrete Form in der materiellen Welt gibt. Der spezifische Inhalt (etwa ein Kulturmythos) macht den ihm zugrunde liegenden Archetypus sichtbar, so wie das Ch'i (Materie/Energie) das *Li* eines Dinges sichtbar macht.

Jeder Mensch wird mit Ideen geboren; sie sind wahrhaftig er selbst. Wer behauptet, wir hätten keine angeborenen Ideen, muss ein Narr sein.
WILLIAM BLAKE

Einerlei, ob wir von elementaren Ideen, Archetypen oder dem *Li* im Geiste sprechen, der spezifische Inhalt ist weniger wichtig als die ihm zugrunde liegende Struktur, das Organisationsprinzip. Dank dieser Erkenntnis entdeckte Joseph Campbell in den Mythen der Völker unterschiedlicher Länder und Zeiten die gleichen Muster. Er identifizierte vier pädagogische Modelle oder kulturelle Paradigmen: den Weg der tierischen Mächte, den Weg der besäten Erde, den Weg der Himmelslichter und den Weg des Menschen.[14] Während die kulturellen Inhalte sehr verschieden sind, weil sie je nach Ort und Zeit ihre eigene ethnische Färbung annehmen, bleiben die elementaren Muster im Wesentlichen gleich. Das erinnert uns an die literarischen Genres, die erkennbar sind, weil sie deutlichen Mustern folgen. Obwohl die mythologischen »Genres« eine unterschiedliche Form haben, beziehen sie sich alle auf dieselbe unterschwellige Wirklichkeit oder elementare Idee.

Wer dem Wundervollen begegnet, weiß nicht, ob die Kunst das Tao ist oder das Tao die Kunst.
HUI TS'UNG

Das Organisationsprinzip (*Li*) der Dinge entscheidet über ihr Schicksal. Der Umstand, dass Menschen aufrecht gehen, prägt beispielsweise ihre Erfahrung in vieler Hinsicht. In Kapitel 5 haben wir kurz untersucht, welchen Einfluss das auf die Geburt und die Entwicklung eines Kindes, auf die Psyche des Individuums und auf die Organisation der Gesellschaft hat. Darüber hinaus erlaubt der aufrechte Gang den ungehinderten Einsatz der Hände. Eine der ersten Menschenarten heißt daher *homo habilis*, »geschickter Mensch«. Unser aufrechter Gang bestimmt, wie wir die Welt sehen, und hat viele andere Wirkungen, auf die ich hier nicht eingehen kann.

So wie die Struktur des Körpers unser Verhalten bestimmt, formt die unterschwellige Struktur unseres Bewusstseins die Archetypen des kollektiven Unbewussten und deren Manifestationen. Es ist zum Beispiel erstaunlich, dass wir in den sogenannten primitiven Kulturen Afrikas, Nordamerikas und Polynesiens fast den gleichen Mythos über den Ursprung der pflanzlichen Nahrung finden, wenn auch die Pflanzenart in jeder Kultur unterschiedlich ist. Woher kommen diese Mythen? Jung und Campbell würden sagen, sie stammten aus dem Reich der Träume oder aus der nicht-rationalen Weisheit des Körpers. Demnach formt die Struktur des Körpers in einem gewissen Sinne die Struktur des Bewusstseins.

Doch der Körper und das mit ihm verbundene Bewusstsein sind Manifestationen einer höheren Energie (*Ch'i*) und Intelligenz (*Li*), die das materielle Universum durchdringen und schon vor ihm existiert haben (Tao). Mehr noch: Das Bild oder die symbolische Darstellung der transzendenten Wirklichkeit – das unpersönliche Tao oder Brahma oder persönliche Gottheiten wie Jahwe, Allah oder Shiva – sind lediglich Metaphern der transzendenten Realität, die der Mensch nur in einer Symbolsprache notdürftig ausdrücken kann.

Wir können verstehen, was die klassischen Taoisten sagen wollten (obwohl wir keine Chinesen sind und ihre Worte vor zweitausend Jahren aufgezeichnet wurden), weil dieses Verständnis ein Teil des organischen Musters (*Li*) des menschlichen Bewusstseins ist. Doch die Wirklichkeit, auf die der Begriff Tao oder Gott hinweist, darf nicht mit dem Ausdruck verwechselt werden, den wir benutzen, um die Idee dem Bewusstsein verständlich zu machen (»Der Name, den man benennen kann, ist nicht der wahre Name«). Während wir im Westen Gott als Tatsache auffassen und auf dieser Grundlage religiöse Lehren anerkennen oder ablehnen, werden Gottheiten im Osten meist als Metaphern verstanden.

Wir sind die Götter. Selbst in unserer düstersten und heimtückischsten Stimmung sind die Gottheiten und ihre Eigenschaften in jedem unserer Gedanken und in jeder unserer Handlungen vollständig verwirklicht.
TARTHUNG TULKU

In der indischen und tibetischen Mythologie gilt ein Gott beispielsweise als Symbol einer transzendenten, kosmischen, natürlichen oder psychischen Kraft. Sie ist nicht die Kraft selbst, sondern ein Sinnbild für das Bewusstsein. Darum kann ein Gott in der Kunst sowohl als Ikone (ein anthropomorphes Symbol) wie auch als Yantra (ein geometrisches Symbol) oder Mantra (ein hörbares Symbol) dargestellt werden. Einerlei, welche Ebene oder welchen Aspekt der Kraft die Gottheit symbolisiert, das Symbol wird benutzt, um das Bewusstsein des Betrachters auf diese Kraft aufmerksam zu machen. Die Kraft wird mit Hilfe des Gottesbildes verehrt und anerkannt, und die Gottheit wird ihrerseits mit Hilfe von Ikonen, Yantras und Mantras, aber auch durch Tanz, Geschichten, Theater und so weiter dargestellt. Die Gottheit und erst recht ihr Symbol ist nicht die Wirklichkeit, die sie versinnbildlicht. Mehr noch: Sie ist nicht von uns verschieden. Ein tantrisches Sprichwort sagt: »Nur ein Gott darf Gott verehren.«[15]

Religion und Kunst sind also Namen für ein und dieselbe Erfahrung: eine Intuition der Wirklichkeit und der Identität.
ANANDA K. COOMARASWAMY

Die moderne Genetik hilft uns verstehen, wie das Organisationsprinzip des Ganzen in einem Teil wohnen kann. Wir wissen seit einiger Zeit, dass embryonale Stammzellen sich zu jeder anderen Zellart entwickeln können. Kürzlich ist es Forschern gelungen, aus Stammzellen Leber-, Knochen-, Blasen- und andere Zellen zu machen.[16] Das ist nur möglich, weil das organische Muster des ganzen Organismus in seinen Teilen enthalten ist. Wir können nun eine Analogie ziehen und sagen, dass der Mensch eine Art Stammzelle des gesamten Organismus ist, den wir Universum nennen. Der Mensch ist ein Teil, dessen Bewusstseinsstruktur das organische Muster des Ganzen enthält. Es ist möglich, ein Milieu zu schaffen, in dem die »Menschen-Zelle« sich des ganzen Organismus bewusst wird. Dies ist das Ziel der Kunst und des spirituellen Weges.

Nicht die Künste folgen und dienen dem Empire, sondern das Empire folgt und dient den Künsten.
WILLIAM BLAKE

Die Rolle der Kunst

Wenn du die Menschheit erniedrigen willst, erniedrige zuerst die Künste.
WILLIAM BLAKE

Im vorigen Kapitel haben wir kurz untersucht, wie die kommerzielle Ethik – nennen wir sie Gier oder Eigeninteresse – die kollektive Fantasie beherrscht. Das ist ein wichtiger Punkt, weil Kulturen nicht von der Vernunft geformt oder umgewandelt werden, sondern von der Vorstellungskraft. Wie der große Historiker Arnold Toynbee erkannte, sind Kulturen die Folge einer Reihe von schöpferischen Reaktionen auf Herausforderungen, vor denen ein Volk zu einer bestimmten Zeit an einem bestimmten Ort steht. Diese schöpferischen Reaktionen sind Produkte der Fantasie. Symbole, nicht Fakten; Metaphern, nicht Metrik sind die Sprache der Fantasie.

Kulturkämpfe werden auf der Ebene der Vernunft und der Ideen weder ausgefochten noch gewonnen. Sie finden in unserer Vorstellung statt. Das beweist die Tatsache, dass die vielen hervorragenden Kritiker der Kommerzkultur kaum etwas bewirken können. Ab und zu taucht ein herausragender Denker mit einer brillanten und scheinbar verheerenden Analyse der Kultur auf. Seine Thesen finden eine Zeitlang Aufmerksamkeit und regen die Debatte an. Dann geht alles weiter wie bisher. Die Kommerzkultur erfasst sogar immer größere Teile der Weltbevölkerung und dringt auch in jene Bereiche der Gesellschaft ein, die ihr bisher noch Widerstand geleistet haben.

Werden Völker alt,
werden die Künste kalt,
und Kommerz
hockt auf jedem Baum.
WILLIAM BLAKE

Autoren und Denker sprechen vielleicht unseren Intellekt und, wenn sie leidenschaftlich genug sind, auch unser Herz an; doch die Kommerzkultur herrscht über unsere Fantasie. Alternative Auffassungen von der Welt, seien sie traditionell oder visionär, stehen einer mächtigen kommerziellen Kunst gegenüber. Sie mögen in intellektuellen Debatten siegen, aber sie haben kaum eine Chance, die Kultur nennenswert zu verändern, es sei denn, sie werden in Bilder übersetzt, denen es gelingt, in die kollektive Fantasie einzudringen. Wir brauchen eine neue Kunst, eine Reintegration der spirituellen und künstlerischen Werte, die unser Leben mehr bereichern als die eindimensionale Kunst des Kommerzkultur.

Um in dieser
mit Bildern
überschwemmten Welt
bestehen zu können,
müssen wir das
Symbol entwerten und
jeden seiner Aspekte
zurückweisen, außer
den rein sinnlichen.
LEWIS MUMFORD

Wir hören viele Klagen über die Informationsflut, aber unsere Fantasie ist ebenfalls überlastet. So wie unsere linke (rationale) Gehirnhälfte von Fakten überwältigt wird, ertrinkt die rechte (schöpferische) in einem Meer von Bildern. Die schiere Zahl der Bilder, denen wir ausgesetzt sind, und ihre scheinbar endlose Wiederholung stumpft unsere künstlerischen und spirituellen Impulse ab. Neue Techniken füllen den Kopf mit immer mehr Bildern, und dabei erschlafft der Muskel der Fantasie mangels Gebrauch. Wenn wir einen Roman lesen, müssen wir im Geist Bilder malen und unsere Vorstellungskraft nutzen. Das ist nicht notwendig, wenn uns die Bilder im Kino oder im Fernsehen fertig geliefert werden. Kinder, die viel fernsehen und sich mit Video- und Computerspielen beschäftigen, haben wenig Gelegenheit, ihre Fantasie zu entwickeln. Die Kurzfilme und Kurzberichte, die der Musikkanal MTV einführte und die von anderen Programmen übernommen wurden, zwängen mehr Bilder in eine Sekunde, als wir früher in einer Minute sahen.

Die Fernsehwerbung verwendet heute oft geeignete Symbole aus der Kunst und der Religion. Ein Werbespot für eine Computer-Software ist mit Mozarts

Requiem unterlegt, und eine Autofirma benutzt Beethovens *Hymne an die Freude*. Ein anderer Werbespot für ein Auto beginnt mit dem Sprechgesang tibetischer Mönche, und in einer anderen Software-Werbung huschen in rascher Folge Bilder von Buddha, Mönchen, rituellen Kostümen und Tänzen sowie Sakralbauten an uns vorbei, und wir merken erst am Schluss, worum es eigentlich geht. Diese Klänge und Bilder weisen auf eine transzendente Wirklichkeit hin. Sie sind Produkte tiefer Bewusstseinsschichten und können in uns eine Art Durchbruch auslösen. Diese Symbole haben die Macht, den Geist zu fesseln und zu öffnen, und darum finden die Werbeexperten sie attraktiv.

Wenn wir diesen Symbolen ständig ausgesetzt sind, werden wir gegen ihre transformierende Wirkung doppelt geimpft. Erstens dämpft die Bilderflut den Einfluss des einzelnen Bildes. Wir können uns heute kaum noch vorstellen, welche Wirkung Kunst aller Art einst auf die Menschen hatte. Stellen Sie sich zum Beispiel einen einfachen Bauern vor, der die große Kathedrale zu Amiens oder Chartres betrat. Er hatte sofort das Gefühl, in einer völlig anderen Welt zu sein. Die Töne und die steinernen und gläsernen Bilder sprachen ihn als spirituelles Wesen an. Dieses Bauwerk hob das Bewusstsein des Besuchers aus seinem Alltag auf eine ganz andere Bewusstseinsebene empor, und das war sein Zweck.

Der Künstler hat die Pflicht, in das dunkle Herz der Menschen Licht zu bringen.
ROBERT SCHUMANN

Selbst die Kunst in der Werbung hatte früher einen viel größeren Einfluss auf die Gefühle der Menschen. Im Jahr 1914 klagte Joseph Huneker, ein New Yorker Autor, über die Macht eines bestimmten Plakats. Es hatte ihn dazu gebracht, nach Coney Island zu gehen, obwohl er sich fest vorgenommen hatte, es nie wieder zu tun. »Aber dieses Plakat – ah. Wenn diese Werbeleute wüssten, dass ihre Zeichen und Symbole die Leidenschaften im Menschen wecken, dann würden sie mit den verführerischen Pinselstrichen der Künstler vorsichtiger umgehen.«[17] Heute sind wir vielleicht sogar stolz darauf, dass wir der suggestiven Kraft der kommerziellen Kunst nicht erliegen. Doch indem wir uns gegen sie wehren, verlieren wir nicht nur einen Teil unserer Unschuld, sondern trüben auch unsere Sinne.

Aber die heiligen Symbole in der oben beschriebenen Werbung haben noch eine zweite Wirkung: Sie stumpfen uns gegen die wahre Bedeutung dieser Sinnbilder ab. Anstatt sie in einem meditativen und seelisch empfänglichen Zustand kennen zu lernen (was ihre ursprüngliche Aufgabe war), werden sie uns nur ein paar flüchtige Sekunden vorgesetzt. Nicht das Symbol soll uns fesseln, sondern das Produkt, für das es wirbt. Zudem trivialisiert diese Art

Werbung heilige Bilder, Symbole und Laute und stellt sie auf eine Stufe mit den oft dummen Szenarios und lächerlichen Bildern der Fernsehwerbung.

Gewiss, Künstler aller Art sind für die Töne und Bilder verantwortlich, die sie dem kollektiven Unbewussten zuführen. Platon glaubte, Musiker könnten den Charakter einer Gesellschaft formen und seien insofern wichtiger als Politiker. Doch letztlich geht das Problem ebenso sehr auf die Geführten wie auf ihre Führer zurück. Die Vaisnava-Hindus sind der Ansicht, wenn ein Mensch sich vom Zauberbann der Maya (der Illusion) befreien wolle, dann helfe ihm der Gott Krishna, zu erwachen und sich daran zu erinnern, wer er wirklich sei. Will er jedoch seine spirituelle Natur vergessen und die Freuden Mayas genießen, hilft Krishna ihm zu vergessen. Viele wollen zwar erwachen, aber noch mehr wollen vergessen. In diesem Buch haben wir einige der Schwierigkeiten erörtert, denen Menschen in unserer Gesellschaft gegenüber stehen, wenn sie frei und bewusst leben wollen. Politiker tragen zwar eine besondere Verantwortung für die Gesellschaft, aber letztlich ist das Problem darauf zurückzuführen, dass die meisten Menschen sich nicht daran erinnern wollen, wer sie wirklich sind, und darum leicht jenen zum Opfer fallen, die Kunst benutzen, um zu täuschen, sei es aus politischen, sei es aus kommerziellen Gründen.

Das illustriert eine buddhistische Legende sehr schön. Eines Tages blickte Avalokitesvara von seiner himmlischen Wohnung hinab auf die zahllosen Wesen in der Hölle. Er war davon so berührt, dass er sogleich in die Hölle hinabstieg und alle Wesen rettete, die dort leiden mussten. Doch kaum war er nach Hause zurückgekehrt und schaute erneut in die Hölle hinab, war diese wider mit leidenden Seelen gefüllt. Eine Träne des Mitleids fiel aus seinem Auge, und daraus entstand die Göttin Tara, die mitfühlende Beschützerin der spirituell Strebenden. Wer die Welt erleuchten will, sollte an diese Geschichte denken. Glauben Sie nicht, dass Sie alle Menschen vor sich selbst retten können. Aber alle Wesen, unabhängig von ihrer Unwissenheit oder Erleuchtung, haben so, wie sie sind, Ihre Liebe und Ihr Mitgefühl verdient, denn »Gott lässt seine Sonne scheinen über die Bösen und die Guten und schickt Regen den Gerechten wie den Ungerechten«.[18]

Symbole haben die Fähigkeit, uns nicht nur auf einer intellektuellen Ebene zu ergreifen, sondern auch auf der Ebene des Verhaltens und der Gefühle.
ALBERT EINSTEIN

Wer andere läutern will, behalte die folgenden Worte Albert Schweitzers im Gedächtnis: »Wer sich vornimmt, Gutes zu tun, darf nicht erwarten, dass die Menschen ihm deswegen Steine aus dem Weg räumen, sondern muss auf das Schicksalhafte gefasst sein, dass sie ihm welche darauf rollen.« Der Weg des Lebens ist der Weg des Opfers. Sich opfern heißt nicht, sich selbst verleugnen, sondern sich heiligen, sein Leben dem weihen, das größer ist als die flüchtigen Wünsche des Ichs. Wer als Künstler lebt, muss sein Leben weihen und unerschütterlich seiner wahren Berufung folgen. Der Dichter Robert Graves drückte es so aus: »Du hast deinen Beruf gewählt, weil er dir ein regelmäßiges Einkommen versprach und weil du der Göttin, die du verehrst, wenigstens zeitweilig dienen wolltest. Mit welchem Recht, magst du nun fragen, behaupte ich, dass sie entweder deine ungeteilte Zuwendung oder gar keine haben will?«[19] Der wahre Künstler weiß, dass Selbstbefreiung nicht die Freiheit des Ichs, sondern die Freiheit vom Ich ist. Er hat die Aufgabe, ein Bote zu sein, durch den das transzendente Bewusstsein sich dem Menschen mitteilen kann.

Wer von Berufs wegen die symbolische Bildernahrung erzeugt, von der die menschliche Seele lebt, hat eine besondere Verantwortung. Wir wissen, was Bach, Mozart und Beethoven motivierte. Beethoven sagte: »Höheres gibt es nichts, als der Gottheit sich mehr als andere Menschen nähern und von hier aus die Strahlen der Gottheit unter das Menschengeschlecht verbreiten.«[20] Wir wissen, was Dante, Goethe und Blake motivierte. Dante erklärte: »Der Sinn des Ganzen liegt darin, jenen, die erbärmlich leben, Glückseligkeit zu schenken.« Wir wissen auch, was die großen chinesischen Landschaftsmaler motivierte. Im *Chieh Tzu Yüan* heißt es: »Wenn die Malerei Göttlichkeit (*shen*) erreicht hat, so ist dies das Ende der Materie.«[21] Alle Kunstformen, von der Malerei bis zur Dichtung, vom Theater, der Musik und dem Tanz bis zur großen Baukunst, wurden aus dem Wunsch geboren, das Bewusstsein des Menschen mit einer höheren Macht zu verbinden.

Die großen Kunstwerke, Malerei und Musik ebenso wie Bildhauerei und Dichtung, haben unweigerlich dieses Merkmal: Sie nähern sich dem Werk Gottes.
D. T. Suzuki

Was aber motiviert die heutigen Künstler? Wenn es nicht das Verlangen nach Geld oder Ruhm ist, dann ist es oft der Wunsch, andere Menschen einer Art öffentlicher Therapie zu unterziehen oder eine bestimmte Politik zu unterstützen. Das hat seine Berechtigung, aber es kann die wahre Kunst nicht ersetzen. Das Motiv für die Kunst ist, wie Thomas Mann schrieb: »das natürliche, instinktive Streben nach Humanisierung, das heißt, nach der Spiritualisierung des Lebens«. Wenn wir Arbeiten, die ganz anderen Motiven entspringen, den Platz einräumen, der einst der Kunst vorbehalten war, begehen wir den schlimmsten Götzendienst.

Der Historiker Arnold Toynbee schrieb: »Wir können Götzendienst als intellektuell und moralisch halbblinde Verehrung des Teiles anstelle des Ganzen ... der Zeit anstelle der Ewigkeit definieren ... Er vollbringt das perverse und verheerende Kunststück, eines der erhabendsten Werke Gottes in etwas Abscheuliches und Trostloses zu verwandeln, das dort steht, wo es nicht hingehört.« In seinem Buch *Der Gang der Weltgeschichte* vertritt er die Meinung, eine Kultur, die diesem Götzendienst huldige, befinde sich bereits im Niedergang.[22] Das wirft unweigerlich die Frage auf: Worum geht es der Kunst? Ananda K. Coomaraswamy hat darauf geantwortet: »Sagen wir ihnen die schmerzliche Wahrheit: dass die meisten dieser [traditionellen] Kunstwerke von Gott handeln, den wir im Alltag höflicherweise nie erwähnen.«[23] Wenn wir den Gottesbegriff über die persönliche Gottheit hinaus erweitern, können wir behaupten, dass alle echten Kunstwerke von der spirituellen Wirklichkeit handeln.

Wo der Geist nicht mit der Hand arbeitet, gibt es keine Kunst.
LEONARDO DA VINCI

Diese Auffassung stimmt nicht nur mit dem traditionellen Kunstverständnis auf der ganzen Welt überein, sondern auch mit der Einstellung unserer modernen Künstler. Der Expressionist Max Beckmann schrieb: »Meiner Meinung nach haben alle wichtigen Kunstwerke seit dem Ur der Chaldäer, seit Tel Halaf und Kreta ihren Ursprung in den tiefsten Gefühlen über das Mysterium des Seins. Jeder objektive Geist drängt nach Selbstverwirklichung ... Kunst ist um der Selbstverwirklichung willen schöpferisch, nicht um des Vergnügens willen, um der Transfiguration willen, nicht um des Spieles willen.« Heute verwechseln wir Unterhaltung allzu oft mit Kunst.

Unterhaltung ist Flucht, und manchmal wollen wir dem Druck und den Sorgen unseres Lebens entfliehen. Doch die Kunst hat ein anderes Ziel. Sie will uns nicht die Flucht aus der Welt ermöglichen, sondern unsere Erfahrung in der Welt intensivieren und erhellen. Es geht nicht darum, uns vom stressigen Alltag abzuschotten, indem wir eine künstliche Welt voller hübscher Bilder und Geräusche erschaffen. Wahre Kunst schiebt die Welt nicht beiseite und weckt in uns kein Verlangen nach ihren Früchten. Wir wollen die Äpfel in Cézannes Stillleben nicht essen, und wir verspüren kein sexuelles Verlangen nach seinen nackten *Badenden*.

Die Unterhaltung lässt uns die Welt vergessen, die Werbung bewirkt, dass wir die Welt besitzen wollen. Die Kunst macht uns bewusst, das wir die Welt *sind*. Vincent van Gogh sagte einmal, es sei sein Ziel, die gewöhnlichen Menschen auf seinen Bildern wie Buddha strahlen zu lassen. Das ist in gewissem

Sinne das Ziel jeder Kunst: die Buddhanatur, das Tao, den Geist in den zehntausend Dingen sichtbar zu machen. Das ist die Schönheit der Kunst.

Alles Wahre, einerlei, wer es ausgesprochen hat, entspringt dem Geist.
THOMAS VON AQUIN

Obwohl ein Kunstwerk uns nicht veranlasst, das dargestellte Objekt zu begehren, will es uns auch nicht dazu bewegen, vor diesem Objekt aus Angst oder Abscheu wegzulaufen. Das gilt auch dann, wenn ein Kunstwerk keine angenehmen Empfindungen in uns auslöst. Ein Werk wir Shakespeares *König Lear* führt uns in die dunkelsten Abgründe der menschlichen Erfahrung. Wir empfinden nicht nur die Tragödie im Leben Lears, sondern auch die Tragödie unseres Lebens. Es kann sehr schmerzhaft sein, den Schleier der Illusion zu lüften. Doch die Schmerzlichkeit und Zartheit des Lebens offenbart seine Schönheit nicht weniger, als Heldentaten es tun. Auch darin liegt die Schönheit der Kunst.

Wir haben den Respekt vor der kulturschaffenden Rolle der Kunst in der Gesellschaft und vor ihrer seelentröstenden Wirkung auf den Einzelnen verloren. Wir haben auch keinen Respekt mehr vor dem Künstler und verwechseln Berühmtheit mit Verdienst, Beliebtheit mit Wert. Wir bewundern Stars und hören auf Leute, die berühmt sind und als »gut informiert« gelten. Mit anderen Worten: Wir lassen uns von anderen sagen, wem und was wir glauben sollen und was wertvoll oder wertlos ist. Wir vertrauen nicht mehr darauf, dass wir die Wahrheit in der Kunst selbst entdecken. Wenn etwas wahr ist, kommt es nicht darauf an, wer es gesagt hat, und wenn ein Kunstwerk wahren Wert besitzt, spricht es für sich selbst. Andererseits wird das Falsche nicht wahr, wenn es von einem berühmten Menschen stammt, und die technische Meisterschaft eines Malers oder Musikers kann bloße Unterhaltung nicht zur Kunst machen.

Wir können auch auf weniger religiös anmutende Weise ausdrücken, dass Kunst etwas mit Gott zu tun hat, nämlich indem wir sagen, dass sie »inspiriert« ist, also »im Geist« empfangen wurde. Die künstlerische Intuition ist ein innerer Durchbruch, und dieser kann die Folge einer disziplinierten spirituellen Ausbildung sein oder scheinbar spontan erfolgen.[24] Kandinsky erklärte: »Die Arbeit auf einer rein spirituellen Grundlage ist eine langsame Angelegenheit ... Der Künstler muss nicht nur sein Auge, sondern auch seine Seele ausbilden.«[25] Ohne diesen Durchbruch ins Mysterium gibt es keine Kunst, selbst wenn eine Idee grandios und die Ausführung meisterhaft ist.

Kunst hat die Aufgabe, das transzendente Mysterium zu offenbaren. Der Künstler bricht durch die Zeit in die Ewigkeit und durch die Maske der Persönlichkeit ins Universelle. Oskar Kokoschka beschrieb diesen Vorgang so: »Wenn wir unsere verschlossene Persönlichkeit aufgeben, die so angespannt ist, sind wir in der Lage, dieses magische Prinzip des Lebens zu akzeptieren ... Denn wir heben das Selbst und die persönliche Existenz auf und verschmelzen sie mit einer höheren Erfahrung. Alles, was von uns verlangt wird, ist der Verzicht auf unser bewusstes Zutun.«[26] Das stimmt mit den Lehren der klassischen Taoisten ebenso überein wie mit den esoterischen Lehren aller großen Religionen. Wir können die Transzendenz jedoch nur erfahren, wenn wir nicht mehr versuchen, alles im Griff zu haben, sondern mit einer höheren Intelligenz eins werden.

Die Kunst spricht Körper, Seele und Geist gleichermaßen an. Zunächst erfreut der Künstler den Körper, indem er die Sinne mit Farben, Tönen, Bewegungen und so weiter betört. Er arrangiert diese Farben, Töne und Bewegungen in rhythmischen Mustern, die den Geist bündeln. Doch wenn er nicht den letzten Schritt geht und den Geist festhält, wenn seinem Werk nicht der Durchbruch zur transzendenten Ebene des Geistes gelingt, ist es keine Kunst.

Der Künstler hat also keine leichte Aufgabe. Das bestätigt auch Ananda K. Coomaraswamy: »Was wir noch nicht verstehen, ist das Heldentum der Kunst, die harten, unaufhörlichen Anforderungen jeder schöpferischen Arbeit an den Körper und die Seele. Der Künstler muss ständig darum kämpfen, sich selbst und seine Umwelt zu meistern. Sein Werk wird meist gegen einen heftigen, unwissenden und oft gut organisierten Widerstand geschaffen oder trotz einer noch anstrengenderen Apathie und immer, selbst im besten Fall, gegen den hartnäckigen Widerstand der Materie gegen die gestaltende Kraft der Ideen.«

Das schöpferische Leben

Es ist reiner Zufall, dass die schönen Künste herausgehoben und fast ausschließlich mit Kunst identifiziert werden.
IRWIN EDMAN

Friedrich Nietzsche sagte: »Kunst ist die eigentliche Aufgabe des Lebens.« Aber was ist mit den Menschen, die Kunst nicht für ihre Lebensaufgabe halten? Wir arbeiten zwar nicht alle mit den symbolischen Werkzeugen, die unsere Fantasie anregen, aber jeder Mensch lässt auf dieser Welt und ihren Bewohnern seinen Stempel zurück. Außerdem ist es falsch, den Kunstbegriff auf die schönen Künste zu beschränken. Das ist eine ganz neue Unterscheidung, die erst üblich wurde, als das industrielle Modell der maschinellen Herstellung allmählich die Arbeit von Handwerkern ersetzte. Heute geht es nur noch wenigen Menschen, eben den Vertretern der schönen Künste, um Schönheit; die anderen sind austauschbare Teile in der Maschinerie der Massenproduktion. Aber wir alle kennen das »natürliche, instinktive Streben nach Humanisierung und nach der Spiritualisierung des Lebens«, und wir alle sind fähig, diesen universellen Instinkt auf unsere Weise auszudrücken. Wenn das Motiv edel und die Ausführung gut ist, können wir alle Künstler sein, unabhängig vom Beruf. Jeder Mensch kann Schönheit hervorbringen, indem er dem organischen Muster seines Lebens folgt.

Der Mensch ist von Natur aus ein Künstler.
TAGORE

Über *Li* als organisches Muster des menschlichen Bewusstseins haben wir bereits gesprochen. Doch jenseits der Archetypen gibt es auch ein organisches Muster im Leben des Individuums. Jeder Mensch wird mit einem Organisationsprinzip für sein Leben geboren; er kann sich selbst auf natürliche Weise ausdrücken und sein einzigartiges Schicksal erfüllen. Wahre Schönheit finden wir nur dann, wenn wir sind, was wir sind.

Als Berufsberater habe ich oft festgestellt, dass die Menschen zu tiefgreifenden Einsichten gelangen, wenn sie lediglich andere Fragen stellen, etwa »Bin ich, was ich bin?« anstelle von »Was will ich sein?«. Das führt unweigerlich zur nächsten Frage: »Was oder wer bin ich?« Wenn wir einmal vom Problem der eigentlichen Identität absehen, setzt diese Frage voraus, dass wir bereits etwas sind. Die Frage »Was will ich sein?« setzt voraus, dass wir uns aussuchen können, was wir sind. Für Taoisten steht bereits fest, was wir sind. Selbstverwirklichung beginnt nicht mit einer Wahl, sondern mit Selbstentdeckung und Selbsterkenntnis.

Chuang Tzu wurde einst gefragt: »Kann man das Tao besitzen?« Er antwortete: »Dein Körper gehört nicht dir; er ist ein Bild des Himmels (*ch'ien*), das dir geborgt wurde. Dein Leben gehört nicht dir; es ist die Anpassungsfähigkeit des Himmels, welche dir geborgt wurde.« Daraus folgt, dass unser Leben einen natürlichen Sinn hat und mit natürlichen Talenten verbunden ist – und dass wir dafür verantwortlich sind, weil es ja nicht uns gehört. Sie können sich Ihre natürlichen Fähigkeiten und Talente sowie Ihre tiefsten Interessen als Manifestationen des organischen Musters (*Li*) Ihres Lebens vorstellen. Das *Ch'i*, die Lebenskraft, erkennt diese Gaben. Als Berufsberater beobachtete ich schon früh, dass Menschen, die auf etwas stoßen, was ihnen den richtigen Weg zeigt, deutlich mehr Energie haben. Ihre Augen leuchten, ihre Wangen röten sind, und in ihrer Stimme klingen neue Kraft und Begeisterung mit. Kurz gesagt: Sie erwachen zum Leben. Es ist, als werde eine innere Saite zum Schwingen gebracht.

Folgen Sie der Energie (*ch'i*), denn dort, wo Sie die tiefste Energiequelle in Ihrem Leben finden, entdecken Sie auch den Schlüssel zu seinem organischen Muster (*Li*). Die Idee eines organischen Lebensmusters schließt eine natürliche Ordnung ein. Es ist die gleiche Ordnung, die wir überall in der Natur sehen – nicht von oben nach unten auferlegt, sondern von innen nach außen wachsend; keine starre, erzwungene Ordnung, sondern eine fließende, den Wandel liebende Ordnung. Ihre Energie zeigt Ihnen, wie Sie dieses organische Muster nutzen können.

Wenn Sie bisher ohne Rücksicht auf diese natürliche Ordnung gelebt haben, nun aber auf sie zugehen, kommt Ihnen Ihr Leben vielleicht chaotischer vor. Der Boden muss umgepflügt werden, bevor die neue Pflanze gesät werden kann. Auch wenn Sie einen Schrank aufräumen, entsteht zunächst Unordnung. So ist es auch, wenn Sie Ihr Leben in die natürliche Ordnung Ihres *Li* bringen. Da Sie an die abstumpfende Bequemlichkeit der starren Routine gewöhnt sind, ist es für Sie zunächst beängstigend, den spontanen Impulsen der Intuition zu folgen. Doch mit der Zeit lernen Sie, diesen Impulsen zu vertrauen, weil sie sich immer wieder als richtig erweisen. Sie werden merken, dass diese Impulse nicht nur kein Chaos hervorrufen, sondern Sie sogar auf den Weg Ihres Schicksals führen.

Als Arthur Schopenhauer ein Sechziger war, schrieb er in einem Lebensrückblick, er erkenne darin eine Ordnung, ein Muster, das so komplex sei, dass es ihn an eine gute Geschichte erinnere. Was ihm anfangs als unwichtig erschienen sei, habe sich später oft als Wendepunkt in dieser Geschichte herausgestellt. Jedes gut gelebte Leben offenbart ein Muster, das nur im Rückblick sichtbar wird, aber in jedem Augenblick neu gelebt werden muss. Das organische Muster, das *Li*, unseres Lebens ist immer da, einerlei, ob wir es ignorieren oder willkommen heißen.

Die Schönheit des Vorzüglichen

O Vorzüglichkeit! Wie schmal sind deine Wege, wie schwer!
Glücklich ist der Mensch, der deine Wege geht.
GOTTFRIED VON STRASSBURG

Die Schönheit liegt in der Vorzüglichkeit der Dinge, die wir tun und machen. Sie ist Liebe und Weisheit, Sorgfalt und Aufmerksamkeit im Detail. Können wir dem spontanen Impuls der Intuition folgen und dennoch die Ausdauer und den Einsatz aufbringen, die vorzügliche Leistungen ermöglichen? In Kapitel 3 haben wir das Prinzip des *Wu-wei*, des mühelosen Tuns erforscht. Wir dürfen Mühelosigkeit keinesfalls mit Nachlässigkeit verwechseln. Chuang Tze war ein Wagenbauer, der sehr sorgfältig arbeitete. An den Kunstwerken, die vom Taoismus inspiriert sind, bestechen die Liebe zum Detail und das Streben nach Vorzüglichkeit.

Mühelosigkeit ist oft schwer zu erlangen. Im Werk eines Meisters der Kalligrafie, der Malerei, der Musik oder des Tanzes entdecken wir eine natürliche Leichtigkeit. Aber wir vergessen meist, wie viel Mühe das Werk gekostet hat. Michelangelo sagte: »Wenn die Leute wüssten, wie hart ich arbeite, um Meisterwerke zu schaffen, kämen sie ihnen gar nicht mehr so wundervoll vor.« Nicht ohne Grund empfehlen die chinesischen Maler: »Meditiere zehn Jahre über Bambus, werde Bambus, und dann male dich selbst.« Für Nachlässigkeit ist hier kein Platz.

Wie lösen wir aber den scheinbaren Widerspruch zwischen dem Streben nach Vorzüglichkeit und dem mühelosen Tun? Die Lösung ist Hingabe, die Liebe und Hass transzendiert. *Wu-wei* ist nicht der einfachste Weg, sondern die Bereitschaft, die Dinge so zu akzeptieren, wie sie sind. Um Vorzügliches zu leisten, brauchen wir Geduld, Liebe und Hingabe. Der große indische Dichter Tagore sagte: »Arbeit, vor allem gute Arbeit, wird leicht, wenn das Verlangen Disziplin gelernt hat.« Die Mühelosigkeit lehnt Disziplin nicht ab, sondern liebt sie. Manche glauben, das Leben eines Künstlers drehe sich allein um Inspiration – mal kommt sie, mal geht sie. Doch die Kunst setzt auch Beharrlichkeit voraus. Wenn Inspiration bedeutet, im Geist zu sein, dann bewegt die Beharrlichkeit sich auf den Geist zu und gibt seinen Ideen eine Gestalt. Um Ihre Inspirationen zum Leben zu erwecken, müssen Sie ihnen Ihr Leben schenken.

Gehen Sie den Weg der Schönheit

Was der Mensch sieht, was in seine Umgebung gegossen wird, das wird eine Kraft in ihm. Nach ihrer Maßgabe formt er sich selbst.
RUDOLF STEINER

Wer die Nahrung erzeugt, von der die Fantasie des Menschen lebt, ist für die Qualität dieser Speise verantwortlich, und jeder Mensch trägt die Verantwortung dafür, was er zu sich nimmt. Unsere Gesellschaft ist von Diäten besessen. Viele machen sich Sorgen darüber, ob sie sich richtig ernähren oder ob sie zu viel essen. Selbstverständlich müssen wir auf gute Ernährung achten (siehe Kapitel 4). Aber warum kümmern wir uns so wenig um die Nahrung für unsere Fantasie? Was wir dem Geist zu essen geben, wirkt sich auf unsere Lebensqualität ebenso sehr aus wie das, was wir dem Bauch geben; dennoch denken wir kaum darüber nach. Es lohnt sich, die Diät Ihrer Fantasie zu analysieren und herauszufinden, ob sie alle Nährstoffe enthält, die Sie für ein gesundes und schöpferisches Leben brauchen.

Mit der Diät Ihrer Fantasie meine ich nicht Ideen, Bücher oder Gedanken. Es geht auch nicht um positives Denken oder um das »rechte Denken« der Buddhisten. Das ist zwar wichtig, weil die Gedanken unser Leben formen; aber was wir sehen ist noch wichtiger als das, was wir denken. Die Formen und Bilder in unserer Umgebung dringen nämlich ins Unbewusste ein und haben einen tiefgreifenden Einfluss darauf, wie wir die Welt und uns selbst sehen. Mehr noch: Das geschieht oft, ohne dass wir uns dessen bewusst wären.

In Kapitel 2 haben wir darüber gesprochen, wie sehr die maschinelle Produktion unserer Empfindsamkeit schadet. Der Handwerker oder Künstler stellte seine Werke mit einer Liebe und Sorgfalt her, die ein moderner Arbeiter wohl kaum aufbringen kann. Die großen Baumeister errichteten einst Denkmäler für Gott oder wenigstens für Kirchenfürsten. Heute müssen die Architekten Banken, Versicherungen und Immobilienhändler zufrieden stellen, für die Ästhetik bestenfalls zweitrangig ist.

Einige amerikanische Städte – etwa New York, Chicago, Boston, Philadelphia, New Orleans, Washington und San Francisco – sind architektonisch interessant, aber nur wenige der Bauwerke, die in den letzten fünfzig Jahren entstanden sind, kann man mit gutem Gewissen als schön bezeichnen. Die Zentren der Großstädte, die im letzten halben Jahrhundert am schnellsten gewachsen sind – zum Beispiel Denver, Los Angeles, Orlando, San Diego,

Houston oder San Jose –, werden von rechteckigen Glastürmen und ausdruckslosen, fensterlosen Kästen beherrscht. Die Vorstädte, in denen die meisten Amerikaner leben, sind eine architektonische Wüste. Als Einzelne können wir zwar wenig tun, um diese seelenlose Umwelt zu verändern, aber wenn wir wissen, dass sie uns beeinflusst, können wir versuchen, der Schönheit auf andere Weise zu huldigen.

Es gibt viele Lebensbereiche, in denen wir selbst bestimmten können, womit wir unsere Fantasie füttern. Was für die Nahrung des Körpers gilt, das gilt auch für die der Seele: Essen Sie hochwertige Nahrungsmittel, und essen Sie nicht zu viel. Die Bilderflut hat die meisten Menschen übergewichtig gemacht, so dass sie von einer Fastenkur profitieren könnten. Es wäre schon ein wichtiger erster Schritt, wenn wir weniger fernsehen würden.

Wenn ich male, bringe ich nicht mich zum Ausdruck, sondern die Harmonie des Tao.
MAI MAI SZE

Wir werden sowohl von der Qualität als auch von der Quantität der Bilder beeinflusst, die wir in uns aufnehmen. Wenn die Bilder und Symbole der Kunst die Macht haben, uns transzendente Erfahrungen zu vermitteln, ist es sehr wohl denkbar, dass andere Bilder eine ebenso starke negative Wirkung haben. Schützen Sie also Ihre Fantasie, und glauben Sie nicht, Sie seien gegen ungünstige Einflüsse gefeit. Seien Sie sich bei Ihren täglichen Entscheidungen dieser Einflüsse bewusst. Bevor Sie ins Kino gehen oder fernsehen, sollten Sie sich fragen, welche Wirkung der Film wahrscheinlich auf Ihre Fantasie hat – ist der Film erhebend, bereichernd und läuternd, oder füllt er Ihre Fantasie mit Bildern, auf die Sie lieber verzichten?

Das heißt nicht, dass Sie Puritaner werden oder die Augen vor dem Leiden und dem Hässlichen in der Welt verschließen sollen. Aber Sie sollten das, was Sie sehen, mit Bedacht auswählen. So wie der Körper schwächer wird, wenn wir nur Imbisskost essen, erschöpfen wir auch unsere spirituelle Macht, wenn wir banale Bilder konsumieren. Natürlich kostet es mehr Mühe, gesunde Speisen zuzubereiten, als Fast Food zu kaufen, und es kostet mehr Mühe, eine hochwertige Diät für die Fantasie zusammenzustellen. Aber diese Mühe lohnt sich, denn die Schönheit, die wir in unser Leben bringen, ist Nahrung und Bereicherung zugleich.

Die Schönheit in den kleinen Dingen

Auf allem, was wir sehen oder denken oder fühlen oder tun, hinterlässt unser Geist seinen Stempel.
Hsieh Ho

Wir haben in unserem täglichen Leben zahllose Gelegenheiten, Schönheit nicht nur zu sehen, sondern auch auszudrücken und daran teil zu haben. Wir können unser Heim und unseren Garten verschönern. Es kostet zwar Zeit und Mühe, bei der Arbeit nach Schönheit zu streben, aber ist einfach, unser Leben ein wenig schöner zu machen. Viele Amerikaner sind der Meinung, ein schönes Heim sei ein teures Heim und schöne Dinge seien teure Dinge. In Europa und in vielen anderen Teilen der Welt haben die Menschen offenbar ein besseres Gefühl für Schönheit, die nicht viel kostet.

Mit etwas Kreativität und wenig Aufwand können wir die kleinen Dinge im Leben verschönern. Den Fernseher abzuschalten und schöne Musik zu hören ist schon ein erster Schritt. Manche Menschen hören zu Hause gerne das Rauschen eines Wasserfalls oder das Säuseln des Windes. Auf Bauernmärkten können Sie preiswerte Blumen kaufen. Frische Blumen bringen Farbe, Düfte und einen Anflug von Natur ins Haus. Lebende Pflanzen geben uns ein Gefühl der Verbundenheit mit der Natur, selbst wenn wir in einer Großstadt leben.

Auch in der öden Fernsehlandschaft finden wir inspirierende, bereichernde und informative Programme, wenn wir uns die Mühe machen, danach zu suchen. Tausende von Unterhaltungs- und Dokumentarfilmen sind als Videos erhältlich. Ich besitze eine große Sammlung von Kunstbüchern und verbringe ab und zu gerne einen Abend damit, Reproduktionen von Kunstwerken aus aller Welt zu betrachten. Dabei überzeugte ich mich schon vor Jahren davon, dass es die Archetypen des kollektiven Unbewussten wirklich gibt. Denken Sie darüber nach, wie Sie Ihr Leben verschönern können. Nur die Fantasie setzt Ihren Möglichkeiten Grenzen.

Ein paar sorgsam ausgewählte Kunstwerke im Heim können die Atmosphäre erheblich verbessern. Wenn Ihnen Originale zu teuer sind, können Sie vorzügliche Reproduktionen kaufen. Stopfen Sie Ihre Wohnung aber nicht mit Dingen voll. Ein paar schöne Stücke am richtigen Platz sind reizvoller als ein Haufen Tand oder auch zahlreiche schöne Dinge, die um Aufmerksamkeit buhlen. In Kapitel 4 haben wir kurz über Feng Shui gesprochen. Die Anordnung von Gegenständen im Heim hat großen Einfluss auf Ihre Energie.

Schöne Dinge geben anregende Schwingungen ab, die sich günstig auf die Stimmung auswirken.

Wir wissen, dass Farben unterschiedliche Energieschwingungen im Lichtspektrum sind. Auch sie beeinflussen die Stimmung und den Energiepegel des Menschen. Verwenden Sie Farben ganz bewusst, um Ihr Heim schöner zu machen. In Mexiko sind viele einfachen Häuser mit hellen, schönen Farben bemalt. Kleider und Speisen können von hübschen Farben ebenfalls profitieren.

Das Leben – ein schönes Geschenk

Die einzige dauerhafte Schönheit ist die Schönheit des Herzens.
RUMI

Der Taoismus lehrt, dass das Leben ein Geschenk und alles andere nur eine Zugabe ist. Einerlei, wie schlecht wir unserer Meinung nach leben – das Leben ist ein Geschenk. Das Gefühl der Dankbarkeit stellt sich jedoch nur dann ein, wenn wir uns mit der Energie des Lebens identifizieren. Wenn Sie versuchen, sich Dankbarkeit einzureden, bleiben Sie in Gegensatzpaaren stecken. Vertrauen Sie der Energie (*Ch'i*) und dem organischen Muster (*Li*) Ihres Lebens. Das Leben hat seine eigene Intelligenz, und es ist viel klüger als Sie oder ich als separate, kleine Ichs. Wie können Sie sich mit dem Leben, mit der Weisheit des Körpers identifizieren? Schenken Sie ihnen Ihre Aufmerksamkeit. Konzentrieren Sie sich darauf. Schalten Sie ab und zu die plappernden Gedanken in Ihrem Kopf ab – sie wissen nichts über das Leben, sondern beschäftigen sich ständig mit der Vergangenheit und der Zukunft. Aber das Leben spielt sich hier und jetzt ab.

Die Zweifel und die Verwirrung der plappernden Gedanken lösen zwei Gefühle aus, die Pandoras Büchse öffnen. Wir nennen diese Gefühle »Neid« und »Selbstmitleid«. Ist Ihnen je aufgefallen, dass die ganze Welt Ihnen hässlich vorkommt, wenn Sie neidisch sind oder in Selbstmitleid schwelgen? Wir müssen nicht unbedingt sterben, um in die Hölle zu kommen oder die Schönheit des Himmels zu erleben. Wir finden Schönheit in der Macht des menschlichen Geistes und in der Liebe, die alle Gegensätze transzendiert. Wir finden Schönheit überall: im Dienst am Nächsten, in unseren Beziehungen, im spirituellen Leben, in den alltäglichen Sorgen, sowohl im Kleinen als auch im Großen.

Thoreau sagte: »Einerlei, wie kümmerlich dein Leben ist, stelle dich ihm und lebe es. Gehe ihm nicht aus dem Weg und beschimpfe es nicht. Wer ständig nach Fehlern sucht, findet sie sogar im Paradies. Liebe dein Leben, selbst wenn es arm ist.« Die Fülle und Schönheit des Lebens sind auch für Sie da, wenn Sie empfänglich sind. Der Sinn des Lebens besteht darin, es zu leben. Viele Menschen wollen ihre Lebensumstände ändern, aber wie viele wollen ihre Einstellung ändern? Ihre Einstellung ist äußerst wichtig. Wenn Sie die Energie nutzen, die Ihnen zur Verfügung steht, verbessern sich Ihre Lebensverhältnisse. Mit Geduld, Liebe, Verständnis und beharrlichem Einsatz können Sie alle inneren und äußeren Hindernisse überwinden. Was müssen Sie dafür tun?

Meiden Sie Selbstmitleid. Das ist alles. Wenn Sie sich nicht erniedrigen, brauchen Sie sich nicht zu erhöhen. Denken Sie daran, dass Ihr Geist transzendent und ewig ist. Er ist unangreifbar. Zapfen Sie diese Quelle an – sie ist erfrischender als alle zeitweiligen Hochs und Tiefs des Alltags. Können Sie einen ewigen Geist bemitleiden? Die Taoisten lehren uns, dass alle Bedingungen des Universums und somit auch alle Bedingungen unserer Existenz zusammen mit uns entstanden sind. Darum kann nichts gegen uns sein.

Eine erstklassige Suppe ist kreativer als ein zweitklassiges Gemälde.
ABRAHAM MASLOW

Im Westen unterscheiden wir zwischen Seele und Geist. Die Seele können wir uns als eine Art Körper vorstellen, der die Erinnerungen an alles speichert, was uns in zahllosen Leben widerfahren ist. In all diesen Inkarnationen haben wir gelernt, tiefer zu lieben. Jede Seele hat ihre eigenen Herausforderungen zu bestehen, ihre Hindernisse zu überwinden und ihre Lektionen zu lernen, je nachdem, was sie erlebt hat und wie weit sie entwickelt ist. Genau genommen ist es auch eine Illusion, sich selbst als Seele zu sehen, die sich durch die Zeit bewegt; aber diese Auffassung vom Leben ist immerhin fortschrittlicher als die Identifikation mit dem Ich, *und* sie macht dem Selbstmitleid ein Ende.

Stellen Sie sich eine Seele vor, die in einen menschlichen Körper eintritt. Das ist, als mache sie im Mutterleib ein Nickerchen. Und wenn sie aufwacht (bei der Geburt), hat sie alle ihre bisherigen Erfahrungen und Lektionen vergessen. Wegen dieser Amnesie streben wir oft Ziele an, die den Zielen unserer Seele genau entgegengesetzt sind. Nehmen wir an, eine Seele will Geduld und Zufriedenheit lernen, aber das Ich will alles haben, und zwar sofort. Während die Seele versucht, ihre Lektion zu lernen, kämpft das Ich ständig dagegen an.

Wenn wir uns den Herausforderungen unseres Lebens stellen wollen, müssen wir zunächst zugeben, dass wir sie kennen. Dann müssen wir sie willkommen heißen. So können wir in ein und derselben Situation völlig andere Erfahrungen machen. Wenn Sie wissen, dass Sie etwas lernen, meistern oder überwinden sollen, warum sagen Sie dann nicht: »Schön, genau das will ich tun«? *Weil* eine Herausforderung da ist, *wollen* Sie sie bewältigen, einerlei, ob Sie das zugeben oder nicht. Sie brauchen nicht ein Leben lang gegen Ihre Seele zu kämpfen. Die Lektionen sind da. Sie können sagen: »Packen wir's an«, aber Sie können sich auch dagegen sträuben. Wenn Sie sich sträuben, brauchen Sie mehr Energie, und der Lernprozess zieht sich in die Länge. Irgendwann müssen Sie alle Lektionen lernen. Wenn Sie dagegen ankämpfen, sind Sie irgendwann erschöpft und müssen den Kampf aufgeben – und loslassen.

Schmelzen im Schnee

Einmal fastete ich vierzig Tage lang in den Bergen des Nationalparks Yosemite. Es war Frühling, ich hatte nur einen Schlafsack bei mir, und ich genoss die Einsamkeit der Natur. Das war ein gute Gelegenheit, mit mir selbst ins Reine zu kommen. Niemand kam mir in die Quere, und ich hatte weder Projekte zu bearbeiten noch Bücher zu lesen. Nichts lenkte mich ab. Nichts existierte außer meiner nächsten Umgebung. Wie der Schnee schmolz ich jeden Tag ein wenig mehr. Ich drang immer tiefer in mein Inneres vor und lernte meine Umwelt schätzen. Stundenlang betrachtete ich die Muster auf den Blättern und schaute großen schwarzen Ameisen zu, die über Laub und Zweige krabbelten. Ich lachte mit den Spechten, die an Bäumen hämmerten, und folgte wie ein Kind einem Schmetterling. Ich umarmte Steine und lauschte ihrer Predigt. Ich spürte den Atem der Erde.

Viele Menschen haben mich gefragt, was mich an diesem Erlebnis besonders fasziniert hat. Mir war klar, dass sie etwas von übernatürlichen Phänomenen und mystischen Visionen hören wollten. Ja, ich hatte Lichtvisionen, aber sie waren nicht so wichtig. Ein Erlebnis werde ich aber nie vergessen, weil es mich für immer verändert hat.

Als ich von meinem Aufenthalt in den Bergen in Tal zurückkam, stieg ich in einen kleinen Bus, der Touristen beförderte. Neben mir saßen einige dicke Touristen, die aufgeregt ihre Reisepläne besprachen – was sie besichtigen wollten und wie weit sie womöglich zu Fuß gehen mussten. Ich hörte sie zwar reden, aber wie aus der Ferne. Ich sah sie und fand sie schön. Oh, ich wusste, dass sie nie auf der Titelseite von *Vogue* erscheinen würden; dennoch waren sie atemberaubend. Mir war, als hätte ich nie zuvor einen Menschen gesehen. Wir erstaunlich war die Beschaffenheit ihrer Hände, die Wärme ihrer Körper, das Leuchten ihrer Augen! Am liebsten wäre ich aufgestanden und hätte jeden einzelnen umarmt und gefragt: »Wissen Sie, wie einzigartig Sie sind?« Aber ich blieb stumm sitzen, während die Freude in mir aufwallte, bis ich fürchtete, mein Herzt werde bersten.

Ohne sie zu kennen, ohne sie sympathisch oder unsympathisch zu finden, ohne sie positiv oder negativ zu beurteilen, und ohne ihnen auf einer anderen Ebene zu begegnen als in ihrer bloßen Existenz als Mensch, spürte ich tiefe Liebe für sie. Ich kann nicht sagen, dass es »meine« Liebe war, denn das Ich war nicht daran beteiligt. Als ich den Bus verließ, immer noch in Ekstase, erkannte ich, dass die Liebe das Universum in Gang hält, die Galaxien in Drehung versetzt und letztlich *alles* hervorbringt, was wir gut oder böse nennen. Ich fühlte mich völlig sicher und in der Welt zu Hause. Hätte in diesem Augenblick jemand meinen Körper vernichtet, hätte ich gewusst, dass es aus Liebe geschieht. Lao Tzu sprach die Wahrheit, als er sagte: »Tao ist ein Mysterium in allen Dingen.«

Anmerkungen

Die Fünf Finger des Tao

1. Chuang Tzu, zitiert nach Fritjof Capra, *The Tao of Physics* (New York: Bantam Books, 1984), S. 17.
2. Die »fünf Finger« sind *meine* Interpretation. Ich folge dabei keiner bestimmten taoistischen Schule.
3. John Heider, *Tao of Leadership* (Atlanta: Humanics Publishing Group, 1986). Mit diesen Bemerkungen will ich keines der erwähnten Bücher herabsetzen. Sie enthalten wertvolle Informationen.
4. Chuang Tzu, zitiert nach Fritjof Capra, *The Tao of Physics*, S. 15.
5. Die Gelehrten diskutieren seit Jahren darüber, ob Lao Tzu eine historische oder legendäre Gestalt ist und ob das *Tao Te Ching* einen einzigen Autor hat. Wenn ich Lao Tzu zitiere, folge ich einer literarischen Konvention und meine damit keine bestimmte historische Person. Wir zitieren auch Jesus in ähnlicher Weise, obwohl er keines der Evangelien geschrieben hat.
6. Siehe Aldous Huxley, *The Perennial Philosophy* (New York: Harper & Row, 1944, 1945, 1970, 1990), und Frithjof Schoun, *The Transcendent Unity of Religions* (Wheaton: Theosophical Publishing House, 1984).
7. *The Song of God: Bhagavad-Gita*, übers. v. Swami Prabhavananda und Christopher Isherwood, mit einer Einführung von Aldous Huxley (New York: Penguin Books, 1972), Kapitel 13.
8. Joseph Campbell mit Bill Moyers, hrsg. v. Betty Sue Flowers, *The Power of Myth* (New York: Doubleday, 1988), S. 130, 131.
9. Anne Baring und Jules Cashford, *The Myth of the Goddess* (New York: Arkana, 1991), S. 8, 9.
10. *Chuang Tzu*, Kapitel 2, zitiert nach Martin Palmer, *The Elements of Taoism* (Rockport, Element Books, 1991), S. 6.
11. Joseph Needham, *Science and Civilisation in China*, Bd. 2 (New York: Cambridge University Press, 1991), S. 162.
12. Chuang Tzu, zitiert nach Joseph Needham, S. 87.
13. Michael H. Kohn (Übers.), *The Shambhala Dictionary of Buddhism and Zen* (Boston: Shambhala. 1991).

14. Thomas Merton, *The Way of Chuang Tzu* (New York: New Directions, 1965), S. 40.
15. Chuang Tzu, zitiert nach Benjamin Schwartz, *The World of Thought in Ancient China* (Cambridge: Harvard University Press, 1985), S. 233
16. Karlfried Graf Dürckheim, übers. v. Vincent Nash, *Zen and Us* (New York: E. P. Dutton, 1987). Deutscher Originaltitel – *Zen und Wir*–, O.W. Barth Verlag.
17. *Chuang Tzu*, Kapitel 6, zitiert nach Fung Yu-lan, *Chuang Tzu* (Peking: Foreign Languages Press, 1989).
18. *Chuang Tzu*, Kapitel 25, zitiert nach Martin Palmer, The Elements of Taoism, S. 7.
19. R. G. H. Siu, *Tao of Science* (Cambridge: M. I. T. Press, 1990).
20. Siehe *The Structure of Scientific Revolutions* von Thomas Kuhn (Chicago: University of Chicago Press, 1970).
21. *Chuang Tzu*, Kapitel 29, zitiert nach Joseph Needham, *Science and Civilisation in China*, Bd. 2 (New York: Cambridge University Press, 1991), S. 102
22. Albert Schweitzer, hrsg. v. Thomas Kierman, *A Treasury of Albert Schweitzer* (New York: Gramercy Books, 1965), S. 65.

Einführung

1. Lila und Dale Truett, *Economics* (St. Paul: West Publishing Company, 1982), S. 6. In *The Making of Economic Society* weist der Ökonom Robert Heilbroner ausdrücklich auf diesen Punkt hin: »Gäbe es keine Knappheit ... würde die Wirtschaft aufhören, als wichtiges soziales Phänomen zu exisiteren.« Robert Heilbroner, *The Making of Economic Society* (Englewood Cliffs: Prentice Hall, 1962), S. 5.
2. Diese und alle folgenden Zitate von Buckminster Fuller sind *Critical Path* von R. Buckminster Fuller (New York: St. Martin's Press, 1981), S. 198, entnommen.
3. Siehe *Earth, Energy and Everyone* und *Ho-ping: Food for Everyone*, beide von Medard Gabel. Neuere Informationen finden Sie auf der Webside des World Game Institute: www.worldgame.org.

Kapitel 1

1. Lao Tzu, zitiert nach Joseph Needham, *Science and Civilisation in China*, Bd. 2 (New York: Cambridge University Press, 1991), S. 113.
2. Albert Schweizer, hrsg. v. Harold Robles, *Reverence for Life* (San Francisco: Harper San Francisco, 1993).

3. Lao Tzu, zitiert nach Brian Walker, *Hua Hu Ching: The Unknown Teachings of Lao Tzu* (San Francisco: Harper San Francisco, 1995).
4. Lao Tzu, *Tao Te Ching*, Kapitel 25, zitiert nach Martin Palmer, *The Elements of Taoism* (Rockport, Element Books, 1991), S. 43.
5. Chuang Tzu, Kapitel 2, zitiert nach Martin Palmer, *The Elements of Taoism*, S. 6.
6. Kuo Hsiang, zitiert nach Fung Yu-lang, *Chuang Tzu* (Peking: Foreign Language Press, 1989).
7. *Chuang Tzu*, Kapitel 2, zitiert nach Chang Chung-yuan, *Creativity and Taoism* (New York: Harper & Row, 1970), S. 36.
8. Ch'eng Hao, zitiert nach Chang Chung-yuan, *Creativity and Taoism.*
9. Shakespeare, *Hamlet.*
10. Lao Tzu, zitiert nach Martin Palmer, *The Elements of Taoism*, S. 1.
11. J. Krishnamurti, *The Awakening of Intelligence* (New York: Avon, 1973).
12. *The Way of Life: Lao Tzu*, übers. v. R. B. Blakney (New York: The New American Library, 1955).
13. *Chuang Tzu*, Kapitel 4, zitiert nach Chang Chung-yuan, *Creativity and Taoism*, S. 129.
14. Lu Hsiang-shan, zitiert nach Chang Chung-yuan, *Creativity and Taoism*, S. 83.
15. Joseph Needham, *Science and Civilisation in China*, S. 124.
16. Lao Tzu, zitiert nach Brian Walker, *Hua Hu Ching: The Unknown Teachings of Lao Tzu.*
17. Fung Yu-lan, *A Short History of Chinese Philosophy* (New York: MacMillan, 1948), S. 18.

Kapitel 2

1. Wang Pi, zitiert nach *Lao-tzu and the Tao-te-Ching*, hrsg. v. Livia Kohn und Michael LaFargue (Albany: Suny Press, 1998).
2. Der Mensch formt sich nach dem Vorbild der Erde, die Erde formt sich nach dem Vorbild des Himmels, der Himmel formt sich nach dem Vorbild des Tao, das Tao formt sich nach dem Vorbild des So-Seins. *Tao Te Ching*, Kapitel 25
3. Chuang-tzu, zitiert nach Fung Yu-lan, *Chuang Tzu* (Peking: Foreign Languages Press, 1989), S. 12.
4. T. C. McLuhan, *Touch the Earth: A Self-Portrait of Indian Existence* (New York: Simon & Schuster, 1971), S. 99.
5. Zitiert nach der *Los Angeles Times* vom 26. Dezember 1993.

6. Richard J. Baret und John Cavanagh, *Global Dreams: Imperial Corporations and the New World Order* (New York: Simon & Schuster, 1994).
7. Alan Thein Durning, »Can't Live without It: Advertising and the Création of Needs«, *World Watch Magazine*, Mai/Juni 1993.
8. *Los Angeles Times* vom 17. Juli 1996.
9. Zitiert nach der *Los Angeles Times* vom 5. März 1998.
10. Henri Maspero, *Taoism and Chinese Religion*, übers. v. Frank A. Kierman Jr. (Amherst: University of Massachusetts Press, 1981).

Kapitel 3

1. Ich benutze den Ausdruck *wu wei* als Synonym für »müheloses Tun«. Genau genommen müsste es *wei wu wei* heißen: »handeln-nicht-handeln«.
2. *The Book of Lieh-tzu*, übers. v. A. C. Graham (New York: Columbia University Press, 1990), S. 90.
3. Chuang Tzu, zitiert nach *Tao: The Watercourse Way* von Alan Watts (New York: Pantheon Books, 1975), S. 80.
4. Benjamin Pang Jeng Lo mit Martin Inn, Robert Amacker und Susan Foe, *The Essence of T'ai Chi Ch'uan* (Berkeley: North Atlantic Books, 1985), S. 54.
5. Zitiert nach *Coming to Our Senses* von Morris Berman (Seattle: Seattle Writers' Guild, 1998), S. 41.
6. Zitiert nach *The Power of Myth* von Joseph Campbell mit Bill Moyers, hrsg. v. Betty Sue Flowers (New York: Doubleday, 1988).
7. Chuang Tzu, zitiert nach *Chuang-Tzu* von Fung Yu-lan (Peking: Foreign Language Press, 1989).
8. Zitiert nach *Practical Taoism*, übers. v. Thomas Cleary (Boston, London: Shambhala, 1996), S. 46.
9. Lao Tzu nach Gregory C. Richer, *The Gate of All Marvelous Things: A Guide to Reading the Tao Te Ching* (San Francisco: Red Mansions Publishing, 1998), S. 66.
10. Zitiert nach *Pracitcal Taoism*, übers. v. Thomas Cleary, S. 32.
11. Siehe *The Secret Life of Plants* von Peter Tompkins und Christopher O. Bird (New York: HarperCollins, 1989).
12. Yuantong, zitiert nach *Zen Lessons* von Thomas Cleary (Boston: Shambhala, 1993).
13. Sun Tzu, *The Art of War*, übers. v. Thomas Cleary (Boston: Shambhala, 1988), S. 127.
14. *Practical Taoism*, übers. v. Thomas Cleary, S. 35.

Kapitel 4

1. Leser, die sich noch nicht mit dem Taoismus beschäftigt haben, möchte ich darauf hinweisen, dass *ch'i* auch *ji, qi, chee, chi* oder *chhi* geschrieben wird.
2. Fung Yu-Lan, *A Short History of Chinese Philosophy* (New York: MacMillan, 1948).
3. Spätere taoistische Schulen haben die Idee des Karma vollständig akzeptiert. In der südlichen Sung-Dynastie (1127–1279) blühte eine taoistische Schule namens »Tun und Karma«, die buddhistisches, taoistisches und konfuzianisches Gedankengut verschmolz. Die Lehre von der karmischen Verantwortung stand dabei im Mittelpunkt.
4. *Kung* wird auch *gung* oder *gong* geschrieben. Ch'i Kung, Chee Gung oder Qi Gong sind Namen für dieselbe »Energie-Arbeit«.
5. Centers for Disease Control und President's Council on Physical Fitness and Sports, »Physical Activity and Health: A Report of the Surgeon General«, *Chronic Disease Notes and Reports* 9, Nr. 2 (Herbst 1996).
6. Harry Emerson Fosdick, *On Being a Real Person* (New York: HarperCollins, 1977).
7. *Pracitcal Taoism*, übers. v. Thomas Cleary (Boston: Shambhala, 1996), S. 53.
8. Joanne O'Brian mit Kwok Man Ho, *The Elements of Feng Shui* (Rockport: Element, Inc., 1991), S. 32.

Kapitel 5

1. Fung Yu-lan, *Chuang-Tzu* (Peking: Foreign Languages Press, 1989), S. 9.
2. *The American Heritage Dictionary*, 3. Aufl. (Boston: Houghton Mifflin Company, 1995).
3. Markus 8:36,37.
4. Siehe Edouard Schuré, *The Great Initiates: A Study of the Secret History of Religions* (San Francisco: Harper & Row, 1961).
5. Das Folgende ist im Wesentlichen den Büchern von Campbell und Hall entnommen. Siehe *Transformations of Myth Through Time* von Joseph Campbell (New York: HarperCollins: 1990) und *The Secret Teachings of All the Ages* von Manly P. Hall und Augustus Knapp (Los Angeles: Philosophical Research Society, 1999).
6. Roger Somers, zitiert nach *Genuine Fake: A Biography of Alan Watts* von Monica Furlong (London: Unwin Paperbacks, 1986), S. 167.

7. Siehe Alan Watts, *Tao: The Watercourse Way* (New York: Pantheon Books, 1975). Chuang-liang Huang's Interview wird von Watts Freund Gary Synder bestätigt: »Ich drängte ihn, mit dem Trinken aufzuhören, aber er musste Alimente in enormer Höhe zahlen und härter arbeiten, als ein Mensch mit klarem Verstand es tun würde, nur um Geld zu verdienen. Außerdem gab er mehr Geld aus als nötig.« Zitiert nach *Genuine Fake*.
8. Tenzin Gyatso, *Universal Responsibility and the Good Heart* (Kanga: Library of Tibetan Works and Archives, 1980), S. 33.
9. Siehe Joseph Needham, *Science and Civilisation in China*, Bd. 2 (New York: Cambridge University Press, 1991), besonders Teil 10 (f) und 10 (g).
10. Lao Tzu, *Tao Te Ching*, Kapitel 60, zitiert nach *Tao: The Watercourse Way* von Alan Watts.
11. Joseph Needham, Science *and Civilisation in China*.
12. Karl Polyani, *The Great Transformation* (Boston: Beacon Press, 1944), S. 72.
13. Ebenda, S. 71.
14. Ebenda, S. 73.
15. Ebenda, S. 128.
16. Ebenda, S. 133.
17. Mexico City hat mehr als 20 Millionen Einwohner. Nach einer Studie im Auftrag der Southern California Association of Governments wird die Region Los Angeles im Jahr 2030 über 22 Millionen Einwohner haben (nach einem Bericht in der *Los Angeles Times* vom 8. Mai 1998.
18. In den USA besitzt das reichste Prozent der Haushalte mehr als die untersten 95 Prozent zusammen.
19. Polyani, *The Great Transformation*, S. 73.
20. E. F. Schumacher mit Peter N. Gillingham, *Good Work* (New York: Harper & Row, 1979), S. 128.
21. Adam Smith, *Wealth of Nations*, Bd. 1 (London: Methuen and Company, 1950).
22. Michael J. Sandel, *Democracy's Discontents: America in Search of a Public Philosophy* (Cambridge: Harvard University Press, 1996).
23. Ebenda.
24. Ananda K. Coomaraswamy, *Christian and Oriental Philosophy of Art* (Mineola: Dover Publications, 1956), S. 15.
25. E. F. Schumacher mit Peter N. Gillingham, *Good Work*, S. 25.
26. Polyani, *The Great Transformation*, S. 140,141.
27. Ebenda, S. 139.

28. Arnold Toynbee, *A Study of History* (New York: Crown Publishers, 1988).
29. Natürlich gab es auch weiße Lehrlinge und, vor allem im Süden, Pachtbauern.
30. »Das mittlere Familieneinkommen war 1994 noch um 2168 Dollar niedriger als 1989.« Lawrence Mishel, Jared Bernstein und John Schmitt, *The State of Working America 1996–1997* (Ithaca: Cornell University Press, Economic Policy Institute, 1997).
31. Siehe Juliet B. Schor, *The Overworked American* (New York: Basic Books, 1991).
32. Zitiert nach der *New York Times* vom 28. März 1994.
33. Jack Weatherford, *The History of Money* (New York: Three Rivers Press, 1997), 205–206.
34. Mishel, Bernstein und Schmitt, *The State of Working America 1996–1997.*
35. Das amerikanische Justizministerium teilte im Juni 1997 mit, in den USA säßen 1,7 Millionen Menschen (einer von 155) im Gefängnis. Nach einem Bericht in der *Los Angeles Times* vom 5. März 1998.
36. William R. Leach, *Land of Desire* (New York: Pantheon Books, 1993).
37. 5. Moses 23:19–20.
38. Fernand Braudel, *The Wheels of Commerce* (Berkeley: University of California Press, 1992).

Kapitel 6

1. Der Urtext des *I Ching*, der die Hexagramme und ihre Linien erläutert, ist viel älter als die späteren Kommentare der Konfuzianer. Er geht angeblich auf den mythischen Kaiser Fsu Hsi (um 3000 v. Chr.) oder auf König Wen (um 1150 v. Chr.) und seinen Sohn, Herzog Chou, zurück. Die Kommentare wurden einige Jahrhunderte später hinzugefügt.
2. Richard Wilhelm und Cary F. Baynes (Übers.), *The I Ching* (New York: Princeton University Press, 1967), Buch 5, Kapitel 2.
3. Siehe *Sexual Life in Ancient China* (New York: Barnes and Noble Books, 1961), von R. H. van Gulik, und *The Art of the Bedchamber*, übers. v. Douglas White (New York: State University of New York Press, 1992). Das indische und tibetische Tantra war anscheinend stark von chinesischen Lehren beeinflusst. Joseph Needham und R. H. van Gulik nehmen an, dass die taoistischen sexuellen Künste Ende des 7. Jahrhunderts in Indien eingeführt wurden.
4. *Hsein* (wörtlich »Bergmensch«) wird meist mit »der Unsterbliche« übersetzt. Dabei geht es darum, einen subtilen unsterblichen Körper zu erschaffen.

5. Reay Tannahill, *Sex in History* (New York: Stein and Day Publishers, 1982), S. 141.
6. Ebenda, S. 148.
7. R. H. van Gulik, *Sexual Life in Ancient China*, S. 50–51.
8. Joseph Needham, *Science and Civilisation in China*, Bd. 2 (New York: Cambridge University Press, 1991), S. 151.
9. Eknath Easwaran und Michael N. Nagler, *Gandhi the Man* (Petaluma: Nilgiri Press, 1977), S. 87.
10. Siehe Ilza Veith, *The Yellow Emperor's Classic of Internal Medicine* (Berkeley: University of California Press, 1949).
11. Diese Erörterungen stützen sich auf Kapitel 6 von Joseph Campbell, *The Portable Jung* (New York: Viking, 1976), S. 148–162.
12. Siehe Joseph Needham, *Science and Civilisation in China*, S. 340–345.
13. Richard Wilhelm und Cary F. Baynes (Übers.), *The I Ching.*
14. Douglas Wile (Übers.), *The Art of the Bedchamber*, S. 133.
15. Daniel Boorstein, *The Discoverers* (New York: Random House, 1985).
16. Robert Temple, *The Genius of China* (London: Prion Books Limited, 1986).

Kapitel 7

1. Die anderen sind *Chih* (Weisheit), *Yi* (Rechtschaffenheit) und *Li* (Riten). Das *Li* im nächsten Kapitel steht dagegen für organische Organisationsmuster.
2. *The American Heritage Dictionary*, 3. Aufl. (Boston: Houghton Mifflin Company, 1995).
3. Hans Holbein, *Die Botschafter* (1533), National Gallery, London. Liu Chüeh, *The Pure and Plain Pavilion* (1485), National Palace Museum, Taipeh.
4. John Berger, *Ways of Seeing* (New York: Viking Press, 1995).
5. Michael F. Jacobson, *Commercialism in America*, Vortrag bei einer Konferenz der National Association of Consumer Agency Administrators am 16. Juni 1992.
6. Siehe John Needham, *Science and Civilisation in China*, Bd. 2, *History of Scientific Thought* (New York: Cambridge University Press, 1956, 1991), S. 124.
7. Diese Geschichte und die Zitate daraus erschienen in einem Artikel von Elizabeth Lesly Stevens mit dem Titel »Making Bill« in *Content* vom September 1998, S. 106.
8. Alan Thein Durning, *How Much is Enough? The Consumer Society and the Future of the Earth* (New York: W. W. Norton & Co., 1992), S. 38.

9. Sandy Bauers, »Study: Save Earth; Have Fewer Children«, *Philadelphia Inquirer* vom 17. Januar 1990.
10. Jessie H. O'Neil, *Golden Ghetto: The Psychology of Affluence* (Pleasant Valley: Hazelden Educational Materials, 1996).
11. »Asking How Much Is Enough« in Lester R. Brown et al., *State of the World 1991* (New New York: W. W. Norton & Co., 1991), S. 156.
12. Es wäre jedoch falsch zu behaupten, Langlebigkeit hänge direkt mit der wirtschaftlichen und technischen Entwicklung zusammen. In den USA und in Großbritannien ist die Lebenserwartung z. B. etwa gleich wie in Sri Lanka und China. Siehe *The Gaia Atlas of Green Economics* von Paul Ekins, Robert Hutchinson und Mayer Hillman (New York: Anchor Press, 1992).
13. Juliet B. Schor, *The Overworked American* (New York: Basic Books, 1991), S. 47.
14. Im Jahr 1991 arbeiteten angestellte Amerikaner jährlich 163 Stunden mehr als im Jahr 1969. Ebenda, S. 29.
15. Robert Heilbroner, zitiert nach Ann Kathleen Bradley, »Is Less More?« im *New Age Journal*, Juli/August 1997, S. 86–146.
16. Dem Economic Policy Institute zufolge ist das durchschnittliche Familieneinkommen heute real niedriger als 1974. United for a Fair Economy hat berechnet, dass der durchschnittliche reale Wochenlohn im Jahr 1998 um 12 % niedriger war als im Jahr 1973. Siehe *Shifting Fortunes: The Perils of the Growing American Wealth Gap* von Chuck Collins et al. (Boston: United for a Fair Economy, 1999).
17. Alan Trachtenberg, *The Incorporation of America: Culture and Society in the Guilded Age* (New York: Farrar, Straus and Giroux, 1992).
18. Ebenda.
19. Weitere 20 bis 30 Millionen haben gelegentlich Schlafstörungen. Quelle: US-Gesundheistministerium, *Wake up America: A National Sleep Alert*, 1993.
20. Die Zahl der Besuche, bei denen Psychopharmaka verschrieben wurden, stieg von 32,7 Millionen im Jahr 1986 auf 45,6 Millionen im Jahr 1994. Harold Alan Pincus et al., »Prescribing Trends in Psychotropic Medications: Primary Care, Psychiatry, and Other Medical Specialities«, *JAMA*, 18. Februar 1998, S. 526.
21. Mehr als 25 Millionen Menschen sind alkohol- oder drogenabhängig. Zitiert nach Peter R. Breggin, *Toxic Psychiatry* (New York: St. Martin's Press, 1994), S. 367.
22. Juliet B. Schor, *The Overworked American*.

23. Ebenda.
24. Ebenda.
25. Ebenda.
26. Ebenda.
27. Ebenda.
28. Ebenda.
29. Ebenda.
30. Nach einem Bericht der Fernsehsendung *Affluenza* (PBS), produziert von John de Graaf und Vivia Boe für KTCS/Seattle und Oregon Public Broadcasting, 1998.
31. William R. Leach, *Land of Desire.*
32. Im Jahr 1998 beantragten 1,4 Millionen Amerikaner persönlichen Konkurs.
33. Janice Castro, »The Simple Life«, *Time,* 8. April 1991, S. 58.
34. Ann Kathleen Bradley, »Is Less More?«, New Age Journal, Juli/August 1997, S. 86–146.
35. Das hat Adam Smith in *Wealth of Nations* genau vorausgesagt.
36. Siehe Joseph Needham, *Science and Civilisation in China,* und Robert Temple, *The Genius of China* (London: Prion Books Limited, 1986).
37. Jessie H. O'Neil, *Golden Ghetto: the Psychology of Affluence.*
38. Karl Polyani, *The Great Transformation* (Boston: Beacon Press, 1980), S. 249.
39. Ebenda, S. 43–44.

Kapitel 8

1. Irwin Edman, *Arts and the Man* (New York: W. W. Norton and Company), S. 37.
2. Einige Historiker glauben, wichtige technische Durchbrüche wie das Rad und der von Ochsen gezogene Pflug seien zuerst bei religiösen Riten und erst später im Alltag benutzt worden.
   Das Rad war ein häufiges religiöses Symbol, selbst bei Völkern, die es nicht herstellten, etwa bei den großen Kulturen Süd- und Mittelamerikas. Die Sumerer verwendeten das Rad zuerst bei der Arbeit; ihre Karren wurden von Ochsen gezogen, die in Indien, in Ägypten, im alten Europa und in Mesopotamien heilig waren. Lewis Mumford schreibt dazu: »Es ist bedeutsam, dass Tiere zum ersten Mal bei religiösen Umzügen vor Wagen oder Schlitten gespannt wurden. Die ersten Fahrzeuge waren keine Bauernkarren oder Kriegswagen, sondern Leichenwagen, die mit Zugtie-

ren und Betreuern in den Königsgräbern zu Kish, Susa und Ur begraben wurden.« Es ist also durchaus möglich, dass Tiere zunächst aus religiösen Gründen eingesetzt wurden. Später erleichterten oder ersetzten sie die Arbeit des Menschen.

Mumford ist zudem der Meinung, der Pflug sein anfangs »ein rein religiöses Werkzeug gewesen, gezogen von einem heiligen Ochsen, geführt von einem Priester oder später von einem König. Er drang mit seinem männlichen Instrument in Mutter Erde ein und bereitete den Boden für die Befruchtung vor. Gärten und Felder, die mit Stöcken oder Spitzhacken, nicht mit Pflügen, bearbeitet wurden, haben vermutlich von diesen Riten profitiert.« Siehe Lewis Mumford, *The Myth of the Machine* (New York: Harcourt Brace, 1966), S. 153.

3. Lewis Mumford, *Art and Technics* (New York, London: Columbia University Press, 1952).
4. Anmerkung: *Li* kann verschiedene Bedeutungen haben, z. B. Feuer, Kraft und Höflichkeit.
5. Die Theorie des *Li* wurde zwar von Chu Hsi entwickelt, aber auch die klassischen Taoisten verwendeten den Begriff (er findet sich 35 Mal im *Chuang Tzu*).
6. Chu Hsi mit Übersetzungen und Kommentaren von Daniel K. Gardner, *Learning to Be a Sage* (Berkeley: University of California Press, 1990), S. 124.
7. Joseph Needham, *Science and Civilisation in China*, Bd. 2 (New York: Cambridge University Press, 1991), S. 480.
8. Chu Hsi zufolge existiert dieses *Li* vor dem Ding, das in der materiellen Welt Gestalt annimmt.
9. Das erinnert sehr an Thomas von Aquins ästhetisches Ideal, wie James Joyce es in *A Porträt of the Artist as a Young Man* (New York: The Viking Press, 1964) beschreibt: Ganzheit (*integritas*), Harmonie (*consonantia*) und Klarheit (*claritas*).
10. Goethe bezeichnete sich als polytheistischen Dichter, pantheistischen Wissenschaftler und theistischen Ethiker.
11. Frederick Ungar (Hrsg.) und Heinz Norden (Übers.), *Goethe's World View* (New York: Frederick Ungar Publishing Co., 1963).
12. Zitiert nach *The Chinese Theory of Art* von Lin Yutang (New York: G. P. Putnam's Sons, 1967), S. 64,65.
13. Joseph Campbell, *The Masks of God: Creative Mythology* (New York: Arkana, 1995), S. 653.

14. Joseph Campbell, *Historical Atlas of World Mythology*, Bd. 2, Teil 1 (New York: Harper & Row, 1988), S. 74.
15. Joseph Campbell, *Inner Reaches of Outer Space: Metaphor as Myth and as Religion* (New York: HarperCollins, 1988), S. 67.
16. Siehe »Special Report: The Promise of Tissue Engineering«, *Scientific American*, April 1999.
17. Zitiert nach William R. Leach, *Land of Desire* (New York: Pantheon Books, 1993), S. 46.
18. Matthäus 5:45.
19. Robert Graves, *The White Goddess* (New York: Farrar, Straus and Giroux, 1948), 14–15.
20. David Tame, *Beethoven and the Spiritual Path* (Wheaton: Quest Books, 1994).
21. Ananda K. Coomaraswamy (New York: Dover Publications, 1934). The Chieh Tzu Yuan Hua Chuan (Senfsamen-Gartenhandbuch der Malerei) wurde zum ersten Mal zwischen 1679 und 1701 veröffentlicht.
22. Arnold Toynbee, *A Study of History* (New York: Crown Publishers, 1987).
23. Ananda K. Coomaraswamy, *Christian and Oriental Philosophy of Art* (New York: Dover 1956).
24. Nach hinduistischer Auffassung ist ein »natürlicher«, also nicht gelehrter Genius ein Mensch, der in früheren Leben große Fertigkeiten und Verdienste erworben hat.
25. Wassily Kandinsky, *Concerning the Spiritual in Art* (New York: Dover, 1977).
26. Robert L. Herbert, *Modern Artists on Art* (New York: Macmillan General Reference, 1964).

Weitere Informationen über den Autor sowie Quellen und Links über Fülle im Leben, den richtigen Beruf und mehr finden Sie in The Center for Creative Empowerment, www.empoweryou.com.

Danksagungen

Ich habe mehreren Menschen zu danken, ohne deren Unterstützung dieses Buch nie erschienen wäre. Es ist schwierig, in bloßen Worten auszudrücken, was eure Hilfe mir bedeutet hat und wie dankbar ich dafür bin. Susan Shapiro hat sich um das gesamte Layout des Buches gekümmert und viele gute Ideen zum Inhalt beigesteuert. Darüber hinaus war ihre Einsatzbereitschaft – für die es mehr Beispiele gibt, als ich zählen kann – eine enorme Hilfe. Von unschätzbarem Wert war Kim Grants redaktionelle Unterstützung. Ihr scharfes Auge und ihr empfindliches Ohr, verbunden mit ihrem gewaltigen Wissen über editorische Details, hat einen großen Anteil an der Qualität des fertigen Werkes. Danke Kim, für all deine Hilfe im Laufe der Jahre. Danken möchte ich auch Tina Kolaas für ihre Hilfe beim Lektorat, ihre unermüdliche moralische Unterstützung und vor allem für das, was sie in meinem Leben ist.

Bei Jian Chen bedanke ich mich für die Kalligrafie. Auch Janet Goldstein, meiner Lektorin, und ihrer Assistentin Allison Hastings bei Penguin habe ich zu danken.

Erweiterte und aktualisierte Neuauflage!

Barbara Temelie

Ernährung nach den Fünf Elementen

Wie Sie mit Freude und Genuß Ihre Gesundheit, Liebes- und Lebenskraft stärken

224 Seiten, kart., mit Poster: Nahrungsmittel nach den Fünf Elementen
DM 29,92 / SFR 27,50 / ÖS 218,– / Euro 15,30
ISBN 3-928554-03-4

Erweiterte und aktualisierte Neuauflage!

Barbara Temelie • Beatrice Trebuth

Das Fünf Elemente Kochbuch

Die praktische Umsetzung der chinesischen Ernährungslehre für die westliche Küche
200 Rezepte zur Stärkung von Körper und Geist

416 Seiten, kart., mit Farbposter: Nahrungsmittel nach den Fünf Elementen
DM 36,77 / SFR 34,10,– / ÖS 268,– / Euro 18,80
ISBN 3-928554-05-0

Karola Schneider

Kraftsuppen nach der Chinesischen Heilkunde

Wohltuende und stärkende Fünf-Elemente-Suppen für die westliche Küche

152 Seiten, kart., mit vielen farb. Abb.,
DM 36,77 / SFR 34,10 / ÖS 268,– / Euro 18,80
ISBN 3-928554-35-2

Dr. med. Leon Hammer

Psychologie & Chinesische Medizin

Zukunftsweisende Erkenntnisse über das energetische Zusammenspiel von Emotionen und Körperfunktionen

512 Seiten, kart.,
DM 68,45 / SFR 61,– / ÖS 500,– / Euro 35,–
ISBN 3-928554-40-9

Dr. Michael Grandjean • Dr. Klaus Birker

Das Handbuch der Chinesischen Heilkunde

Eine Einführung in die ganzheitliche Chinesische Medizin
Grundlagen, Diagnosen und Wege der Behandlung

224 Seiten, kart.,
DM 29,92 / SFR 27,50 / ÖS 218,– / Euro 15,30
ISBN 3-928554-19-0

1999 mit dem Zertifikat der
»Stiftung Gesundheit« ausgezeichnet

Lam Kam Chuen

Chi Kung – Weg der Heilung

Wie Sie Ihre Gesundheit und Heilkräfte stärken

160 Seiten, kart., über 300 Farbillustrationen,
DM 36,77 / SFR 34,10 / ÖS 268,– / Euro 18,80
ISBN 3-928554-37-9

Dr. Jes T. Y. Lim

Feng Shui & Gesundheit

Vital leben in Haus und Wohnung
Feng Shui lernen und anwenden

228 Seiten, kart., Großformat,
300 Illustrationen, 24 Aquarelle,
DM 38,73 / SFR 35,70 / ÖS 283,– / Euro 19,80
ISBN 3-928554-29-8

Bob Flaws

Chinesische Heilkunde für Kinder

Wie sich Kinderkrankheiten heilen und vermeiden lassen

Ein praktischer Ratgeber für Eltern

224 Seiten, kart., mit Illustrationen
DM 29,92 / SFR 27,50 / ÖS 218,– / Euro 15,30

ISBN 3-928554-25-5